W0301487

DU MÉKONG À LA PLACE SAINT-PIERRE

Crédits

Tous droits réservés. Aucune partie de ce texte ne peut être reproduite ou transmise sous n'importe quelle forme, par n'importe quel moyen, électronique, mécanique, photocopie ou autrement sans l'accord préalable par écrit de l'éditeur. De courts extraits peuvent être utilisés pour les besoins d'une revue.

© 2019 Éditions Première Partie www.premierepartie.com
Courriel : contact@premierepartie.com
Tous droits réservés.

Couverture : Caroline Soulères
Composition : Soft Office
Photo en 4e de couverture : Servizio Fotografico - Vatican Media avec autorisation de publication.

Imprimé en France
Dépôt légal : 2e trimestre 2019
ISBN : 978-2-36526-177-7

Paul Bablot

DU MÉKONG À LA PLACE SAINT-PIERRE

20 000 km à la rencontre des chrétiens

EDITIONS PREMIERE PARTIE

REMERCIEMENTS

À mes parents qui m'ont soutenu dès le début avec enthousiasme et bienveillance, eux à qui j'aurai probablement fait subir de nombreuses sueurs froides tout au long de cette année.

À mes sœurs Clotilde et Amélie, mon frère Maxime et mon beau-frère Xavier qui m'ont encouragé tout au long de la route. À mon filleul Mayeul.

À Mgr Colomb (MEP), évêque de La Rochelle et Saintes, pour son soutien dans ce projet. À Mgr Rey, évêque de Fréjus-Toulon, pour son soutien de la première heure.

Au père Camille Rio (MEP), curé de Ponouayapou, pour ses multiples conseils de mécanicien avisé

Au père Luc Pareydt et à Yves Teyssier d'Orfeuil, pour l'organisation d'une rencontre extraordinaire avec le Saint-Père à Rome.

Aux Missions Étrangères de Paris d'avoir soutenu un projet ayant germé sur les terres de mission.

Au Lycée Gerson et à M. Person de continuer à soutenir un ancien élève.

À Urbica pour son généreux soutien.

À Doxense et plus particulièrement Vincent pour ton enthousiasme immédiat.

À Stéphane qui m'a permis de communiquer tout au long de la route.

À Victor qui m'a donné cette idée fabuleuse.

À Génération Raids où j'ai commencé les courses longue distance quelques années auparavant.

À PhilOrient pour l'invitation à participer à des rencontres exceptionnelles au Liban.

À Caridad qui a embarqué avec moi pour témoigner du Christ dans le monde au service de la charité.

Aux AFC pour leur aide financière et pratique.

À SOS Chrétiens d'Orient pour l'accueil au Levant.

À la paroisse Saint-Michel-des-Batignolles où j'ai grandi et fortifié ma foi.
À ceux qui sont venus me voir sur la route : Jean-Baptiste, Guillaume, Thibault, Mathilde
À tous ceux croisés sur la route et qui m'ont accueilli.
Aux évêques, prêtres, religieux, religieuses qui m'ont partagé leur quotidien et qui m'ont accueilli.
À ceux qui ont prié pour moi et dont j'ai porté les prières au long des routes.
À Martin qui m'a accompagné le 9 août 2014 pour prendre mon Départ Routier.
À ceux qui m'ont donné la force de parcourir la distance qu'il faudra pour rencontrer les autres.
À mes illustres prédécesseurs dont j'ai suivi les pas sur ces voies séculaires.
Au scoutisme où j'ai tant appris, à la troupe XIXe Marine Paris et au clan Bienheureux Frédéric Ozanam

À tous ceux qui ont permis par leurs dons que cette aventure soit possible : Quitterie, Joëlle, Marie-Pascale et Paul Alexandre, Philippe et Lorraine, Marie-Anne et François, Érik, Aliette, Thérèse, Catherine, Jacques, Nicole, le père Michel, Catherine et Bernard, Émilie et Bertrand, Gérard et Pascale, Anne-Claire, M. et Mme André, M. et Mme Henri, Sandrine, Martine, Guillaume et Magda, Thérèse, Bruno et Nicole, Louis, Marie-Madeleine, Patrice et Marie-Dominique, Camille, Pierre-Yves, Victor, le père Alain-Christian.

À Pierre, Aurore, Clotilde, Caroline et toute l'équipe de Première Partie de m'avoir poussé à écrire ce livre, pour votre patience et votre accompagnement

À saint Michel

PRÉFACE

25 ans après, le monde a peu changé… Je parle de celui qu'on parcourt d'homme à homme, au ras du sol, avec une bicyclette pour médiatrice. L'Asie du Sud-Est est toujours aussi frénétique et souriante, la Chine aussi vulgaire et obtuse, les ex-Républiques soviétiques et musulmanes hospitalières et bigarrées mais paperassières, la Russie éthylique et comique y a laissé quelques épaves, l'Iran reste l'inverse de ce qu'on croit qu'il est : c'est en réalité un des pays les plus accueillants au monde ! Ostracisme oblige… J'ai revécu peu ou prou mon tour du monde à bicyclette à travers celui de Paul. Ce qui change, ce qui est nouveau dans ce récit, c'est la quête et le discours : un jeune homme qui sans complexes annonce dès les premiers tours de roues que « la liturgie des heures est le meilleur carburant du monde », que « le chapelet l'aide à gravir les montagnes », qu'il a rendez-vous avec le Seigneur à travers tel ou tel inconnu, que l'Esprit Saint le guide, que la Providence lui réserve une « pierre où reposer sa tête ». Vraiment nouveau. Il roule de paroisse en paroisse, de chrétiens perdus en chrétiens oubliés, d'églises dormantes en communautés cachées, tout en ressuscitant le geste héroïque des MEP, congrégation qui a semé des graines à germination lente sur tout le continent eurasien, et dont le jeune Paul récolte aujourd'hui, en une moisson de saints kilomètres, les fruits vivants et joyeux.

Être chrétien n'est pas innocent. Cela se voit de loin, cela se vit au quotidien, cela change le regard sur le monde. Et le lecteur qui pourrait être surpris ou agacé finit par comprendre cette Transfiguration, cette grille de lecture nouvelle, et en est transporté. Merci Paul de nous ouvrir les yeux ! Les écailles nous en tombent. Et le crypto-catho, qui somnole en chacun de nous, se réveille et se lève et t'emboîte les roues ! Il sort de sa chrysalide de timidité, de fausse pudeur et de complexes. Et le lecteur s'enchante de ce relais, à l'image des auberges d'un Camino planétaire.

De l'Immaculée Conception à Saint-Joseph, de Notre-Dame du Rosaire à la Sainte-Trinité, des filles de la Charité à celles du Perpétuel Secours se redessine un monde généreux, pacifique, rayonnant d'amour, envers et contre tout, pour faire mentir l'Histoire et transcender les frontières : pour chanter le seul universalisme qui ait réussi, et notre auteur, en bon apôtre, avec sa candeur et sa foi en est le témoin, le christophore ! On redécouvre que la Turquie était chrétienne de Cappadoce à Tarse, la ville de son saint patron, l'aventurier de Dieu, dont le jeune Paul « espère se montrer digne ». Quelle leçon pour nous qui osons à peine bafouiller que nous croyons en Dieu plutôt qu'au hasard ou à rien ! Et c'est la bonne nouvelle de ce livre, la jeunesse qui nous suit est meilleure que nous ! Plus courageuse intellectuellement.

Rejeton de la génération mondialisée faisant fi des frontières et des guerres mais qui lit et aime Péguy, et l'aventure devient pèlerinage du Liban vers la Terre Sainte. Les plus belles pages sont à Jérusalem. Forcément. À tout Seigneur, tout honneur. C'est la montée vers Jérusalem. Qui nous attend tous. La suite est dans les pas et dans la lignée de Paul, avec ses coups d'éclat et ses épreuves, Paul le moteur que rien n'arrête, quand Pierre incarnait la permanence et la durée, la fondation et l'Église. Et son successeur de lui dire qu'en pédalant, il n'a fait que la moitié du chemin… Car reste le témoignage, et il commence maintenant ! Hic et nunc ! « Le monde est rempli d'honnêtes gens au cœur immense »… en selle !

Alexandre Poussin
Écrivain-voyageur
Co-auteur du livre *On a roulé sur la terre* (éditions Robert Laffont)
où il relate son tour du monde à bicyclette
avec Sylvain Tesson effectué en 1994.

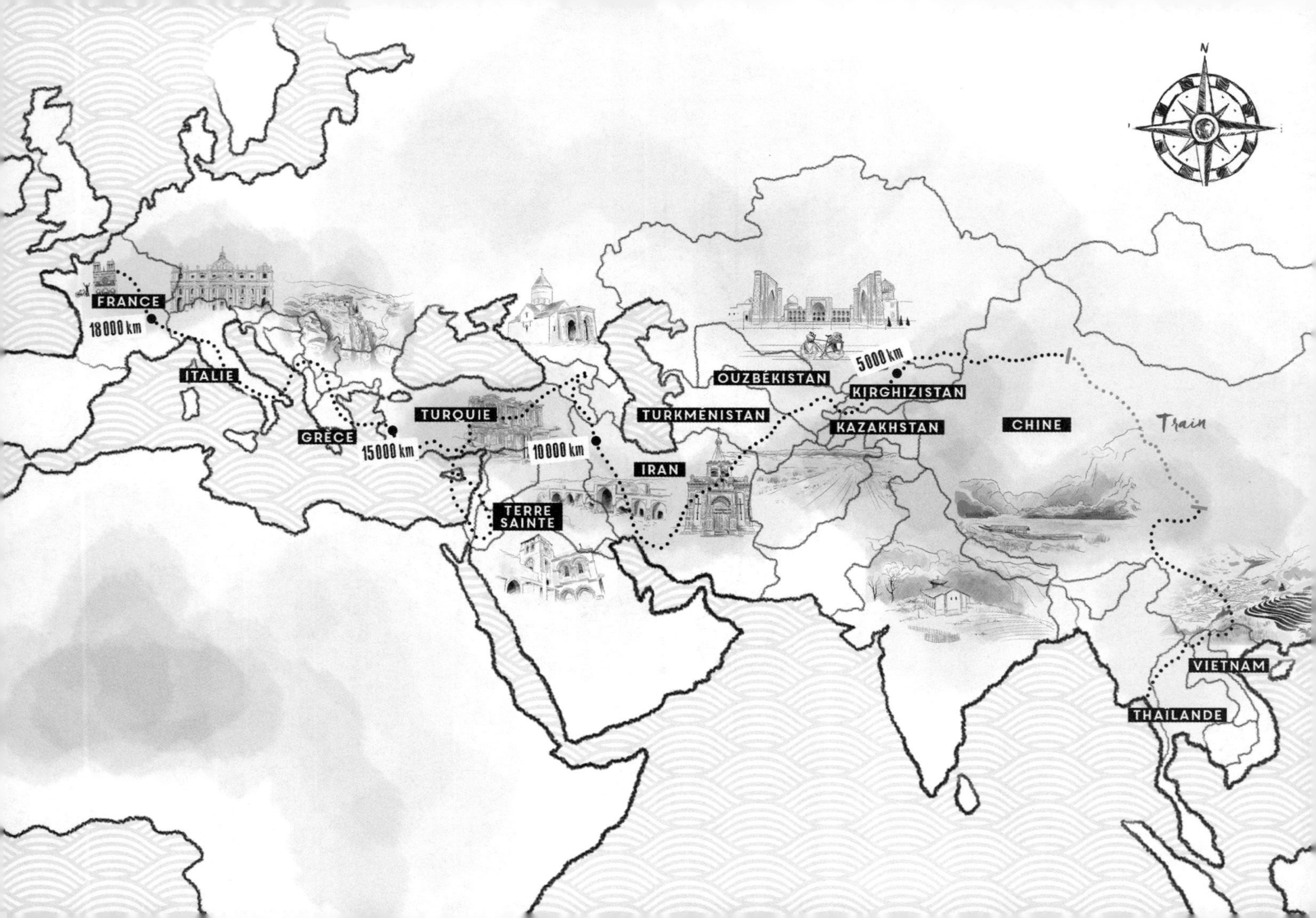

FRANCE
18 000 km
ITALIE
GRÈCE
15 000 km
TURQUIE
TERRE SAINTE
10 000 km
IRAN
TURKMÉNISTAN
OUZBÉKISTAN
KIRGHIZISTAN
KAZAKHSTAN
5 000 km
CHINE
Train
VIETNAM
THAILANDE
N

INTRODUCTION

« Les grands voyages ont ceci de merveilleux que leur enchantement commence avant le départ même. On ouvre les atlas, on rêve sur les cartes. On répète les noms magnifiques des villes inconnues. »

Joseph Kessel

Rouler sur les pistes balayées par les vents d'Asie centrale était un vieux rêve, c'est désormais un souvenir palpable associé à une collection de paysages, de visages, de sourires, de saveurs, de couleurs, d'émotions qui restera à jamais gravée dans mon esprit. Après des études en sciences de gestion, la perspective de m'enfermer dans une tour à la Défense ne m'enchantait guère, le grand air me manquait, je souhaitais donner de mon temps et de ma personne pour servir. Ce fut avec les Missions Étrangères de Paris[1] qui m'envoyèrent une année durant au nord de la Thaïlande, dans un village de la minorité karen. J'y enseignais l'anglais, travaillais dans une coopérative de café, jouais avec les enfants, aidais les missionnaires dans leurs diverses tâches pour visiter les villages reculés. Une année à m'enraciner dans une terre et à découvrir un autre visage de l'Église, celui d'une Église jeune : les premiers chrétiens y sont encore en vie ! Bouleversé par l'anonymat de ces frères, je décidai au terme de cette année en Thaïlande, de rentrer à Paris en rencontrant les communautés chrétiennes parsemant l'antique route de la soie afin

1. Vénérable institution catholique envoyant des missionnaires en Asie depuis 360 ans pour évangéliser les peuples.

de les faire connaître davantage et exprimer au monde que la grâce de la foi traverse les frontières culturelles. Le vélo était déjà un moyen de locomotion absurde pour un si long périple, j'y adjoignis alors une préparation minimale, à Dieu va, la Providence m'accompagnera comme elle accompagna les missionnaires venus apporter ici le message du Christ !

Bien souvent, j'ai cru être né trop tard. Au siècle où l'on traverse en une journée la planète, où le progrès technique ne sait plus s'arrêter, où l'aventure consiste pour beaucoup à ne pas avoir de réseau pendant deux jours, il reste encore des territoires où l'aventure, la véritable, est possible, pour peu qu'on s'en donne les moyens et qu'on en ait l'envie. Guy de Larigaudie, T.E Lawrence, Jules Verne, Éric Tabarly, George Guynemer, Antoine de Saint-Exupéry ou Joseph Kessel n'étaient finalement pas si équipés que cela mais ils avaient le panache, la bravoure et une volonté de fer. L'histoire en fit des héros, leurs contemporains voyaient en eux des rêveurs. *« Tu vis dans le passé, ça n'est pas sérieux »* m'a-t-on répété. Oh oui ! Mais prendre la face nord en plein dans la figure et rire un bon coup au lieu de « rester sérieux » est une expérience fondatrice pour l'homme.

Ce voyage qui devait durer sept mois s'est finalement étiré sur un peu plus d'une année. Partir sans réelle préparation physique ou même d'itinéraire était déjà un moyen efficace de m'assurer un voyage haut en couleur et quelques bonnes galères. J'ai plongé largement dans cette joyeuse situation où la volonté permet de surmonter n'importe quel obstacle, le retour en arrière étant interdit. Le voyage à vélo comporte beaucoup d'inconvénients et quelques avantages, le plus grand étant qu'il nous limite dans la distance parcourable chaque jour. Lorsque la nuit tombe, que le froid guette, il faut s'arrêter. Demeurer et m'abandonner à la Providence : ces deux attitudes ont été mes guides sur ce chemin, me permettant de vivre des situations inoubliables en prenant le temps de la rencontre.

J'ai voulu témoigner de mon périple pour dire à tous ceux qui le souhaitent que l'aventure véritable consistant à se dépouiller pour aller puiser au plus profond de soi, existe. Elle est question d'ouverture du cœur, de lâcher-prise et d'une raison qui nous dépasse pour nous donner envie d'avancer. Vladimir Volkoff disait à Sylvain Tesson *« qu'un jeune de vingt ans qui ne rêve pas de faire le tour du monde à bicyclette est à passer par les armes »*, je ne peux que souscrire à cette thèse ! En se confrontant à la nature abrupte, franche, directe, qui ne pardonne pas, on grandit. Cela nous permet de toucher du doigt une réalité qui nous échappe. Le spirituel est enraciné dans le charnel, l'éternel a besoin du temporel pour déployer l'entièreté de son amour en nous.

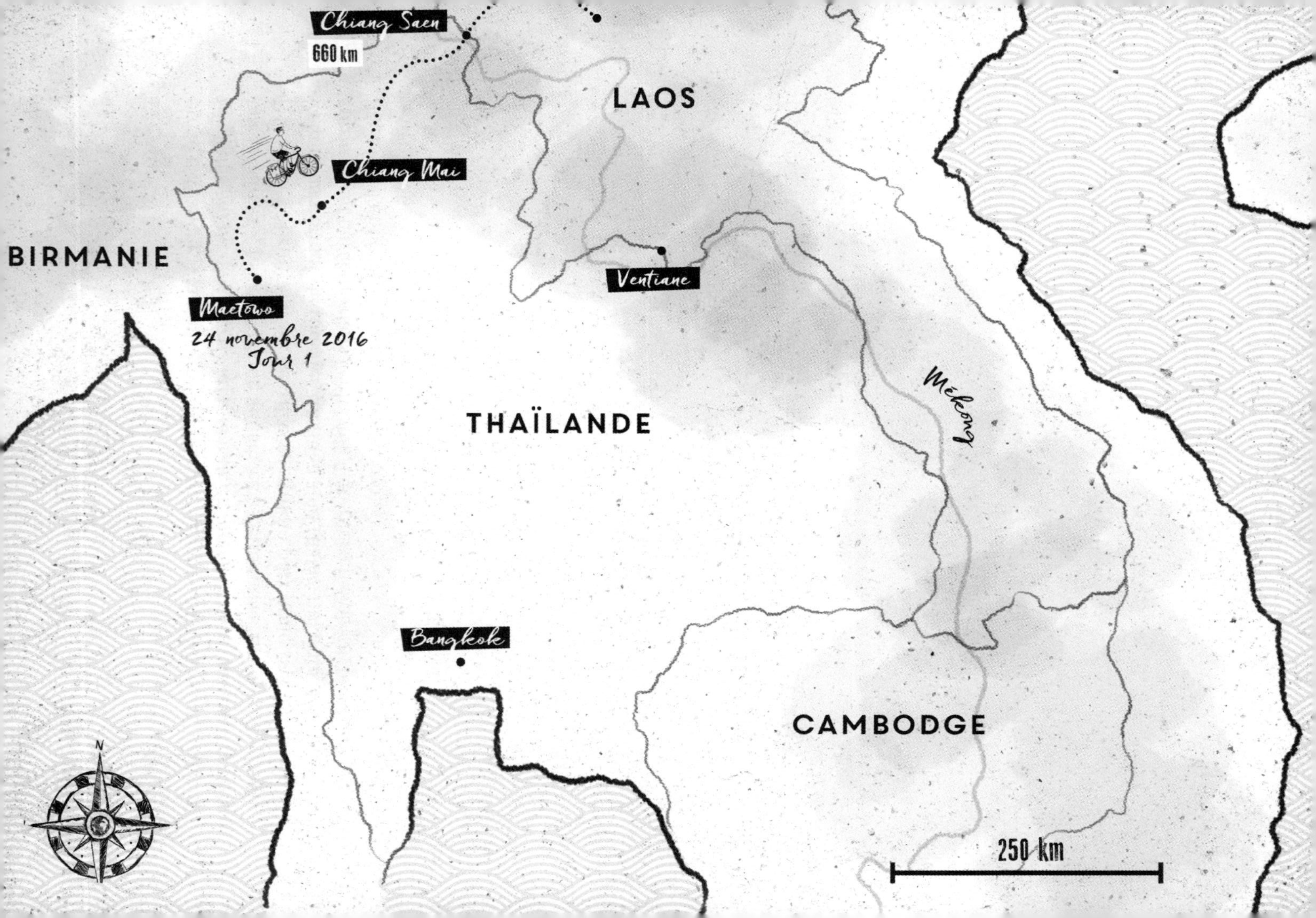
Chiang Saen
660 km
LAOS
Chiang Mai
BIRMANIE
Ventiane
Maetowo
24 novembre 2016
Jour 1
Mékong
THAÏLANDE
Bangkok
CAMBODGE
N
250 km

La Moei, frontière Thaïlande-Birmanie

1

THAÏLANDE

« Ne prenez rien pour la route, ni bâton, ni sac, ni pain, ni argent ; n'ayez pas chacun une tunique de rechange. » Luc 9, 3

C'est ainsi que, poussé par le désir de prendre du temps pour l'offrir aux autres, je décide de partir pour une année de mission avec les Missions Étrangères de Paris (MEP) à la fin de mes études. J'ai à peine posé le pied sur le tarmac de l'aéroport de Bangkok que je ressens une profonde joie missionnaire. L'Asie s'ouvre à moi, envoûtante et charmante, bruyante mais attachante. Je l'imaginais comme un roman de Pierre Loti, un film de Schoendoerffer, un essai de Kessel, une photo de Robert Capa. Elle m'apparaît moderne et débridée.

Après quelques jours au cœur de Bangkok dans cette maison des MEP tenue par le père Jo afin d'y apprendre quelques rudiments de thaï, je file vers le nord du pays en bus de nuit pour rejoindre Doithong, mon lieu de mission. C'est ainsi que j'enseignerai l'anglais à une trentaine de jeunes dans la province de Chiang Mai et travaillerai dans la coopérative de café. Patient travail agricole que je découvre et auquel je prends goût, à l'ombre du Doi Inthanon – point culminant de Thaïlande – annonciateur de futures ascensions pour moi. La terre de couleur ocre témoigne de la récolte du riz tout juste effectuée, ce sont les quatre saisons que je vivrai ici. Jo, Loulou, Kolleek, Ehtagay, Kook et les autres sont ceux auprès desquels j'œuvre cette année, serviteur inutile pour qui l'action menée paraît bien souvent dérisoire, mais il est nécessaire d'être et de demeurer.

Au long de ces mois, qui pourraient paraître monotones aux yeux d'Européens, j'ai pourtant beaucoup reçu: j'ai pu développer mon intériorité ainsi que le goût du temps qui passe, chose ô combien rare en Occident, tant nous sommes pressés par toutes nos activités. Redécouvrir que l'on peut s'amuser avec un rien, que des enfants dans les villages de montagne reçoivent avec tant de joie une paire de tongs ou un manteau pour Noël, a chamboulé mes propres repères.

Ma mission a également été ponctuée de quelques intermèdes où j'ai eu la chance de rencontrer d'autres volontaires, eux aussi en service en Thaïlande et au Laos, dont une mémorable descente du Mékong avec Pierre, volontaire MEP, sur une pirogue de six mètres achetée à un pêcheur. Un bel avant-goût de mon périple à vélo, mais par voie fluviale, entre Huay Xai et Luang Prabang. Toute cette semaine, nous avons laissé notre frêle esquif se jouer des hauts-fonds et nous sommes autorisés des bivouacs dans des endroits reculés, privilégiés. Je rencontrerai notamment pendant cette escapade l'administrateur apostolique de Luang Prabang, Mgr Banchong Thopanhong qui me fera prendre conscience de l'immense entrave à la liberté des chrétiens existant dans cette région et qui éveillera en moi le désir de mieux faire connaître ces frères.

Après neuf mois de mission, je rejoins Maetowo, un foyer d'enfants géré par le père Alain Bourdery, situé juste sur la frontière thaïe et birmane. J'apporte mon aide là-bas comme un couteau suisse, en coordonnant divers projets, que ce soit en traversant la jungle aux côtés du père pour l'aider à porter son matériel liturgique afin de célébrer une messe dans un village reculé ou encore en jouant au football avec les garçons du foyer.

Puis c'est le temps du retour en France. Une année s'est écoulée, les milliers de sourires sont encore dans ma tête, je me suis enraciné dans un terreau fertile pour ma relation au Christ, il est temps de partir pour rentrer à Paris, mon diocèse d'origine.

Jeudi 24 novembre 2016, J1. Maetowo

J'assiste à la messe de l'aube avec les enfants du centre à Maetowo. Le temps est couvert, frais. Mon cœur est serré de voir une dernière fois leurs sourires, leur insouciance, leur nonchalance et de les saluer avant qu'ils partent pour l'école. Comme chaque matin, la trentaine d'enfants s'aligne face à l'église, le père et les sœurs donnent quelques consignes et informations avant un salut mutuel. C'est terminé, ils s'éloignent en file indienne vers l'école située à quelques encablures d'ici pour une journée de cours. Je sais bien que je ne les reverrai certainement jamais, mais qu'importe. Durant ces quelques mois ils m'ont fait grandir, ont joué avec moi au football et m'ont même donné ce surnom de «*Djolohai*», littéralement «grand frère beau gosse» en karen!

De retour dans ma chambre, je charge mon vélo avec les sacoches. Qu'il est lourd désormais! Il va falloir parcourir tous ces kilomètres à la seule force des mollets. Le premier tronçon ne sera pas de tout repos. L'ayant beaucoup arpenté en pick-up pour me rendre avec le père Alain dans différents villages des environs, je sais à quel point les côtes sont abruptes.

Je rends ma clé, puis vient l'heure de la séance d'au revoir avec sœur Cécile, sœur Mali et le père Alain. À Dieu? À toujours plutôt, pour reprendre la formule de Marthe Robin. Oh oui! Je reviendrai ici dans ce coin de Thaïlande.

Le soleil pointe son nez, il est temps de s'élancer. En avant, *in nomine Domini*. Premiers coups de pédales avec cette monture ainsi chargée. Direction tout droit, objectif Paris. À ce moment-là, je ne doute absolument pas de ma capacité à rejoindre la ville lumière à la seule force de mes mollets. La folie, l'entrain du début, la foi; un peu de tout cela à la fois. Ayant annoncé vouloir rentrer à vélo à mes proches, il n'est plus question de reculer. Un acte posé ne se reprend pas. Dès le début, je pars sans filets, à la grâce de Dieu. J'ai perdu ma pompe à vélo il y a quelques jours. Crevaison interdite, et si elle arrive? Elle n'arrivera pas.

Je suis émerveillé encore une fois par ces couleurs verdoyantes de la forêt, la route me paraît étrangère. Une saillie dans un paysage vierge, la jungle où il ne devrait être permis de se déplacer qu'à pied. La journée avance et je suis encore bien loin de Mae Sariang, l'étape envisagée pour cette première nuit. Au bord de la Yuam, je trouve un endroit parfait pour planter ma tente. Une aire de camping adaptée, comme les Thaïs en raffolent. Lumière douce de fin de journée, la rivière coule paisiblement, l'air léger d'une belle journée de cette Thaïlande que j'aime tant.

Dimanche 27 novembre 2016, J4. Chomthong. 307 km

La brume est de retour pour le premier lever du bivouac. Dans une semi-pénombre, je plie mon campement dans le silence de la civilisation, simplement troublé par une voiture de temps à autre. Mae Sariang apparaît. J'aperçois les rizières où la moisson bat son plein. Sur ma gauche, les nuances de vert rayonnent, ondulant au gré du vent, caressant les quelques replats de ce paysage fracassé au milieu des montagnes.

Mae Sariang est une des villes les plus enclavées de Thaïlande, avec sa comparse du nord Mae Hong Son. Un petit coin de paradis où il fait bon s'arrêter. Ce ne sera pas le cas cette fois-ci, hormis pour un bref ravitaillement. La route m'attend. Un arrêt pour déjeuner en face de l'église où il n'y a pas âme qui vive, les sœurs doivent être de sortie. Le restaurant est tenu par un catholique karen, avec lequel je discute rapidement durant le déjeuner, clin d'œil de la Providence.

Je reprends la route, toujours aussi vallonnée. Les côtes s'enchaînent, et avec elles les descentes. Éternel recommencement où la seconde partie est toujours trop courte, évidemment bien plus courte que la première. Un bivouac à côté d'une ferme bordant la route, les habitants m'invitent à partager leur repas et me regardent interloqués quand je leur explique mon projet. Le concept même d'aller au-delà des limites de la province est étonnant, celui de rejoindre un autre coin du monde encore plus. Les réveils sont toujours splendides ici, dans les montagnes. Le soleil perce timidement le brouillard déposé par l'humidité de la nuit, avant de donner toute la mesure de sa puissance.

Pour le premier dimanche du périple, je fais escale à Chomthong, à la paroisse catholique tenue par le père Tikham, que j'ai eu l'occasion de rencontrer à de nombreuses reprises lors de l'année. Située dans la grande plaine de Chiang Mai, en bordure des montagnes, j'ai passé une année fantastique dans ce petit coin de paradis.

À l'écart de la ville, le petit village de Doithong est un condensé de la Thaïlande : des Thaïs et des Karens vivant à quelques encablures les uns des autres, un temple un peu plus loin avec ses bonzes en tenues rouges et orange, et les rizières toutes proches.

La route descend lentement, tourne légèrement à gauche entre deux murs. Un arbre en face camoufle difficilement l'éclat du vert tout proche. J'avance encore un peu et débusque un serpent paresseusement installé dans un fossé au bord du chemin. Il traverse et file tout droit dans les fourrés avoisinants.

Surgit alors un paysage au vert éclatant de rizières en terrasses. Parcelles à taille humaine construites selon des règles hydrographiques permettant l'irrigation avec parcimonie des plants de riz. Sur le flanc de la colline un stupa domine la plaine. Je dépasse des cabanes, abris pour les ouvriers des champs permettant quelques minutes de repos à l'ombre au cœur de leurs journées harassantes sous un soleil éclatant. Minuscules taches de couleur foncée dans cet océan de vert, ils pellettent, retournent la terre, tracent des sillons, coupent les branches qui dépassent, ouvrent des canaux pour irriguer une parcelle. Le geste n'a pas changé depuis des siècles, la mécanisation forcenée n'a heureusement pas encore atteint ces arpents de terre.

La route part ensuite plein nord, virant Chiang Mai, Chiang Rai, pour atteindre le bout de la Thaïlande et son fameux triangle d'or. Birmanie, Laos et Thaïlande se font face, le Mékong établissant une perméable frontière qui est avant tout un axe de communication et de transport majeur. Cette frontière n'est qu'une dénomination administrative pour les Akkhas, Hmongs, Karens vivant dans la région, ils s'en moquent éperdument et passent d'un pays à l'autre aisément.

Le Mékong est ici large, paresseux, coulant d'une façon paisible entre les berges fertiles. Mais il est capable d'être nettement plus sauvage, comme je le découvrirai plus au nord.

Mercredi 30 novembre 2016, J7. Chiang Saen. 575 km

Tapie à l'ombre des vestiges de ses remparts, Chiang Saen, lovée dans une boucle du Mékong, m'ouvre ses portes pour deux jours, comme une invitation à y revenir. Carrefour séculier d'échanges entre les trois voisins, dont parfois des marchandises peu recommandables, c'est aujourd'hui un nœud vers la Chine – voisine influente et proche. Dernière étape avant le grand saut vers l'inconnu, vers des pays qu'il me tarde de découvrir, même si la Thaïlande me suffit.

Mais suis-je à Chiang Saen pour du tourisme ? Non. J'y suis pour rencontrer les sœurs de la Providence, congrégation fondée il y a près de deux siècles en Italie par saint Luigi Scrosoppi à Udine. Communauté ici très internationale composée de quatre sœurs : sœur Jandira (Brésil), sœurs Margareth et Paula (Birmanie), ainsi que d'une sœur chinoise dont le nom m'échappe.

Elles sont chargées de l'éducation et de l'évangélisation des populations locales dans les villages Akkhas, nombreux aux environs. Éducation totale car il ne s'agit pas simplement de former des têtes bien faites à l'école, mais surtout de former des esprits et des cœurs. Vaste programme pour une communauté arrivée depuis cinq ans en Thaïlande et qui éprouve les plus grandes difficultés à bâtir à cause de contraintes administratives locales absolument hallucinantes. Pourtant les besoins sont là et cette éducation personnalisée est nécessaire aux jeunes filles déjà accueillies dans leur centre. Vivant de la Providence, ces sœurs sont l'exemple même de l'abandon et de la confiance dans le Christ, voulant par ailleurs toujours faire plus. « *Davantage Madame* » répondit saint Vincent de Paul à la Reine lorsqu'elle lui disait qu'il avait fait énormément pour les plus faibles et qu'il devrait songer à prendre du repos. Nous avons ici le même état d'esprit. Faire chaque jour mieux qu'hier.

J'accompagne les sœurs Jandira et Margareth pour rendre visite à plusieurs familles dans les villages, ainsi qu'autour de Chiang Saen. Simplicité dans les paroles, dans les gestes. Accompagner les paroissiens, les aider à trouver des solutions pour sortir de leurs dépendances par une présence attentive.

Ces villages ne sont pas si pauvres que cela comparés à certains villages karens que j'ai visités, mais l'argent ne leur a pas apporté que des bénéfices. C'est à se demander s'il ne dessert pas les villageois, qui, autrefois nomades et sans le sou, vivaient de la cueillette et de la production agricole annuelle.

À Chiang Saen, j'ai vu le visage d'une Église unie et confiante malgré les difficultés. Joie de prier les laudes en communauté après l'adoration dans l'aube d'un jour naissant. Joie de rire de choses simples, joie de parler du Christ en marchant dans la ville, joie de partager quelques moments avec les jeunes filles du foyer et d'expliquer pourquoi c'était important pour moi de les rencontrer… Oui une Église qui avance malgré les difficultés du quotidien, les moyens faibles pour des projets nécessaires et bien construits et une volonté toute simple de vouloir changer les choses en annonçant l'Évangile.

J'ai constaté une dimension missionnaire extraordinaire, des sœurs heureuses et rendant grâce à chaque instant pour leur présence et pour leur travail minutieux qui porte ses fruits. J'ai vu à quel point chaque goutte d'eau est nécessaire à l'océan et que toutes les initiatives sont bonnes pour éduquer des jeunes. Leur donner un socle solide pour tenir un foyer est certainement la meilleure chose que peuvent recevoir ces jeunes filles pour leur avenir.

À Chiang Saen, j'ai été accueilli comme le fils prodigue a pu l'être à son retour, tel un prince, tant le fait de recevoir un étranger est un événement extraordinaire et un honneur pour ces sœurs. Une douce atmosphère de bienveillance, où le souci de l'autre est présent à chaque instant, m'enveloppe.

Ayant eu une journée sans pédaler, qu'ai-je donc bien pu faire pour m'occuper en plus des visites aux familles avec les sœurs ? Comme tout cycliste lorsqu'il voyage : une lessive ! Et puis bricoler mon vélo, mange-poussière réclamant des soins réguliers pour me mener à bon port. La suite s'annonce coriace au Laos puis au Vietnam. Sauvage, le Laos conserve une authenticité bien souvent perdue en Thaïlande à cause du tourisme de masse.

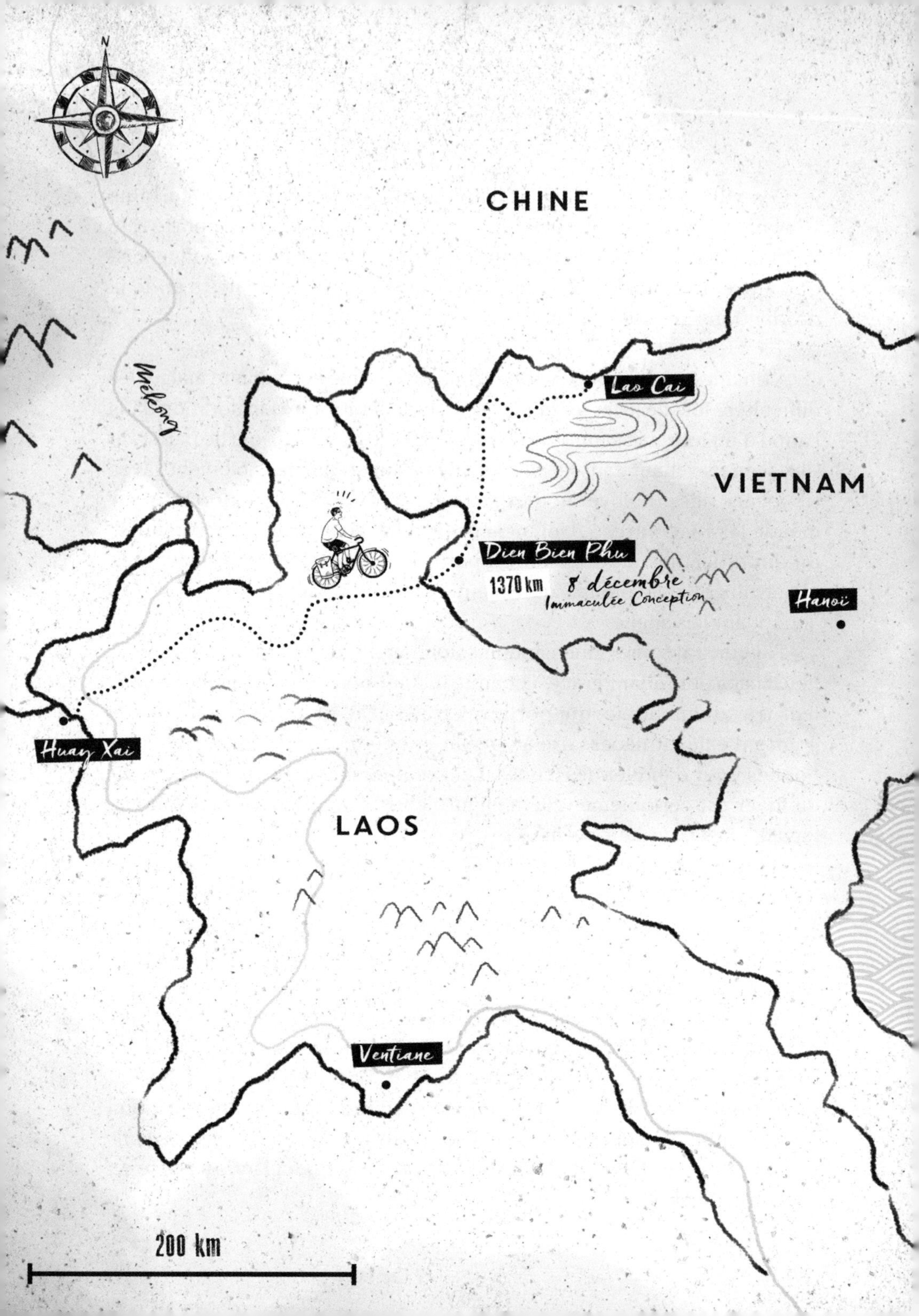
N
CHINE
Mékong
Lao Cai
VIETNAM
Dien Bien Phu
1370 km
8 décembre
Immaculée Conception
Hanoï
Huay Xai
LAOS
Ventiane
200 km

Rizières, nord-Vietnam

2

LAOS ET VIETNAM

« On peut faire très sérieusement ce qui nous amuse, les enfants nous le prouvent tous les jours. »

Georges Bernanos

Vendredi 2 décembre 2016, J9. Nam ho tai. 660km

Une dernière halte à la paroisse Sainte-Marie à Huay Xai, où le père me donne quelques informations sur la localisation de paroisses catholiques côté lao, et je m'élance vers ce pont de l'amitié qui relie les deux berges du Mékong. Littéralement « Mae Nam Khong », qui signifie « Mère des eaux », il fait partie des dix plus grands fleuves du monde et est un des plus connus avec le Nil, l'Amazone, le Tigre, l'Euphrate, le Gange et l'Amour.

Saut dans l'inconnu, je quitte ce pays qui fut le mien pendant une année, pour rejoindre celui d'où je viens. En poche, quelques vagues indications sur un village à cinq km où se trouvent une église catholique et des fidèles. Le père a griffonné sur mon carnet le nom du catéchiste local auprès duquel je peux me recommander. Demandant ici et là les noms des localités, je rejoins Nam ho tai et attends, comme on m'y invite, ledit catéchiste… que je ne verrai jamais! Rien ne se passe, je regarde autour de moi et entrevois une croix en haut d'un bâtiment, c'est bel et bien l'église dont on m'a parlé! J'interpelle d'autres villageois et explique en thaï mon projet de retour en France à vélo, à la rencontre des chrétiens locaux. Une dame ouvre l'église et m'indique que je peux y dormir ce soir. Dans la même veine que les pèlerins du Moyen Âge en Europe qui dormaient au fond des chapelles, j'étendrai ce soir mon duvet contre le mur de l'église.

Sitôt mon vélo posé, le phénomène déjà observé en Thaïlande se reproduit. Une nuée d'enfants s'approche, à la fois joyeuse et prudente, au début à quelques mètres, puis lorsque l'un d'entre eux ose s'approcher de la bicyclette, le groupe suit. Je suis encore et toujours fasciné par cette prudence immense qu'ils peuvent avoir, puis une fois la glace brisée, leur facilité à se comporter comme de vieux amis. Tous veulent essayer mon casque, me questionnent du regard sur ce drôle de vélo qui ressemble à quelque chose de connu. Le vélo est roi au Laos, mais d'aussi chargé, je n'en ai pas vu beaucoup!

La surprise semblant être ma compagne de voyage, je suis à peine étonné quand un Lao m'aborde dans un anglais parfait, me demandant si je souhaite dîner avec lui et sa famille. Il est de retour chez lui au Laos après avoir habité quelques années au Canada. Nous dînons ensemble de plats locaux: poulet mariné, riz gluant, porc rôti sur le feu, un repas idéal après une bonne journée de route. Ces Laos-Canadiens facilitent bien la transmission des informations et expliquent ensuite aux villageois plus clairement que moi en thaï, l'objet de mon périple, le lien avec les Missions Étrangères de Paris[2]. Je vois alors le visage des anciens s'illuminer. Je suis clairement vu comme un missionnaire, dans la veine de ceux qui ont évangélisé toute cette partie de l'Asie et dont tous les chrétiens ont entendu parler et, pour les plus âgés, côtoyés. Pour eux,

2. Que j'appelerai MEP dans la suite de l'ouvrage.

c'est un honneur et une chance de pouvoir héberger ainsi un morceau de France, un frère chrétien.

Ce n'est pas le hasard qui m'a conduit ici, mais bel et bien la Providence. Celle qui va m'accompagner tout le long de la route. Solitaire, mais jamais seul. Ces communautés sont autant de jalons qui rappellent que nous appartenons tous au même corps, avec nos spécificités.

C'est tout naturellement que je suis invité ensuite pour l'anniversaire d'une des jeunes du village, à grand renfort de gâteaux à la crème, musique et blagues potaches. Cette jeunesse n'est pas si différente de l'européenne et ne demande qu'à s'amuser.

Une nuit de repos et il est temps de repartir, de quitter ce havre de paix et de suivre la route poussiéreuse de Louang Namtha vers la Chine.

Cette nature préservée du tourisme de masse : les villages à flanc de colline, les maisons en file indienne le long de la route, les milliers de salutations d'écoliers (toujours dehors, jamais en cours à toute heure de la journée ?!), les sourires des Laos…

Il est très difficile de trouver ici quelqu'un parlant anglais. La barrière de la langue est réelle. C'est une autre conséquence de l'absence de touristes, et cela me convient parfaitement. Abandon total et entier à la Providence, sans le moindre calcul. Je pédale, m'arrête en me laissant surprendre par l'accueil des Laos. Leur simplicité a un côté fabuleux, qui est de se dire que rien n'est jamais grave. Les kilomètres défilent, de même que les grains du chapelet.

Parfois longs, de temps en temps difficiles, souvent magiques grâce aux paysages traversés. Les montagnes ont cette faculté extraordinaire, en sculptant le paysage, de lui donner une âme particulière. Les nuances de verts se fondent avec le gris de la roche, quand soudain se découvre une rizière au gré d'un virage, juchée sur un affluent de la Nam Ou, Nam Pa ou une de ces innombrables rivières qui parsèment le pays.

Lundi 5 décembre 2016, J12. Oudomxay. 1117 km

La route serpente en fond de vallée puis s'élève doucement pour basculer dans la vallée d'après. Ce chef-d'œuvre du génie civil est l'unique moyen de communication d'un village à l'autre. Les villageois vivent d'une agriculture tout juste autosuffisante, expliquant ainsi pourquoi il est difficile de trouver même de petits restaurants dans ces contrées. Cette nature préservée et cette joie très simple qui caractérise les Laos est fabuleuse. Se réjouir des petites choses est leur leitmotiv. Un étranger arrive : tous s'attroupent afin de voir de quoi il s'agit ; il souhaite dormir ici ou là ? Eh bien oui, cela ne gêne personne, pourquoi l'en priver.

Ces paysages sont toutefois modelés par la main humaine, patiemment, doucement, mais avec méthode. Rien à voir avec les exploitations intensives en Europe ou aux États-Unis, mais c'est la même idée : demander plus à la nature que ce qu'elle veut bien nous donner aujourd'hui.

Les forêts d'hévéas plantés pour leur caoutchouc naturel, bien sagement alignés, comme pour un défilé du 14 juillet sur les Champs-Élysées sont un spectacle dramatique de la globalisation économique qui voit des paysans déforester pour planter encore plus, la production étant vendue au cours du marché mondial…

Et puis quelques belles surprises s'offrent à moi au gré des virages : les signes d'encouragements des chauffeurs qui me croisent ou dépassent, les locaux tout heureux de pratiquer l'anglais avec un *Farang* s'arrêtant dans leur village – chose quasi inimaginable tant c'est incongru – et se pliant en quatre pour que ma nuit se passe bien, les enfants qui accourent vers moi lors d'un arrêt pensant que je vais leur donner des friandises… Malheureusement, je n'ai rien à leur offrir, ce qui les déçoit quelque peu.

Un soir, voulant m'arrêter dans un village à proximité de Houay Dam, on me fait comprendre par l'affirmative (ne jamais dire non dans cette région du monde !) que ce n'est pas possible. Bon gré mal gré, je poursuis, l'esprit renfrogné, ma quête d'un endroit où dresser ma tente. Moins d'un kilomètre plus loin, je peux planter ma tente sur la « place du village », sous le regard mi-amusé, mi-interloqué d'une quarantaine de personnes. Je suis encore une fois le centre des attentions de tous. Il s'agit de ne pas se louper et de faire les choses bien directement, du premier coup. Les sardines s'enfoncent aisément dans la terre sablonneuse. En toute simplicité, mais peut-être aussi à la vue de la couche de poussière qui me recouvre, une douche m'est proposée. La récompense du cycliste !

L'asphalte des routes est en effet recouvert d'une fine couche de poussière que soulèvent allègrement les camions, motos, pick-up me dépassant. Je suis obligé de fermer la bouche en permanence pour ne pas en avaler trop, de plisser les yeux qui, même cachés derrière les lunettes reçoivent des projections ! Cette poussière fine pénètre absolument partout où elle trouve un espace, un léger interstice.

Revigoré par une bonne douche froide, je me sens comme un homme neuf et dîne des nouilles lyophilisées agrémentées d'un excellent *Keaw niaw, i.e.* riz gluant, spécialité délicieuse de cette région. Échange difficile avec le chef de village, qui comprend néanmoins mon idée de rejoindre la France avec ce frêle instrument qu'est mon vélo. Repu, je m'endors comme un bienheureux pour repartir dès l'aurore, dans la brume puissante qui nous enveloppe après chaque nuit.

Depuis le départ, mon vélo encaisse sans broncher, y compris sur les pistes cahoteuses et poussiéreuses au possible. Mauvais plan pour la moyenne kilométrique mais extraordinaire pour les paysages – garantis sans touristes – et qui permet d'éprouver la solidité de *mange-poussière*. Mis à part une pédale droite qui se dévisse (que je revisse lorsque nécessaire) et les porte-bagages dont les vis semblent avoir des envies de jouer les filles de l'air, rien à déclarer après 1 300 km. Dans une montée, j'ai la désagréable surprise de voir mon porte-bagages arrière se décrocher... Avec les vibrations, les vis s'étaient dévissées... Je repars heureusement sans encombre. Pas de panne, les jambes suivent, le dos aussi. Bref, côté mécanique tout va bien ! Et côté spirituel, la liturgie des heures[3] est définitivement le meilleur carburant qui soit !

Le Laos possède encore – fait unique dans la région – d'immenses étendues vierges boisées où vous ne trouvez point de traces de l'homme.

3. NdE : Prière chrétienne répartie en plusieurs moments dans la journée, appelés « offices ». Elle est priée par toutes les communautés religieuses du monde et beaucoup de laïcs qui souhaitent ainsi prier en communion avec toute l'Église.

Une piste relie ces vallées parcourues à pied depuis des temps séculaires. C'est le royaume de la nature, qui n'est pas exploitée ici comme un parc à thème. C'est particulièrement visible à vélo, l'état des routes en dit long sur le rapport à la nature des habitants. Ici la route n'est qu'un moyen, une anomalie dans un paysage, elle s'excuse d'avoir tracé son sillon à flanc de colline. C'est d'ailleurs pour cela que les montées sont aussi longues, tout comme les descentes qui paraissent néanmoins toujours trop courtes. 20 km de côte d'affilée : voilà le tarif, deux fois par jour. On s'y fait, mais parfois je me prends à rêver de rouler vers Chartres en plein cœur de la plate Beauce, nettement plus amicale avec les cyclistes.

Quitter le Laos ne peut se faire directement avec facilité. Je m'enquille donc près de 800 m de dénivelé en une dizaine de kilomètres, ça grimpe sec ! Décidément, les Laos ont le chic pour bâtir leurs villages à des endroits inaccessibles. Muang Mai, dernier village du Laos, m'a enchanté, avec tout ce que l'on peut apprécier dans ces campagnes. Un fouillis tout autour de la route principale et un entassement de boutiques vendant absolument tout ce que vous pouvez imaginer, serrées de chaque côté du pont qui enjambe la rivière. Par un mécanisme étonnant, passé une certaine taille de village, les locaux s'intéressent moins au cycliste et préfèrent vaquer à leurs occupations après un bref arrêt.

Surplombant la rivière, je m'arrête pour déjeuner dans un des innombrables *bouis-bouis* qui se succèdent. Les odeurs de viande bouillie et de poisson à peine sorti de la rivière locale et grillé à point rendraient carnivore n'importe quel végétarien.

Sous le soleil qui tape, le temps est suspendu. Chacun vaque avec précision à ses occupations. Ici l'un découpe soigneusement de la viande à grands coups de hachoir, à gauche trois hommes s'affairent à décharger des cartons d'un camion hors d'âge surchargé, tandis qu'à droite sur le pas de la porte d'une boutique de téléphones, un jeune tente d'embobiner une femme en lui vantant les mérites du dernier modèle tout droit venu de Chine. Il y a du Giono dans cette scène.

La Chine : son ombre est partout dans ce Nord-Laos. Bien souvent, les panneaux comportent des indications écrites également en chinois, et il n'est pas rare, voire courant de se faire doubler par d'énormes camions immatriculés en Chine. Premier avant-goût du gigantisme de l'empire du milieu.

Les routes fraîchement recouvertes de macadam sont à chaque fois pour mon vélo et moi-même un soulagement. Pouvoir enfin rouler sans que les vibrations ne m'obligent à tenir fermement le guidon, faute de quoi je serai éjecté sur le bas-côté avec mon fier destrier. On perçoit aisément la différence phénoménale de développement entre les deux pays. L'un, atelier de l'Europe, d'ores et déjà entré dans une logique économique froide et calculatrice. Qu'ai-je à y gagner? Qu'ai-je à y perdre? Combien cela me coûtera? L'autre conserve son insouciance, son histoire, son romantisme. Souvent, c'est lorsque les choses dites «modernes» sont devenues affreuses que l'on appelle cela le progrès. Marche en avant forcenée, oubliant toutes les richesses de l'histoire et des traditions.

C'est en partie pour prolonger le plaisir dans cet Extrême-Orient auquel je me suis attaché, que je ne prends pas tout de suite à gauche vers le nord et la Chine. Cap vers l'est, dans le mauvais sens. Je poursuis vers le Vietnam afin de m'enivrer des envoûtants paysages dont les Français ont tressé tant de louanges dans leurs écrits. Littérature principalement militaire, technique, topographique, d'authentiques explorateurs partant vers ces *Terrae Incognitae* au début du XIXe siècle.

Mercredi 7 décembre 2016, J14.
Frontière Laos / Vietnam. 1300 km

Pour rejoindre le Vietnam, il m'est nécessaire de gravir une dernière fois une côte qui restera dans ma mémoire. 29 km depuis Muang Mai jusqu'au poste frontière avec des passages où je ne suis pas loin de vaciller tant cela monte fort. Les bus ont également du mal à grimper, la dernière vallée avant le poste frontière retient les Laos chez eux. Je dors ce soir-là à l'ombre du poste-frontière, la distance jusqu'à Dien Bien Phu étant trop grande et risquant de me faire arriver de nuit, ce qui est extrêmement dangereux sur ces routes instables aux multiples nids-de-poule. Poules qui se promènent d'ailleurs allègrement sur le bord du chemin, accompagnées de leurs poussins – plus ou moins grands – et qui tentent de picorer ce qu'elles peuvent pour se nourrir.

Alors qu'il est en général plutôt conseillé de se tenir à carreau et ne pas bouger au passage d'une frontière, cette fois-ci les douaniers sont largement plus sympathiques qu'en moyenne et ne font aucune difficulté lorsque je leur demande de planter ma tente à proximité de la casemate commandant l'accès au no man's land ! Mystères de ces administrations qui peuvent être à la fois vos meilleures amies ou vos pires ennemies avec leur pouvoir discrétionnaire de vous accepter ou non sur le territoire national.

Deux semaines déjà depuis mon départ et la Thaïlande semble si loin. Si près, si loin, j'en ai pris plein les yeux et il reste pourtant quelques kilomètres avant de toucher la terre de France.

La brume matinale donne à ce passage de frontière une ambiance dramaturgique. Dans la pénombre je plie ma tente, sors le réchaud et fais chauffer un café pour le petit-déjeuner. Instants préférés du voyageur à l'aube. Les alentours sont encore bien calmes et je profite du silence, tout juste entrecoupé par les ordres des douaniers qui se préparent à ouvrir le poste et par les cris des coqs annonçant l'aube.

Petit-déjeuner expédié, vélo chargé, je présente mon passeport déjà bien rempli et le fonctionnaire m'explique que mon visa est expiré depuis six mois. J'en ai bien un qui est dans ce cas, mais c'est celui de ma précédente visite à Vientiane pour me permettre de renouveler mon visa thaï pendant mon année de volontariat. Patiemment j'explique que s'il tourne les pages, il tombera sur le bon visa en règle pour ce séjour ; à ce moment débarque son collègue qui m'avait autorisé la veille à planter ma tente sur un carré d'herbe tout proche, pour célébrer l'amitié franco-laotienne. Je passe tout d'un coup du statut de touriste un peu bizarre à celui de VIP, et c'est tout juste si l'on ne m'accompagne pas jusqu'à l'extrême limite de leur espace de souveraineté !

Un replat emmène jusqu'au col, puis une descente assez vertigineuse s'annonce. Au bout du défilé, la plaine de Dien Bien, chargée d'histoire.

Jeudi 8 décembre 2016, Immaculée Conception, J15. Dien Bien Phu. 1370 km

Dien Bien Phu. Trois mots qui font vibrer l'âme de quiconque s'intéresse un tant soit peu à l'histoire française en Extrême-Orient. Une grande plaine entourée de montagnes, comme une anomalie de la géographie dans cet océan de relief ininterrompu.

Le poste frontière est vide, presque abandonné. Vraisemblablement ce n'est pas la haute saison ! Machinalement, le douanier tamponne mon passeport et je reprends cette route sinueuse qui descend avec un pourcentage de dénivelé impressionnant. Bien heureux d'être dans ce sens et non dans l'autre.

J'avais été prévenu par des cyclistes croisés quelques jours auparavant que cette route était en mauvais état et poussiéreuse, j'en suis ressorti à l'orée de la plaine recouvert d'une épaisse couche de poussière, déposée par les camions successifs me dépassant. Une carrière est nichée à mi-pente, déplaçant par la force des choses des monceaux de cailloux et un air chargé en particules qui crée un brouillard épais qui vous repeint ! Je sors de là totalement blanc, hilare.

S'ouvre enfin face à moi au détour d'un virage la plaine de Dien Bien Phu baignée d'un doux soleil matinal. Alors que je commençais enfin à me débarrasser de cette poussière collante, la route trempée devant une cimenterie ruine mes efforts. Combo parfait, les vêtements sont humidifiés par l'eau en suspension dans l'air et attirent immédiatement la poussière que soulèvent les lourds camions chargés de pierres et ciment. Certains ralentissent à ma hauteur et me font signe de monter, rajoutant encore plus de poussière, voulant m'aider alors que cela me déstabilise plus qu'autre chose ! Tel un clown blanc et son Auguste à ses côtés voulant d'une façon malhabile l'aider. Il y a un côté burlesque dans cette situation.

La cuvette de Dien Bien Phu : l'image a la vie dure ! Il s'agit surtout d'une vaste plaine, la seule à 400 km à la ronde, de 20 km sur 5, à une altitude de 400 m bordée de montagnes culminant à 1 100 m. Quelle n'est pas ma surprise en découvrant cet espace large, aéré, au lieu d'un vallon encaissé. Les rizières s'alignent sur les bords de la route jonchée de nids-de-poule et rappellent la Thaïlande. Trouver une portion plate est en effet une surprise. Paysage plat, avec en toile de fond des pics rocheux grisâtres embrumés. Le vélo est largement employé ici comme moyen de transport et mon originalité n'est plus de mise. Le chargement auparavant imposant ? Ridicule à côté de celui des Vietnamiens qui disparaissent derrière les monceaux d'affaires entassées sur leurs porte-bagages.

Alors que le calme des campagnes m'accompagnait depuis le départ, je déboule brusquement dans un tumulte violent de klaxons, crissements de pneus et dépassements acrobatiques où le vélo n'est qu'un élément au milieu des autres engins. Descendu dans la torpeur où baigne la plaine, je n'ai qu'une hâte : retrouver la montagne et l'air frais qui glisse entre les arbres.

Avant cela, j'ai un pèlerinage personnel à accomplir et une communauté chrétienne à trouver. En ce jour de l'Immaculée Conception, solennité, je compte bien trouver l'église rebâtie voici tout juste quelques mois. Cette région a été le creuset de l'évangélisation des régions alentour, subitement stoppée en 1954 par la bataille dans le lieu éponyme. Des archives des MEP m'ont renseigné sur la présence chrétienne dans cette partie du Vietnam, ne reste alors qu'à trouver où. Point de terrains de camping ici, et l'industrialisation galopante de la plaine ne facilite pas les choses. Ce sera donc une nuit en *Guest House* ce soir, me permettant de refaire mes forces avec une bonne nuit, après un Laos usant.

Le reste de l'après-midi est consacré à la visite des sites historiques des défenseurs français lors de la bataille de 1954 (20 novembre 1953 - 7 mai 1954). Comme toujours en Asie, les indications sont largement approximatives et il n'est pas évident de dénicher les emplacements plus ou moins repérés à l'avance. Le PC du général de Castries, la colline Éliane 2, le monument aux morts français élevé par un légionnaire allemand… Tout est fait pour soigneusement camoufler la réalité, de façon à ce que les rares touristes ne trouvent pas les lieux planqués au détour d'une route mal pavée derrière la Nam Youm. Si j'ai pris la décision d'allonger la route de quelques kilomètres en passant par le Vietnam, c'est surtout que je voulais voir ces lieux. C'était ma seule motivation, avant de découvrir l'histoire de ces missionnaires, de toucher du doigt le Nord-Vietnam et ces lieux chargés d'histoire.

Tournant dans les faubourgs de la ville, les indications données par le préposé à l'office du tourisme sont d'une imprécision impossible. « Oui c'est tout droit après le pont, à gauche ou à droite ». En voilà un qui aurait certainement été porteur et non orienteur 60 années en arrière sous les ordres de Giap !

Le PC du Général de Castries, prononcé « decaterie » par les Vietnamiens, m'apparaît enfin après une bonne vingtaine de minutes à le chercher dans un mouchoir de poche. Je retombe dans les situations des premières semaines en Thaïlande où, ne prononçant pas correctement, les locaux ne comprenaient pas ce que je souhaitais leur dire.

Une alvéole semblable à celles protégeant les avions de chasse stationnés en bout de piste, en attente d'un décollage sur alerte pour intercepter les appareils ennemis. Un drapeau français vaguement dessiné à l'entrée, des étoiles militaires, j'y suis. Petite guérite à l'entrée où une dame toute chétive vend les tickets, notant également la nationalité des visiteurs. J'annonce « Farang » et elle tique quelque peu. « Tiens, un Français, encore un » doit-elle se dire.

Descente dans ce bloc de béton mal éclairé. À quelques détails près, on jurerait que les combats viennent tout juste de cesser. Un escalier abrupt mène à l'entrée du corridor. Une enfilade de quatre espaces où de chaque côté une pièce de 8 m^2 nue, sobre, en vis-à-vis deux par deux. Voilà en tout et pour tout ce qui composait le PC opérationnel qui commandait 14 000 hommes. Rusticité, efficacité, subsidiarité : en quelques mots, le leitmotiv de ceux qui ont commandé durant la bataille côté français. L'émotion m'étreint, et immédiatement les récits d'Hélie de Saint Marc ou de Bigeard prennent sens avec beaucoup plus de relief. Quelques éléments de mobilier dans la troisième alvéole du bunker, une plaque déclamant les unités engagées, les morts, blessés, et c'est tout. Rien n'explique la bataille, et le fait que cet obscur bunker permit le commandement durant 57 jours de toute une garnison. Anonyme, protégé comme pour montrer ce vestige avec dédain, je ressors de là, déçu par la petitesse du gouvernement vietnamien.

À quelques encablures se trouve le monument aux morts français de la bataille, construit à l'initiative personnelle d'un sous-officier de la Légion Étrangère – le Sergent-Chef Rodel – ayant servi à Dien Bien Phu comme chef du commando de la 10e compagnie du 3e bataillon du 3e R.E.I[4]. Blanc, sobre, semblable à celui que l'on retrouve dans nos villages bourguignons. Cette sobriété si propre à la Légion pour continuer à se souvenir. Un bel exemple d'acculturation pour ce sous-officier allemand, servant la France en Extrême-Orient. Se rappeler que pour certains les mots « honneur », « souvenir », « parole » comptent. Ici dans cette cuvette, là où ses frères d'armes sont morts, lui a tout fait pour que l'on ne les oublie pas. La plus belle reconnaissance ? Il est désormais un monument officiel de la France. Bien entretenu, avec un gardien qui veille sur cet espace de territoire français dans la province la plus reculée du Vietnam. Demandant à l'entrée de pouvoir me recueillir devant le monument, dans l'enceinte du jardin, son sourire est net. Visiblement il ne doit pas avoir trop de passage et me laisse prendre tout mon temps. Il m'explique que c'est le ministère de la Culture vietnamien qui a construit ce monument… L'endoctrinement a la vie dure, et fronçant les sourcils, je lui explique que non, bien au contraire. Instant gênant pour lui, je suis assez fier de lui avoir tenu tête !

La douce lumière de l'après-midi illumine la plaine et le léger vent fait claquer le pavillon français planté en terre. J'y dépose un bouquet de fleurs, minute de silence. Point de clairon, je ne sais pas en jouer, mais je l'aurais fait avec tout mon cœur le cas échéant. Je repars et salue le gardien : *« Ne vous trompez pas pour les prochains, c'est un légionnaire qui a construit ce monument ! »*.

Troisième point à visiter sur le site, la colline Éliane 2, point d'appui majeur, ayant résisté vaillamment malgré les coups de butoirs de

4. Régiment Étranger d'Infanterie.

l'artillerie vietminh. Enfin, une colline... c'est plutôt une grosse butte de terre, à tel point que je passe devant sans la remarquer. Je me rends compte de l'erreur. Encore une fois, sans aucun panneau écrit dans une autre langue que vietnamienne, il n'est pas évident de trouver. Je rebrousse chemin et finis par trouver une porte sur ladite colline avec l'aide d'un habitant.

Des boyaux de défense, quelques postes de tir, des alcôves pour se reposer, entreposer le matériel et les munitions. Les fortifications restent maigres et l'immense impact qu'un obus de 155 a causé, creusant un cratère de près de cinq mètres de profondeur, laisse songeur face au déluge de feu et d'acier qu'ont encaissé les soldats français. Une automitrailleuse est hissée sur le sommet de la colline, mais encore une fois, pas la moindre explication sur la bataille. Quelques brefs textes en vietnamiens, simplement. Habituellement, les touristes vont voir la baie d'Ha Long, Hanoï, Sapa, Hué, Dalat, Saïgon. Je fuis la foule. La seule chose que je voulais contempler était ce champ de bataille. Un grand-oncle aviateur dans la 11F aux commandes de son Grumman F6 Hellcat qui vous raconte ses passages pour larguer bombes et roquettes, un arrière-grand-père dont les récits des nombreuses affectations outre-mer et en Extrême-Orient vous ont bercé, il ne m'en fallait guère plus pour vouloir voir et comprendre de mes yeux cette bataille. Une fois ces passages obligés visités, je me mets en quête de l'église paroissiale.

Vendredi 9 décembre 2016, J16. 1406 km

La fin d'après-midi hier s'est soldée par un échec. Les indications de plusieurs autochtones sont vaines et imprécises, point d'église dans cette plaine. Pourtant ils savent pour certains qu'il en existe une, quant à avoir une idée de l'endroit, c'est une autre paire de manches ! *« Tu sors un peu de la ville vers le sud, et à droite »* ; *« Après le pont Bradley tout droit vers le soleil couchant »*. Des directions opposées, bien qu'expliquées en anglais ou en français, vestiges absolument extraordinaires de la période coloniale française où les plus âgés continuent de parler avec un phrasé des années cinquante, oublié depuis longtemps chez nous. Sans l'article publié par les MEP il y a quelques mois, j'aurai abandonné, estimant qu'il ne doit plus rien y avoir ici de chrétien… Cela aurait été une grave erreur, c'est tout l'inverse ! Finalement dans un des « grands » hôtels de la ville, je parviens à obtenir une information précise, l'église existe et on parvient à m'indiquer clairement sur une carte où elle se trouve.

De bon matin, à la fraîche, je peux enfin partir à la rencontre de cette fameuse communauté chrétienne. Confiant, je suis scrupuleusement les instructions d'aller vers le sud, en sens inverse de ma route générale. Quel effort pour un cycliste de rebrousser ainsi chemin, mais porté par l'élan de rejoindre la paroisse, je file à travers les champs de riz. Une croix m'apparaît au loin, sur le toit d'un immeuble. C'est sûr, j'y suis ! Eh non, il s'agit d'une illusion d'optique créée par les antennes multiples accrochées sur le haut des maisons. Quelques centaines de mètres plus loin, j'y suis et cette fois-ci pas moyen de se tromper, un grand drapeau du Vatican flotte fièrement sur le toit de l'église. 62 années sans présence chrétienne officielle ici, et c'est simplement quelques mois avant mon passage que la paroisse a été de nouveau autorisée par le gouvernement vietnamien à demeurer officiellement ici. Le territoire paroissial est absolument gigantesque, couvrant toute la province de Dien Bien, mais l'énergie du curé, le père Joseph, est inépuisable.

Cette région est depuis bien longtemps une zone de mission pour les pères des MEP. Dans les archives des MEP, le P. Guerry, de la paroisse de Sapa, parle de la fameuse cuvette. Après avoir cité son confrère, le P. Paul Guidon, qu'il qualifie de *« géant de l'apostolat missionnaire »*, il écrit : *« Depuis bien longtemps, en effet, nous pensions que cette immense et riante cuvette de 20 km de long et 5 de large, serait le berceau du christianisme au pays Thaï, et que les premiers missionnaires qui y commenceraient leur action apostolique, seraient vraiment les «gâtés» du Seigneur. »* Les épreuves n'ont pas entamé l'enracinement missionnaire profond réalisé depuis bien longtemps, et le nombre de catholiques ne fait qu'augmenter, et encore mieux depuis l'assouplissement des conditions d'ouverture de la paroisse.

La paroisse Saint-Joseph, tout juste visitée par son évêque le 4 décembre comme le père Joseph me l'indique sur son livre d'or, est accolée à un foyer pour enfants. Dans la journée, ils vont à l'école voisine et reviennent ensuite pour une vie en communauté joyeuse.

Annonçant au père que j'étais volontaire MEP en Thaïlande, son visage s'irradie. Dans ses quelques mots d'anglais, il me fait comprendre que, sans eux, il ne serait pas là. Pas évident d'accepter des compliments alors que l'on n'a rien fait, mais c'est toute la société des Missions Étrangères, par mon intermédiaire, qu'il remercie. Deux sœurs de la communauté des Amantes de la Croix sont également présentes ici pour aider le père dans les différentes tâches pastorales. L'une d'entre elles est anglophone, ce qui facilite la communication. Dans ce pays, et encore plus dans cette province où la pratique de la foi fut longuement rendue difficile par le gouvernement, les religieux ne peuvent porter l'habit en dehors de l'église. Je suis tout surpris et confus de dire « *Good morning madam* », avant de me reprendre après qu'elle se soit présentée comme sœur. Dix années que la paroisse s'est reconstituée, quatre mois que le père Joseph y réside à temps plein. Un calendrier tout de même assez parfait, la Providence veille.

La paroisse est articulée autour de la chapelle, moderne, voûtée, dont la façade sur la rue ne laisse qu'une vague idée qu'il ne s'agit pas d'un bâtiment comme les autres. Orienté nord-sud, un bâtiment le jouxte, c'est le foyer. Simple et sobre, garçons et filles de chaque côté. Et devant, un grand espace sous un préau, très utile lors de la saison des pluies et au milieu duquel est disposée la crèche, face à l'entrée. Il ne s'agit pas d'une petite crèche tranquille, loin de là. Près de quatre mètres de hauteur, autant de large, du papier kraft à foison pour donner un véritable aspect de grotte de la Nativité au fond de l'Extrême-Orient. Les décorations ne sont pas économisées : la lumière éclate dans toute sa splendeur pour annoncer la venue du Christ.

Dans l'après-midi, les jeunes rassemblent leurs quelques mots d'anglais pour m'inviter à jouer au football. Je dépasse de deux têtes tout le monde. Bonheur de partager ces instants de simplicité avec eux. En rentrant au foyer, nous tombons sur les filles qui répètent un spectacle de Noël avec des danses traditionnelles sous la direction d'une des sœurs. Gracieuses, élégantes et une coordination de haut niveau. La musique vietnamienne retentit dans l'ensemble du hall, rebondissant sur les tôles du préau. Les garçons trouvent ça sympathique mais bon, moins de temps ça dure mieux c'est! Je tente de préparer avec les jeunes le dîner mais ils m'en empêchent, impensable que l'invité fasse quoi que ce soit!

Arrive l'heure de la messe. Le père Joseph m'explique qu'il célèbre aujourd'hui l'Immaculée Conception, pour ma plus grande joie. Comme quoi, il ne faut jamais désespérer et prendre ce qui se présente à nous. Une église très occidentale, avec des bancs, ce qui me surprend tellement. Il m'apparaît normal maintenant, après mon séjour en Thaïlande, d'avoir une église où l'on s'assoit par terre. Premier retour vers la France, avec de beaux ornements, surplis pour les enfants de chœur, une messe chantée. Près d'une cinquantaine de paroissiens en cette fin de journée. L'*Ave Maria* de Lourdes retentit comme chant final, cet hymne est universel.

Dans la foulée, nous dressons la table pour le dîner et je croise les regards amusés du curé, des sœurs et des enfants. Les nems, bœuf bouilli et autres viandes embaument l'atmosphère de saveurs délicates qui me mettent en appétit. Le riz fait évidemment partie du menu. Une fois le bénédicité récité, les jeunes affamés se jettent sur le repas, tout en m'observant du coin de l'œil. Je goûte aux mets proposés par le père. On me demande immédiatement ce que j'en pense, et pour cause: il s'agit de chien! La viande est légèrement élastique mais tendre, ça n'est pas le plat que j'aurais spontanément goûté, mais c'est plutôt bon. La sœur m'explique que c'est un repas de fête.

La fatigue me gagne et je rejoins la petite auberge à proximité où je passerai la nuit. Voulant initialement m'héberger, le père Joseph doit renoncer, cela pourrait lui causer des soucis avec la police. Faire fermer cette communauté toute nouvellement remise sur pied pour une simple nuit passée serait bel et bien dommage et je comprends tout à fait la situation.

La brume matinale baigne la plaine d'une atmosphère mystérieuse et plaisante. Un passage à la paroisse pour saluer le père et les sœurs puis j'enfourche mon destrier vers le nord. Embrassades et promesses de nous revoir bientôt ici, à Hanoï ou à Paris.

La pente douce m'emmène le long de la rivière et la vallée qui se resserre. Vastes masses de verdure et de pierres karstiques qui m'entourent, parfois étouffantes et, au détour du col, permettent avec l'éclat du soleil qui perce, de découvrir une vallée avec ses rizières en terrasses. La beauté est là, naturelle et sans artifices.

Plus de deux semaines après avoir quitté Maetowo, je croise pour la seconde fois seulement d'autres cyclistes : quatre Thaïs qui font une boucle dans la région après une escapade en Chine. Ils sont impressionnés par mon chargement et pour cause, ils ne campent pas, dormant systématiquement à l'hôtel. Cela allège nettement le chargement. Bavarder en thaï le long d'une route vietnamienne, quoi de plus normal ? La route serpente dans les vallées, alternant côtes et descentes, comme au Laos. Encore bien difficile de rouler plus de 80 km avec les cratères au milieu de la route qui empêchent de tenir des moyennes importantes dans les descentes, frustrant !

Dimanche 11 décembre 2016, J18. Sin Hô. 1 572 km

Un grand lac a priori bien plus artificiel que naturel sur la gauche, l'abrupte falaise à droite ; au moins il n'y a guère de possibilité de se tromper. Léger trafic ce matin dans la grisaille mais une température qui grimpe déjà. La construction de ponts ici n'est pas limitée, je passe à plusieurs reprises des bras de rivières sur des ouvrages spectaculaires alors que le simple fait de rallonger de quelques centaines de mètres la route aurait certainement été plus simple.

Déchiffrant sur ma carte les courbes de niveau, je me trouve au niveau de la rivière noire. L'ancien Lai Châu a été englouti sous les eaux du barrage récent, une nouvelle cité du même nom reconstruite 200 km plus loin. Deux options s'offrent à moi : continuer dans la vallée empruntée par de nombreux camions chinois remontant vers le nord et descendant à tombeau ouvert sur Dien Bien Phu, ou alors prendre à droite la route abrupte qui s'offre à moi vers Sin Hô.

Évidemment c'est celle-ci que je choisis, avec une belle montée de 23 km jusqu'à cette station d'altitude prisée des touristes locaux. Le soleil tape, me dessèche pendant que le paysage se découvre peu à peu en se parant de couleurs chatoyantes. Le grand avantage de monter, c'est que je perds quelques degrés en moins. Les pauses sont donc très agréables et me permettent de me rafraîchir. Je passe sous un village accroché à flanc de montagne où la pente s'accélère pour me retenir sous ce soleil éclatant et pur. Un bruit attire mon attention alors que je peine dans la côte. Tac-tac, je tourne la tête et que vois-je ? Un billard français niché sur une terrasse dominant toute la vallée ! Je crois rêver, au milieu d'un village de bois aux maisons tenues par des poutres mal équarries soutenant des toits irréguliers, tout un aréopage de villageois contemple les joueurs. Cela mérite bien une pause et me voici enrôlé comme joueur suppléant par l'un des deux titulaires. Je ne voulais pourtant que profiter de cette scène surréaliste comme spectateur et non comme acteur. Bien mal m'en a pris, et après quelques coups honorables, d'un grand sourire je m'en tire, remerciant ces villageois pour leur accueil imprévu. Retour sur la route, il ne s'agit pas de traîner, le col est encore à quelques centaines de mètres plus haut. Je redouble d'efforts et par un mécanisme étonnant, les kilomètres défilent de plus en plus vite. 10, 11 km par heure en moyenne, je vole ! Un peu plus et je continuerais pour atteindre les rares nuages perdus dans l'azur. C'est une sensation de plénitude pour le cycliste que de gravir avec légèreté, grâce et aisance les mètres qui le conduisent vers le sommet de la montagne.

Le plateau apparaît au loin, la route s'adoucit et j'en profite pour accélérer. J'ai des fourmis dans les jambes et la route me démange. Le soleil se calme et donne à ces champs tout juste moissonnés un éclat superbe. Le vert des collines, mêlé au gris des sommets rocheux environnants fait écho aux haies et à la végétation disparate au milieu des champs. Un torrent, puis un lac créé par un barrage hydroélectrique, apportent l'élément manquant : l'eau. Abondance de ce bien, source de toute vie. Dans la descente légère sur cette petite route où une voiture tient tout juste, le paysage vire au vert. Nuances des couleurs splendides, je m'arrête pour contempler cette superbe nature.

Les plateaux vietnamiens décident de jouer avec moi. Après la descente d'une centaine de mètres de dénivelé, le relief remonte comme pour gravir une bosse. Je ne sais où passe la rivière, a priori sur la droite en faisant le tour d'un pic puisque je la retrouve quelques kilomètres plus loin en arrivant à Sin Hô. « Sise haut », je m'amuse et transforme le nom de cette bourgade en le francisant. Quelques kilomètres avant d'arriver, un père de famille roule en sens inverse avec deux enfants sur sa moto, et arrête le drôle d'énergumène que je suis pour tenter de comprendre ce que je peux bien faire ici, à cette heure, sur cette machine autopropulsée. Il repart, le sourire jusqu'aux oreilles, dans une pétarade sonnante magnifique, droit sur sa moto, fier comme un « bar-tabac » d'avoir parlé à un étranger.

Sin Hô, une station d'altitude où les bourgeois du Nord-Vietnam viennent chercher une fraîcheur bienvenue. Nettement moins courue que sa voisine de Sapa, elle conserve encore un charme certain. De petits bâtiments qui s'excusent presque d'avoir poussé à l'ombre des montagnes, empruntant pour quelques années ces parcelles de terre que la nature a bien voulu laisser libres pour l'Homme. Comme souvent, la grande rue, tout en longueur, est l'unique, ou presque ! Je prends le temps d'avancer doucement avant de trouver un lieu où bivouaquer. Des enfants m'abordent avec leur anglais scolaire, alors que je profite des derniers rayons de soleil illuminant le pic devant moi : *« Good morning mister, where are you from ? »*. *« From Thailand »* réponds-je, suscitant l'étonnement de la sizaine présente. *« Impossible, c'est trop loin, et tu n'es pas Thaïlandais en plus »*. Visiblement mes explications ne les convainquent qu'à moitié. Ils restent dubitatifs. Ces jeunes vont m'aider à trouver un emplacement où planter ma tente, non sans avoir tenté à maintes reprises de me décourager en me disant qu'il faisait froid, que c'était dangereux… Il est vrai que je crains plus les hommes dans une ville que les animaux au plus profond de la jungle. Au moins avec ces derniers, il suffit de les effrayer pour être tranquille le reste de la nuit.

La voisine qui tient une petite *Guest House* me convie à prendre une douche chaude qui me fait un bien fou ! L'astuce étant qu'à la sortie elle me réclame un bakchich, pénible puisqu'elle m'a invité d'elle-même sans que je demande quoi que ce soit. Faisant mine de ne rien comprendre, je lui réponds que *« non merci, je ne suis pas intéressé »* par cette injonction à payer. C'est clairement une attitude que je n'aime pas. L'hospitalité n'est pas la même selon les pays... et les personnes !

La nuit tombe et il est temps de dîner. À quelques encablures se trouve la place centrale. Quelques coups de pédale et une flopée de bouis-bouis s'offrent à moi, s'illuminant de guirlandes et ampoules incandescentes blanches dans cette semi-pénombre, agressive pour les yeux paisiblement habitués à la douceur du soir qui tombe. Au hasard j'en choisis un et tente de commander quelque chose. Comme bien souvent, le cuisinier ne comprend rien à mes mimes et cela se termine en regardant les plats des voisins. L'un d'entre eux semble avoir choisi quelque chose de correct, il faut encore réussir à faire passer le message que c'est ce même plat que je souhaite et non l'assiette du voisin !

Débarque un Occidental, Frederik, Allemand de Stuttgart qui voyage durant un mois et demi en Asie du sud-est. Après quelques jours à Sapa à marcher en montagne, il souhaitait voir autre chose et a lu quelques infos dans le *Lonely Planet*, disant que ce coin était beau. Ni une ni deux, il saute dans un bus et le voici débarqué en fin de journée à Sin Hô, sans la moindre idée de ce qu'il y a à faire, ce qui ne le perturbe absolument pas. *« Tu es un grand cinglé, mais c'est génial »* sont ses premiers mots lorsque je lui explique ce que je fiche ici. Il a plutôt bien résumé ce qui caractérise cette balade autour du monde à vélo. *« Ton gros avantage sur moi, c'est que tu vas où tu veux sans avoir à prendre des bus pourris »*, rajoute-t-il. Clairement oui et il m'envie ! Dehors en permanence, mais avec l'immense liberté de pouvoir faire un détour si j'en ai envie, maudire cette idée lorsque je n'en peux plus, ne pas m'arrêter lorsque les sensations sont bonnes et puis m'abandonner complètement à la Providence avec toutes les inconnues que cela comporte. Depuis Luang Namtha, Frederik est le premier Occidental avec lequel j'ai une véritable discussion. Bizarrement cela ne me manque pas, les grandes étendues étanchent ma soif à me vanner jusqu'au soir. La soupe de nouilles expédiée, nos chemins se séparent, et je retourne là où j'ai planté ma tente. Les enfants croisés tout à l'heure sont à proximité, autour d'un feu qu'ils ont allumé... un peu trop près de la toile qui doit me servir de maison une année durant.

Splendide voûte céleste, heureux de la contempler avec ces enfants qui, sans beaucoup de paroles, comprennent le langage universel de la beauté du ciel. Nous cherchons les satellites qui décrivent leur arc dans l'immensité céleste avant de fuir vers l'aube à une vitesse fantastique. Qui d'eux ou de nous sommes les plus petits ? Nous n'aurons pas la réponse, mais au moins la satisfaction d'avoir passé un bon moment ensemble ce soir.

Les rizières en terrasses, image d'Épinal du Vietnam rêvé, des cartes postales qui partent par milliers dans les soutes des avions et bateaux. Enfin, j'ai ces images devant moi ! Descente vertigineuse pour démarrer la journée, quel pied ! Je plonge à tombeau ouvert sur la petite route qui serpente le long de la massive montagne. Récupérer la rivière 1 200 m plus bas, réduire à néant les efforts de la veille, mais un tel plaisir vaut bien les efforts de la montée. D'ailleurs, je commence à trouver les côtes plus sympathiques que les descentes. Au moins, je ne peux pas m'y casser la figure à cause d'un cratère situé en plein centre de l'asphalte, que je n'aurais pas anticipé.

La moyenne flirte avec les 45 km/h et il y a de la marge. Depuis Seo Lang, le point de vue est majestueux sur la vallée entièrement dégagée, Lai Châu tout en bas. Il n'est pas un centimètre carré horizontal qui ne soit utilisé efficacement. Ces hectares gagnés patiemment sur la verticalité sont absolument prodigieux et sont le grenier à riz du Vietnam. Sans ces terrasses, point de culture massive possible. L'altitude aide beaucoup, apportant l'eau en masse pour ces cultures gourmandes du précieux liquide.

Dans la descente, je percute que l'objectif est de l'autre côté d'un relief, plonger dans l'auge, escalader le coteau qui casse les jambes avec ses replats et enfin redescendre dans la plaine sur cette route qui se joue de moi et dont les portions remontent avec des pourcentages scandaleux malgré la déclivité générale. Un camion de chantier manque de me percuter en doublant dans un virage, il est vrai que c'est tout à fait nécessaire sur une route en pleine reconstruction de gagner quelques secondes pour dépasser une charrette au mépris de toute règle de sécurité élémentaire.

Cette ville de Lai Châu est en réalité une ville nouvelle, non pas dans le sens de nos urbanistes des années soixante-dix, mais car elle remplace l'ancienne qui fut engloutie sous les eaux d'un barrage que j'ai aperçu il y a deux jours. Radical, pas de discussions et ceux qui souhaitent rester dans leurs maisons devront dans ce cas se faire greffer des branchies.

D'immenses avenues qui semblent perdues dans cette large vallée, des bâtiments orphelins de voisins et bien trop espacés. On a du mal à se croire en Asie où tout est systématiquement tassé contre le voisin. Architecture typique d'un socialisme ayant voulu créer une cité idéale, bien propre, rangée, sans aucune ombre qui dépasse. Seul hic : il manque une âme. Artificielle, peu avenante, Lai Châu ne demande qu'à être quittée et je m'en échappe après avoir complété mes provisions. À nouveau, je m'alourdis de kilos et file plein est, direction Sa Pa.

À peine quelques kilomètres parcourus sur ces immenses avenues bien trop larges où je suis quasiment seul, et l'asphalte s'élève de nouveau. Le plat est une anomalie ici. Or ma route n'est pas réellement celle qui épouse les courbes topographiques, ces chemins que tout adepte de cartographie bénit. L'effort est de courte durée, quand j'aperçois sur la droite des Vietnamiens en train d'installer une grande étoile scintillante, et ce qui semble ressembler fortement à une crèche. Je stoppe à un jet de pierres et reprends mes esprits pour vérifier si je ne suis pas en train de rêver. Hé non, c'est bien réel et déjà l'on me regarde avec cet air désabusé : *« Franchement, tu es occidental, prends un avion ou une voiture, pas un vélo ! »*.

M'approchant, je constate que c'est bel et bien une crèche que ces personnes sont en train de d'installer sur la devanture de leur maison-boutique. Il me faut désormais expliquer, sans le moindre mot commun, qui je suis, ce que je fabrique ici à vélo et pourquoi leur crèche me rend aussi joyeux. Facile, une croix en bois est accrochée au mur, je sors celle qui est autour de mon cou et relie par un jeu de mains ces deux éléments qui nous unissent par-dessus les frontières. Le regard du père de famille s'éclaire et il me prend dans ses bras, appelle ses voisins, ses fils, les voisins. Une rencontre tient par moments à très peu de choses. Nous ne nous comprenons pas vraiment, son anglais est à peu près aussi bon que mon vietnamien mais le langage universel des signes fonctionne suffisamment, c'est là l'essentiel! Il me montre ses différentes images pieuses du Christ en croix, de la Vierge Marie, de la Sainte famille, du curé d'Ars. À ne pas douter, je suis tombé chez des catholiques!

Je les aide à terminer cette crèche éclairée à grand renfort de guirlandes, boule à facette et spots, une véritable scénographie lumineuse pour attirer l'attention. Clairement la sobriété n'est pas le point fort des décorations en Asie. Un des deux garçons manque de dégringoler du toit, heureusement point trop haut, en voulant mettre en place la si importante étoile au sommet du sapin lui-même hissé sur le toit de tôles. Hilare, c'est avec fierté qu'il me montre qu'il est toujours debout en hauteur et non au même étage que ma personne. C'est le moment choisi par Madame pour arriver, qui elle ne goûte pas trop les acrobaties de son fils, surtout pour divertir un étranger. Son mari explique la situation et tout comme lui, elle se met à vouloir s'affairer pour moi, me faisant asseoir à table. Un voisin baragouinant l'anglais passe et assure une traduction. Je suis leur invité et ce soir il n'est pas question que je dorme autre part. Soit, la Providence fait tout de même bien les choses! Nous dînons tous ensemble après avoir déposé la précieuse bicyclette dans le jardin. Excellente nourriture vietnamienne, riz et viandes cuites à la vapeur, j'en profite!

La Providence poursuit son œuvre et la femme me propose désormais d'aller prier à l'église. Une église ici? Bien entendu que je souhaite m'y rendre! Sans me faire prier, en un tour de main je suis prêt, et enfile un pull car à la nuit tombée la température fraîchit. D'un coup de scooter, dans la nuit noire, je pilote jusqu'à l'église avec comme copilote la femme qui m'annonce en me tapant sur l'épaule qu'il faut tourner à gauche ou droite. Jamais je n'aurais réussi à trouver seul. Droite, gauche, tout droit, gauche, gauche, au fond, à droite, S en sortie gauche… Digne du Dakar cet itinéraire!

Messe en vietnamien puis je peux rencontrer les prêtres de la paroisse. Quelle surprise franchement! Pour un coup de pouce de la Providence, c'en est un sacré.

Le père Jean, est ici avec deux confrères, mais l'un d'entre eux est simplement de passage pour quelques jours. Ils sont deux à demeure pour toute la région. Vastes territoires et si peu pour l'instant – car les séminaires sont pleins – mais tellement positif ! Nous échangeons sur l'apport de la chrétienté ici depuis le XVIIIe siècle et les différents missionnaires : « *Les missions n'ont pas cessé ici, il reste tant de travail d'évangélisation, pas de pause pour nous* ».

Répétition de chants dans la perspective de Noël, la chorale paroissiale dont fait partie mon hôte, donne de la voix. Mélodieux et doux, des accents de chants français avec des airs parfois bien connus.

Retour dans la nuit noire à la maison et je m'endors bien vite. Réveil tôt en perspective après la traduction réalisée par le père Jean, mes hôtes doivent aller au marché de bonne heure.

Dans la nuit, je suis réveillé par les cris absolument horribles d'un cochon qui hurle à la mort, ce qui ne m'empêche pas de repartir pour un tour jusqu'au moment où il est réellement temps de partir. L'esprit encore embrumé dans les limbes de la nuit, je tourne la porte du jardin et tombe sur une table sanguinolente recouverte d'énormes quartiers de viande. Dans la nuit, mes hôtes ont, en toute simplicité, tué un des cochons de la porcherie située juste derrière la chambre commune où nous dormions. C'était donc ça ces cris ! Une fois la barbaque découpée, ne reste plus qu'à la charger dans la caisse en bois fixée sur le scooter puis à filer au marché pour vendre tout ça. Paradoxalement, cela ne me choque pas plus que cela, et passé la surprise à jeun mal réveillé, j'en ris avec eux qui me font signe en montrant le cochon « couic ».

L'aube n'a pas encore pointé son nez quand je commence à pédaler vers le premier col du jour. Jamais idéal de faire de la bicyclette dans ces pays la nuit avec des chauffeurs passant au ras des sacoches. De toute façon, ils sont habitués à voir des vélos sur un côté ou l'autre de la chaussée et ne feront pas d'écart pour moi.

Et d'un col enlevé, 1 300 m d'altitude, quasiment 600 m à grimper pour se mettre en jambes, et il n'y a pas grand-chose sur le côté pour s'arrêter boire un café. Une invitation à descendre jusqu'à Co Là, le prochain village et je manque de me vautrer dans la descente en contemplant le paysage et oubliant les nids-de-poule. À Co Là, je trouve un bistro ouvert pour un petit-déjeuner. Ils ont ici du pain, et dans une sacoche je transporte un précieux pot de gelée de mûres apporté par mes parents lorsqu'ils sont venus me rendre visite en Thaïlande à la fin de ma mission. Délices de la France ici au nord Vietnam, une tasse de café noir posée sur la table, des tartines de mûres à côté. Le bonheur est parfois très simple. Le tenancier regarde d'un air dubitatif le vélo, cherchant sans doute le moteur puisqu'il me fait signe de lui montrer son emplacement. Dans un éclat de rire, ce sont mes jambes que je lui montre comme étant l'élément propulsif du bolide, et lui de partir dans des exclamations avec ses voisins.

Remise en route pour s'attaquer au col O Quy Ho qui commande l'accès à la vallée de Lao Cai du haut de ses 2000 m d'altitude. Un bon morceau, et déprimant de voir tout en haut le défilé permettant de basculer sur l'autre versant. La côte est raide mais j'ai des fourmis dans les jambes. Les étapes des jours précédents n'étaient pas suffisantes pour calmer mon envie d'avaler les kilomètres. En cadence, tchic tchac, les genoux montent et descendent tels des pistons. La machine est lancée, rien ne peut l'arrêter. Enfin si, le relief qui casse le rythme, car après une dizaine de kilomètres, c'est une descente ! En plein milieu de la montée, la déclivité de la route s'inverse et plonge. Trop abrupte, la paroi ne permet pas de construire la route à flanc de colline et se doit de redescendre avant de reprendre de plus belle. Dur, bien que ce ne soit au plus qu'une centaine de mètres redescendus, de voir ses efforts anéantis en quelques secondes. C'est bien là toute la différence entre les deux directions de la route en montagne. Le lent effort de patience est balayé par la gravité en un soupir.

Le paysage montagneux, vierge de tout, est à couper le souffle. Des nuances vertes, puis avec l'altitude les arbres se font plus rares, laissant place à la roche grise verticale. Les rizières en terrasses ne peuvent, passé un degré de pente, lutter contre cette verticalité et laissent les hauteurs entièrement libres.

Arracher un col après une longue et lente ascension est toujours un bonheur pour celui qui le vainc avec sa seule force physique. S'ensuivent les habituelles étapes de tout homme arrivé ainsi : profiter de la vue dévoilée enfin dans sa totalité sans risque qu'un camion vous écrase en déboîtant, humer l'air pur pour lui-même et non pour oxygéner tous les muscles de l'organisme, sécher son t-shirt trempé par la sueur, faute de quoi j'attraperai froid, et se couvrir d'une veste.

La contemplation d'un paysage vallonné depuis le haut possède une saveur particulière. Premier « 2000 », et ça ne sera pas le dernier. En réalité 1978 m au col, les 2000 m sont atteints sur le sommet juste à côté. Au loin se détache la masse du Mont Fansipan, toit de l'Indochine culminant à 3414 m et qui reste coincé dans les limbes nuageux de la saison. Attraction principale de la région, les Vietnamiens et touristes les plus sportifs le gravissent à pied, l'immense majorité utilise le téléphérique flambant neuf qui les dépose à une dizaine de mètres du sommet.

C'est Jacques, un guide français pour un groupe d'Allemands, qui m'explique cela. Je suis un peu dégoûté de comprendre qu'ensuite tous ces visiteurs vont s'enorgueillir d'avoir « vaincu le Fansipan » alors qu'ils n'ont rien fait de plus qu'acheter un ticket puis s'asseoir dans la cabine le temps qu'elle monte. Le côté *« j'y vais, prends ma photo, la poste sur les réseaux sociaux puis repars »* me dépasse. C'est avant tout pour donner une certaine image d'eux que ces touristes voyagent, et non pour le voyage en lui-même. Un hédonisme très relatif, satisfaction d'une frénésie sociale immédiate, de « faire-savoir ». Je me sens tout d'un coup hors du coup, rescapé d'une confrérie qui préfère arpenter les sols et voies aériennes par l'exercice physique. Et j'en suis heureux et fier.

Après avoir bien bourlingué sur les cinq continents, Jacques s'est fixé depuis quelques années entre le Vietnam et l'Asie centrale, entre deux passages en France. En hiver, il guide des groupes allemands ici en haute région, avant de filer dans les grandes plaines d'Asie centrale à la belle saison. Là-bas, à la tête d'une caravane d'une dizaine de camping-cars, il fait découvrir ces immenses espaces à d'autres touristes venus pour quelques jours d'exotisme. Une vie de nomade, toujours en transit pour quelque part. Il me donne rendez-vous en Asie centrale puisque c'est la suite de la route. Déjà, j'en salive et n'ai qu'une hâte : y être! Ses descriptions donnent l'envie de foncer et d'y rester. Nous échangeons nos coordonnées puis prenons rendez-vous pour un café en Asie centrale. Kazakhstan, Kirghizistan, Ouzbékistan, Tadjikistan, Turkménistan... Peu importe là où l'on se retrouvera, c'est une promesse de voyageurs rêveurs, de prendre rendez-vous pour dans trois mois, à 6000 km de là, sur un territoire vaste comme la moitié de l'Europe Occidentale.

S'ensuit la descente vertigineuse jusqu'à Sa Pa sur une route au macadam impeccable. Je pousse les limites du vélo et de moi-même pour atteindre 61 km/h. Ne pas faire le mariole et rester concentré, surtout! Le parking flambant neuf rempli d'autocars devant la cascade d'Argent, « Thác Bạc » en vietnamien, me coupe l'envie de m'y rendre. Aller sur un site où tout est encadré, organisé, avec des centaines de touristes, très peu pour moi. Je ralentis à peine, le temps de poser la réflexion. *« Tu en auras d'autres où tu seras tranquille »* me dis-je, et je reprends la course effrénée.

La Sông Hông coule paisiblement au fond de la vallée, très mince filet d'eau qui grossit au fur et à mesure de la descente. Toujours impressionnant de fondre tel un faucon sur sa proie, c'est fascinant et hypnotisant. Les quelques villages défilent sur la vingtaine de kilomètres qui me séparent de la ville étape. Le curé hier m'a annoncé que j'y trouverai une présence catholique, j'entends bien la trouver. Systématiquement en longueur, étalées le long de la route, trois ou quatre rangées de maisons dans des états d'achèvement disparates composent ces bourgades qui surplombent des dizaines d'étages de rizières en terrasses. Des Hmongs sont présents sur le pas de leur porte, vaquant à leurs occupations, vendant de la soupe de Pho, des poules, des sucreries, de l'artisanat traditionnel... Chaque village est un mini-supermarché. Je reconnais les visages burinés par le soleil, les traits tirés, la stature forte et bien charpentée de ces hommes et femmes qui travaillent la terre à la force de leurs mains, et en habits traditionnels pour certains.

Puis soudain au détour d'un virage, Sa Pa. Comme un choc, une balafre dans la nature, je la prends en pleine face. Du béton, des immeubles aux enseignes scintillantes, des hôtels, des restaurants... Tout ce qui me révulse et que je fuis. Pensant trouver une paisible station d'altitude, vestige de ce poste militaire avancé construit par les Français, j'arrive dans une ville touristique, épicentre du nord et des disciplines à la mode que sont le trekking et l'escalade. Accrochées à 1 500 m d'altitude sur un replat, les quelques vieilles maisons coloniales ressortent avec encore plus d'éclat au milieu de ce triste béton vainement camouflé par des enseignes en néons.

Je retrouve l'optimisme lorsque je cherche l'église, puisque les locaux parviennent à me l'indiquer. Elle est connue, c'est bon signe! Effectivement, je déboule à toute vitesse sur la grand-place et découvre, ébahi, sur ma gauche une église avec un clocher qui ressemble étrangement à celui de mon église paroissiale Saint-Michel, à Paris. J'entre dans la cour du presbytère et parviens à trouver la sœur Saï, dominicaine et francophone. Elle me fait visiter la paroisse et m'explique la complexité de la situation ici.

L'église Notre-Dame du Rosaire a été construite en 1926 par les missionnaires des MEP. L'évangélisation de cette région fut concomitante avec la progression du corps expéditionnaire français. Dans les années 1850, l'État-Major y installe une petite garnison et des missionnaires viennent régulièrement pour rayonner dans les villages environnants. En 1902, la paroisse est fondée par Mgr Paul-Marie Ramond, premier évêque du diocèse de Hung Hoa. C'est ici qu'il viendra passer les dernières années de sa vie. Il mourra en 1944. Sa tombe est située juste derrière l'église, où est également enterré un des derniers curés de Sa Pa (1937-1948), le père Jean-Pierre Idiart-Alhor, assassiné le 18 mai 1948 par le Vietminh sur son prie-Dieu dans l'église alors qu'il se préparait à célébrer la messe. Dès lors, et jusqu'en 1995, il n'y a plus eu aucune vie paroissiale officielle. Quelques prêtres venaient de temps à autre mais d'une manière très confidentielle. Il faudra attendre 50 ans pour que l'Église vietnamienne reçoive à nouveau l'autorisation de célébrer au grand jour des messes ici à Sa Pa ; dans la même veine que ce qui s'était passé à Dien Bien Phu.

Composée de quatre églises principales et de trois chapelles, la paroisse de Sa Pa est la plus septentrionale du Vietnam et appartient au diocèse de Huang Hua. Le curé, le père Pham Thanh Binh (Pierre), le premier depuis 1948, est arrivé en 2006. 58 années sans curé, et pourtant les communautés sont restées fidèles à leur foi chrétienne. Témoignage extraordinaire.

Le père Pierre Binh arrive un peu plus tard et m'accueille à bras ouverts. L'enthousiasme trouvé ici est magnifique. Encore une fois, la simple évocation des mots « volontaire MEP » délie les langues et annihile toute réticence envers ma personne. On veut absolument que je me repose, alors que je n'ai roulé qu'à peine 60 km aujourd'hui, autant dire rien ! J'accepte pour ne pas froisser mes hôtes, qui ne peuvent pas m'héberger sans que cela leur attire des soucis. Ils m'indiquent donc une pension familiale tenue par des chrétiens qui sera tout comme.

Promenade dans la ville touristique, la fraîcheur due au brouillard persistant m'est très agréable et je m'en accommode parfaitement. Je ne sais pas encore que c'est une des dernières fois où je pourrai sortir en t-shirt dans la rue avant bien longtemps.

Les contrefaçons des grandes marques européennes sont légion et je ne sais où donner de la tête avec les vendeurs qui m'alpaguent alors que je ne souhaite rien acheter. Je tombe sur Jacques, croisé ce matin au col de *O Quy Ho* et nous bavardons plus longuement. Il est un peu jaloux de mon voyage qui s'annonce et très heureux pour moi. *« Profite bien, on se voit en Asie centrale ! »* me lance-t-il en filant.

Retour à l'église pour le dîner auquel le père m'a convié à la nuit tombante. Les enfants du foyer répètent les chants lorsque je m'installe. Nous sommes une dizaine, dont trois dames françaises, qui travaillent pour l'association *Enfants du Vietnam*. Cette dernière permet aux enfants des minorités d'aller à l'école, de recevoir du matériel scolaire, de construire des dispensaires… Elle fonctionne grâce au parrainage d'enfants vietnamiens par des Français. Dîner joyeux pendant lequel la sœur Saï explique, intarissable, les défis auxquels le père Pierre est confronté.

Cette paroisse a été fermée pendant 50 ans et les locaux paroissiaux en grande partie spoliés. Cela n'a pas découragé l'Église qui est toujours présente et continue son œuvre tout autour de Sa Pa. Les pères n'ont jamais baissé les bras malgré les difficultés et témoignent d'une patience à toute épreuve. Bras de fer quotidien avec les autorités, mais leur foi n'a jamais vacillé. Cette paroisse, dont l'église Notre-Dame du Rosaire est la plus importante, est extrêmement dynamique. Près d'une trentaine d'adultes sont baptisés chaque année.

Le 24 novembre 2007, après la restauration de l'église, 2000 Hmongs se sont déplacés malgré une interdiction du gouvernement d'inaugurer l'église au motif qu'il ne s'agissait que d'une restauration d'ancienne église et non d'une consécration d'un nouveau lieu de culte. L'évêque n'a donc pu venir. Mais plus rien ne leur fait peur, ils sont déterminés à assumer leur chrétienté avec vigueur. La majorité des catholiques vivent dans les villages des minorités ethniques hmongs. 40 personnes se préparent pour recevoir le baptême à Pâques cette année, autant que l'année passée.

Cinq sœurs consacrées sont au service de la paroisse et aident les pères pour le catéchisme, les visites, le foyer d'étudiants qui jouxte l'église. Deux sont des sœurs de Saint-Paul de Chartres, deux Amantes de la Croix et une dominicaine. Les Amantes de la Croix sont une communauté religieuse fondée au Vietnam et extrêmement dynamique. Plus de 7000 nouvelles vocations depuis 2010! Une trentaine de catéchistes, formés au fil des années, assurent le catéchisme dans les villages en plus de leur travail; surtout lorsque les pères ne peuvent venir pendant plusieurs semaines. La communauté catholique, composée de 40 catholiques lors de la fondation de l'Église locale, compte aujourd'hui 1850 fidèles Hmongs et quelque 150 fidèles vietnamiens de la région de Sa Pa.

Repu après cet excellent dîner et ces explications, je me rends à la messe. Le soin apporté à la liturgie me réjouit. Les chants s'élèvent portés par un orgue, je me sens presque en France! Sur la porte, une inscription en trois langues nous incite à entrer : *« Ouvrez la porte / Come in / Xin Moi Mo Cua »*. Français, anglais, vietnamien. Véritable clin d'œil à l'histoire de la paroisse. C'est toujours une immense joie que de pouvoir prier avec ces chrétiens, qui plus est dans une église avec cette belle voûte néogothique. La langue est un obstacle vite dépassé, la messe est un carburant nécessaire pour moi. S'ensuit une séance de répétition par la quinzaine de jeunes du foyer, pour la chorégraphie de Noël. Devant la crèche taille XXL et avec une étoile qui se dresse fièrement en haut d'un arbre à une dizaine de mètres du sol, les enfants exécutent la chorégraphie sur une musique entraînante ! Noël s'annonce joyeux.

La nuit est tombée sur Sa Pa, l'église Notre-Dame du Rosaire brille de mille feux, la crèche également. Ici les guirlandes semblent en soldes et décorent le pourtour de l'église avec gaîté. Ça y est, je perçois enfin que j'arrive à Noël. Le froid m'y aide, après une année en short et t-shirt. Je flâne dans les rues, mais tout me semble faux. Tourisme de masse qui ne cherche qu'à prendre une photo puis repartir. L'église y est vue comme un vulgaire bâtiment un petit peu étonnant, mais peu s'interrogent réellement sur sa présence. Las, fatigué, je rentre me coucher. Demain, le petit-déjeuner avec le père Pierre est à 6 h 30.

Mercredi 14 décembre 2016, J21. Lao Cai

Un petit-déjeuner avec le père Pierre, la sœur Saï et les trois responsables « d'enfants du Vietnam » et il faut déjà se dire au revoir. Éternel dilemme du voyageur que de ne pouvoir s'attacher à un endroit. Je tombe en quittant la ville sur Nicolas, un breton tout juste arrivé de Lorient à vélo avec sa copine. À la vue de mon vélo chargé, il m'a tout de suite arrêté. Cela fait deux ans et demi qu'ils arpentent les routes du monde à vélos couchés. Bon, ils se sont arrêtés une année durant à Chengdu – Sichuan – pour prendre du temps et travailler comme prof d'anglais. Accueillant des cyclistes de passage en route vers le sud-est, rayonnant lorsqu'ils avaient quelques jours dans les montagnes environnantes, ils connaissent les bons coins et les mauvais. Heureux et soulagé, j'apprends que l'itinéraire que j'envisage de suivre est praticable pour peu que l'on soit correctement équipé. La première partie est déjà un immense soulagement, le reste suivra. Nicolas, m'annonce tout de même des cols à plus de 4000 m d'altitude, la Chine sera sportive !

Pour l'instant, c'est une descente vers l'air chaud et humide de Lao Cai, porte de la Chine. Un brouillard à couper au couteau m'accueille. Je slalome entre les nids-de-poule et les camions arrêtés au milieu de la chaussée. Une marée de béton s'offre à moi depuis les hauteurs. Un flot ininterrompu de bâtiments grisâtres et fouillis, véritable anarchie architecturale.

L'église Saint-Joseph est légèrement camouflée par un hideux bâtiment administratif vietnamien. Pas de prêtre, une dame ne parlant que le vietnamien, ça va être coton de se faire comprendre… A priori, il se passe quelque chose à 18 h 30. Me promenant dans la ville, je tombe sur une boulangerie tenue par des catholiques. Une grande photo du Christ en croix sur le mur qui ne trompe pas ; la boulangère est toute heureuse de m'avoir vu faire escale dans son havre sentant bon le pain frais.

Des cloches sonnent à toute volée vers 18 h 30, d'un bond je me précipite en courant vers l'église, et trouve un prêtre qui parle un peu anglais. La messe est à 19 h. Juste le temps de manger un morceau sur le marché de nuit qui jouxte l'église et me voici de retour pour ce rendez-vous avec le Seigneur.

Nous prions le chapelet, prière des humbles et de la simplicité, que j'affectionne particulièrement. Me dirigeant vers la sortie, à l'issue du chant final, je suis rattrapé par le père Joseph Nguyen qui m'invite à boire un thé chez lui dans un français plus qu'honorable. J'accepte avec joie. Nous devisons en français et il m'explique comment fonctionne sa paroisse. Six vicaires, cinq sœurs, quatre séminaristes, pour couvrir sept districts de la Province, avec presque 100 km (mais plusieurs heures de route donc) entre son église principale et les villages les plus reculés. Beaucoup de travail, mais « *Je suis heureux d'aller chercher des personnes pour les emmener à l'église, c'est mon travail de faire rentrer les gens dans l'Église* ». « *Tu aimes la poésie ?* » me demande-t-il tout en sortant les

Lagarde et Michard pour lire Musset, Bossuet et d'autres ouvrages de sa bibliothèque très fournie… Les vers sont déclamés dans la nuit de ce Nord-Vietnam qui m'a enchanté par ses paysages. Un coin de France en Extrême-Orient.

Le père Joseph n'est jamais allé en France mais a appris le français à l'université de Hanoï. Quel courage et quelle persévérance ! Il me fait également une proposition sympathique : celle de revenir pour enseigner l'anglais et le français ici à Lao Cai… Je verrai car il faut d'abord rentrer à la maison. Je ne suis pas sûr d'avoir envie de repartir immédiatement à l'autre bout du monde, au Tonkin !

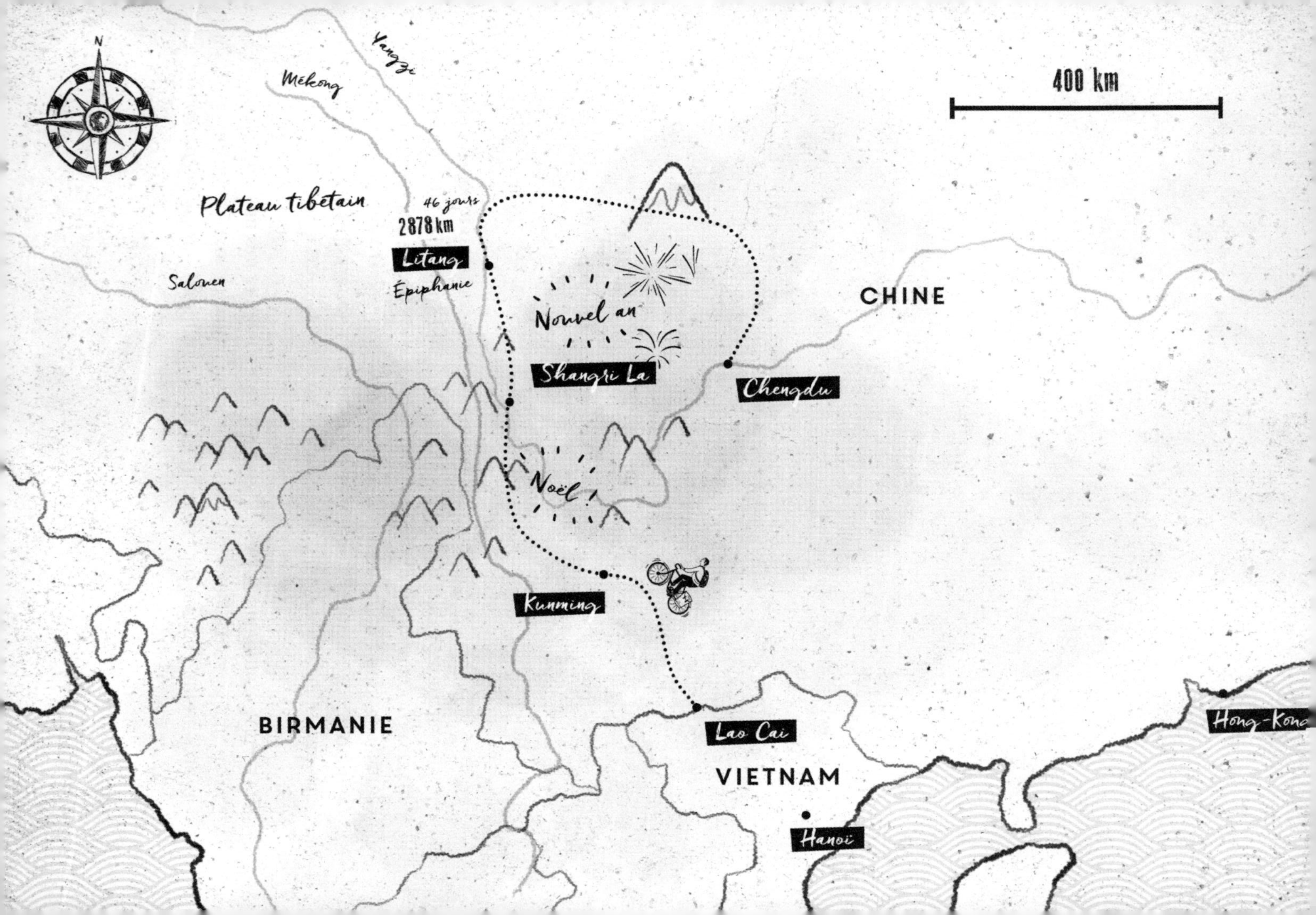
N
Yangzi
Mékong
400 km
Plateau tibétain
46 jours
2878 km
Litang
Salouen
Épiphanie
Nouvel an
CHINE
Shangri La
Chengdu
Noël !
Kunming
BIRMANIE
Lao Cai
VIETNAM
Hanoï
Hong-Kong

Église de Baihanluo

3

TIBET

« Dans la vie il n'y a pas de solutions ; il y a des forces en marche : il faut les créer et les solutions suivent. »

Antoine de Saint-Exupéry

Le douanier est dubitatif à l'idée de me voir parcourir ce pays à vélo, mais un Occidental doit probablement évoluer dans une autre dimension que lui et ça doit être normal pour moi de circuler ainsi. Le passeport bien rempli de tampons divers et variés passe entre de nombreuses mains, je dois me rendre à un premier guichet, puis un second et un troisième, le tout accompagné d'une nuée de fonctionnaires. À chaque fois, le même sketch : les douaniers ne trouvent pas la bonne page. Après plusieurs minutes, je prends les choses en main, ouvre le passeport à la bonne page et les mets mal à l'aise à cause de la rapidité avec laquelle j'y parviens. Un dernier contrôle et c'est bon, coup de tampon, l'empire du milieu est à moi !

Une fois le poste frontière de Lao Cai franchi, j'entre dans un monde qui semble être une *terra incognita* pour nous, Occidentaux. Pas le moindre panneau en français ou anglais. Trouver un interlocuteur parlant quelques mots d'une de ces deux langues relève de l'exploit ! Mon prochain point de chute est un village dans la vallée de la Salouen pour y passer Noël. Yangzi, Mékong, Salouen : trois fleuves parallèles coulant chacun dans leur vallée, séparés par des montagnes culminant à plus de 4 000 m d'altitude.

Avant cela, je découvre cette Chine dont personne ne parle jamais, inconnue des Occidentaux. Cette Chine profonde, industrielle, à l'urbanisme galopant et où les gratte-ciel poussent tels des champignons. Kunming en est mon premier contact. Agglomération moyenne de 8 millions d'habitants, je roule des heures sur des avenues à perte de vue, au milieu de centaines de voitures nullement dérangées par la présence d'un vélo sur ces semi-autoroutes.

Grise, disgracieuse, bardée d'enseignes lumineuses, Kunming est « moderne ». Tout ce que je fuis. Les marques américaines trustent les carrefours pour s'afficher en vantant les mérites du dernier sandwich ou café, au détriment des cultures locales enracinées depuis des siècles sur cette terre. Standardisation à tout-va du mode de vie, quel gâchis ! Un bon point néanmoins, la municipalité y a interdit les motos, ce qui fait que les seules (et néanmoins très nombreuses) qui circulent sont électriques. Les klaxons du Vietnam n'ont eux, pas disparu. Assez pénible de se faire klaxonner à tout bout de champ, pour un oui ou pour un non, y compris lorsqu'il n'y a absolument pas lieu de le faire ! Ce ne sont pas les panneaux d'interdiction d'utilisation de ces avertisseurs sonores qui refroidissent les velléités des motards.

Premier arrêt technique du périple, dans ce pays où le vélo garde encore ses lettres de noblesse. Jean-Pierre, un français vivant ici depuis de nombreuses années et dont les coordonnées me sont données par un ami, est d'une grande aide, l'anglais n'étant pas si universel que cela. Surtout, chose très intéressante pour moi, Jean-Pierre est cycliste et connaît les bonnes adresses. Nous laissons donc dans un magasin mon vélo, après avoir trouvé un pneu de la bonne taille pour quelques menues réparations d'entretien. J'étais persuadé que j'allais pouvoir trouver facilement des pièces détachées tout au long du trajet. Deux heures plus tard à mon retour, stupéfaction de voir le vélo presque entièrement désossé! J'avais demandé un check-up et un nettoyage mais certainement pas cela. La cassette est démontée, tout comme le pédalier... Au final, cela vaut le coup vu la somme demandée, et me sera bien utile, il manquait de la graisse à peu près partout. Décidément, *Pro bike Bangkok* n'a de pro que le nom!

Après que le mécano a taillé sur mesure à la meule des plaquettes de frein de rechange (non standards semble-t-il), et remonté les cale-pieds dans le bon sens, je peux repartir! Beaucoup de boulot nécessaire qui, je l'espère, sera suffisant pour quelques milliers de kilomètres. Reste à acheter quelques affaires un peu plus chaudes pour les montagnes qui m'attendent et nous allons dîner avec Jean-Pierre.

Voulant récupérer une carte de la région dans une *Guest House* bien connue des routards, je tombe sur Michaël qui, avec son amie, arrive tout droit de Paris à vélo. Forcément, nous discutons pendant un long moment. Échanges de tuyaux, des bons plans sur la route, des trucs et astuces, des aspects techniques du vélo, des avantages et inconvénients des tailles de pneus... Ils se dirigent désormais vers Taïwan pour un temps de PVT[5]. Belle rencontre fortuite qui va bien m'aider pour la suite.

J'embarque ensuite dans un bus – ce pays est trop grand – direction Dali, ville qui marque le début du Tibet historique. Le bakchich demandé par le chauffeur du bus pour le vélo me met hors de moi. Les soutes sont vides et bien évidemment aucun ticket ne sera là pour attester ce paiement. Un chinois anglophone fait l'intermédiaire, mais rien n'y fait, il faut passer à la caisse pour enfourner mon vélo dans la soute. Au bord d'un grand lac naturel, à l'ombre des montagnes, se dresse cette ville ceinte de murailles. Une ville à l'histoire millénaire et où la chrétienté s'est enracinée en arrivant dans ces régions. Jilke, cycliste hollandais qui

5. Permis Vacances Travail, permettant de rester plusieurs mois dans un pays avec l'autorisation légale de travailler, principalement sur des postes à faible valeur ajoutée.

s'est installé avec sa copine chinoise ici à Dali, m'accueille pour la nuit. Le système *Warmshower* d'hébergement des cyclistes de passage permet une réciprocité pour les voyageurs lorsqu'ils seront à leur tour hôtes. La simplicité est maîtresse et très appréciable.

Dali a une signification spéciale pour moi, car les nombreuses sœurs avec lesquelles j'ai travaillé en Thaïlande, sont de la congrégation des sœurs de Maepon, fondée sous l'impulsion de Mgr Lucien Lacoste, ancien évêque de Dali, expulsé en 1952 par les communistes chinois. Trouvant refuge en Thaïlande à Chiang Mai, il y deviendra administrateur apostolique puis évêque du tout jeune diocèse. Arpentant les montagnes, ce père de la congrégation du Sacré-Cœur de Jésus de Bétharram rencontrera sœur Cécile qui fondera sa propre congrégation aujourd'hui très dynamique. C'est donc une sorte de pèlerinage que je viens faire à Dali, pour porter les prières de toutes ces sœurs, mais aussi celles des personnes qu'elles aident chaque jour dans toute cette Karenie qui m'est chère.

La cathédrale du Sacré-Cœur de Dali est mon premier contact avec l'Église en Chine. Église officielle, je commence à toucher du doigt la complexité des relations d'un billard à quatre bandes entre les deux Églises (officielle / officieuse), Pékin et le Vatican.

Le prêtre n'est pas là ce matin et c'est donc une ADAP (Assemblée Dominicale en Absence de Prêtre) que préside sœur Teresa, bénédictine missionnaire. Un accueil chaleureux de la part de cette petite communauté pour cette célébration dominicale. Je suis touché de voir que la foi est bien présente dans ces contrées reculées. Nouvelle langue pour prier ensemble, l'unité de l'Église demeure et je me sens proche d'eux, mille fois plus que des Chinois déjà croisés.

La sœur Teresa, qui parle anglais, me propose de rester déjeuner avec quelques paroissiens et me demande de l'aide afin de contacter la communauté de Bétharram en France. Elle a besoin de récupérer des informations relatives à la fondation de cette église par les missionnaires venus de France au début du XXe siècle. Ses dernières tentatives ayant été infructueuses, il m'incombe de réussir cette importante tâche. En Chine, il semblerait que le concept de fermer la porte soit encore inconnu. Toutes sont ouvertes aux quatre vents, glaçant instantanément n'importe quelle pièce qui pourrait être bien agréable avec le poêle qui ronronne. Mon grand-père disait toujours *« ferme la porte, on ne chauffe pas dehors ! »*. J'aimerais tellement pouvoir expliquer la même chose ici ! Un déjeuner réellement chinois, à mille lieues de ce que l'on appelle restaurants « chinois » en France. Le Yunnan est une partie de la Chine avec, comme toutes les grandes provinces, des spécialités culinaires bien particulières. Variété importante de légumes, féculents, viandes... Je me refais une santé puisque mes hôtes ne manquent pas de me m'inciter fortement à me resservir, ce que je fais avec joie tant c'est bon. L'alcool de riz coule à flots, ainsi que celui de maïs, servis directement depuis un jerrican... Voilà une denrée dont ils ne manqueront pas !

De fil en aiguille, mes nouveaux amis m'expliquent qu'ils seraient très honorés que je reste le soir pour dîner avec eux et avec le père Tao – qui parle français – pour le rencontrer. J'accepte donc l'invitation, et repousse à une date ultérieure et inconnue mon arrivée à Dimaluo pour Noël, puisque de toute façon, après la sortie de table, il est un peu tard pour partir. Je file visiter la vieille ville de Dali, à peu près correctement conservée, sans gratte-ciel ou autres affreux bâtiments. Ces derniers se trouvent tout simplement à 12 km au sud, dans la nouvelle ville sortie de presque nulle part il y a une dizaine d'années... Les maisons traditionnelles chinoises sont splendides et donnent un cachet certain à cette ville, tapie à l'ombre des montagnes voisines. Le sommet culmine à plus de 4 000 m là, juste derrière. De quoi donner le vertige, nous sommes déjà à 2 000 m.

Le soleil tape et c'est presque en t-shirt que j'arpente le marché, déambule dans les ruelles, traverse les anciennes portes fortifiées aux murs imposants (8 m d'épaisseur !), vagabonde dans la cité au gré des animations. Ici des marchands ambulants, là des boulangers pétrissant le pain d'ici au rythme d'un zouk / techno local... Je flâne pour humer l'ambiance de cette ville – touristique certes – mais où l'authenticité reste réelle. Avec ce ciel bleu, le soleil éclatant et les touristes qui visitent, j'imagine en fermant les yeux être à Paris un jour de mars, lorsque le froid s'adoucit et que le soleil réapparaît.

17 h 30, il est temps de retourner à l'église, je dois m'occuper du dessert, nationalité française oblige. Ma présence au dîner a amené du monde et nous serons près d'une quinzaine à table ; il s'agit donc de ne pas se rater. J'ai choisi les crêpes, n'ayant que peu d'ingrédients à ma disposition et des moyens de cuisson limités. Je joue donc au professeur avec des étudiantes, au début toutes intimidées à l'idée de retourner les crêpes et qui, au fur et à mesure, ont pris de l'assurance au point de me demander la recette pour en refaire plus tard !

Nous passons à table avec toute l'équipe paroissiale. Encore un succulent repas où nous rions de bon cœur. Le père m'explique la situation de la paroisse et je saisis un peu mieux le quotidien de ces frères dans la foi. La nuit est tombée depuis bien longtemps lorsque je rentre me coucher, une soirée inoubliable, je suis comblé. Le bonheur du voyageur est justement là : pouvoir s'arrêter là où on lui tend la main, restant bien plus longtemps que prévu car il se sent comme chez lui. Et la joie ensuite de se remettre en route, saluer ces personnes croisées que l'on ne reverra jamais, alors qu'elles vous ont donné tout ce qu'elles ont.

Vendredi 23 décembre 2016, J 30. Dimaluo. 2 340 km

La route s'élève, ça y est, me voici aux contreforts de l'Himalaya. Il ne va pas être possible de se défiler. Des vallées à traverser dans un sens, puis dans l'autre, descendre, remonter et recommencer le lendemain. La route chinoise est tout sauf reposante !

Première rencontre avec la police dans l'après-midi du départ de Dali. Je n'avais en effet pas vraiment d'autre choix que de prendre l'autoroute, ce qui ne me dérangeait pas vraiment. Hop, ni une ni deux, je file sur le bord de la voie express qui grimpe. Bonne cadence, température idéale, paysages dégagés, je profite de cette plénitude. Une dizaine de kilomètres plus loin, la voiture de policiers – ne parlant pas anglais – m'arrête et tente d'expliquer que je n'ai rien à faire ici. Évidemment, je fais mine de ne rien comprendre, pas question qu'ils m'embarquent. Quelques voitures et camions passent de temps à autre, je suis bien rangé sur le côté, pas de danger vraiment sérieux. Le central dégotte un policier au téléphone parlant anglais qui m'explique le problème. Visiblement, il n'y a pas de route pour les vélos puisque c'est la seule route pour rallier la vallée du Mékong puis de la Salween sans un grand détour. Toujours négocier, je quitterai la route à la prochaine sortie... dans 35 km!

2 100 m d'altitude, dans un petit village, un des habitants m'ouvre sa porte en me voyant commencer à planter ma tente. Un grenier à maïs pour abri et un agréable dîner offert par le Tibétain qui m'héberge. Car c'est bel et bien au Tibet que j'ai pénétré depuis Dali. Changement de région, de monde, la bienveillance existe finalement en Chine.

Quatre jours à travers ces paysages, à franchir des cols à 2000, 2 200 et 2 600 m d'altitude. Une paille, même si la déclivité progressive s'accentue à l'approche du sommet pour le rendre encore plus difficile à atteindre.

Franchir le Mékong, un large torrent dynamique encaissé entre les flancs de montagnes. Sacrée différence avec celui que j'ai découvert entre la Thaïlande et le Laos, qui coule lent et paresseux avec ses à-coups et rapides sporadiques jouant du relief au fond de son lit. À 600 m d'altitude, c'est un fleuve de montagne encore jeune et dynamique. On ne peut imaginer qu'il deviendra ensuite nonchalant, une fois arrivé dans la chaleur de l'Asie du sud-est. Une descente impressionnante m'y mène dans la grisaille, il s'agit de ne pas se vautrer, la sanction serait définitive. Les nids-de-poule qui parsèment un asphalte par ailleurs impeccable sont des pièges à éviter. C'est dans un paysage alpin, celui d'une rivière retenue par un barrage pour approvisionner en eau une vallée, que je franchis cette *Mae Khong*, rivière mère en thaï et attaque encore une belle côte vers le plateau de Ciaojenzhen, en remontant un cours d'eau.

Au milieu de ce relief cassant, des plaines apparaissent, étendues sur plusieurs dizaines de kilomètres. Anomalies géologiques, encaissées en contrebas de montagnes noires et déchiquetées. Le contraste est saisissant. En quelques kilomètres, je passe d'un paysage beauceron à un paysage alpin. C'est à Ciaojenzhen que je m'arrête pour la nuit, dans une grande plaine entourée de montagnes. J'en ai plein les pattes, remonter un cours d'eau sur des dizaines de kilomètres m'use tant physiquement que mentalement. Petit signe de la France ici, une usine de ciment Lafarge. On se console avec ce que l'on peut. Des fermiers m'ouvrent leur porte pour la nuit. Je perçois cette culture tibétaine de plus en plus proche, une vraie attention à l'autre, loin de celle des Hans de Chine continentale. J'écrase littéralement dans mon duvet, la température chute encore et frôle désormais 0 °C.

La topographie de cette partie du monde est amusante, ce plateau battu par les vents surplombe la vallée de la Salween. Le col à 2600 m en est le verrou, jusqu'à une descente abyssale vers 600 m 2000 m de descente, c'est aussi très long!

En approchant Liuku, la route est soudainement bloquée. Un camion qui a du mal à manœuvrer, des travaux entraînant une circulation alternée? Oh non bien plus simple, des ouvriers qui posent des explosifs pour détruire une partie de la montagne et ainsi agrandir la route... Les conducteurs prennent bon gré mal gré leur mal en patience, sous l'œil vigilant d'un policier. Pas question de passer, il veille. J'ai beau essayer, avec quelques gestes compréhensibles de tous, je saisis ce qui risque de m'arriver si je passe. Effectivement quelques minutes après j'entends une belle explosion plus loin dans la vallée. Sans lui, j'aurai pris un caillou sur la figure!

La route défoncée maltraite mon vélo lorsque nous sommes libérés vers le bas. Un concert de klaxons et de moteurs à deux temps des motos retentit dans la vallée dont les flancs jouent le rôle d'une caisse de résonance, alors que leurs occupants s'élancent dans un nuage de poussière qui me repeint de la tête aux pieds. La Salween apparaît ainsi face à moi, long ruban vert émeraude coulant de la droite directement depuis l'Himalaya. Le tumulte des rapides qui s'entrechoquent avec les massifs rochers rendrait la navigation plus que hasardeuse et même complètement périlleuse. De sa source, qui se trouve aux contreforts du plus haut massif de la planète, jaillit une eau pure qui irriguera tout le sud-est asiatique. La rivière agit comme une lame de couteau dans la faille et la creuse encore plus à chaque instant. Les villages accrochés à flanc de colline semblent prêts à basculer à chaque instant vers l'abîme, emportant occupants et maigres biens avec eux. Par moments cela arrive. J'aperçois sur le côté les restes d'une maison visiblement encore là il y a quelques mois. Elle n'a pas résisté aux assauts du temps et des flots qui rognent chaque jour un peu plus son assise. La route, elle, suit le cours de la rivière avec des variations d'altitudes étonnantes, ce qui a le grand avantage d'éviter la routine. De véritables montagnes russes.

Chaque centimètre carré de terre est utilisé, suroptimisé, difficile de faire mieux tant l'espace plat disponible est bien employé. Et lorsque l'espace manque, les flancs sont aménagés en terrasses pour y faire pousser le riz, élément indispensable de la cuisine en Asie. Je tente bien d'y dénicher quelques mètres carrés pour planter ma tente, mais rien n'y fait, absolument tout est occupé. Optimiste, je me dis que cela sera plus facile plus loin et qu'un coin encore non défriché fera mon affaire. J'enquille près de 20 km vers le nord sur la rive occidentale du fleuve, à la recherche désespérée de quelques portions de terre tranquilles… Rien n'y fait et j'atteins Chengan alors que la nuit est déjà presque entièrement tombée. Pédaler en journée est déjà suffisamment périlleux avec les camions et voitures qui me frôlent pour ne pas démultiplier les risques d'accident. Cela me mettrait en retard pour Noël, voire m'obligerait à rentrer à Paris en avion pour m'y faire soigner, pas vraiment le plan prévu.

Déjà dans les villages traversés, des églises jalonnent la route. Las, la route m'appelle et ne me permet pas de m'arrêter. Il faut tenir la moyenne pour atteindre Gongshan le 23 décembre. Je tente d'entrer dans une église située sur le bord de la route mais peine perdue, elle est fermée. J'apprendrai plus tard qu'il s'agit de communautés protestantes évangéliques.

Arrivé à Chengan, j'essuie des refus de la part des autochtones en demandant l'hospitalité. Tous me désignent les quelques hôtels de la ville, ce qui ne fait pas réellement mes affaires. Les réceptionnistes ne semblent d'ailleurs pas vraiment motivés à l'idée de m'avoir comme client, cela leur occasionnera certainement une charge de travail supplémentaire, car le traitement réservé aux Occidentaux n'est pas le même que celui destiné aux locaux! Par chance, un couple de Chinois parlant anglais passe par là et va se révéler providentiel. Les prix demandés par les réceptionnistes sont bien trop élevés pour mon budget, ils pensent que je suis Bill Gates sans doute! Sans se démonter, mes nouveaux amis appellent un des leurs et me demandent de les suivre. Superbe, la situation semble s'arranger et je vais pouvoir planter ma tente quelque part. Nous grimpons dans le village et après quelques discussions leur ami m'annonce qu'il m'offre l'hôtel, et qu'il est le baron local du parti communiste. Le réceptionniste est prévenu. J'en suis tellement estomaqué que je balbutie des remerciements; invité à l'hôtel aux frais du parti communiste chinois! Pour une surprise, c'en est une, la Providence veille!

Enfin Gongshan s'offre à moi après une petite journée de route dans cette belle vallée. Industrielle, accrochée à la montagne, les immeubles les uns sur les autres, c'est à se demander comment tous ces bâtiments tiennent encore debout.

Je trouve l'église relativement facilement, décorée de nombreux drapeaux et guirlandes en prévision de Noël. J'y rencontre le père Joseph, anglophile, qui doit s'occuper de moi pour m'envoyer à Dimaluo passer Noël. Je lui donne un coup de main pour quelques bricoles à transporter, joue avec des enfants qui sont là et les prends en photo. Quelle ne sera pas ma surprise lorsque Marie, une amie étant passée ici quelques mois auparavant m'enverra la même photo du même enfant habillé de la même manière. La probabilité était tout de même très faible! On est toujours le second. J'embarque donc dans un minivan, conduit d'une main de maître par une paroissienne et rallie Dimaluo, cette vallée où je passerai Noël. Enfin j'y suis, pari d'arriver à temps gagné. Je dois y retrouver Anne, volontaire *Enfants du Mékong* dans la région, avec laquelle j'ai échangé déjà quelques infos pratiques.

À peine débarqué dans une maison proche de l'église, dans une langue complètement incompréhensible pour moi, on me fait comprendre qu'il est l'heure de dîner. Soit, je prends la vie comme elle vient et accepte de bon cœur la soupe de nouilles, quand arrive une espèce de cow-boy me gratifiant d'un «*salut ça va*»? Complètement surpris, je manque de renverser mon bol de soupe! Je bredouille un «*oui oui très bien*» automatique, essayant de comprendre comment un chinois habillé comme Lucky Luke peut parler aussi bien français au fin fond du Tibet. Le père Jean, car ce Lucky Luke est aussi prêtre, m'explique qu'il a étudié trois années en France avec les MEP. Sacrément déstabilisant lorsque l'on n'est pas prévenu! Nous discutons de mon voyage, de sa vie ici en tant que curé et chrétien; puis une fois le dîner achevé, il me propose de monter dans un village situé dans la montagne où il doit célébrer une messe.

«*Tu sais conduire une moto?*»

«*Oui bien sûr*»

«*Bon et bien je t'emmène chez mes parents, te donne une moto et on monte dans ce village où je dois confesser puis célébrer une messe. Prends des affaires pour la nuit, on y dormira*».

«*Et bien ok, c'est parti*»

Conversation à peu près surréaliste, nous ne nous sommes rencontrés que quelques minutes auparavant et je suis déjà complètement adopté. Il faut dire que l'étiquette MEP est un sacré coup de pouce[6]. Nous partons dans la nuit noire, éclairés par les phares de nos motos, au rythme des à-coups donnés par celle que je chevauche à chaque changement de vitesse, l'embrayage étant bon à changer. La route poussiéreuse d'à peine 2,5 m de large glisse en s'élevant. Il s'agirait de ne pas déraper, la sanction serait immédiate avec la pente impressionnante présente sur le côté. J'éclaire le père, devant moi, son chapeau vissé sur la tête, une musique country tibétaine sortant du haut-parleur de son destrier de fer; il y a de l'absurde dans cette situation, je suis aux anges. Pas de chance, après un bon quart d'heure de grimpette, une pelleteuse encombre la route. Rien à faire, il n'y a pas la moindre possibilité de passer et qui plus est,

6. Mgr Colomb a été missionnaire dans la région avant d'être à Paris supérieur général des MEP puis évêque de La Rochelle.

une épaisse couche de béton recouvre le ruban poussiéreux qui tenait lieu de route.

« Quelle bande de nazes, je leur avais dit de ne pas refaire la route aujourd'hui car je montais au village »! s'exclame le padre. Nous en sommes pour nos frais et hop, il faut redescendre vers le fond de vallée. Direction la maison des parents de Jean où nous grignotons des sucreries tibétaines au coin du feu, un vrai bonheur.

Le père Jean a passé dix années au séminaire et fait partie de l'Église cachée de Chine. Étonnant de se dire que cette Église est cachée alors que les églises sont bien visibles dans la vallée. Il a été ordonné par un évêque reconnu par Rome, dans le nord du pays. En réalité, il faut plutôt parler d'Église officielle et d'Église non-officielle. Cette dernière est née car il existe un différent majeur entre le gouvernement de Pékin et le Vatican, relatif à la nomination des évêques. Le premier n'accepte pas, ou mal, le fait qu'un responsable d'une communauté puisse être nommé par une autorité extérieure qui échappe de facto au contrôle du parti communiste. Heureusement, ce problème ne concerne aujourd'hui plus que sept diocèses. Néanmoins la situation est complexe puisque dans certaines parties du pays, l'exercice de la foi pour les chrétiens de l'Église non-officielle doit réellement se faire de façon cachée, alors que là où je passerai Noël, les églises sont pour certaines quasiment neuves et bien connues de tous. Le patron local du parti communiste a même une maison dans la vallée, située quasiment en face de l'église!

Dimanche 25 décembre 2016, J32. Caijang. 2 341 km

La veille de Noël est pleine de surprise. Une visite à Bahainluo avec le père et Anne, pour mettre à jour les parrainages *Enfants du Mékong*, distribuer l'argent aux familles des enfants soutenus, prendre les nouvelles de la scolarisation des enfants, répertorier les nouveaux besoins. Dans l'enceinte de cette église, fondée par des missionnaires des MEP au début du XX° siècle, Anne note, explique, distribue des documents avec le père Jean comme traducteur, tandis que de l'autre côté, des villageois dépècent une vache tuée pour l'occasion. Les mouvements des machettes sont précis, directs. Trancher, faire de petits cubes de viande qui seront ensuite cuits dans d'immenses marmites pour le repas de Noël pris sur la place du village tous ensemble.

La voûte de l'église en bateau renversé, décorée de scènes de la Bible peintes, me projette dans un autre espace-temps. Celui de la fin XIXe-début XXe siècle, aux détails précis et aux croix finement ciselées. On reconnaît très clairement la patte missionnaire et plusieurs inscriptions sont là pour nous rappeler l'importance des MEP dans l'évangélisation de cette région.

Des villageois installent des guirlandes lumineuses, des drapeaux, certains déjeunent sur le toit incurvé d'une façon très naturelle. Face à moi s'offre un panorama splendide. À droite, légèrement en contrebas, un premier village – Caijang – où nous irons tout à l'heure pour passer Noël. Son église se dresse bien fièrement face à la pente abrupte. Sur l'autre versant : deux villages au sommet avec eux aussi des églises aux clochers fiers et droits, sonnant chaque heure de leurs lourdes cloches le temps qui s'écoule. Tout en bas, Dimaluo, où je suis arrivé le premier soir. Au creux de la vallée, là où la terre s'aplanit et où les cultures sont possibles.

Nous rejoignons Caijang pour y préparer la messe de Noël, puis filons nous changer chez Joseph et Marie, cousins de Jean et où nous passerons tous la nuit. Deux messes, rien de moins en cette veille de Noël. Celle du jour, puis celle de la nuit. Je ne comprends pas trop ce qui s'y dit – barrière de la langue oblige – mais suis en véritable communion de prière. La foi de ces chrétiens est belle à voir et les cantiques montant sous la nef sont superbes. Le *Kyrie* est chanté sur un air connu, tout comme une partie du reste de l'ordinaire. Des paroissiens assistent à la messe depuis le parvis, l'église bondée nous porte avec ferveur vers le Christ qui s'incarne pour nous ce soir.

Entre les deux messes, nous dansons autour d'un feu de joie sur le parvis : danses tibétaines. Je m'y essaie sous les regards hilares des paroissiens. À chaque fois, c'est la même chose : les premiers pas sont faciles et j'y arrive, et tout d'un coup cela se complique avec des demi-temps, quart temps et pas glissés qui me font dérailler. Qu'importe, les locaux sont bien trop contents de voir un Européen danser avec eux pour m'en tenir rigueur ! Contraste saisissant, dans l'église le père confesse pendant que les fidèles rentrent pour prier quelques minutes ou plus, avant de ressortir et retrouver l'effervescence festive du parvis. Puis à 22 h 30, tout le monde entre à nouveau dans l'église – les pétards donnent le signal – pour la messe de la nuit de Noël. Il est temps de nous préparer à la venue du Sauveur. Le mystère de Noël est joué par les enfants du village, comme dans nos campagnes. Bergers, saint Joseph, Vierge Marie, moutons, âne et bœuf. Nous assistons à une belle représentation de la scène biblique dans la pénombre qui enveloppe l'église. *« Un Sauveur nous est né, ALLÉLUIA ! »* s'exclame le père Jean à la fin de l'Évangile, avant que toute l'assemblée reprenne en chœur, le sourire radieux.

À la sortie de la messe, le Père Noël est de la partie lui aussi. Il offre des chocolats aux enfants qui sont ravis bien sûr. Nous dansons à nouveau autour du feu puis tard dans la nuit, rentrons nous coucher dans la joie d'accueillir notre Sauveur. L'absence de famille et de cadeaux me fait plus profondément plonger dans le mystère de l'Incarnation qu'est Noël. Débarrassé des aspects consuméristes habituels, je peux me concentrer sur l'essentiel : la venue du Prince de la paix.

En ce dimanche matin, grand-messe à l'église, mais cette fois-ci j'enfile, comme Anne, des habits traditionnels tibétains. Nous faisons sensation ainsi habillés et tout le monde ou presque nous salue. Déjeuner paroissial où nous mangeons la vache découpée, préparée la veille, sur la place de l'église autour du feu avec des bières tibétaines et de l'alcool de riz tout aussi local. Nous trinquons tout l'après-midi aux sons des *« Tachideley »*, mot signifiant à la fois *« bonjour, merci, à ta santé, à bientôt, au revoir, super, génial… »*. Bien pratique à connaître donc !

Le père Jean a une énergie incroyable et anime cette paroisse du haut de ses 30 ans avec force et vigueur, c'est superbe à voir. Nous rentrons vers 20 heures chez Joseph et Marie, encore tout joyeux de cette belle journée. Je sors de mon sac ma botte secrète : une boîte de foie gras. Depuis un mois, je transporte ce précieux paquet laissé par les parents lors de leur passage en Thaïlande peu avant mon départ. Alors que chaque gramme est soigneusement calculé, je m'encombrais d'un bloc de foie gras pour le simple plaisir de le déguster le soir de Noël. J'aime plutôt bien l'idée, il y a du panache et de l'absurdité, c'est plaisant.

Mercredi 28 décembre 2016, J35. Col du Faisan, 2402 km

Un passage hier à Gongshan pour récupérer mon vélo qui a suivi une révision bien utile. J'effectue la route de retour juste avant la pluie qui ne m'aura mouillé qu'à l'arrivée dans Dimaluo. Pluie à 2000 m signifie neige à 3000 m d'altitude. Le col à franchir est à 3842 m et je n'arriverai pas à le vaincre dans la journée. La piste n'est qu'un amas vaguement plat de cailloux, traçant dans la montagne un sillon qui lentement escalade les cimes. Quelques voitures descendent dans le sens opposé, une seule me dépasse dans un nuage de poussière. Les arbres blanchis par la neige tombée la veille offrent un spectacle ébouriffant. Les pentes recouvertes d'une poudreuse splendide et immaculée me laissent songeur à l'idée de les descendre à ski. Pour sûr, il aurait été largement plus rapide de chausser des peaux de phoques sur des skis plutôt que d'utiliser un vélo.

6 à 7 km/h de moyenne, les pierres, la boue, puis la neige sur la route, passés 3000 m d'altitude rendent la progression exténuante. Une dépense d'énergie folle pour un résultat quasiment nul. Je manque de chuter à plusieurs reprises, les roues dérapant sur des plaques de verglas cachées sous une neige fraîche, ou se coinçant dans les anfractuosités de la piste. 17 h, le soleil décline doucement, j'en ai plein les pattes. Un campement d'ouvriers travaillant sur la route est là, face à moi. Je stoppe la machine, assez pour aujourd'hui. Accueil chaleureux sous leur tente, dîner, un coucher de soleil sur les montagnes qui leur donne des tons pastel, le col du Faisan attendra demain matin. Vaincu par les éléments, il faut parfois accepter de ne pas toujours gagner.

Vendredi 30 décembre 2016, J37. Tseukou. 2500 km

Ces fameuses vignes, après un col du Faisan à 3842 m d'altitude et une descente dans la neige entre les plaques de verglas, quelques chutes sans gravité pour moi mais qui auront fait souffrir la monture et les équipements. La récente chute de neige a blanchi les arbres, les rivières coulent au milieu des glaces, les sommets sont grisonnants grâce au givre.

Plantées par les missionnaires MEP dans les années 1920, ces vignes sont un des fruits de l'évangélisation de la Chine et plus particulièrement du Tibet. Les marches tibétaines, voici comment se nomme cette région. Les contreforts de l'Himalaya sont autant d'étapes vers Lhassa, la ville sainte des Bouddhistes.

« Tibet, la mission impossible », disait-on à l'époque pour évoquer ce coin d'Asie où les missionnaires tombaient comme des mouches, martyrs pour leur foi. C'est là qu'est envoyé le père Bourdonnec, immense figure missionnaire de l'histoire des MEP, qui avait demandé la grâce de mourir en martyr. Bonne destination pour lui compte tenu de ce qui s'était passé les décennies précédentes. À son grand regret, les années vont passer paisiblement. Il évangélise à tout-va et vieillit sans pour autant trouver l'occasion de mourir en martyr. Heureusement pour lui, la révolution communiste et les hordes de fanatiques vont s'occuper de son sort. Il réalisera ce vœu si cher fait aux carmélites de Tulle[7]. Il est tué par des personnes avec lesquelles il aura travaillé pendant des années. Voici le destin tragique du père Bourdonnec qui repose avec sept autres pères MEP dans le cimetière de Tseukou, là où ils ont œuvré toute leur vie à la conversion des cœurs.

Surplombant le Mékong, à 2 000 m d'altitude, je contemple un torrent violent où l'idée de descendre en pirogue m'est vite passée. Tseukou et Cizhong sont des villages typiquement tibétains. Maisons en bois aux soubassements en béton ou pierre, terrasses aménagées pour l'agriculture, bétail qui vit au grand air dans les montagnes abruptes. L'essence même de la vie montagnarde, simple et belle. La mère de Liroi, chez qui je suis censé dormir ce soir, n'est absolument pas prévenue de mon arrivée mais nullement déconcertée par l'arrivée d'un Occidental à vélo. La vue de mon polo MEP allume des étoiles dans ses yeux. Elle me fait signe

7. Sainte Thérèse de l'enfant Jésus est la sainte patronne des missions.

d'aller un peu plus loin, vers le cimetière où sont enterrés les prêtres qui ont christianisé ce village. Des monuments de l'évangélisation, prêts à donner leur vie pour annoncer le Christ, cela laisse songeur en ce qui concerne nos peurs.

Comme en Thaïlande à Mae Woei, Mae Pon, Patung, je côtoie des personnes qui figurent parmi les premiers chrétiens de cet endroit. Bouleversant de savoir cela, d'assister à la naissance d'une communauté chrétienne. Cette dame a été convertie suite à une mission des MEP, alors toute jeune communauté, il y a 70 ans. Malgré les difficultés rencontrées avec la vague communiste, elle comme les autres habitants n'ont rien lâché et se sont accrochés à leur foi au Christ. Une belle leçon que je reçois. Nous qui avons tout facilement et sommes dans des pays où le fait d'être chrétien ne pose aucune difficulté, pensons à ces frères pour qui c'est un combat quotidien. À chaque instant, nous avons le choix et l'exemple de ces pères MEP doit nous éclairer : le choix entre la facilité de se fondre dans la masse ou le choix de vivre notre foi intensément avec fierté. C'est le second que nous devons viser. Nous sommes sur Terre pour porter l'étincelle auprès des incroyants, le Saint-Esprit se chargera d'allumer le brasier en eux.

Dimanche 1er janvier 2017, J39. Shangri-la. 2 500 km

Nouvelle année, un réveillon bien différent des derniers, sacrément exotique ! Arrivé hier en fin de journée dans cette ville considérée comme sainte par les Tibétains, presque au même titre que Lhassa, je retrouve deux amis : Balthazar de Dompsure et Jean-Marie de Guillebon. Le premier a remplacé le second dans la gestion de la coopérative de vin de Tseukou. Nous fêtons dignement l'entrée dans la nouvelle année, les Chinois lancent des pétards comme j'ai rarement eu l'occasion de l'entendre, c'est à se demander s'ils ne vont pas faire exploser la ville ! Heureusement, nous sommes en basse saison et les habitations sont vides ou presque.

Une visite au petit Potala, reproduction à l'échelle ½ du grand Potala de Lhassa, s'impose. Belle promenade dans les collines et les champs aux couleurs marron beige. Massif, doré à l'envi, ce monastère a beau être impressionnant, j'ai du mal à lui trouver une beauté particulière. La promenade au soleil fait un bien fou, nous nous prenons pour des explorateurs découvrant une merveille encore jamais vue par des yeux occidentaux.

« Et si on allait squatter la piscine d'un hôtel » lancé-je en une sorte de boutade à mes deux acolytes, qui relèvent aussitôt le défi. Voilà comment trois loustics se dirigent vers le Shangri-la, le plus grand et chic hôtel de la localité, pour aller y faire trempette. Embrouillant vite-fait bien-fait le préposé à l'entrée du complexe aquatique, nous nous retrouvons dans un jacuzzi, la vie est difficile !

Mercredi 4 janvier 2017, J42. Ranwu (Sichuan). 2665 km

Depuis le départ de Shangri-là, j'enchaîne les cols. 3500 m est un minimum, 4000 m régulier. La route n'est plus asphaltée depuis bien longtemps contrairement à ce que j'avais imaginé, c'est bien là le problème ! Impossible de tenir une moyenne correcte malgré une cadence de pédalage importante. Les 70 premiers km d'asphalte neuf n'étaient qu'un piège en trompe-l'œil, la suite est un lit de cailloux et de poussière digne de chemins de traverse des campagnes. Pourtant, je suis bien sur une route principale, c'est à ne plus rien comprendre. Heureusement les paysages splendides m'accompagnent. Ici un pic, là une muraille de roches qui protège une vallée encaissée.

Une nuit, je dors chez l'habitant, dans une pièce non chauffée. Au petit matin, ma bouteille d'eau posée à côté de moi est gelée intégralement. Il a dû faire très froid cette nuit, pourtant j'ai bien dormi – toujours ça de pris !

Les descentes sont finalement plus difficiles que les montées. On y gèle littéralement, le froid mordant m'oblige à plisser les yeux et me fait pleurer. Les pentes sont si prononcées que je passe le plus clair de mon temps à freiner pour ne pas partir dans le décor – frustrant. Néanmoins, le compteur kilométrique avance et c'est toujours bon pour le moral.

Les paysages sont déserts, quasiment aucun village traversé, pas de magasin pour me ravitailler. Vais-je trouver de quoi me nourrir pour ce soir ? Cela risque d'être légèrement compliqué. Un bivouac dans un refuge ouvert à tous les vents, la rivière à côté me permet de ne pas être déshydraté. Le sommet ne sera pas pour ce soir, il faut s'adapter. Une voiture passe, je l'arrête et quémande quelques provisions, le paquet de gâteaux donné est une victoire immense.

Auprès du feu, je médite. « *Franchement à quoi bon tout cela ? C'est un peu orgueilleux de vouloir rouler ainsi sur la Terre, non ? Essaie, fais du mieux que tu peux* », me dis-je. Et puis, j'ai quand même annoncé à ma famille, mes amis que je rentrerai à vélo, c'est trop facile d'abandonner maintenant, à la première difficulté. Le cérémonial du départ routier me revient en tête et me remotive. « *Un routier scout qui n'a pas tout donné n'a rien donné [...] accepte cette hache, symbole de la volonté qui t'ouvrira un chemin à travers les difficultés. Et si jamais la route te manque, fais-la* ». Tout était dit, je ne pouvais abandonner, droit devant, accroché à l'étoile pour tracer droit.

Il y a toujours un bon samaritain sur ma route pour m'encourager, me donner quelques victuailles, tantôt chauffeur de camion, tantôt fermier, tantôt boulangère, tantôt touriste. La Providence veille sur ses fils et ne les abandonne jamais. Au moment où je n'avais plus rien, ni eau, ni le moindre gâteau, une voiture passe, je l'arrête et les occupants m'offrent des fruits et de l'eau. Deo Gratias.

Les cols à 3 877 m, 4 301 m, 4 189 m, 3 870 m deviennent légers. Ce qui compte, c'est la volonté, le corps suit toujours et réserve des ressources insoupçonnées. « *Je sais que je suis capable de faire, alors je vais le faire* » me répété-je en permanence. Ne jamais s'arrêter, vouloir aller toujours plus loin et dépasser mes limites. Voilà ce qui me guide et m'encourage. La volonté de gagner ce défi que je me suis lancé un beau jour de juillet sous le soleil de Thaïlande.

Samedi 7 janvier 2017, J45. Jiawa, chez un moine tibétain

Le Sichuan est majestueux, comment ne pas s'extasier devant tant de beauté. Les immenses vallées recèlent des trésors fantastiques d'architecture traditionnelle. Ces grandes maisons aux pièces immenses – espace perdu diront les grincheux, beauté de l'espace les romantiques – et aux motifs traditionnels frappés sur les murs rendent la progression bucolique. On en oublierait presque les routes qui grimpent pour basculer dans la vallée d'à-côté et me rapprocher du plateau tibétain. Un double col à 4 600 puis 4 707 m est enlevé, cassant le moral. Ces cols fuyants sont un désastre pour un cycliste puisqu'au moment où l'on pense être arrivé, on se rend compte que la route continue de grimper. Ici c'est une cuvette au milieu où l'on redescend avant de repartir de plus belle sur la dernière petite bosse. À gauche, au fond du paysage, je distingue les hautes montagnes de l'Himalaya tandis que s'étale un grand plateau sur ma droite. Le vent glacial me congèle littéralement sur place. Vite descendre à l'abri, se couvrir au maximum. La descente est horrible, je dois m'arrêter à plusieurs reprises tant j'ai froid aux mains et aux pieds. Je hurle tellement la brise glaciale m'attaque. Une fois arrivé à Sangdui, je fonce sans laisser vraiment le choix à ses habitants, dans la première maison ouverte. La douce chaleur du poêle dégourdit mes mains et pieds au prix de douleurs importantes mais nécessaires. Je suis clairement mal en point et en légère hypoglycémie. Deux snikers et un bon thé plus tard, je vais mieux.

Gravir le Mont-Blanc à vélo, franchement quelle idée ! Bon je ne suis pas peu fier tout de même. Je suis enfin sur le grand plateau tibétain, fini de passer les nervures de l'Himalaya, ces vallées tranchées d'un grand coup de hache par le Créateur. J'étais sceptique sur la Chine, clairement le Tibet est un autre pays. Culture, nourriture, paysages, architecture, un monde à part.

Ce soir, je dors dans un monastère bouddhiste, hébergé par un moine qui passait par là. Dans la grande plaine, les yaks paissent tranquillement sur cette terre marron. Au milieu, les vestiges d'une rivière gelée, blanche, situation incongrue. À perte de vue, dans un paysage complètement lunaire, s'étend la steppe. Seul un ruban d'asphalte déchire cette nature, permettant aux automobiles et camions surchargés de la traverser aisément.

Le col du lapin à 4676 m sera la dernière épreuve avant d'arriver à Litang, point le plus occidental du Sichuan qu'un étranger peut atteindre sans guide. Passé là, un permis spécial est nécessaire, rouler comme Sylvain Tesson et Alexandre Poussin l'ont fait il y a 20 ans au Tibet n'est, à mon immense regret, plus possible. Les cols jusqu'à 5500 m d'altitude sont verrouillés par l'armée qui en contrôle l'accès, envisager un autre chemin serait suicidaire. Je bifurquerai vers le nord-est et Chengdu.

Kham, le nom claque au vent. Direct, brutal. Un coup de canon dans l'immensité du monde. Perché à 4000 m d'altitude sur le haut plateau tibétain, me voici ici proche des cieux. Zone pivot et frontière entre Chinois et Tibétains, les luttes seront longues durant les siècles pour s'approprier ces vastes espaces fertiles et riches en bois. Le Tibet a beau être le royaume du Dalaï lama depuis le XVIIe siècle, cela ne freinera pas les Chinois pour prendre position au Kham et l'annexer à la Chine continentale.

Dêqên, Garzê, Litang et Chengdu seront les étapes de ma route, jalons millénaires d'une culture aux antipodes de celle du pays où je me trouve administrativement parlant. Le Kham a cette dimension mystique et mystérieuse des contrées lointaines dont on parle sans y croire réellement. Des endroits qui n'existent plus, perdus dans les limbes d'une mondialisation. Pourtant, je refuse d'admettre être né trop tard. Oh les récits de Béring, Magellan, Vasco de Gama, Lapérouse, Dumont d'Urville ou même plus proche de nous Paul-Émile Victor et Alain Bombard me fascinent. Mais il reste encore à découvrir tant de choses. Le monde est vaste et la concentration des populations vers les villes ouvre une perspective fort intéressante : les espaces vides s'agrandissent de jour en jour, un bonheur pour ceux épris de liberté, de longues traversées.

Lundi 9 janvier 2017, J47. Litang. 2898 km

« Négatif, impossible ici », les réponses sont sans appel au *« Police security bureau »* – bureau administratif chinois – où je tente de faire prolonger mon visa. J'ai beau plaider ma cause, le fonctionnaire reste inflexible et

il faudra aller voir plus loin. Le souci est que cela risque de me causer quelques soucis puisque mon visa possède une date de fin de validité que je ne peux modifier moi-même ! Qu'à cela ne tienne, j'ai encore un peu de marge et vais me promener dans la grande plaine battue par les vents, théâtre durant l'été de courses de chevaux attirant des dizaines de milliers de spectateurs, ainsi qu'au moins autant de membres des familles des cavaliers participants. Des sources chaudes sortent de terre un peu plus loin. Ce bain relaxant me permet de me décrasser après ces quelques jours très éprouvants physiquement. L'eau brûlante fait circuler le sang dans les jambes, récupération bien méritée à mon sens. Revenant vers Litang pour visiter la ville, un vent d'une violence inouïe se lève, fort heureusement soufflant dans mon dos. J'abats la distance en un temps record !

Dimanche 15 janvier 2017, J 53. Chengdu. 3104 km

Yajiang, Waze, Kandjing, Ya'an ; les dernières villes du Kham sont derrière moi. Encore deux cols à 4200 et 4300 m franchis, à croire que là-bas on ne connaît pas la demi-mesure. À 2900 m à Yajiang, j'ai l'impression d'arriver en été, alors qu'il doit faire 6 ou 7 °C tout au plus. À force de franchir des montagnes aussi hautes, je m'habitue et les bosses à 3500 m ne comptent presque pas. Terrifiant de perdre la notion des hauteurs, je suis à des altitudes supérieures à bien 80 % des sommets alpins ! Les pourcentages sont néanmoins énormes et je peine dur dans les côtes. La route serpente jusqu'à atteindre une combe en lacets que je dois gravir sans fin. Heureusement pour moi, les cols ont été percés de tunnels, m'épargnant des montées au-delà de 5000 m et me faisant gagner un temps précieux ! Les descentes sont interminables, je voudrais rouler ainsi jusqu'à la mer, ce qui est techniquement possible. Toute vallée possède en son fond une rivière. Une fois le talweg rejoint, nous descendons invariablement vers la mer. Hélas, la route choisie est à l'opposé, toujours plus vers les cimes. Les maisons tibétaines jalonnent encore les routes, massifs blocs rectangulaires aux motifs solaires presque zoroastriens, avec presque systématiquement des vieux sur le pas des portes, qui arborent leurs habits traditionnels colorés. Je récolte à chaque fois des salutations discrètes mais pleines de respect. Assurément ils doivent me prendre pour un fou. La gentillesse des Tibétains n'a d'égal que la froideur des Chinois à l'égard de l'étranger.

Chengdu, arrêt technique ! Je souffle enfin après trois éprouvantes semaines de montagnes tibétaines, cela fait du bien. À Ya'an, j'ai pu déposer ma demande d'extension de visa qui, après un nouveau refus à Kangding, a été acceptée. Kangding est un mélange improbable d'urbanisme et de montagnes. Au milieu des pentes vertigineuses descendant vers la ligne des eaux, des barres d'immeubles monumentaux sont accrochées. La Courneuve à Chamonix. Comment peut-on oser défigurer ainsi la nature ? Descendant du dernier col culminant à 4200 m, je n'ai qu'une envie, c'est de remonter aussi sec vers le Kham et ses plateaux vierges de toutes constructions.

La bureaucratie chinoise est tout de même assez exceptionnelle. Tous les bureaux dits « PSB » sont censés être en mesure de vous renouveler votre visa. Or, il s'avère que c'est complètement discrétionnaire selon l'humeur du fonctionnaire. Il suffit que le chef local ne veuille pas s'embarrasser avec cela pour que vous soyez prié d'aller voir ailleurs. Charmant. Après m'être débattu pour me faire confirmer qu'à Ya'an il était bel et bien possible de réaliser ces formalités inhérentes à tout voyageur, il me faut encore trouver ledit bâtiment. Se faire écrire sur un papier ce que je cherche par la police qui notera la pension de famille où je loge durant la nuit – absolument pas autorisée normalement à recevoir des étrangers – et partir au petit matin à l'assaut de ces citadelles administratives.

« Ce n'est pas loin », m'assure-t-on, façon de parler grommelé-je. En voiture, c'est plus rapide qu'à vélo c'est certain ! Presque 10 km d'avenues toutes droites à scruter le moindre bâtiment administratif jusqu'à enfin tomber dessus. Dédale d'un parcours client où – miracle – j'ai tout ce qu'il leur faut en termes de papiers. Manque simplement une photo dans un format spécifique, et l'on me tire le portrait en même temps que l'on me soutire quelques Yuan supplémentaires. Négociation forcenée mais je ne pourrai récupérer mon extension que lundi. C'est mieux que rien,

mais il faudra s'occuper. Je suis tout de même assez rassuré car si je n'y parvenais pas, je devenais dès le lendemain un clandestin!

À Chengdu, je suis accueilli par Jean-Pierre, Français installé depuis vingt ans dans l'empire du milieu, grâce à l'aide de Jacques Dalmas, ami parisien de longue date. Préparer la suite, s'équiper pour le froid polaire que je rencontrerai dans le nord de la Chine avec un nouveau duvet, des gants de compétition. J'écume les boutiques de sport – pas simple de trouver de grandes tailles – et finis par dénicher ce qu'il me faut en fin de journée. Récupération auprès d'une cycliste australienne – qui travaille ici comme prof d'anglais – d'un colis envoyé par *Ortlieb*, de pièces détachées pour mes sacoches. Déjà des réparations à faire et dire que ces sacoches sont soi-disant le top du top. À croire que je suis légèrement hors des clous mais bon, même pas deux mois d'utilisation! La ville est si grande que je parcours 38 puis 44 km dans la journée, au milieu de tours dignes de la Défense, sur des avenues à huit voies... Gigantisme délirant.

Une réduite mais très sympathique communauté française est présente à Chengdu. Tous sont plus saltimbanques que cadres supérieurs, envoyés pour une durée bien définie sur un poste par une multinationale. Profs de français, de cuisine, restaurateurs, patrons de bars, joueurs de football, entrepreneurs... Ils ont tous mille histoires à raconter, c'est plaisant. Tout ce beau monde termine donc – et moi avec – en boîte à un jet de pierre du restaurant *Amore Pizza* tenu par Jean-Pierre et qui est un peu le QG des Français ici. On y joue au poker le jeudi soir, mange une fondue le samedi avec les amis ainsi que d'excellentes pizzas faites maison à toute heure. Le clou du spectacle? Les desserts à tomber par terre: Tiramisu, Opéra... J'en profite avec parcimonie, mon maigre budget ne laissant pas vraiment la possibilité de faire des folies. Ici on ne m'a pas prêté un canapé pour dormir mais ni plus ni moins qu'un appartement! Jérôme, pourtant absent, n'a pas hésité lorsque Jean-Pierre lui a demandé un endroit pour m'héberger. Générosité lorsque tu nous tiens...

La messe à 10 heures est un combat pour me lever après le coucher tardif d'une nuit d'ivresse et de fête mais j'arrive ventre à terre pour le début, seul Occidental de l'assemblée très nombreuse hormis un couple d'Européens aperçu furtivement à la sortie. Normal me direz-vous, il y a une messe anticipée en anglais le samedi, soit la veille, à 16 heures. Première messe depuis Noël, c'est long! Cela me fait un bien fou! Un véritable rendez-vous avec quelqu'un que l'on attend. Les voix s'élèvent pour accompagner la prière des fidèles avec des airs connus pour l'ordinaire de la messe. Superbe d'entendre ces psalmodies et antiennes dans une autre langue que la sienne. La liturgie est ici encore soignée avec des clercs en surplis blancs. Un thuriféraire[8] qui aurait besoin de quelques cours supplémentaires nous encense abondamment, presque autant que le père lors de l'Aspergese qui n'y va pas de main morte!

La cathédrale de l'Immaculée Conception a été fondée par les MEP à l'orée du siècle dernier. Bâtiment typiquement chinois aux toits incurvés, avec ses cours intérieures et préaux pour s'abriter du soleil brûlant l'été. Les fontaines et plantes donnent un côté bucolique à cet ensemble épiscopal.

Nous sommes ici dans une église officielle, l'église de l'association populaire catholique de Chine. Les fidèles ont donc pleinement le droit de venir y prier. Le père Jean-Paul m'accueille avec joie à la sortie de la messe, dans un très bon anglais, ce qui facilite les choses. Prêtre ici, il a étudié la théologie trois années aux États-Unis, en Pennsylvanie. Nous échangeons sur la foi, l'histoire de l'Église de Chine et il me redit son admiration pour les missionnaires des MEP venus évangéliser ces contrées lointaines. Complexité de l'Église en ce pays où tout semble à la merci d'une décision soudaine de Pékin.

Vendredi 19 janvier 2018, J57. Bailu. 3 466 km

J'apprends par Jérémy, un expatrié qui exerce en tant que professeur de français à Chengdu, qu'il y a une abbaye ou un monastère à Bailu, tombé en ruines mais visiblement très beau. Le curé de la cathédrale m'en

8. Nom donné au servant d'autel qui est responsable de l'encensoir pendant la messe.

dit quelques mots mais reste évasif. Ça n'est qu'une boucle de 300 km après tout, j'ai un peu de temps devant moi, allons voir ce qu'il en est. Quelques vagues informations glanées ici et là, de vieilles photos et quelques coupures de presse traitant d'un ensemble ecclésial qui semble immense mais à l'abandon sont les seuls renseignements que je possède. Je roule donc trois jours afin d'aller vérifier ce qu'il en est. Je traverse un brouillard de pollution, avec ma boussole pour instrument, les cartes ne mentionnant que les autoroutes légèrement impraticables pour moi. 300 km plus loin, je tombe sur une ville « française ».

Jean, un jeune Chinois de la paroisse de Chengdu que j'ai rencontré il y a quelques jours, m'attend pour me faire visiter la ville, dubitatif à l'idée de trouver une quelconque présence chrétienne ici. Nous tombons sur le séminaire, dissimulé un peu plus loin dans la vallée. Sacrés Chinois ! Je lui présente ensuite le dépliant du monastère récupéré à l'office du tourisme local, mais mon nouvel ami continue à me dire qu'il n'y a rien ici. *« Pas grave, je vais y aller à vélo »* lui dis-je, ce qui le fait s'activer immédiatement.

Chou blanc, la porte est fermée car il est trop tard mais j'ai bel et bien trouvé ce que j'étais venu chercher. Les trois jours de vélo n'auront pas été vains. Il y a quelque chose d'absurde tout de même de pédaler 300 km pour risquer de tomber sur un tas de cailloux. Le lendemain matin, je me rends à nouveau sur les lieux et croise un cortège funèbre. La fanfare est en tête et joue à pleins poumons tandis que les enfants à l'arrière font exploser des centaines de pétards… Autres contrées, autres mœurs ! Seul devant cette immense bâtisse reconstruite ces quatre dernières années, achevée il y a quelques mois pour cette seconde mouture, je sens l'émotion me gagner.

Pour bâtir un séminaire de cette taille ici au pied des montagnes, il fallait avoir un nombre non négligeable de séminaristes à former. Témoignage extraordinaire du dynamisme de l'Église de Chine au début du XXe siècle. Le séminaire de l'Annonciation a été le principal lieu de formation pour le clergé chinois jusqu'à sa désaffectation lorsque les missionnaires ont été chassés du pays dans les années cinquante.

Un escalier double posé sur des arches descend en arc de cercle. Le corps du bâtiment repose sur une cinquantaine d'arches courant tout le long de la façade et le toit typiquement chinois confère toute la majesté à ce lieu. Patientez, contemplez : à droite vers le nord, les montagnes ; Au sud, la vallée qui s'ouvre au fil de la rivière ; En face, l'est et le soleil levant ; Dans mon dos, les jardins et le splendide pont qui enjambe la rivière, merveille de l'utilisation de pierres désormais remplacées par une réplique en béton nettement moins esthétique. En fermant les yeux, je peux imaginer les séminaristes se détendant au milieu du jardin ou bien rentrant à l'intérieur pour étudier. Je grimpe le double escalier, passe sous l'imposante porte au-dessus de laquelle l'inscription *« Seminarium Annuntiationis »* demeure et j'entre dans le cloître. Face à moi, la façade de l'église, d'un blanc immaculé, me contemple. Le haut-relief de l'Agneau immolé me fait face. Le style gothique m'impressionne et détonne dans cet environnement, mais passée la surprise, l'harmonie apparaît comme une évidence. Les colonnes supportant l'étage supérieur forment un cloître autour de la vaste cour, sur laquelle donnent les anciennes chambres et les salles de cours. En m'approchant des soubassements, je peux deviner des pierres originelles, avec les motifs en croix permettant l'aération des sous-sols. Il en reste peu, ce qui en dit long sur l'état dans lequel il devait être juste après le séisme – après 50 années d'abandon de surcroît – mais montre le souci du détail qu'avaient les pères missionnaires lorsqu'ils ont entamé la construction de cette maison. 1895-1908, 13 années de travaux pour bâtir cet endroit où les prêtres chinois furent formés pendant un demi-siècle. Des prêtres chassés par le pouvoir communiste, des bâtiments à l'abandon et puis un classement comme trésor national quelques mois avant un séisme tragique, pour être finalement relevé par ce même gouvernement qui, un demi-siècle plus tôt avait fermé ce séminaire… Le clin d'œil de la Providence semble évident. Qui sait si d'ici quelques années, d'autres séminaristes n'étudieront pas ici ? On ne sait jamais !

Enfin l'Église. La façade tout en hauteur lui donne cette dimension aérienne chère aux bâtisseurs de cathédrales au Moyen Âge. Le manque de recul pour en apprécier l'ensemble fait que devant l'église, j'ai déjà l'impression d'être à l'intérieur. Je passe sous le porche et j'entre. L'église est vide et désacralisée, ou plutôt non consacrée depuis la reconstruction. Les proportions choisies par les bâtisseurs (7,8 m de large, 11,95 de hauteur et 19 de long), lui confèrent un style mêlant roman et gothique permettant une acoustique certainement excellente. Quasiment intégralement détruite. Il ne reste que quelques pans de murs sur la partie occidentale, ainsi que les linteaux de trois portes. Tout le reste est neuf, et c'est en le constatant que je me rends compte de la puissance dévastatrice du séisme de 2008. Le vide matériel est doublé d'un vide spirituel. Point d'autel ni de mobilier liturgique et encore moins de Présence Réelle. En contemplant ces lieux, je n'ai qu'un désir : qu'ils retrouvent leur vocation première à savoir la formation des séminaristes. Je continue ensuite à arpenter les bâtiments, bercé par cette douce nostalgie et la pensée de ces pères missionnaires au tempérament de feu qui ont évangélisé ces pays au péril de leurs vies. Des bâtisseurs qui voyaient grand, clair et beau, un triptyque gagnant sur le long terme.

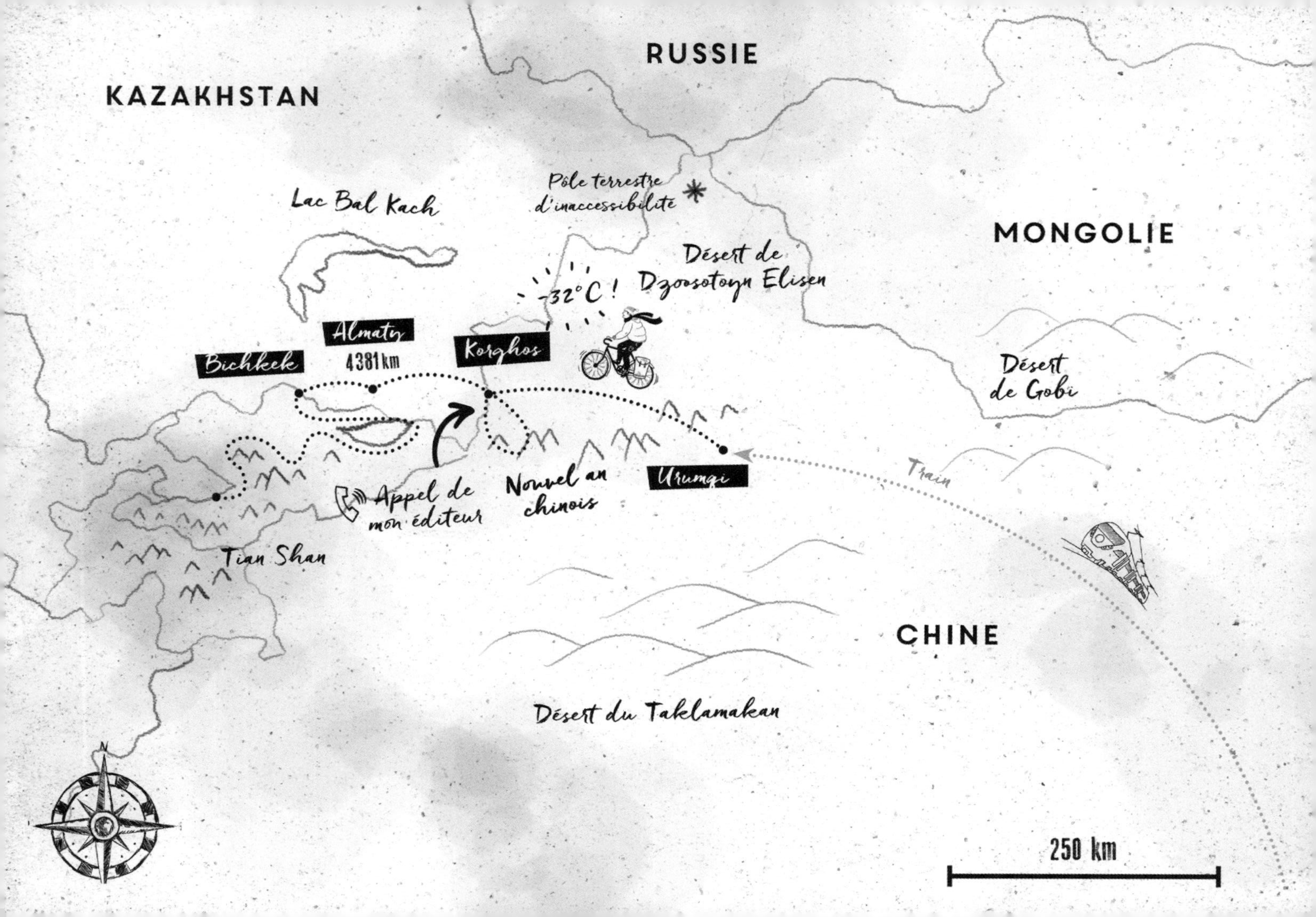
KAZAKHSTAN
RUSSIE
MONGOLIE
CHINE
Lac Bal Kach
Pôle terrestre d'inaccessibilité
Désert de Dzoosotoyn Elisen
-32°C !
Bichkek
Almaty
4381 km
Korghos
Urumqi
Appel de mon éditeur
Nouvel an chinois
Tian Shan
Désert de Gobi
Train
Désert du Taklamakan
250 km
N

4

CHINE OCCIDENTALE

« Un Routier scout qui n'a pas tout donné, n'a rien donné. Un Routier scout qui ne sait pas mourir n'est bon à rien. Mais souviens-toi qu'il est parfois tout aussi difficile de vivre, et maintenant, frère, à Dieu vat... »

Cérémonial du Départ Routier

Mercredi 25 janvier 2017, J63. Urumqi. 3 520 km

46 heures de train c'est long, très long! La brièveté de mon visa renouvelé pour 30 jours ne me laissait pas d'échappatoire, impossible de traverser de part en part l'empire du milieu. Les Chinois n'aiment pas trop les voyageurs indépendants s'attardant à arpenter leurs routes. Je suis prié d'accélérer la cadence, le train s'impose. Bien guidé à distance par

mon ami Victor Liautaud[9], je parviens à déposer mon vélo pour qu'il parte en wagon de fret au même endroit que moi. Un bâtiment sur la droite de la gare, complètement anonyme, il faut le savoir pour ne pas se tromper!

L'idée de prendre un train au moment du Nouvel an chinois est ubuesque: les réservations sont prises depuis presque un an! La Providence me procure un billet et c'est parti pour le rodéo. Le parvis grouille de voyageurs en partance pour tous les coins de la Chine, une véritable fourmilière où l'on circule difficilement.

Déposer mon précieux vélo est un sujet de stress immense. Une simple feuille autocarbonée coincée sur la selle avec quelques indications griffonnées dessus pour tout bon de livraison. «*Jamais je ne récupérerais mon vélo à Urumqi ou alors en format César, compressé pour tenir dans ma poche*» me dis-je. Finalement il arrivera sans encombre et en bon état.

S'occuper pendant 46 heures coincé dans une boîte filant à la vitesse hallucinante de 100 km/h n'est pas une mince affaire. Après avoir parcouru le train dans toute sa longueur à deux reprises, il faut me rendre à l'évidence: je suis bel et bien le seul Européen à bord. Au moins, j'ai réussi à attraper une couchette ce qui est une denrée stratégique et indispensable pour ne pas arriver trop courbaturé à destination. Siestes, écriture, étude des cartes pour préparer la suite, lecture de la Bible; il n'y a pas 10000 occupations. J'en profite pour me reposer, passant le plus clair de mon temps au wagon-restaurant qui propose une véritable cuisine. La brigade compte huit personnes, toujours aux petits soins pour moi et heureux de répondre comme ils le peuvent à mes demandes.

«*Urumqi*» (à prononcer Woulroumouchi), tout le monde descend. Le froid saisissant claque et le verdict tombe rapidement: -11 °C. Avec les -25 °C que l'on me promet, ça s'annonce sportif!

Encore un peu dans les vapes, la dernière matinée fut longue, j'en avais vraiment marre, hâte d'arriver.

9. Qui n'est pas étranger à ma décision de rentrer à vélo, puisqu'il avait fait à peu près la même chose quelques années auparavant.

Un rendez-vous à l'église de l'Immaculée Conception en fin de journée pris par l'intermédiaire du père Jean-Paul, de Chengdu, pour m'héberger le temps de me remettre en route vers le Kazakhstan. Il s'agit donc de s'occuper dans la journée, sans vélo, mais avec mes sacoches qui me handicapent bien. Pas du tout pratique à transporter autrement que sur un vélo !

Dès mon arrivée dans la capitale du Xinjiang, je perçois que c'est un autre pays où je me trouve. Toutes les inscriptions chinoises sont doublées en arabe. Suis-je bien encore en Chine ? C'est étonnant. Parfois quelques caractères latins, égarés. Cette province Ouïgoure inquiète beaucoup Pékin, un certain nombre d'attentats perpétrés par des séparatistes et fondamentalistes musulmans ont émaillé les dernières années. Les contrôles de sécurité sont donc permanents à l'entrée des bâtiments officiels, religieux, centres commerciaux ou gares.

Ma présence à la messe à l'église de l'Immaculée Conception trouble le personnel assurant la sécurité ainsi que Paul, mon hôte. Il semblerait que cela puisse leur causer de graves problèmes si j'y retourne. Soit, je n'y remettrai pas les pieds, il ne s'agit pas qu'ils finissent tous au goulag. Éditeur de bandes dessinées, Paul a été séminariste plusieurs années avant de se marier finalement. Ne parlant pas un seul mot d'anglais, ce sont nos traducteurs automatiques sur nos téléphones qui permettent ainsi de discuter. Il parle en chinois, le téléphone traduit en anglais, je réponds et cela lui traduit en chinois… Fascinante technologie.

1 000 catholiques seulement dans le Xinjiang me dit-il, pour 80 millions d'habitants. Les deux données sont peut-être légèrement sous et surestimées, enfin cela reste une ultraminorité. Arrivé avec les grandes expéditions de la route de la soie, le catholicisme est toujours resté confidentiel ici. Urumqï est en effet une des grandes villes de la route de la soie, le début de l'Orient mais en l'abordant par son autre face. C'est amusant. Le froid qui s'annonce va rendre assez sportive la route jusqu'au Kazakhstan, -20 °C sera une base de travail, petit défi en perspective.

Vendredi 27 janvier 2017, Nouvel an chinois, J65. Entre Urumqï et Khorgos. 3 709 km

L'encre gèle dans le stylo, il m'est difficile d'écrire mon journal de bord depuis deux jours. Ce soir, j'atteins une petite bourgade et y trouve une pension familiale qui est un repaire de routards. Plusieurs autocollants de voyageurs au long cours – à vélo ou moto – attestent de leur passage. Je fais donc enfin beaucoup moins sensation, même si l'on me demande encore pourquoi je roule en hiver et non en été comme tout le monde…

Les contrôles de police tous les 20 km cassent le rythme et la route n'est pas très intéressante car seule l'autoroute est déneigée. À chaque barrage, je dois systématiquement attendre que le policier daigne me donner son feu vert pour continuer ma route. Contraintes usantes, car je ne peux pas me permettre de perdre trop de temps à chaque fois, puisque les heures pour pédaler sont limitées chaque jour par la nuit. Et puis leur manie de systématiquement vouloir me faire patienter au chaud, me servir du thé même lorsque je n'en ai aucune envie… C'est très gentil mais frustrant de devoir m'arrêter constamment sur la route! Sur le vélo, je n'ai pas du tout froid malgré les températures fraîches (-15, -20 °C dans la journée). C'est lorsque je m'arrête que tout se complique. À deux reprises, la police m'obligera à dormir dans un hôtel, débarquant alors que je comptais poser ma tente quelque part, et m'emmenant de force jusqu'à un hôtel, à mes frais.

Je suis confronté à trois grands défis en pédalant par ces températures au Xinjiang:

1. Conserver une température corporelle suffisante. Bien équipé, cela ne pose pas de problème.
2. Mon hydratation: l'eau gèle en moins d'une demi-heure. À part l'eau contenue dans mon thermos, je ne peux pas boire puisqu'il faut faire fondre de la neige. Économie forcée de ce précieux liquide et pauses hydratantes aux endroits où je trouve de l'eau chaude, c'est-à-dire dans les stations-service.

3. L'autoroute est un corridor dont je ne peux sortir. Les glissières de sécurité couplées aux barbelés m'en empêchent. La seule possibilité consiste à sortir aux endroits prévus pour les voitures. Contrainte importante pour camper puisqu'il faut anticiper, les sorties n'existant que tous les 50 km environ.

Rajoutons une petite contrainte, car ça n'est pas assez : je n'ai pas le droit d'acheter d'essence pour mon réchaud ! Seules les voitures y sont autorisées ! Pourtant, je ne peux pas m'en passer : sans essence, impossible de faire fondre la neige pour obtenir de l'eau, de la faire bouillir, puis de dîner. Un vrai problème. Après plusieurs tentatives infructueuses, je négocie une autorisation avec le commissaire d'un village pour refaire le plein. Me voilà reparti pour de nouvelles aventures, dans la fraîcheur d'une matinée d'hiver.

Mardi 31 janvier 2017, J69. Gio, chez des bergers. 4 023 km

-32 °C ce matin au réveil, brrrrrr ! La vue de cette inscription sur le thermomètre digital d'une station essence me donne des frissons. Hier, j'ai vraiment eu très froid aux doigts en cuisinant, une légère brise s'était levée alors que le soleil avait disparu de la ligne d'horizon. Personne n'a voulu m'héberger, il me faut encore monter ma tente. C'est chose faite, mais le plus difficile sera de la démonter. Deux heures pour plier bagage et me mettre en route tant j'ai mal aux mains, étant obligé d'alterner périodes de pliage sans mes moufles et temps de réchauffage des doigts. C'est vraiment difficile et il me faut toute ma volonté pour ne pas abandonner. Le froid sec et cassant me fait plusieurs fois craindre la rupture des arceaux de ma tente, ce qui me mettrait en fâcheuse position.

Le thermos d'eau brûlante que j'ai rempli hier soir est à peine tiède à cause du froid extrême de la nuit. Dormir par de telles températures est bon pour l'organisme, pour peu que l'on soit organisé. La tête au frais, aérée, le corps au chaud dans le duvet. Parfait. Préparation minutieuse pour poser un bivouac sur la neige gelée, qui ne bouge pas. Les gestes sont précis, brefs, directs. Les optimiser, ne pas faire le geste de trop qui pomperait de l'énergie.

Hier, j'ai dû démonter mon frein à disque arrière dont l'étrier frottait contre le disque. Impossible de comprendre ce qui cloche, je me mets à imaginer que le cadre puisse être tordu. Seule solution, supprimer le problème en enlevant tout ce qui gêne. Avec la route plate, ça n'est pas un problème trop grave. Reste 500 km à rouler jusqu'à Almaty où je pourrai trouver un réparateur, sans frein arrière c'est zen ! J'aime cette simplicité qu'offre le vélo qui peut être bricolé partout, avec une pince et deux clefs Allen.

Mais ce soir je suis usé, le froid fatigue mon organisme et atteint mon moral. Obtenir un peu de chaleur, une température positive de quelques degrés serait déjà un grand soulagement. C'est chez des bergers, après plusieurs refus et une demande à tout hasard, que je suis accueilli. Ma mine exténuée doit faire pitié. Encore 250 km jusqu'à Khorgos et le Kazakhstan. Une minuscule pièce au bout de la bergerie, surchauffée par un poêle puissant. La bergère me fait signe de rentrer, je pose mon vélo à côté et m'écroule littéralement sur le plancher. Enfin pouvoir souffler, passer une nuit réparatrice. Le duvet était humide ce matin, je le sors et l'étends à côté de moi. Il se met à fumer d'une vapeur d'eau qui s'évapore. Il était même trempé ! Un *plov* m'est servi, riz frit avec des carottes et de la viande, je suis au septième ciel, j'avais bien besoin de carburant. Garder le moral est clairement ce qu'il y a de plus important dans une épreuve comme celle-ci. Ne pas pouvoir avancer comme bon me semble est vraiment difficile au niveau psychologique. Bien tard, après une sieste, nous repassons à table avec cette fois-ci le grand-père, le fils, le petit-fils. Tout le monde est là et la bergère nous prépare des pâtes qu'elle cuit ensuite, un régal. Je mange tout ce que je peux, sous les regards heureux de mes nouveaux amis. Clairement, je suis en Asie centrale, l'état d'esprit a changé.

200 km
KAZAKHSTAN
4381 km
7 février
76 jours
Korghos
Almaty
Lac Issy Kul
Taraz
Shymkent
Ferghana
Bichkek
Karakol
KIRGHIZISTAN
Tachkent
Djalal-Abad
Tian shan
OUZBÉKISTAN
Kachgar
Pamir
CHINE
Douchanbé
TADJIKISTAN
N

5

KAZAKHSTAN ET KIRGHIZISTAN

« Les seuls édifices qui tiennent sont intérieurs. Les citadelles de l'esprit restent debout plus longtemps que les murailles de pierre. »

Hélie Denoix de Saint Marc

Samedi 4 février 2017, J 73. Khorgos. 4 248 km

Kazakhstan, enfin ! Trois jours à attendre côté chinois que la frontière ouvre, elle était fermée pour cause de nouvel an et vacances nationales. Heureusement que je disposais d'encore quelques jours de marge sur mon visa !

La neige a fait son retour ce matin et c'est sur un épais matelas de poudreuse que je parcours les 8 km du stupide U d'une future zone économique spéciale pour rejoindre le poste Kazakh. En réalité, le poste chinois n'est qu'à 300 m, mais il est obligatoire de suivre cette route. Un superbe

« *Welcome to Kazakhstan* » m'est souhaité par le douanier qui me voit arriver juché sur mon vélo surchargé du matériel hivernal, devant les bâtiments où se tiennent ses collègues. Affichant une banane immense, et pas peu fier de m'emmener jusqu'à ses collègues, je tiens l'idée que ce pays devrait être nettement plus hospitalier. Un coup de tampon plus tard, me voici dans cette Asie centrale qui me fait rêver depuis longtemps. Je ne sais pas pourquoi mais j'ai déjà l'impression d'être proche de ce peuple slave à l'âme généreuse.

Mardi 7 février 2017, J76. Almaty. 4 381 km

Rejoindre l'ex-capitale du Kazakhstan, centre économique majeur du pays, entrer de plain-pied dans l'Asie centrale. Un passage au Charyn Canyon, mélange de grand canyon et de Bryce canyon, après la traversée d'un plateau désertique battu par les vents où, hormis quelques herbes sèches, rien ne pousse. En arrivant à l'entrée du parc, une voiture en sort. Ils m'ont doublé tout à l'heure sur le plateau. C'est Piotr, polonais et pilote de la compagnie nationale Kazakh. Dans un grand éclat de rire, il me dit que je suis un malade mais que j'ai largement raison – ça donne la pêche. Nous échangeons nos coordonnées, rendez-vous à Almaty !

Les crevaisons commencent à arriver, trois dans la même journée, mon pneu arrière est en train de rendre l'âme. Arrêté sur cette autoroute R21 mal asphaltée, pleine de bouts de verre, je comprends qu'une nouvelle crevaison a déchiré ma chambre à air. Rebelote, il faut décharger les sacoches, sortir les rustines de leur boîte, enlever l'épine du pneu, apposer la rustine sur la chambre à air et attendre. La troisième fois, une voiture jaune pétaradante arrive de l'autre sens et s'arrête dans un crissement de freins. En débarquent trois Kazakhs, l'air débonnaire, tout joyeux de pouvoir me prêter secours et qui s'emparent avant que je n'aie pu dire quoi que ce soit, de mes instruments. Dans un grand éclat de rire, je leur explique d'où j'arrive et où je vais dans un russe balbutiant glané ces derniers jours. Stupeur sur leur visage, cela paraît loin mais pas inconnu comme c'est souvent le cas en Chine. Sifflements d'admirations de leur part, je suis amusé de faire ce petit effet.

Je rejoins Almaty en fin de journée et m'arrête dans la *Guest House* où loge André – cycliste allemand passant l'hiver à Almaty – dont Michaël rencontré à Kunming m'a donné les coordonnées. La solidarité cycliste n'est pas vaine et plutôt efficace. Un vrai repaire de routards et bourlingueurs, en témoignent les nombreux stickers collés sur le revers de la porte d'entrée. Harry, néo-zélandais, arrive de Londres en stop après un passage dans les Balkans et en Russie et s'arrête quelques mois en Asie centrale pour l'hiver. André, allemand, arrive de chez lui à vélo. Déjà un an qu'il a largué les amarres, pas de limites avec l'objectif lointain de rejoindre l'Asie du sud-est d'ici un an. D'abord, il rêve d'aller explorer les montagnes du Pamir au Tadjikistan. Les pics Lénine, du communisme, le mont Staline, l'arête de la révolution… Des réminiscences de la glorieuse époque des conquêtes polaires, antarctiques, spatiales et alpinistes sous l'URSS. Mais en hiver la température frôle allègrement les -40 °C, avec un vent à décorner des bœufs, c'est une très mauvaise idée de s'y rendre. Je n'y suis pas à la bonne période, il faudra revenir durant les trois mois d'été où l'on peut rouler sans trop de difficultés sur la M41, mythique Pamir highway puis vers le Karakorum. Astrid, autrichienne, est quant à elle en stage à l'ambassade d'Autriche au sein d'un service aidant les entreprises à s'implanter. Ils sont les « résidents » avec Shakir, le patron qui a, comme tous, à peine la vingtaine. Cela crée plus une ambiance de colocation que d'hôtel, tout est simple et nous rions de bon cœur à nos aventures. Chacun a une anecdote à raconter aux autres et nous semblons nous connaître depuis de longs mois.

Dimanche 12 février 2017, J81. Almaty

Presque une semaine que je suis bloqué, ça n'est que le début. Il va falloir prendre son mal en patience. 15 jours a minima pour un passeport, m'a-t-on dit au consulat de France. Et encore après, il faudra lancer les demandes de visas pour les pays suivants… Je ne suis pas encore sorti de ces galères administratives qui plombent le quotidien des voyageurs ne souhaitant que rouler. J'en profite pour rencontrer les différentes Églises et visiter les édifices. La cathédrale orthodoxe de l'Annonciation est absolument magnifique. Toute de bois et construite à l'aube du XXe siècle, elle rayonne par sa couleur crème au milieu d'un parc enneigé. Personne ne parle anglais, pas la moindre indication dans cette langue, encore moins en français. Cela s'annonce compliqué de pouvoir échanger avec les orthodoxes. Au moins, je pourrai essayer de revenir un peu plus tard.

Avec quelques difficultés, je trouve l'évêché catholique. Une discrète porte fermant un porche en demi-lune semi-enterré. Sur les côtés, discrètement sculptés dans la pierre et en vis-à-vis, le christogramme et celui du blason de l'évêque. Le père Paul Miky m'accueille avec un grand sourire, visiblement ravi de me voir. Nous prenons date pour un rendez-vous quelques jours après avec l'évêque Mgr Mumbiella da Sierra[10], espagnol et membre de l'Opus Dei, missionnaire au Kazakhstan depuis 20 ans. Je partage ici l'échange sous forme d'entretien que j'ai pu avoir avec lui :

Paul : **Quelle est la vie d'un diocèse dans un pays d'Asie centrale, durablement marqué par le communisme et les influences de Tamerlan et Gengis Khan ?**

Mgr : Tout d'abord il faut savoir que le Kazakhstan est un pays qui a été évangélisé depuis près de 2000 ans ! En effet, au IIIe siècle, des chrétiens venus de Syrie – les Nestoriens – ont commencé à évangéliser l'Asie centrale jusqu'à la Chine. Traversant l'Arménie, l'Iran, ils sont arrivés jusqu'en Chine en traversant le Turkestan. Les historiens s'accordent sur l'établissement de deux patriarcats sous le règne de l'Empereur de Chine Tai Tsung, de la dynastie Tang, en 635. Cependant, il faut attendre le XIIIe siècle pour que la christianisation de l'Asie centrale prenne toute son ampleur. Les franciscains et dominicains sont arrivés par la route de la soie pour fonder des monastères dans ces contrées immenses. La présence chrétienne est donc aussi ancienne qu'en Europe, et bien que les relations diplomatiques avec le Saint-Siège aient été établies avec le Grand

10. Il est évêque du diocèse de la Sainte-Trinité d'Almaty depuis 2011 et présent au Kazakhstan depuis 1998 comme missionnaire. Il était auparavant curé à Shymkent pendant 5 ans puis recteur du séminaire de Karaganda.

Khan, la suite n'a pas donné autant de fruits. Ces liens ont néanmoins permis la conversion de nombreux khans, rois et nobles de haut rang. Le prince Tartare Satar, fils du Khan Batia, est devenu chrétien vers 1254.

L'érection de la province franciscaine de Terre Sainte en 1217 a été un élément central dans l'envoi de missionnaires ici. Gengis Khan était très ouvert sur le plan de la liberté religieuse et a permis une expansion des chrétiens sous son règne. Le pape Nicolas III a donné un évêque à notre jeune Église, en la personne du franciscain Gérard de Prato en 1278. Cela a permis de structurer l'Église locale avec un diocèse.

La conquête progressive de l'Islam a empêché la christianisation complète de l'Asie centrale et les monarques chrétiens ont été détrônés au profit des dynasties islamiques. En 1342, le travail des franciscains cesse brusquement lorsque le Khan Ali détruit le monastère de la ville d'Almalik et met à mort l'évêque Richard de Bourgogne ainsi que six moines pour refus d'apostasier. Tamerlan signe la fin de l'expansion du christianisme ici jusqu'au XIXe siècle. S'ensuit une longue période sans évêque pour ces régions, jusqu'à 1997 et l'érection du diocèse de la Sainte-Trinité d'Almaty dont je suis en charge. Renaissance de l'Église six siècles après, sur le sang des martyrs.

Paul : **C'est donc en fait une Église ancienne mais renouvelée que nous avons ici. Quelle est donc la situation actuelle des catholiques à Almaty et au Kazakhstan plus généralement ?**

Mgr : Le Kazakhstan a été marqué par la période soviétique puisque de nombreux déportés au goulag y ont été envoyés. Principalement des Allemands et Polonais vivant près de la Volga, catholiques pour la majorité. Ainsi nous avons vu dans les années vingt et trente un afflux de catholiques grâce aux communistes. En cela, Staline a été le plus grand missionnaire pour le Kazakhstan ! En 1905, une première église est créée à Almaty, appelée à l'époque Vierni, mais comme nous l'évoquions ça n'est qu'en 1997 que le diocèse sera créé. Les franciscains reviendront eux dès 1991, immédiatement après l'indépendance, pour refonder le monastère d'Almaty. Le Vatican a établi des relations diplomatiques avec le Kazakhstan rapidement après son indépendance intervenue en 1991. Dès 1994, un nonce était présent à Almaty.

Les catholiques représentent 1,5 à 2 % de la population, en constante augmentation depuis l'indépendance. Ici, vous pouvez confesser votre foi librement, changer de religion également, ainsi que construire des églises. Il y a une réelle liberté religieuse, qui permet de mener un travail d'apostolat dans des conditions favorables.

La tâche est immense car, durant la période communiste, des prêtres déportés ont exercé leur ministère d'une façon cachée, baptisant et évangélisant des villages dans le secret. Nous n'avons donc pas d'archives précises de tout cela et avons régulièrement la surprise d'apprendre que telle ou telle famille est catholique, lorsque des prêtres visitent les faubourgs d'Almaty.

Mgr Alexandre Chira (+ 1983), évêque de Moukhatchevo des gréco-catholiques en Ukraine et déporté à Karaganda a organisé rapidement un véritable diocèse clandestin sur l'ensemble du territoire des républiques soviétiques d'Asie centrale : Kazakhstan, Turkménistan, Ouzbékistan, Kirghizistan et Tadjikistan. C'est grâce à son action discrète et à la bienveillance de certains responsables communistes que des églises ont pu être construites à la fin des années soixante, dont celle de Karaganda. Aujourd'hui nous y avons une cathédrale et un séminaire où 18 séminaristes étudient. Deux prêtres ont été ordonnés l'année dernière. Sans cette Église souterraine, fidèle à sa foi malgré les difficultés immenses, nous n'en serions certainement pas là aujourd'hui.

Paul : **Il y a donc une réelle liberté ici, qui n'est pas théorique. Comment peut-on l'expliquer ?**

Mgr : Nous sommes ici dans un pays soviétique. Les musulmans sunnites représentent 70 % de la population mais la pratique religieuse est très faible. Les mœurs sont ici presque équivalentes à ce que vous pouvez trouver en Occident. Les 20 % d'orthodoxes représentent une minorité qui a du poids, et le gouvernement Kazakh souhaite surtout que l'intégralité de la population puisse vivre en paix selon ses croyances.

L'État est laïc et contrôle simplement pour assurer la sécurité. C'est une vision russe et orthodoxe de la liberté, qui vise à ce que chacun suive personnellement son chemin. Les élites sont ici d'origine russe et donc plus sensibles à la foi catholique que dans les pays voisins. La volonté d'ouverture au monde aide également.

Paul : **Comment s'articulent concrètement votre travail au service du diocèse et votre vie d'Église ?**

Mgr : Le diocèse de la Sainte-Trinité d'Almaty est composé de 10 paroisses, pour 18 prêtres et environ 40 000 fidèles. 6 millions d'habitants mais un territoire similaire à celui de la France. Nous sommes en train de créer une nouvelle paroisse à 250 km au nord, à Kizilorzia. Les procédures administratives sont en cours et la construction de l'église devrait débuter prochainement.

La cathédrale d'Almaty est également une paroisse et propose des activités pour les différents âges : École biblique le dimanche soir pour les adultes et jeunes, catéchisme et préparation aux sacrements, ainsi qu'un oratorio sur le modèle de saint Don Bosco. Nous accueillons ainsi des enfants qui ne sont pas nécessairement chrétiens pour des journées d'activités, et c'est par notre attitude que nous témoignons de notre foi catholique.

Caritas est également présente et œuvre auprès des plus pauvres pour les aider et les soulager dans leur quotidien : visites aux prisonniers, aide quotidienne aux personnes âgées, réparations et bricolages pour des personnes n'ayant pas les moyens de faire venir un professionnel, maison d'accueil pour tous afin de trouver un espace convivial et de jeux, aide scolaire aux enfants.

Plusieurs communautés religieuses sont présentes :

- Les missionnaires de la Charité, fondée par Mère Teresa à Calcutta
- Les franciscains, branche masculine et féminine
- L'institut du Verbe Incarné

- Les sœurs de Saint-Paul de Chartres (à Talas)
- Les sœurs de l'Immaculée Conception (Kapchirai), venant de Pologne.
- Les sœurs de Notre-Dame du Perpétuel Secours (Talikorava), ordre venant de Corée et créé en Corée du Nord initialement.

Les jeunes se retrouvent majoritairement sous la prélature de l'Opus Dei, qui est présente à Almaty avec un foyer accueillant 17 jeunes hommes – étudiants ou jeunes pros – et proposant des cycles de formation, conférences et retraites.

Nous nous efforçons de mettre l'accent sur le fait de vivre en tant que chrétiens dans notre quotidien. Nous ne brandissons pas des étendards à tout-va, car le message d'Amour du Christ doit transparaître à travers notre témoignage. Le signe des chrétiens n'est pas la croix, mais l'Amour.

Les visiteurs, ainsi que mes collaborateurs au début, étaient surpris de ne pas voir de croix ni à l'extérieur ni à l'intérieur de la chapelle de l'évêché. Le signe de notre appartenance au Christ, ce sont nos actes dans notre vie quotidienne. Chaque jour, nous devons incarner l'Amour du prochain au travail, à la maison, avec nos amis.

Paul : **Comment expliquez-vous la vitalité de cette Église à la fois jeune et ancienne ?**

Mgr : À la chute du communisme, les gens se sont retrouvés devant un grand vide intérieur et beaucoup se sont tournés vers les Églises chrétiennes pour le combler. En voyant des chrétiens heureux dans leur vie quotidienne, les questions viennent et le cheminement personnel se poursuit grâce à l'Esprit Saint. C'est la fidélité à notre vocation qui touche les gens ici.

Paul : **Un travail personnel de simplicité de vie en somme ?**

Mgr : Oui, et nous retrouvons ici deux influences majeures : celle des franciscains qui vivent dans la pauvreté totale, et celle de l'Opus Dei qui sanctifie le travail et les actions de la vie quotidienne. Pour cela nous devons former nos fidèles, leur enseigner la Bible et leur faire découvrir toute la beauté de ce texte. Il est impossible de trouver des Bibles ici, car le marché n'est pas suffisant pour éditer en Kazakh. Du coup nous travaillons avec des exemplaires russes, langue parlée largement dans le pays.

Paul : **Et les prêtres du diocèse, comment vivent-ils leur ministère ?**

Mgr : Très bien ! Leur vie est composée de beaucoup de trajets, car il n'est pas rare ici de faire 200 km pour rejoindre une chapelle, tant les distances sont gigantesques.

Vivant principalement seuls, les prêtres apprécient de pouvoir se retrouver de temps en temps pour prier, travailler et se reposer ensemble. C'est dans ce but que nous rénovons une maison à leur intention à l'extérieur d'Almaty. Ils pourront s'y ressourcer, mais c'est également pour nous une possibilité d'organiser des réunions avec les catéchistes, des retraites ou des journées de formation.

Paul : **Avez-vous un message à apporter aux chrétiens d'Europe ?**

Mgr : Oui, celui de toujours voir dans votre vie quotidienne que c'est le Christ que vous servez. Chaque action doit être un moyen de le sanctifier et de lui rendre gloire.

Et n'oubliez jamais qu'il ne nous abandonne jamais, même si parfois le temps est long avant de voir à nouveau sa présence. Soyons des serviteurs à chaque moment de nos journées, sans nous économiser. Si vous faites la plus petite action par Amour, vous serez récompensé au centuple. Et par l'Amour de votre prochain vous pourrez renverser des montagnes.

La messe du dimanche à la cathédrale du Sacré-Cœur me marque à plusieurs points de vue. C'est tout d'abord le point de fondation de l'Église catholique contemporaine au Kazakhstan. Toujours une grande émotion de se rendre là où la foi a démarré pour une région. Ce n'est qu'après 40 années à demander l'autorisation pour la construction d'une église qu'ils l'ont reçue, presque par erreur. Les catholiques polonais et allemands se sont donc empressés de bâtir un modeste édifice pour l'agrandir petit à petit au cours des années. À la chute de l'URSS, la communauté catholique était devenue si importante qu'il est devenu nécessaire de construire une véritable cathédrale. En 1995, la première pierre de la nouvelle cathédrale est posée pour en ériger une plus vaste, les fidèles ne pouvaient tenir dans l'ancienne désormais bien trop exiguë. Ce sont à présent les missionnaires de la Charité qui utilisent l'ancienne cathédrale comme chapelle.

C'est la première fois depuis Noël que je me sens pleinement accueilli par une communauté. À Chengdu et Urumqï, je n'étais clairement que de passage et tout juste toléré par crainte du pouvoir. Ici, les paroissiens sont beaucoup plus détendus. Ils m'abordent aisément en russe, avant de comprendre que je ne saisis pas tout à fait ce qu'ils me disent. Enfin, la distance culturelle est nettement moins importante qu'avant. Clairement, je perçois que l'Europe se rapproche. Ce côté slave a beau être encore éloigné de nos contrées hexagonales, il n'en reste pas moins familier.

Durant cette semaine, j'ai la grande chance de pouvoir rencontrer les jeunes de la prélature de l'Opus Dei, foyer où vivent 17 étudiants et jeunes professionnels. Ils ont de nombreuses propositions de formation tout au long de la semaine. Je sympathise particulièrement avec Timothy et Pedro après que le premier m'ait invité à une soirée ciné-débat-formation à leur foyer. J'y rencontre Vladislav, Artyom et quelques autres jeunes. Étonnantes rencontres, le monde n'est pas si vaste que ça lorsque l'on est catholique et que l'on cherche une communauté partageant sa foi.

Faire travailler son esprit est magnifique lorsque depuis de longs mois il n'y a pas été exercé. Souvenirs rouillés pour amener arguments, constructions philosophiques et conceptuelles. Une bien belle soirée passée en leur compagnie qui semble les enchanter autant que moi. «*Reviens demain*» me lancent-ils alors que j'enfourche mon vélo pour rentrer dans la nuit glaciale. «*Avec plaisir*» réponds-je; il y a tant à apprendre d'eux.

Le dimanche, je retrouve Pedro qui m'entraîne dans une après-midi d'escalade fort sympathique : monter en tête sur une paroi, descendre en rappel, essayer quelques techniques d'assurance assez peu orthodoxes. La nuit commence à tomber sur les contreforts du Tian Shan à proximité de la patinoire de Medeu et nous sommes toujours là pour partir à l'assaut de ces falaises où la glace n'est jamais bien loin. C'est presque à tâtons que nous plions nos cordes et rangeons nos baudriers avant de courir attraper le bus qui nous ramène jusqu'au centre-ville d'Almaty.

Lundi 13 février 2017, J82. Almaty

Je m'empâte dans cette *Guest House*. Une semaine au même endroit, ça n'est pas vraiment l'idée que je me faisais du voyage. Tout au plus quelques jours dans des coins perdus auprès de petites communautés chrétiennes. J'enrage de rester bloqué dans une ville. Pour économiser quelques euros et pour répondre à la proposition faite par des Français rencontrés sur les pistes de Shimbulak, je change de lieu d'hébergement. Mentalement, c'est important car cela me permet de me remettre en route. Dans la nuit, après être passé prendre un apéro dînatoire au foyer de l'Œuvre, je roule dans Almaty déjà endormi. M'aborde un cycliste roulant sur un « *fat bike* », ces bicyclettes aux énormes pneus faits pour rouler dans toutes les conditions y compris sur la neige.

Vitaly est un Kazakh au caractère bien trempé, cycliste, skieur, mécano et bien d'autres facettes. Il n'existe pas de sport qu'il ne connaisse pas, j'ai l'impression.

« *D'où viens-tu* », me demande-t-il alors que nous sommes arrêtés à un feu sur l'immense *Abay avenue*. J'explique brièvement mon périple et vois un grand sourire se dessiner sur le visage de Vitaly et de son fils Danny. « *On a rencontré hier un couple d'Allemands qui arrive de Chine et va jusqu'à Berlin, ils sont à Almaty pour encore quelques jours* ».

Stupeur, je suis médusé. Il existe donc d'autres personnes aussi givrées que moi pour être prêts à rouler en plein hiver dans les steppes d'Asie centrale ? Ni une ni deux, nous échangeons nos numéros de téléphone afin de nous revoir le lendemain avec ces Allemands !

Difficile de trouver le sommeil avec cette excitation, d'autant plus qu'après avoir échangé quelques textos avec mon vieux copain Jean-Baptiste, celui-ci m'a annoncé qu'il allait me rejoindre dans quelques jours à Bishkek, au Kirghizistan, afin de m'aider à passer le temps qui s'annonce long pour attendre les prochains visas!

Mardi 14 février 2017, J83. Almaty

Une discrète porte dans une rue débouchant sur une avenue. Les grandes choses sont intérieures ici, dans le secret des cœurs. Petite inscription en caractères cyrilliques, flanqués d'un sigle et d'une image qui ne trompe pas. Je viens frapper à la porte des sœurs de mère Teresa, les Missionnaires de la Charité. Une visite aux Missionnaires de la Charité est toujours une expérience bouleversante. Toujours prêtes à donner le peu qu'elles possèdent, à s'effacer devant les autres, à quitter les leurs pour se mettre au service des plus pauvres. Sœur Dominique m'ouvre et m'accueille, elle avait été prévenue de ma visite par le père Eliot, franciscain et curé de la cathédrale, rencontré la veille.

C'est ici l'endroit où l'histoire moderne de l'Église kazakhe s'est reconstruite. Après les grandes déportations d'Allemands, Polonais et Russes à l'immense majorité catholiques[11] qui ont eu lieu pendant les années vingt, ces colons forcés ont souhaité construire une église pour s'y retrouver et prier. Staline ayant envoyé des communautés de quartiers entiers, comprenant des prêtres, des femmes, des enfants, en plus des hommes dont les forces vives étaient recherchées. C'est donc toute une vie communautaire qui se recrée au sein du goulag.

L'emplacement où s'élève aujourd'hui le couvent des sœurs est l'endroit où la première chapelle a été édifiée. Cette petite chapelle a aujourd'hui été remplacée par une autre, tandis qu'après 1995, la cathédrale du Sacré-Cœur bâtie à un jet de pierre, a pris le relais pour les fidèles et la vie paroissiale.

11. Les déportés russes étaient eux majoritairement orthodoxes.

Service de la soupe aux sans-grade, à ceux dont personne ne veut. Soins à ces mêmes personnes, accueil de ceux qui ont besoin de réconfort, de chaleur humaine. Les Missionnaires de la Charité ne ménagent pas leurs efforts pour servir Notre Seigneur en servant les plus pauvres.

Je suis ainsi, et avec beaucoup de joie, «*réquisitionné*» par la sœur Dominique, slovaque. Sa mère supérieure lui a demandé voici sept ans de partir pour le Kazakhstan. Depuis, elle continue à mettre toute son énergie à rendre la vie moins difficile à ceux qui souffrent. Me voici donc à couper des carottes et éplucher des pommes de terre pour préparer une soupe qui sera distribuée dans la soirée à la file toujours trop longue de ceux qui n'ont plus les moyens de vivre. Belle leçon de vie, d'abnégation et d'abandon à la Providence.

La messe célébrée dans la chapelle par le père Eliot, en russe, est pour moi une véritable bouffée d'oxygène. Carburant nécessaire pour me faire avancer sur la route.

Jeudi 16 février 2017, J85. Targap. 4 545 km

Jenny et René sont un couple d'Allemands s'étant rencontrés au Laos à Oudomxay voici une année, alors que René y travaillait. Point important de transit des voyageurs du Nord-Laos, cette plaine est un havre de repos pour des cyclistes usés par les montagnes Laos. J'y suis moi-même passé à vélo. Jenny, engagée pour une virée à bicyclette dans la région, a été hébergée par René, et depuis, le courant passe plutôt bien entre eux.

Les similitudes avec mon parcours sont amusantes, car l'idée de René était également de rentrer jusque chez lui à vélo. En fin de mission, il enfourche son vélo, direction le nord et la Chine, où Jenny fraîchement débarquée d'un long-courrier lui emboîte le pas. Les montagnes tibétaines, les cols à 4 000 m puis quelques galères pour prolonger leurs visas vers Yushu qui leur coûteront du temps. Nous roulons sur des routes similaires aux mêmes périodes.

Dans le café où, grâce à Vitaly, nous nous retrouvons le mardi suivant, nous avons du mal à réaliser que d'autres aient pu avoir la même idée absurde. Premier réflexe : «*Je vais pouvoir prévenir ma mère que je ne suis pas le seul»,* disons-nous en cœur. S'ensuivent d'intenses tractations sous l'œil amusé et fier de Vitaly qui nous commande alternativement bières et vodka, trinquant et portant jusqu'à bien tard des toasts à l'amitié kazakho-germano-française.

Parti par une splendide matinée ensoleillée de l'ancienne capitale kazakh, je file plein est sur les traces de mes nouveaux amis partis hier après-midi. Les montagnes du Tian Shan au sud sont illuminées par un soleil éclatant qu'aucun nuage ne vient troubler. Tournant alternativement la tête à droite puis à gauche, je passe de l'immensité horizontale de la steppe qui se perd avec la courbure de la Terre, à la verticalité d'un mur blanc. Défendant le Kirghizistan, le Tian Shan marque la frontière avec le royaume des cassures. Ses contreforts acérés m'interdisent toute traversée sauvage et m'obligent à contourner jusqu'à Bishkek, où elle daigne laisser quelques vallées s'ouvrir.

Les nuages ont, en fin de journée, recouvert le ciel de leur voilage. Je poursuis à vélo, bien qu'un camionneur se soit arrêté pour m'emmener jusqu'à Bishkek où il se rend également. Il trouve absurde de se déplacer lentement à l'époque où l'on parcourt 100 km en une seule heure. J'aperçois au loin deux points roulant sur la droite de la route, juste après m'être dit qu'il serait amusant de rattraper Jenny et René. Ce sont eux! Haro sur les pédales, il s'agit de les rejoindre pour pédaler ensemble, c'est bien la première fois depuis le départ que d'autres cyclistes vont dans la même direction que moi. Nous roulons encore une dizaine de kilomètres avant de trouver un endroit où bivouaquer. Plantant nos tentes face au Tian Shan dans une neige bien froide et dure, ce qui est parfait pour une bonne nuit, nous préparons un dîner de fête. Ça n'est pas tous les jours que cela arrive. Armés de nos réchauds à essence, nous cuisinons une soupe, des pâtes, le tout agrémenté d'un énorme fromage qui leur a été offert la veille par les gens chez qui ils ont dormi. La température chute et ne nous laisse pas vraiment le loisir de continuer à discuter confortablement installés, il est temps de se coucher.

Demain avec l'arrivée à Bishkek, je verrai pour la première fois depuis
 bien longtemps une tête connue en la personne d'Aldric de Saint Palais,

un ami qui vient avec quelques amis rencontrés en Afrique, visiter le Kirghizistan en hiver. À peu près une des pires idées que l'on puisse avoir, vu que ce pays est à 70 % sous la neige cinq mois par an et presque intégralement recouvert de montagnes.

Cela signifie pour moi l'arrivée de nouveaux pneus, de quelques pièces de rechange et victuailles françaises. Un ravitaillement hautement stratégique ! Difficile de trouver du matériel vélo de qualité en Asie centrale.

Dimanche 19 février 2017, J89. Bishkek. 4 680 km

L'église catholique Saint-Michel, à Bishkek, apparaît au bout d'un faubourg cahoteux. Dans la brume d'une matinée triste, chevauchant mon fier destrier, la neige tombe dru en pleine figure et masque les trous mal comblés de la route, manquant de me projeter nettement plus rapidement qu'envisagé sur la chaussée. Heureusement, c'est la neige qui choit et non moi. D'un ciel splendide et printanier hier, l'hiver est revenu au galop. La petite église se dévoile sur ma gauche. Maison aménagée en chapelle, devenue église par la suite et sans cesse embellie, elle deviendra je l'espère un jour cathédrale.

La messe est célébrée tous les dimanches à 9 h 30 par le père Janez Mihelcic, jésuite allemand, présent au Kirghizistan depuis l'année 2000. Auparavant, ce dernier a vécu au Japon durant 29 ans. Tout d'abord séminariste – il y est arrivé en 1969 – puis ordonné en 1975 avant de revenir en Europe en 1978 pour approfondir des études de théologie. Puis sans discontinuer jusqu'en 1997, le père Mihelcic enseignera à l'université le russe, majoritairement auprès des séminaristes nippons. Depuis près d'une année déjà, il est l'administrateur apostolique de l'unique diocèse composant le Kirghizistan. Le décès de l'ancien évêque a quelque peu modifié les plans.

Une quinzaine de fidèles sont rassemblés pour cette messe en anglais. Majoritairement philippins, quelques visages au teint buriné révèlent des origines indiennes et pakistanaises. Les vicissitudes de la vie les ont emmenés jusqu'à Bishkek. Ne pas poser de questions. S'ils le souhaitent, ils étancheront ma soif d'en connaître plus. Pour l'instant, cela n'est pas le cas.

L'histoire chrétienne de ce pays est très ancienne, tout comme celle du Kazakhstan voisin. Dès les premiers siècles de notre ère, des chrétiens sont venus évangéliser l'Orient, avec plus ou moins de succès. Les Nestoriens, suite à leur scission d'avec l'Église due à leurs croyances monophysites, ont dû s'exiler loin du berceau de la chrétienté. Poursuivant la route de la soie, c'est dans ces vastes étendues désertes et fertiles qu'ils ont échu. Des vestiges de monastères du IIIe siècle ont été mis au jour dernièrement au bord du lac Issy Khul, abondant dans le sens de l'histoire.

D'autres parlent également des Nestoriens, qui auraient rapporté d'Égypte puis caché les reliques de saint Matthieu dans une des vallées au nord de Karakol, débouchant sur le lac. Parfois farfelues, les traces archéologiques assez importantes laissent penser que ces histoires ont forcément une part de vérité. Tout comme au Kazakhstan, les Allemands et les Polonais déportés par Staline ont ressuscité cette foi chrétienne enfouie depuis le XIIIe siècle par Tamerlan. En 1218, alors que l'avancée de Tamerlan est inéluctable et conjuguée aux persécutions afférentes, les chrétiens fuient vers l'actuel Kazakhstan à travers les montagnes du Tian Shan. Malheureusement pour eux, le temps leur manque et ils sont obligés d'enfouir les reliques ainsi qu'un trésor dans une des vallées débouchant des montagnes vers le lac. Au milieu du XXe siècle, des vestiges concordant tout à fait avec les descriptions de ce trésor sont trouvés près de l'endroit présumé. Sous une dalle de pierre repose une multitude d'objets antérieurs au XIIIe siècle. Mais point de trace des reliques de saint Matthieu…

Ces persécutions n'ont pas découragé les papes et souverains d'envoyer des missionnaires dans ces régions. En 1244, le pape Innocent IV envoie à la cour du grand Khan Jean de Plan Carpin, franciscain, ainsi qu'Ascelin de Lombardie, dominicain. La mission n'est pas un franc succès, le grand Khan Güyük n'envisage en aucune manière de se soumettre à l'autorité du Pape ou de quelques souverains européens. Tout au plus, il propose au

Pape de le reconnaître comme son vassal, puisque le grand Khan est « le Khan océanique du grand peuple tout entier ». Cependant, c'est le début de relations diplomatiques entre les deux parties, qui vont permettre de normaliser les relations et d'éviter de nombreux massacres de chrétiens par les Mongols. Le grand Khan tolère les communautés chrétiennes.

En 1249, seconde tentative : le frère André de Longjumeau, dominicain, est envoyé par saint Louis pour évangéliser les Mongols. À cela s'ajoute un but plus politique et stratégique : lutter contre les Sarrasins en Terre Sainte. Il s'agit de proposer une alliance militaire avec le grand Khan pour permettre de limiter l'avancée galopante de l'Islam et prendre en tenaille les Sarrasins : saint Louis débarquerait ainsi en Égypte, avant de remonter vers Constantinople et les Mongols descendraient des steppes à travers la Perse. La mission échoue, malgré un accueil plutôt favorable. La veuve de Güyük et régente de l'empire ne propose à saint Louis que de devenir vassal de l'empire Mongol, ce qu'il refuse évidemment.

1253, troisième tentative, mais avec cette fois-ci une véritable insistance sur la conversion des Mongols occupant l'actuel Kirghizistan, rappelons-le. Guillaume de Rubrouck, franciscain, a longuement échangé avec saint Louis à Chypre d'où il dirige la VIIe croisade, ainsi que durant sa captivité en Terre Sainte. Le périple de Guillaume de Rubrouck, dont le récit est très documenté, est un succès avec l'autorisation officielle de la pratique du culte catholique par l'empereur Mongku.

Cependant, les communautés chrétiennes resteront toujours très isolées et la chute de l'empire mongol sonnera leur glas : Tamerlan et les musulmans les massacreront tous. Jusqu'au XX° siècle, il n'y aura plus de chrétiens dans cette partie du monde.

Mercredi 1er mars 2017, mercredi des cendres, J 98. Bishkek

Même au fin fond de l'Asie, je trouve le moyen d'occuper mes journées comme jamais et le temps court autant que moi pour attraper la messe des cendres à l'église Saint-Michel. Juste à temps ! Je peux encore participer à ce profond et magnifique mystère de la messe. Début de 40 jours d'efforts et de pénitence pour se préparer à Pâques, que je fêterai en

Ouzbékistan. Après une année dans des communautés d'Asie du sud-est, je remonte l'histoire de la chrétienté au fil des fêtes liturgiques.

C'est ce moment que choisit mon vieil et fidèle ami Jean-Baptiste pour arriver. Il aura suffi d'un texto la semaine précédente pour lui proposer de me rejoindre et le voilà qui arrive directement de la ville lumière pour une semaine en Asie centrale. Il débarque chez Nathan, mon hôte du moment. Une grande joie nous envahit après une année et demie sans nous voir. Et pourtant, c'est comme si nous nous étions quittés la veille.

Les voyages forment la jeunesse, ils lui font également découvrir des nouveaux membres de sa famille! Quelle surprise de rencontrer également Raoul, oncle éloigné, qui travaille dans ce pays montagnard à l'UNICEF. Forcément les atomes crochus sont nombreux et nous prenons plaisir à échanger. Lui se reconnaît en moi à 20 ans, nous rêvons des mêmes pays exotiques où nul ne songe habituellement à se rendre. Son ton direct me plaît bien, faire de l'humanitaire en Afghanistan au début des années quatre-vingt, cela marque un homme. Le contact est facile, nous parlons le même langage.

Tout au long de mon séjour bishkekois nous nous verrons souvent, j'emménagerai même chez lui pour quelques jours afin de ne pas trop embêter Nathan et Angie qui m'ont accueilli pendant longtemps, les contraintes administratives étant ce qu'elles sont.

Trois semaines dans la capitale d'un des rares États où le Bouzkachi cher à Joseph Kessel tient lieu de sport national, où je passe beaucoup de temps à la paroisse catholique Saint-Michel, à bricoler mon vélo qui a sacrément souffert, à visiter les quelques monuments du coin, à lire – quel plaisir d'avoir accès à une bibliothèque – ou à profiter d'un soleil bienvenu lorsque les démarches administratives pour la suite du voyage me laissent du répit.

C'est aussi l'occasion d'approfondir la connaissance de cette région du monde et de sa christianisation. Au début du XXe siècle, tout comme chez les voisins kazakhs, de nombreux Allemands et Polonais ont débarqué afin de travailler pour l'Union soviétique. Ils ont bien évidemment continué à pratiquer leur foi, malgré l'absence de prêtres. Déjà des orthodoxes, arrivés ici du temps de l'Empire russe, avaient construit des églises, mais point de catholiques. C'est à la fin des années soixante que les choses s'accélèrent, avec la possibilité de construire ou plutôt de transformer une maison en un lieu où les catholiques ont la possibilité de se réunir plus ou moins officiellement. Fragile équilibre qui mettra beaucoup de temps à se résorber.

Après la chute de l'URSS, les responsables politiques ne se soucieront guère de ces sujets, jusqu'à ce que le pape saint Jean-Paul II visite le Kazakhstan en 2001. Le nonce apostolique pour le Kirghizistan y étant le même que celui du Kazakhstan voisin, les autorisations sont signées, permettant enfin – 700 ans après – une libre pratique de la foi catholique. Le père Mihelcic, arrivé quelque temps avant, m'a témoigné de ce changement soudain: *« Il n'y a pas eu de changement très violent, mais nous n'étions plus dans une situation d'insécurité à ne jamais trop savoir comment cela allait se passer dans les jours suivants »*. Mgr Nikolaus Messmer, s.j., évêque du Kirghizistan et administrateur apostolique jusqu'à son décès brutal cet été, a contribué à transformer les relations avec les autorités en relations plus normalisées et non de défiance que pouvait avoir l'appareil soviétique auparavant.

La paroisse Saint-Michel de Bishkek est épatante et j'y retrouve une certaine vie commune à toutes les paroisses de par le monde. L'arrivée d'un étranger et la taille modeste de la communauté concourent à la rapidité de la diffusion des nouvelles. Je croise des familles, des jeunes qui viennent à la messe de leur côté, ainsi que des Philippins travaillant à Bishkek. C'est à leur initiative que la messe en anglais a été lancée, avec le soutien du curé. Ce dernier est assisté d'un vicaire, le père Yvan, dont le frère est également prêtre, curé à Talas. Pour le père Mihelcic, c'est une aide précieuse car à 75 ans, le poids des années commence à se faire sentir, bien qu'il soit en pleine forme et se déplace régulièrement à vélo – tout comme moi ! Dans tout le pays, on dénombre donc 500 catholiques au maximum, avec 300 pratiquants réguliers. Isolement de chaque communauté, heureusement bien desservies par six prêtres, tous jésuites. Ajoutez cinq sœurs franciscaines et vous obtenez l'intégralité du clergé de ce pays d'Asie centrale. Les ouvriers sont peu nombreux et la moisson abondante. Mais qu'importe pour ces serviteurs qui s'occupent déjà de leurs ouailles avec beaucoup d'entrain! Catéchisme pour les enfants, préparation aux différents sacrements, visites dans les villages... Le travail ne manque pas, loin de là. Une vingtaine de baptêmes sont célébrés chaque année, essentiellement des enfants mais également quelques catéchumènes. La difficulté étant que la société clanique kirghize rend délicate la conversion qui risque de diviser les familles. Or les catholiques sont en dehors de ces logiques car ils sont en lien avec tous. L'apostolat est donc difficile mais cela n'entame pas l'enthousiasme du père.

À Saint-Michel, je fais la rencontre d'Alexandr, kirghize francophone et francophile, travaillant dans le milieu du tourisme. Élevé dans une famille orthodoxe peu pratiquante, il est baptisé à 20 ans. Puis une fois marié, Alexandr se rapproche de l'Église catholique, sa femme étant catholique et baptisée depuis son enfance. *« C'était pour moi devenu une évidence après mon mariage, en avançant avec ma femme »* me dit-il. *« Je suis aujourd'hui dans l'Église et actif, c'est pour moi essentiel à ma vie »*. Il ne renie pas ses origines russes, loin de là, ni orthodoxes, mais explique que nous sommes avant tout chrétiens et que ce sont des chemins différents. Père de famille, Alexandr vit sa foi très librement, ouvert aux discussions avec ses amis. Il conçoit la vie et le témoignage d'un chrétien dans le monde au travers de ses actes quotidiens. Voir le Christ à travers ses actions concrètes, humblement et sans bruit.

Dimanche 12 mars 2017, J109

Sous un soleil éclatant, nous partons pour Karakol en minibus, sous une brume épaisse qui cache à peu près tout ce que nous pourrions envisager d'admirer comme paysage. C'est dommage car le soir nous retrouvons Jenny et René pour un verre, qui ont eux pédalé jusqu'à Karakol sous un soleil éblouissant, nous montrant des photos splendides du lac sous le soleil. Soleil mais froid, le mercure a flirté avec les -15 °C un matin, malgré le soleil.

Le lendemain, avant de partir vers le chalet où nous passerons quatre jours, nous visitons l'église orthodoxe de La Trinité. Construite toute en bois, au charme certain, cet édifice est le témoin des turpitudes du dernier siècle. L'église primaire en pierre a été détruite par un séisme en 1894. Elle est rebâtie, mais en bois cette fois-ci. Les bolcheviques l'ont brûlée partiellement et l'ont amputée de ses cinq coupoles. Les Soviétiques n'ont guère fait mieux, l'utilisant comme salle de réunion. Ça n'est qu'en 1989 que l'église de La Trinité est rendue à l'usage du culte et restaurée, en conservant le corps du bâtiment qui a déjà bien vécu. Le bois extérieur l'atteste. En 1997, le patriarche Alexis II vient consacrer l'édifice et un clocher est ajouté, avec les cinq cloches traditionnelles orthodoxes. Nous entrons dans cette église au beau milieu de la messe. Beauté de cette liturgie où le chant occupe une place prépondérante, rappelant les offices des bénédictins, qui du fond de la nuit psalmodient dans un rythme lent et majestueux pour chanter la Gloire de Dieu. La lumière entrant par les fenêtres habilement disposées illumine l'édifice étonnamment bas de plafond, mais aéré.

Après avoir pris le temps d'écouter cette liturgie étrangère à nos oreilles, nous quittons Karakol pour Kyzyl Suu, à quelques dizaines de kilomètres vers l'ouest. C'est là notre point de départ vers la vallée qui sera notre repaire pour quelques jours. Le sac de provisions à monter vers le refuge nous est remis, au bas mot 15 kg. Heureusement pour Jean-Baptiste et moi-même, un cavalier surgit hors de la nuit, court vers l'aventure au galop ; et notre chauffeur lui remet le sac de provisions à convoyer jusqu'à un point intermédiaire. Car oui, la voiture ne peut pas monter jusqu'au refuge. Depuis le dernier village, il y a trois heures de marche jusqu'au chalet posé dans une vallée enneigée à 2 500 m d'altitude. Bonne nouvelle car après une heure, nous arrivons à mi-parcours et nous changeons de moyen de transport. Le couple qui vit là-haut a profité de notre venue pour faire une commande de courses à monter, ce qui explique le poids des provisions à convoyer – ça n'est pas uniquement pour nous – et monsieur nous attend à mi-pente avec deux chevaux pour monter la seconde partie.

Amusant de chevaucher dans une forêt blanche, au milieu de nulle part, des canassons plutôt dociles mais affamés, profitant de chaque instant de répit pour manger quelques branches de sapin. Chargés comme jamais, ils nous montent vaillamment jusqu'au chalet. Nous découvrons ce dernier presque par surprise, logé au cœur de la vallée de Chong Kyzyl Suu. Il est une invitation au repos ou à l'escalade sportive.

Les montagnes qui l'entourent sont un paradis pour les grimpeurs et la neige à perte de vue jusqu'aux sapins nous enchante. L'épaisse couche de neige nous posera quelques soucis dans les jours que nous passerons ici. Pourtant munis de raquettes, nous aurons d'immenses difficultés à avancer. La neige composée de tout petits cristaux ne s'agglomère pas. La portance est ainsi quasiment nulle et nous nous enfonçons de 20 à 40 cm à chaque pas.

Les paysages fantastiques sont une invitation à la contemplation. La vallée ouverte et orientée nord-sud laisse passer une lumière aveuglante dès les premières heures du jour. Les langues glacières descendent des hauteurs pour recouvrir le talweg d'une couche de verglas lisse comme le marbre. Nous nous élançons pour des glissades sur ces patinoires naturelles sous un soleil éclatant. Le contraste des couleurs nous projette hors du temps. Blanc de la neige, vert des mélèzes et pins, azur du ciel où se découpent les silhouettes des rapaces au vol calme et lent, fondant de temps à autre sur leur proie. Progressant à travers la vallée, nous traçons notre sillon, lent pas du pionnier qui dégage l'espace nécessaire à l'avancée de la colonne. Nous découvrons les arêtes et débusquons les ibex, des bouquetins bien farouches, qui s'échappent en bondissant.

Le lendemain, gravissant la montagne par un sentier conduisant à une ancienne carrière, Jean-Baptiste trouve des pièges à loups. Notre hôte nous avait prévenus qu'il chassait cet animal mais toujours sans succès jusqu'alors. J'aime cette vie rustique et simple de montagne. La toilette se fait dans la rivière gelée. Plongeant dans une eau dégringolant tout juste des glaciers voisins et approchant les 2 à 3 °C, nous trouvons le bain bien vivifiant ! La neige plonge complètement dans la rivière, donnant des airs très russes à cette situation. Le chalet surchauffé par un poêle à bois antédiluvien renforce l'idée.

Nous redescendons la montagne, non pas à cheval mais avec nos pieds, retour dans la plaine bordant le lac Issy-Khul. La vue le long du lac est splendide. Le bleu éclatant contraste avec le jaune orangé des steppes, revenant doucement à la vie après un hiver qui a bien duré six mois. Les chevaux et les vaches paissent tranquillement sous la surveillance de leur berger, des ouvriers travaillent ici et là.

À Bakonbaieva, nous rencontrons Alaezai – notre guide – pour une randonnée à cheval durant l'après-midi. L'anglais est avec lui un terrain commun et la communication s'en trouve facilitée par rapport aux derniers jours où nous étions vite arrivés aux limites de notre russe. Les chevaux gravissent la montagne avec aisance mais la descente est amplement plus difficile. Nous montons jusqu'à 3000 m d'altitude, avec une vue panoramique sur le lac Issy Khul à couper le souffle. Les stries imposantes des pliures du relief recouvert d'un léger manteau blanc s'atténuent en bordure du lac, matées par les flots. Bakonbaieva nous apparaît telle une ville jouet. La vue est vertigineuse.

Jeudi 16 mars 2017, J113. Bishkek, chez Raoul de Torcy

Le marathon administro-politico-diplomatique a finalement pris fin! Une fois les passeports récupérés au consulat de France à Almaty, il m'aura fallu encore beaucoup de patience à Bishkek pour effectuer toutes les demandes de visas! Que ce soit les Ouzbeks chez lesquels les délais sont variables et visiblement à la tête du client ou chez les Turkmènes qui ouvrent l'ambassade un jour sur douze, me faisant faire de multiples trajets, avant de pouvoir, dans le froid, sous une petite guérite exposée à tous les vents, noircir les multiples pages de formulaires demandées, j'ai cru ne jamais en sortir! Déclaration sur l'honneur de ne vouloir que transiter par le Turkménistan, preuve des autres visas, formulaire de demande, photos d'identité en multiples exemplaires, explication du trajet suivi, fiche de renseignement avec le groupe sanguin, preuve de résidence en France, photocopies en tout genre des différentes pages du passeport. Et puis les Iraniens qui modifient selon les mois de l'année les modalités et documents nécessaires à l'obtention des visas! Avec l'espace Schengen, nous avons quelque peu oublié ce que signifient ces précieux sésames barrant les pages de nos passeports.

Avant de repartir, je remets bien en état le vélo avec Nathan qui m'a logé pendant toute cette période, un sacré numéro et un mécanicien hors pair. Quatre années à arpenter le monde à dos de bicyclette, en Afrique, en Asie, en Europe, en Australie et aux Amériques. Des temps plus ou moins longs de pause pour travailler avant de repartir. Un beau jour, il a posé ses sacoches à Bishkek après avoir roulé sur la Pamir Highway au Tadjikistan, et n'en est pas reparti. Il semblerait que la rencontre d'Angie qui partage sa vie désormais ne soit pas entièrement étrangère à cette décision. Elle est doctorante en sciences humaines. Nous avons eu de très belles discussions durant les dix jours passés chez eux.

Bichkek, capitale d'une des cinq anciennes républiques soviétiques d'Asie centrale, est un des derniers vestiges de cet immense empire soviétique. Plan de rues en damier, une roue s'y égare pour une raison mystérieuse, des bâtiments officiels en tous points semblables à l'ambassade russe à Paris, boulevard Lannes – massifs et aux arêtes saillantes – il ne fait aucun doute, je suis bien en ex-URSS. Bien plus qu'Almaty, Bishkek conserve cette âme soviétique, cette vision architecturale si particulière et au charme réel. Lorsque le soleil donne, sous un splendide ciel bleu, il est fort plaisant d'arpenter les artères de cette cité. Erkyndik, Moskowskaya, Toktogul, Chuy, Manas… Autant de noms qui me sont désormais bien familiers à force de les parcourir à pied ou à vélo, à toute heure du jour et de la nuit. Arrivé sous une pluie glaciale dans la nuit, j'ai pu apprécier au long des dernières journées à quel point c'est une ville où il fait bon vivre.

Plaque tournante du monde, Bishkek aura été l'occasion d'un dîner organisé par Laurence, suisse travaillant pour son ambassade, rassemblant treize convives, huit nationalités, des centaines d'histoires à raconter tant les expériences de vie sont variées. Japon, Afghanistan, Suisse, Allemagne, Italie, Kirghizistan, Inde et France sont représentés ce soir. Vous avez dit que Bishkek n'était pas cosmopolite ? Bishkek ce sont aussi des rencontres impromptues, celle de pilotes polonais faisant la liaison avec Varsovie, de Pierre-Guillaume, français de 70 ans spécialiste des systèmes de retraite et d'assurance dans les ex-pays soviétiques, d'Émile et de Nicolas qui relient Djakarta à Berne en stop ou encore de l'ambassadeur de France Michaël Roux. Invité à une cérémonie officielle, je peux y appliquer la théorie de Guy de Larigaudie, exposée dans *Étoile au grand large* sur ce qu'il est nécessaire d'avoir pour bien voyager : un sac de couchage et un smoking. Il est en effet indispensable de pouvoir passer d'une vie rude et simple de la jungle, au raffinement d'une vie sociale une fois arrivé en ville. Lors de leur périple vers Saïgon, Guy de Larigaudie et Roger Drapier étaient en effet reçus au gré de leur avancée par les ambassadeurs de France et de pays amis.

L'image est belle et se doit d'être une ligne de conduite. Toujours pouvoir s'adapter aux circonstances, prêt à « charbonner » lorsqu'il le faut et être capable de conversations plus spirituelles lorsque cela est nécessaire. L'exigence que l'on se fixe est celle qui structure sa vie et nous permet de dépasser nos propres peurs. S'efforcer le soir, au milieu du désert, d'installer un campement de qualité, cuisiner un bon repas puis, dans l'obscurité tombante, allumer un feu qui fera danser les ombres sur la tente. Point de smoking dans mes sacoches mais j'avais mis un point d'honneur à avoir une tenue correcte. Chemise, pull, pantalon et chaussures bateau qui, une fois repassés et cirées sont comme neuves. Le beau, c'est la splendeur du vrai. Mon oncle Raoul m'envoie au front pour le représenter auprès de l'ambassadeur de France, ce qui l'arrange bien. Je joue le jeu et bien qu'après avoir passé une bonne année à vadrouiller ici et là, je n'aie pas trop perdu ce que l'on tend à appeler les « bonnes manières ».

J'échange quelques mots avec l'ambassadeur de France au Kirghizistan, Michaël Roux, qui spontanément me propose son aide. Hormis l'obtention d'un visa pour le Turkménistan qui est la seule chose me retenant et réellement problématique, je n'ai besoin de rien. *« Très bien, je ne connais pas le turkmène, mais vais voir pour que vous puissiez poursuivre votre voyage par la terre ».* Superbe, je devrais être autorisé à traverser les 500 km de désert qui composent le Turkménistan, une des dernières dictatures de la planète avec la Corée du nord.

Samedi 18 mars 2017, J115. Kochkor. 4 985 km

La neige a recouvert la plaine dans la nuit. La toile de tente est lourde ce matin, pressée par la couche de neige tombée alors que je dormais paisiblement. La température a en effet bien chuté, elle est devenue négative. Au réveil, je fredonne *Les Cosaques*. « *Quand la neige a recouvert la plaine, je prends mon cheval et mon traîneau* ». Quelques dizaines d'années plus tard, presque rien n'a changé dans ces espaces arpentés par ces cavaliers auparavant.

Tokmok, Balytchik, la rivière Tchou sur tribord. Le soleil éclatant a chassé les nuages, le paysage se dévoile, grandiose. Les cimes enneigées contrastent avec les contrepentes exposées au sud, déjà roussies. Le vert des forêts et des plaines où paissent l'été les chevaux est omniprésent.

Je gravis le col de Kubaky, à 2 100 m d'altitude, pour le panache et le plaisir : une belle montée en cadence afin de dérouiller les jambes. Après tout ce temps à me morfondre à Almaty et Bishkek pour des formalités administratives, me voici enfin de retour sur les pistes chaotiques d'Asie. Le ciel salue mon effort en me gratifiant de son plus bel appareil. Un cavalier juché sur sa monture regarde avec étonnement mon curieux manège, visiblement sceptique, avant de lancer son cheval au trot sur le plateau. Vision décalée, improbable avec les fiers Kamaz soviétiques me dépassant dans un tonnerre d'embrayage et une étouffante fumée sortant de leur pot d'échappement.

Mercredi 22 mars 2017, J 119. Toktogul. 5 308 km

Le Kirghizistan est un pays montagneux. Très montagneux. Trop montagneux. Le pic de la Victoire culmine à 7 439 m d'altitude, dans le Tian Shan. Je suis en plein dedans, et les routes ne sont pas vraiment linéaires. 90 % du pays est montagneux, et 70 % culminent à plus de 2000 m d'altitude. Quelle idée absolument géniale de le traverser en plein hiver !

Le fameux lac Song Kul et ses yourtes autour desquelles galopent les chevaux ne seront pour moi qu'une vague idée, les trois mètres de neige rendent inaccessible l'endroit et même Fabien, guide touristique connaissant parfaitement le coin, ne pourra l'approcher que de loin avec des chevaux.

Le col de Kyzart à 2600 m m'ouvre la vallée du même nom. Les conditions sont épouvantables. Le vent souffle de face, la route craquelée m'oblige à un slalom incessant, le brouillard arrive, puis la neige s'y met. La visibilité tombe à quelques mètres, ma vitesse s'affiche sur un seul chiffre, et je crains de rompre ma bicyclette à chaque instant sur les pierres acérées qui ont remplacé le peu d'asphalte restant. Me voyant peiner, arrivant avec le grondement poétique des Kamaz soviétiques, Machoud m'embarque pour la dizaine de kilomètres qu'il me reste à parcourir ce soir. Chauffeur, fier comme un bar-tabac aux commandes du mastodonte, il est très heureux de secourir un pauvre Occidental cinglé voulant pédaler dans le blizzard. Machoud et sa femme, ses deux filles Azilis et Amian, m'accueillent pour la nuit dans leur microscopique maison à Kyzart. Les faubourgs boueux du village témoignent de la pauvreté de ce coin d'Asie. L'air sec et pinçant est vif, le poêle ronronne en consumant les bûches fendues sous l'auvent. Il est clair que je suis bien mieux ici que dehors où l'eau restera gelée toute la nuit. Je m'effondre, épuisé, vanné par les éléments.

Le général Hiver m'a rattrapé, sentinelle de l'ombre, ne laissant pas filer aisément ses ouailles. Perdre encore près de 10 degrés en quelques heures, cela ne me semblait plus possible, il faut néanmoins se rendre à l'évidence. La vallée de Kyzart est un congélateur, baignée par les pans de montagnes qui réfléchissent le froid. Bashkaingdy, Chaek, Kyzyl-Oi, les noms claquent au milieu de cette grande vallée

Passant Aral, je dois bifurquer vers le nord. La route vers Toktogul via Toluk est coupée par la neige. Je m'en doutais légèrement mais j'avais le secret espoir d'une ouverture prématurée. «*Niet, Suusamyr*» rétorque Igor avec lequel je partage ma table dans un de ces petits bouis-bouis qui jalonnent le bord des routes.

Je remonte jusqu'à Kojomkul, la rivière où les éboulis encore tout frais ne sont pas réellement rassurants. La route non déneigée est un calvaire. Neige fondue en partie au soleil, je peine jusqu'à retrouver des températures suffisamment basses pour que la neige tienne bien gelée. L'exercice est nettement moins périlleux que lors de la descente du col du Faisan, au Kham, juste après Noël. S'ouvre à moi la grande plaine de Suusamyr, vallée posée entre 2 000 m et 3 000 m d'altitude. Blanches, immaculées, les montagnes sont encore intégralement recouvertes de leur blanc manteau.

J'ai trouvé refuge chez l'habitant. Une vénérable babouchka m'ouvre sa porte et me fait signe d'entrer. Moyennant quelques *sums* le lendemain en guise de pourboire, j'aurai été accueilli comme un prince. La simplicité et la rusticité me conviennent bien et cette halte dans une ferme permet d'attaquer de bon matin cette fameuse vallée de Suusamyr. Le col qui en commande l'accès depuis Bishkek culmine à 3 600 m et est un bon morceau, selon les dires d'Angie, Nathan et Michaël qui ont eu l'occasion de s'y frotter.

Départ à 2 053 m depuis Suusamyr ; 20 km de plat sur de la glace – ce qui est fort amusant lorsque vous n'avez pas de freins car grippés à cause du froid – puis 55 km de montée pour atteindre le col d'Ala-Bel, à 3 184 m. La circulation sur la glace demande simplement de conserver une vitesse et des mouvements les plus réguliers possible. La moindre incartade se paye cash, par un déséquilibre ou pire, une chute. Jour blanc, impossible de distinguer le relief pour ne rien arranger. Le ciel bleu du réveil n'aura pas duré bien longtemps. Dernier gros col du trajet, franchi sous la neige, avec du vent et les cinq derniers km avec des passages à plus de 12 %, je ne l'ai pas volé ! Ce col fuyant, je crains de ne jamais en voir le bout. Alors que j'aperçois un panneau semblant marquer la séparation, il n'en est rien, le col est plus loin. Situation horrible car avec la faible visibilité, je suis bien incapable de situer l'endroit où l'inclinaison de la pente s'inversera.

S'ensuit une descente vertigineuse jusqu'à Toktogul, à 998 m d'altitude… 60 km de descente, et vu les pentes je suis bien content de pédaler dans ce sens ! Avec ces dénivelés avalés, combinés à l'état des routes, je peine à maintenir une allure correcte d'une centaine de kilomètres par jour, que j'approche mais sans pour autant réussir à les atteindre. Une accélération de la cadence sera bientôt nécessaire.

Samedi 25 mars 2017, J122. Jalal-Abad. 5 480 km

Les Soviétiques, en découpant ces pays d'Asie centrale dans les années trente, ont eu le chic de ne pas tenir compte des lignes topographiques ou des vallées. C'est ainsi que les frontières semblent improbables et non linéaires. Le découpage géographique oblige les pauvres cyclistes à toujours remonter pour descendre, avant de mieux gravir encore les montagnes. La route semble avoir été un jeu pour ces ingénieurs de la période post-second conflit mondial : construisons-la dans les endroits les plus improbables et impossibles. Amusant pour un motard ou un automobiliste, nettement moins pour les cyclistes.

À proximité du lac de Toktogul, les pentes flirtent plus avec les 12 % qu'avec les 2 %. Une promenade de santé, c'est bon pour le cardio ! Qu'à cela ne tienne, j'en ris de bon cœur : s'enquiller une dizaine de kilomètres de montée, 700 m de dénivelé positif, et ça dès le réveil, c'est fort amusant !

Un pneu increvable made in Germany éclate. 300 km et déjà déchiré, quelle tuile. Fort heureusement j'avais conservé mon ancien en secours, mais il est déjà bien cuit. Décidément, on ne peut même plus se fier à l'industrie germanique et à sa réputation de qualité.

La M41, qui traverse le massif du Pamir, serpente vers le Karakorum, tutoie les cimes et revendique le titre de « route la plus haute du monde », est une sacrée épreuve pour un cycliste. Toujours des hauts et des bas mais la direction est globalement vers le bas : la rivière Naryn que je longe un moment à droite, un autre à gauche, coule forcément dans une seule direction. Trois barrages hydroélectriques successifs sont la cause des bosses de la route. Dans un tunnel creusé avec certainement beaucoup de délicatesse par les Soviétiques, un Kamaz non éclairé déboulant à toute berzingue manque de me percuter. Heureusement, mes réflexes acérés me tirent de ce mauvais pas. Dans un autre tunnel, une camionnette s'y engouffrant au même moment restera à mes côtés afin de m'éclairer… Que son conducteur en soit remercié ! Arrivé à Tah-Kömur en fin de journée, je reçois l'hospitalité dans une petite auberge où personne, hormis le fils qui en comprend quelques mots, ne parle anglais. Je tente de joindre sans grand succès par téléphone le père Adam, de la paroisse catholique de Jalal-Abbad : nous ne semblons pas vraiment parler la même langue. Son numéro donné par ses confrères à Bishkek ne m'est pas d'une grande aide.

Passé Kara-Kul, la température augmente enfin, Alléluia ! Une vingtaine de degrés à 18 h, en approchant la plaine de Fergana qui est elle à une centaine de mètres d'altitude, je vais revivre !

La vallée de Fergana, espace partagé entre Ouzbeks, Kirghizes et Tadjiks, se dévoile face à moi. Déjà brûlés par le soleil, certains champs asséchés semblent remplis de ronces et de broussailles. Sur le flanc droit, la clôture barbelée à plusieurs épaisseurs défend vigoureusement le territoire ouzbek. La route serpente doucement jusqu'à Jalal Abbad, que je dois me résoudre à rejoindre en stop. Une petite trentaine de kilomètres parcourus et déjà trois crevaisons à l'arrière. Les chambres à air sont usées jusqu'à la corde et, une fois percées, ne sont plus du tout aussi résistantes qu'à l'origine. Au premier arrêt, Florin, un Roumain ayant vécu des années en France, se gare sur le bas-côté alors que je m'apprête à charger mon vélo pour repartir. Arrivant au volant de sa Dacia Logan, venu passer quelques semaines au Kirghizistan, c'est désormais l'heure pour lui de rentrer en Roumanie au volant de son fier véhicule français. Il me donne ses coordonnées, insistant pour que je passe chez lui lors de ma remontée des Balkans, par Bucarest. Je regarde à nouveau ma carte, encore presque 90 km à rouler, le moral est au plus bas. Déjeuner au bord de la route à l'ombre d'un arbre et je reprends la cadence. Les jambes sont en pleine forme, le cardio également – après 1 mois et demi à attendre ces passeports et visas à 2 000 m d'altitude cela aide – le vent dans le dos, mais une nouvelle fois la chambre à air se déchire. Dernière réparation à laquelle je ne crois pas vraiment. Me voyant dépité, les Kirghizes tenant leurs échoppes au bord de la route s'approchent tranquillement pour rencontrer ce drôle de personnage circulant à vélo. Délaissant pour quelques instants les téléphones que whatsapp, viber, facebook et telegram font sonner à la vitesse de l'éclair, ils entament avec moi un concours de selfies. C'est toujours un grand moment d'essayer de communiquer, souvent via les traducteurs de nos téléphones, afin d'expliquer ce que je fais. Mon russe, bien que s'améliorant avec les jours, reste limité. Désormais il m'est possible de donner l'idée générale de cette balade à vélo, expliquer que j'arrive de Thaïlande où j'ai habité et que je file tout droit vers Paris.

Saluant ces marchands qui retournent à leurs étals en voyant arriver un bus rempli comme un œuf de clients potentiels, je me place sur le bord de la route afin de pratiquer le sport national, y rajoutant un handicap vélo : l'auto-stop. J'aimerais beaucoup pouvoir assister à la messe de l'Annonciation et avec le retard pris, il n'y a pas tellement d'autres solutions. Qui plus est, le vélo n'est qu'un moyen, ce voyage n'est pas une performance sportive. Il ne s'écoule pas deux minutes avant qu'un semi-remorque s'arrête et accepte de m'embarquer jusqu'à Jalal-Abbad. Jouant à tetris pour faire rentrer la bicyclette dans sa soute, le sympathique chauffeur, roule du mieux qu'il peut avec son camion neuf et rutilant : un splendide Scania dont il semble avoir encore du mal à maîtriser toutes les fonctionnalités et voyants. Tellement neuf qu'il tombe en panne ! Un de ses camarades s'arrête pour lui prêter main-forte mais devant son impuissance, repart en m'emmenant jusqu'à destination. Dima avance pour le coup comme un véritable Kirghiz, à fond, au klaxon, en envoyant des textos au volant !

Une nuit plus tard, Djalal-Abbad se dévoile à moi dans la matinée, baignée de soleil. Le père Mihelcic me donne au téléphone l'adresse de la paroisse catholique Sainte-Teresa de Calcutta, pas bien loin du centre, mais semble-t-il inconnue ici. Les néons criards des kebabs et supermarchés montrent à quel point nous sommes ici dans une autre réalité politique. Assemblage artificiel de peuples au gré des découpages administratifs.

L'église Sainte-Teresa, très simple, au sommet de laquelle se tient fièrement sa croix, est un signe fort d'appartenance pour les chrétiens de la région, arrivés ici d'Allemagne et de Pologne, déportés dans les années trente par Staline. Prévenu par le père Mihelcic, le père Adam

Remigiuch me salue avec beaucoup d'affection. Polonais, jésuite comme ses homologues du pays, il affiche un sourire immense et contagieux. Le petit jardin attenant à l'église est splendide, les fleurs s'ouvrent et les arbres bourgeonnent, quel changement avec les jours précédents où les paysages étaient encore prisonniers de l'hiver!

Érigée il y a une dizaine d'années, l'église est un vrai lieu de vie où les enfants viennent pour jouer, se retrouver, lire. Nous prions ensemble, et à la sortie de la messe, je rencontre Frau Lidia. C'est une Kirghize, descendante d'Allemands déportés par Staline, née en Sibérie puis transférée avec ses frères et sœurs vers cette partie d'Ouzbékistan, dans la région de Osh. J'ai l'occasion avec elle de pratiquer mon allemand, resté dans un placard depuis de longues années, finalement pas si rouillé que cela. Frau Lidia me raconte les conditions de vie dans les années cinquante, sous la domination soviétique. Il ne faisait pas bon être chrétien ici, prétexte aux brimades de la police et autorités administratives pour tourmenter cette communauté. Encore aujourd'hui la prudence est de mise, il vaut mieux ne pas traîner trop tard dans certains quartiers de Jalal-Abbad lorsque vous êtes russophone ou germanique. Fort heureusement, je ne ressentirai pas la moindre crainte durant ces deux jours ici.

Dimanche 26 mars 2017, J 123. Osh

La messe de 11 h, célébrée devant une assistance réduite composée principalement d'enfants, témoigne de la fragilité pastorale de ces contrées. Le long et lent travail missionnaire visant à annoncer l'Évangile n'est pas facile et bien souvent décourageant. Mais bien souvent, les prêtres me répondent que ce n'est pas grave, et que même pour une seule personne leur présence est suffisante… Autre temporalité. Dans la soirée, le père me montre les photos d'astronomie qu'il prend avec son télescope. Impressionnant tout ce que l'on peut distinguer dans le ciel et la variété des couleurs.

Après la messe, nous chargeons mon vélo sur le toit de la voiture paroissiale. Direction Och, à une centaine de kilomètres, le long de la frontière ouzbèke. Après les montagnes, me voici désormais dans la campagne verdoyante où paissent moutons et vaches. L'étape pour arriver à Jalal-Abad est épique, et devant l'impossibilité de trouver une quelconque chambre à air de rechange à la bonne taille, j'accepte sa proposition de me déposer. Par ailleurs, cela va me permettre de découvrir la chapelle Sainte-Teresa de Calcutta, à Osh. C'est pour l'instant une simple maison où une pièce a été aménagée en chapelle. Point de clocher, de voûte avec arcs-boutants, de pierres sculptées. Mais un autel avec au mur, un tabernacle. L'essentiel est là, un chemin de croix au mur, l'icône de la vierge sur un côté, le crucifix de l'autre. Et c'est tout.

Nous sommes cinq adultes (dont le père et moi-même) et deux enfants, assemblée pourtant fervente mais qui pose question. Pourquoi se déplacer pour si peu de monde? Je trouve ma réponse en pensant au récit d'Abraham lorsqu'il négocie avec le Seigneur de ne pas détruire la ville de Sodome s'il y trouve 100 justes, puis 50, puis 10: s'il n'y en avait qu'un seul, le chrétien de Osh mériterait d'avoir un ministre du Christ qui se déplace pour célébrer la messe. Ça n'est pas le nombre de fidèles qui fait l'importance.

Dima, étudiant en management, est présent. Il est un des rares jeunes de la communauté catholique locale, et me témoigne de cette difficulté à vivre sa foi sans cette dynamique ecclésiale. Ils sont les oubliés de tous, ceux dont on ne parle jamais. Au fin fond de ce pays, il est vrai que le sort des chrétiens n'est pas vraiment la priorité. Dima me propose de revenir l'été, pour le camp dont le père Mihelcic m'a parlé, au bord du lac Issy Kuhl dans une maison appartenant à l'Église. Il s'agit d'une colonie de vacances pour les enfants chrétiens de tout le Kirghizistan. 15 jours de vie communautaire et fraternelle, de prière, randonnées, enseignements, au bord d'un lac de montagne. Comment ne pas penser à l'Eau Vive? Je ne dis pas non, cela serait une belle façon de découvrir ce pays l'été, une saison nettement plus agréable et conviviale ici.

À Osh, c'est Eduard, espagnol travaillant pour l'ONU et collègue de mon oncle Raoul, qui m'accueille. Enfin accueilli… mais sans qu'il soit là! En déplacement à Bishkek, il me laisse son appartement pendant son absence, très aimable à lui! Nous déjeunerons ensemble le jour de mon départ vers l'Ouzbékistan, puisque je suis bloqué le temps de trouver ces fameuses chambres à air. Le bazar d'Osh est véritablement un amoncellement de tout ce que vous pouvez imaginer. Les épices côtoient les pantalons, le pain les côtes de bœuf, les bonnets, les savons et shampoings… bref c'est le bazar ! Et au milieu de cela des quincailliers vendent à peu près tout ce qui est imaginable pour construire une maison, réparer une 4L, un vélo. Je finis par trouver mon bonheur, enfin presque. Ça n'est pas exactement la taille de mes pneus mais il faudra m'en contenter.

Demain l'Ouzbékistan s'ouvrira à moi, destination mythique d'Asie centrale, les bulbes scintillants de Samarcande décrits par les voyageurs du monde entier avant moi…

KAZAKHSTAN
Mer d'Aral
OUZBÉKISTAN
Désert du Kyzylkoum
5955 km
Tachkent
Och
Khiva
TURKMÉNISTAN
Boukhara
Turkmenabat
Désert du Karakoum
Samarcande
Rameaux
TADJIKISTAN
Mary
6934 km
153 jours
IRAN
AFGHANISTAN
N
500 km

6

OUZBÉKISTAN ET TURKMÉNISTAN

« En route, le mieux c'est de se perdre. Lorsqu'on s'égare, les projets font place aux surprises et c'est alors, mais alors seulement, que le voyage commence. »

Nicolas Bouvier

Dimanche 2 avril 2017, J 129. Tashkent. 5 955 km

« Citadelle de pierre », littéralement la signification de Tashkent, capitale de l'Ouzbékistan. Importante place commerciale de la route de la soie, rotule permettant l'articulation de la Chine avec l'Orient, sa place fut souvent assiégée afin d'assurer le contrôle des voies de communication. Perses, Grecs, Huns, Yuezhis, et plus proches de nous Russes.

Quelques centaines de kilomètres parcourus depuis la frontière kirghize. Au revoir montagnes glacées, bonjour plaines verdoyantes et fertiles. Fergana s'ouvre à moi après un passage de frontière chaotique.

Des hordes de changeurs proposent sous le nez des *sums* ouzbeks, la monnaie locale. Les douaniers kirghizs tamponnent presque machinalement mon passeport, sans me regarder, bien trop absorbés par un match de football à la télévision et *whatsapp* qui fonctionne à toute vitesse alors que leurs homologues ouzbeks prennent leurs airs sévères de bureaucrates. Il s'agit d'une attitude de façade : un document de déclaration douanière plus tard, le visa déjà collé sur le passeport, une simple fouille superficielle de mes bagages et le préposé dans sa guérite appose un coup de tampon sur mon passeport. On m'avait prévenu que ce poste frontière était pénible, il n'en est rien.

La vallée de Fergana, au cœur des montagnes est un superbe piémont traversé par le Syr-Daria. À l'ombre des 4000 m des monts Kourama et Tchatkal au nord-ouest, les monts Fergana au nord-est et à l'est, le sud est verrouillé quant à lui par la chaîne du Turkestan et les monts Alaï. Un défilé côté ouest laisse couler le Syr-Daria à travers le lac de Kaïrakkoum, situé au Tadjikistan. Territoire aride, morcelé par des géographes peu soucieux des réalités agricoles locales, la vallée de Fergana est la cause d'un des plus grands désastres écologiques du XXe siècle. Le Syr-Daria marquait la limite septentrionale des conquêtes d'Alexandre le Grand. Long ruban bleu enrichi par les minéraux coulant des glaciers du Pamir, du Tian Shan et Kourama, il fut exploité jusqu'à ne plus pouvoir couler jusqu'à son embouchure. Les Soviétiques implantèrent, comme bien souvent, des plans quinquennaux si poussés qu'ils épuisèrent les richesses naturelles. Or, les plantations de coton nécessitent une quantité astronomique d'eau. Le climat continental avec ses chaleurs puissantes en été, couplé à l'eau en abondance en font l'endroit idoine. Faisant fi des considérations écologiques, la seule importance étant de produire du coton. La mer d'Aral, débouché du Syr-Daria, s'assécha.

Les sourires des Ouzbeks sont francs, directs et joyeux, leurs salutations également. Il ne se passe pas deux minutes sans qu'un camion, une voiture, un passant, un enfant ou un vieillard ne me fasse un signe de la main. Un sens de l'accueil bienvenu qui est toujours agréable. Arrivant en soirée à Andijan, je sors de la ville pour planter ma tente quand, voulant me ravitailler en eau dans un restaurant de routiers, je vois ces derniers s'attrouper près de mon vélo. Je suis l'objet de nombreuses questions auxquelles je m'efforce de répondre du mieux possible. Les champs à perte de vue, plantés de riz et coton, sont utilisés d'une manière extensive et intensive. Impossible de planter ma «*palantki*» ce soir, et c'est Aziz qui aura l'honneur de m'accueillir dans son camion. Je dépose le vélo dans la remorque à l'arrière, puis après un bon dîner bien arrosé de vodka locale offert par ces chers camionneurs, je vais me coucher dans la bannette située à l'arrière du camion. Je ne comprends rien à ce qu'ils me racontent, hormis quelques-uns qui parlent quelques mots d'anglais, mais nous rions de bon cœur. L'hospitalité ouzbèke que l'on m'avait vantée est bien là! Certains connaissent Paris, ils y sont passés au volant de leurs fiers camions, transbahutant des marchandises depuis ces contrées exotiques. Allemagne, Hollande, Danemark, Pologne, République Tchèque font également partie des destinations connues par ceux qui ont eu la chance de rouler jusque là-bas.

Au matin de la seconde journée en Ouzbékistan, le soleil illumine cette plaine. Quel contraste avec le Kirghizistan où les montagnes cachent l'astre jusqu'à tard dans la matinée. 120 km, tout droit jusqu'à Kokand. Programme plutôt simple, j'ai une pêche d'enfer et aligne les kilomètres. Un sacré bonheur de pouvoir ainsi mettre de la distance entre Andijan et Kokand. La plaine, plate comme la main, est un fourmillement de travailleurs dans les champs ou sur le bord de la route. Le ciel bleu, la chaleur du printemps, le soleil, tout concourt à rendre cette journée fort agréable malgré l'apparente lassitude qu'elle pourrait donner.

Les voitures surchargées, les camions, les passants, tous me saluent, me font signe de m'arrêter… Il va être difficile d'avancer si je fais systématiquement une pause! Les canaux qui parcourent la plaine sont tracés tels des motifs géométriques, bien ordonnés, alimentant des kilomètres carrés de champs jusqu'à perte de vue.

La route vers Tashkent est splendide, s'élevant jusqu'au col de Kamchib à 2160 m d'altitude. Serpentant au milieu des monts Kourama arides où la neige résiste, la montée est agrémentée d'encouragements par les ouvriers travaillant sur la route, et de coups de klaxons de camions visiblement peu enclins à partager la route avec un cycliste. Au col, je suis à quelques kilomètres du Tadjikistan et du Kirghizistan à nouveau. Les géographes soviétiques ont vraiment partitionné cet endroit d'une drôle de manière. Alors que je prends un cliché de ce panorama, un policier m'arrête : il semblerait que cela soit interdit – je n'ai vu aucun panneau. Je lui tiens tête et il me demande d'effacer la photo mais je prends un malin plaisir à jouer au plus malin en lui tendant ma Go Pro et non mon appareil photo. Bien évidemment, il n'y voit pas la moindre trace d'un quelconque paysage frontalier ouzbek-tadjik, ce qui le trouble. Il redemande confirmation, puis me demande de l'argent, sauf que ça n'est pas vraiment au programme pour moi. Je m'en fiche, j'ai du temps, la température est parfaite, le paysage dégagé, je peux attendre. La faim me gagne, je sors donc de quoi déjeuner, ce qui ne convient pas du tout au policier. Le jeune écervelé que je suis doit commencer à l'embêter et il m'enjoint donc de plier bagage avant que j'aie pu terminer mon déjeuner. On est donc tranquille nulle part ici !

Une descente vertigineuse plus tard, le vent de face m'oblige à pédaler comme un fou pour avancer. Je suis couvert de poussière quand j'atteins enfin la vallée. Les routes sont particulièrement en mauvais état en montagne, régulièrement sans asphalte, exigeant toutes les attentions. Les diverses stations essence où les panneaux annoncent des indices d'octane improbables pour nous : 92, 90, 87, 83, jalonnent la route. Systématiquement flanqués d'un restaurant, ce sont des endroits où les pauses prennent du temps. S'arrêter pour déguster un thé agrémenté de gâteaux traditionnels ouzbeks face à la montagne, un sacré bonheur !

Un soir où je peine à trouver un endroit où planter ma tente, c'est Alim qui m'héberge, me sortant une improbable méthode d'apprentissage du français pour écoliers, j'en suis bouche bée. Comment, en 2017, ce livre est arrivé ici ? Colonisé par les Russes depuis les années 1855, le Turkestan n'a jamais été sous influence française. J'en suis ravi, les mystères de l'Asie m'étonneront toujours.

Tashkent apparaît soudain, d'abord ses faubourgs modernes, larges avenues, puis son périphérique flambant neuf. Au loin scintillent les bulbes de la cathédrale de la Dormition de la Mère de Dieu, de l'Église orthodoxe. Les croix ornant le sommet des clochers répondent à celle de la cathédrale catholique du Sacré-Cœur. Quelle joie de pouvoir arriver dans cet édifice construit à l'aube du siècle dernier par les émigrés polonais, soldats de la garnison de Tashkent, ce qui lui vaut son surnom d'église polonaise. L'arrivée des bolcheviques dans les années vingt et l'indépendance de la Pologne motiva un certain nombre d'entre eux à rentrer dans leur patrie. En 1925, les persécutions envers les chrétiens de la part des bolcheviques sont si fortes que les paroissiens n'osent plus se rendre à l'église, qui est saisie et transformée en entrepôt. Tout est détruit : vitraux, mobilier, sculptures… ça n'est qu'en 1976 que le gouvernement de la République socialiste soviétique d'Ouzbékistan décidera de la restaurer, sans pour autant la rendre à la communauté catholique demeurant sur place. En 1992, c'est chose faite, et les travaux de remise en état démarrent aussitôt malgré des finances exsangues. Le 22 octobre 2000, le nonce apostolique au Kazakhstan et en Asie Centrale, Mgr Marian Oles, consacre la nouvelle cathédrale. Admirable vaisseau de pierre d'un style néogothique, cet édifice austère et imposant rassure. Une pierre d'angle sur laquelle s'appuyer, élément de base pour les communautés catholiques de par le monde. J'avance en descendant bon gré mal gré les immenses marches conduisant à l'entrée de l'église, afin d'essayer de trouver l'horaire de la messe du lendemain. Le père Thomas, franciscain, m'accueille avec une joie communicative fantastique. Coréen, envoyé en mission ici depuis huit ans, il me donne rendez-vous pour le lendemain à 10 h pour la messe célébrée en anglais. Cela sera tellement plus facile à suivre qu'en russe. Hormis les messes en thaï auxquelles je m'étais habitué, il faut remonter à mon passage à Bangkok, en septembre dernier, pour trouver la trace d'une messe dans une langue réellement compréhensible pour moi. Quel bonheur, bien que l'accent absolument hallucinant du père qui célèbre rende la chose délicate. Qu'importe, en ce jour d'avril 2017, il n'y a que ça qui compte : pouvoir prier dans la même langue que l'assemblée. Quelques expatriés, voyageurs de passage, une vingtaine de fidèles tout au plus.

C'est sous la pluie battante que je ressors de l'église, après avoir salué les Missionnaires de la Charité qui s'engouffrent dans leur voiture pour regagner leur couvent. Fort heureusement, le soleil se montre dans l'après-midi. Je vagabonde dans Tashkent, me promenant à vélo sous le soleil. Une ville moderne et bien ordonnée. Modèle d'urbanisme, favorite de Moscou, la citadelle de pierres jouit d'un modernisme à faire pâlir ses capitales voisines. Grandes allées, bâtiments en bon état, il semble y faire bon vivre.

Les premières traces de civilisation datent du IIIe siècle avant notre ère, et en 326 avant Jésus-Christ, Alexandre le Grand la conquiert, après avoir levé le camp de l'antique Samarcande. Carrefour de civilisations, du commerce, des religions, Tashkent est une des villes typiques de la route de la soie. Durant des siècles, les marchands se sont succédé dans ses bazars poussiéreux et tumultueux afin d'échanger leurs denrées rapportées des quatre coins du globe.

C'est en 1867 que la ville prend un tournant radical, avec toute la région. Le grand jeu entre Britanniques et Russes amène ces derniers à prendre le contrôle de la région en quelques mois. Les citoyens de tout l'empire se précipiteront dans cette ville au climat agréable où se dessinent de nombreuses possibilités de développement. Le tramway fait son apparition en 1901, structurant déjà les grands boulevards de la ville. La Seconde Guerre mondiale apporte son lot d'immigrés de toute l'Union soviétique, fuyant l'avancée des troupes hitlériennes à l'ouest de la Russie, ainsi que des industries lourdes déplacées pour ne pas tomber dans les mains ennemies. Les universités, théâtres et académies artistiques foisonnent également, ce qui contribue à rendre la ville attractive aux yeux de Moscou. Le 26 avril 1966 marque un tournant dans l'histoire de Tashkent : un terrible séisme détruit une grande part de la cité, ce qui nécessite un large programme de reconstruction. La solidarité de l'Union est là pour relever la ville meurtrie, chaque pays versant son obole.

La modernité impressionnante de cette ville est encore bien visible, arborant un charme légèrement désuet, à l'allure bien nette : parcs, places, avenues boisées, tout comme un métro absolument splendide. Les stations sont de véritables œuvres d'art et tiennent aussi le rôle d'abris antiatomiques. Par conséquent les photos y sont interdites.

Un réseau impressionnant de fontaines et canaux d'irrigations a été créé pour maintenir la verdure en toute saison, la place Lénine triple de superficie et est dotée d'une nouvelle statue du camarade.

Toutes ces évolutions urbaines sont liées à l'évolution économique, les nombreuses industries déplacées lors de la Seconde Guerre Mondiale ne repartant pas. La plus célèbre est l'association de construction aéronautique de Tashkent, l'Iliouchine Il-76 étant le fer de lance à partir des années 1970.

Mardi 4 avril 2017, J 131. Boston. 6 191 km

Ce matin, mon objectif est de récupérer un visa pour le Turkménistan. L'attente dans la grisaille matinale devant les grilles de l'ambassade turkmène ne laisse franchement rien présager de bon : il est 7 h et déjà une quinzaine de personnes attendent pour rentrer. J'inscris mon nom sur la liste que me tend le policier dans sa guérite, un système bien archaïque. Après avoir consulté longuement mon passeport et m'avoir questionné sur mon trajet, on m'invite à patienter. Un préau hors d'âge microscopique nous protège vaguement de la pluie qui commence à tomber. Après une heure d'attente où les candidats au visa turkmène sont appelés dans un ordre qui semble assez aléatoire – Jilke un Singapourien arrivé bien avant moi ce matin attend toujours – le policier m'appelle en écorchant allègrement mon nom.

Fouille minutieuse au détecteur, dépôt de mon téléphone et de l'appareil photo dans un casier, puis un autre policier m'escorte jusqu'à la pièce où un douanier parlant anglais est assis de l'autre côté de l'épaisse vitre. Un nouveau formulaire à remplir rapidement récapitulant quelques informations m'est tendu. Je fais modifier la date d'entrée au Turkménistan de quelques jours, en revanche les postes frontières sont fixes, je ne pourrai pas faire de détour par les « portes de l'enfer », cet étonnant cratère situé près de Darvaza brûlant depuis 40 ans sans discontinuer. Le douanier imprime le visa, le colle sur mon passeport et donne un coup de tampon. J'ai encore du mal à y croire : je dispose d'un visa pour le Turkménistan, un des pays les plus fermés de la planète, verrou de l'Asie centrale et passage obligé vers l'Iran. La route pourra se poursuivre par voie terrestre, avec un défi : le traverser en quatre jours. 500 km, cinq jours en réalité, mais les formalités d'entrée et de sortie sont si longues que c'est véritablement de quatre jours dont je dispose.

Sorti de l'ambassade, mon bonheur de faire partie des privilégiés ayant réussi à obtenir ledit visa, se lit sur mon visage. L'action de l'ambassadeur de France au Kirghizistan a porté ses fruits, ou en tout cas c'est ce que je veux croire. Aujourd'hui, le ciel est bleu pour moi. La grisaille du jour n'est qu'un obstacle. Au-dessus des nuages, le ciel est toujours bleu.

Retour sur la route, je repasserai à Tashkent dans quelques jours pour y fêter Pâques avec mon ami Guillaume de Martel qui viendra me rejoindre une semaine. Je charge les bagages à la *Guest House* où j'étais ces deux jours, passage obligatoire ici. Normalement, c'est tous les jours que je serai censé y dormir : résurgence de l'URSS où le contrôle des voyageurs était strict, le gouvernement ouzbek impose aux touristes de dormir dans des hôtels tous les soirs, ne tenant pas compte de la volonté de certains d'explorer le bonheur de l'hospitalité ouzbèke, pourtant proposée chaleureusement tous les jours. Les précieux tickets d'hôtel sont des sésames à brandir lors de la sortie du pays, une tolérance appréciable pour les cyclistes étant généralement admise puisqu'il nous arrive de ne pas avoir d'endroit où dormir lorsque la nuit tombe.

Gulnara et son fils me saluent et je franchis les portes de leur pension familiale où je me sens très clairement à la maison. Un accueil en toute simplicité. La cour baignée d'une douce lumière sur laquelle donne la véranda où je prends mon petit-déjeuner a rendu très agréable ces deux jours. Je profite également des bons conseils de mes hôtes sur les visites intéressantes, la conduite à tenir en tant que cycliste vis-à-vis de la police avec mes tickets d'hôtels manquants, les rénovations des années 2010 à Samarcande et Bukhara…

La route est droite, monotone, chargée d'un trafic ininterrompu. Le panneau affiche des destinations exotiques : Aral, Khiva, Samarcande, Dushanbe, Bakou, Aktau, Teheran...

Manquant une indication sur un panneau, je fonce tout droit, direction le Tadjikistan. C'est après une bonne vingtaine de kilomètres sur la mauvaise route que je me rends compte de l'erreur grâce à une rapide vérification sur le GPS de mon téléphone. C'est la baisse soudaine du trafic qui m'a alerté. Tant pis, cela me rajoutera une petite soixantaine de kilomètres. Mais l'idée de revenir sur mes pas, d'avoir donc roulé 40 km pour rien ne me motive pas vraiment. Et puis, la route n'est pas extraordinaire mais au moins je suis au calme, sans des dizaines de Kamaz crachant leur fumée à tous vents. À gauche, longeant sa frontière, le Tadjikistan apparaît dans toute sa verticalité. Masse montagneuse noire surmontée d'une blancheur sur ses hauteurs, le Pamir culminant à 7000 m d'altitude reste empêtré dans son hiver. Les kolkhozes tous les 10 km semblent tout droit sortis de nos livres d'histoire. Réalité bien palpable de la planification soviétique. Aujourd'hui, ils connaissent des fortunes diverses. Au milieu des champs, ces fermes soviétiques coopératives collectives s'autonomisent petit à petit, mais les maisons restent strictement identiques et côte à côte. Des rangées de bâtisses, en rang d'oignons, sans aucune fantaisie. Certains kolkhozes font peine à voir, complètement délabrés, alors que d'autres semblent flambant neufs, fraîchement repeints.

À Boston, c'est Achram qui m'invite chez lui avec toute sa famille, m'offrant un dîner de viande bien réconfortant. Hormis quelques grains de riz, il n'y a que de la viande de mouton, trempée dans de la sauce, accompagnée de brochettes de « *schachlik* », le régime idéal pour le grand sportif que je suis.

Encore une crevaison à déplorer aujourd'hui à l'arrière, le pneu est bel et bien mort mais il s'avère compliqué de trouver des pièces de la bonne taille et adaptées à mon étrange monture, malgré les nombreux vélos qui parsèment la plaine.

Jeudi 6 avril 2017, J 133. Samarcande. 6 321 km

« Tout ce que j'ai entendu dire de la beauté de Samarcande est pure vérité – mais elle s'avère encore plus splendide que ce que je pouvais imaginer ». Tels sont les mots d'Alexandre le Grand, lorsqu'il découvrit Samarcande en 329 avant notre ère.

J'en ai rêvé des années durant, elle est là. Sa splendeur se doit d'être dévoilée dans la lumière d'un jour éclatant montant en puissance, et non dans le jour déclinant d'un mois d'avril. Volontairement, je stoppe ma course une dizaine de kilomètres avant et dispose un bivouac dans un champ d'un vert émeraude éclatant. Plaisir simple de camper avec le soleil qui illumine cette fin d'après-midi. Le soleil se couche, les étoiles se lèvent, et dans le calme de la nuit, simplement troublé par le rugissement des multiples motocyclettes, je m'endors en pensant à toutes les merveilles qui m'attendent demain.

La brume voile la vision sur la plaine au réveil, la plongeant dans une profonde léthargie. Le soleil rougeoie aux premières lueurs de l'aube, chassant doucement l'humidité qui s'est emparée du paysage. Silencieusement je plie bagage et prends la route, un thé brûlant avalé, vers les bulbes scintillants de Samarcande. Quelques kilomètres, une légère colline à gravir sur le bord d'une route à six voies où voitures, motos, camions et autobus me frôlent à grande vitesse en me dépassant.

Surgit alors la ville en contrebas. Industrielle, moderne, l'inscription en lettres gigantesques de son nom sur la colline d'en face, singeant Hollywood, témoigne de la période actuelle. Afficher son identité ostensiblement alors qu'il n'en est nul besoin… son histoire suffit amplement à cela.

Au loin, les bulbes émeraude et or des mausolées, mosquées, madrasas scintillent dans la masse grise que forme la cité, centre de commerce, de production et d'échanges depuis la nuit des temps. Son étymologie *samara* : rencontre, conflit en sanskrit, et *kand* : ville, un terme centre-asiatique qui se traduit par le *« lieu de la rencontre »* ou *« lieu du conflit »* illustre bien la position actuelle de Samarcande à la frontière des mondes turc et persan.

Il est donc tout à fait normal de voir avant tout ces usines crachant une fumée noire, les multiples échoppes, centres commerciaux, gares où des voitures plus ou moins modernes s'entassent, qui sont les témoins d'une modernité et d'un développement économique important. De prime abord cela m'a déçu, mais en 2017 le monde n'est pas celui de Marco Polo ou d'Alexandre le Grand, il faut s'y résoudre.

Tamerlan en a fait la capitale de son empire s'étendant jusqu'à l'actuelle Turquie en y bâtissant de multiples monuments comme la mosquée Bibi Khanym, la nécropole Chah e Zindeh et son propre mausolée le Gur Emir. C'est son petit-fils, Oulough Beg qui poursuivra son œuvre en faisant édifier la première partie du fameux Registan.

Le poids des siècles se fait sentir alors que je m'approche du centre historique. Les monuments grandissent jusqu'à devenir des masses de pierre finement ornées de mosaïques aux détails plus fins les uns que les autres. Le Registan s'offre à moi, monument le plus emblématique d'Asie centrale, gigantesque et majestueux. Les deux façades des Medersa d'Oulough Beg à l'ouest, Cher-Dor à l'est se répondent, la Medersa Tilla Kori au nord fermant l'ensemble. Un ensemble extraordinaire illuminé par la douce lumière d'une matinée d'avril. 500 ans depuis leur construction ! Le temps ne semble pas avoir passé. La place est nette, quelques badauds déambulent paisiblement et je contemple comme dans un rêve ce spectacle ébouriffant. Plus de 30 m de haut pour la façade et les minarets, des pishtak aux motifs peints et dotés de lignes absolument parfaites.

« *It's the most beautiful place in central asia* » me disent les Ouzbeks présents ce matin sur la place de sable, signification littérale de Registan. Je veux bien les croire tant l'harmonie est présente.

Les mosaïques des coupoles voisines sont de toute beauté elles aussi et répondent à celles qui me font face. Les minarets n'ont jamais servi à l'appel à la prière puisque les Medersa sont des écoles coraniques, ou plutôt des universités, ancêtres de nos écoles d'ingénieur. On y enseignait les mathématiques, la physique, l'astronomie, mais également la poésie, la philosophie ainsi que le Coran. Loin donc des clichés actuels sur les écoles coraniques, il s'agissait surtout de former des esprits éclairés, des savants qui pouvaient ensuite administrer une cité, un territoire, diriger une armée ou une administration. Ces minarets ont surtout servi à y précipiter, depuis leur point le plus élevé, les condamnés à mort, enfermés dans un grand sac. Bandits de grand chemin, ennemis du régime ou femmes adultères (adultères toutes seules, étonnante conception de la chose) tous connaissaient la même sentence. Le sang tachant terriblement, les bourreaux jetaient ensuite du sable pour recouvrir la pierre où l'exécution publique venait d'avoir lieu, lui conférant ainsi son nom de «*Registan*», la place de sable. Ajoutez à cela que c'est un endroit situé en hauteur, battu par tous les vents et où le sable se dépose allègrement, vous obtenez une légende tout droit sortie des *Milles et une Nuits*.

Les grandes allées ont aseptisé la ville. En 2009, voulant accélérer le développement du tourisme afin de faire rentrer des devises, le président Islam Karimov[12] a demandé que les quartiers où vivent les Ouzbeks soient cachés aux touristes. Un mur a donc été élevé afin que le touriste ne puisse voir que des beaux monuments fraîchement rénovés, au grand dam de l'UNESCO. En 2001, cet organisme mondial a classé Samarcande et ses monuments au titre du patrimoine mondial de l'humanité. Malheureusement, la conservation de ces sites est mise en danger car ils sont entretenus selon des méthodes peu traditionnelles, dans lesquelles le béton vient remplacer les briques utilisées autrefois. Il en résulte aujourd'hui que le Registan, centre de la vie économique et sociale de Samarcande durant des centaines d'années, est aujourd'hui un espace aseptisé. Les touristes internationaux déambulent en groupe, bob décapotable vissé sur la tête, écoutant les explications bien officielles des guides tout aussi officiels.

Les couleurs du Gour Emir, de la nécropole Chah e Zindeh, de la mosquée Bibi Khanym s'illuminent au coucher du soleil. Soudoyant

12. Mort en décembre 2016 après 25 années de règne.

un gardien du Registan, je grimpe en haut du minaret de la Madrasa d'Oulough Beg. Le soleil rougeoie et les mosaïques changent de teintes. Du haut des presque 40 m d'où il culmine, j'ai une vue absolument imprenable sur le Registan. Les passants semblent des fourmis et j'observe l'amusant manège des marchands qui leur tournent autour.

Dans l'après-midi, je me dirige vers l'église catholique Saint-Jean-Baptiste en quête d'une messe. À mon grand regret, il n'y a personne. L'église est ouverte mais déserte. Quelques enfants jouent au basket sur le terrain attenant. En partant, je croise le père Pierre, franciscain, curé de la paroisse, qui parle quelques mots de français. Il me confirme l'horaire de la messe du lendemain.

Dimanche 9 avril 2017, dimanche des Rameaux, J136. Posdalran. 6 407 km

Le Registan pour soi-même, impossible ? Nulle ombre ne bouge sur la place pourtant en ce matin. Il est 5 h 50, je la traverse pour installer mon appareil photo. Un gardien qui m'a déjà repéré les jours précédents me propose, moyennant finances, de monter sur le toit de la Madrasa, mais le prix est rédhibitoire pour moi. Décidément, le lever de soleil est le plus beau moment d'une journée. La lumière augmente en intensité progressivement et la ville encore calme s'éveille joyeusement. Les balayeurs s'activent, les vendeurs de pain tout chaud traversent l'esplanade en poussant leurs carrioles, des maraîchers installent leurs étals au marché, d'autres leurs accessoires pour téléphone. Cette ville vit avec son temps, c'est si plaisant. Puis, en même temps que les touristes, arrivent les vendeurs de babioles, de plats fabriqués à la va-vite dans un atelier, de tapis aux motifs grossiers qui sauront bien tromper le voyageur venu chercher un peu d'exotisme. Assis sur un coin de mur, je contemple ce joyeux remue-ménage.

Messe des Rameaux à Samarcande, célébrée par le père Pierre. Un doux parfum de retour en arrière au milieu du Moyen Âge lorsque les chrétiens partaient évangéliser les peuples d'Asie à pied. Sous un soleil éclatant, je rencontre François et Émilie, un couple français en vacances en Ouzbékistan pour dix jours. Mon polo MEP intrigue le jeune homme qui connaît lui aussi cette société missionnaire puisqu'il a été volontaire il y a dix ans, en 2008. Et pas n'importe où, en Thaïlande, entre Mae Sot et Mae Woei, là où j'ai également servi. Comble de la Providence, c'est lui qui a démarré la mise en place des projets avec les Karens, notamment la coopérative de tissus de Mae Woei et le centre de formation aux métiers de l'hôtellerie dans la banlieue de Mae Sot. Quel clin d'œil de rencontrer des Français catholiques, connaissant les MEP, la Thaïlande, la Karenie et le père Alain Bourdery ! Il se trouve que c'est lui qui les a mariés il y a un peu plus d'un an… Comme quoi le monde n'est pas si grand que cela !

Une belle procession dans l'église, après la proclamation de l'Évangile sur le parvis. Une vingtaine de paroissiens sont là et entonnent des chants en russe. La messe est tout à fait franciscaine. Simple, épurée, soignée. Quel beau moment de pouvoir partager avec ces frères ce début de Semaine Sainte. Nous allons monter vers Pâques tous ensemble.

Je partage un déjeuner avec Émilie et François durant lequel nous évoquons nos souvenirs de Karenie, des villages visités : Mae Woei, Mae ple ta, Ponouyapou, Poblaki, Tha Song Yang, Mae towo… Cela nous rend nostalgiques de cette période dorée vécue auprès des Karens. Sacrée Providence qui m'offre ici un superbe cadeau pour ce dimanche des Rameaux.

Reprenant la route vers Bukhara, l'hécatombe des pneus recommence : quatre crevaisons en à peine 15 km. La route n'est pas en bon état, mon pneu arrière non plus. Les montagnes tibétaines, le froid polaire chinois, les routes brisées du Kirghizistan ont eu raison de lui. Il n'est devenu qu'une fine membrane de caoutchouc qui ne protège plus grand-chose. Fort heureusement pour moi, mon ami Guillaume de Martel arrive à la fin de la semaine. À n'en pas douter, un pneu risque fort de se glisser dans ses bagages.

Je suis en train de prier le chapelet et précisément de méditer le second mystère douloureux[13] quand ma quatrième crevaison survient. À

13. La flagellation de Jésus.

ce rythme, je serai encore loin de Bukhara dans une semaine. La difficile loi des séries. Fort heureusement, les Ouzbeks ont un cœur immense et s'arrêtent presque tous pour proposer leur aide. L'un d'entre eux, voyant l'état déplorable de ma dernière chambre à air réparée déjà à de multiples reprises, prend en photo les références et me fait comprendre qu'il revient. Soit, c'est aimable à lui! Effectivement une dizaine de minutes plus tard, je le vois débarquer dans un crissement de pneus pour arrêter son automobile pétaradante, avec deux chambres à air neuves dans les mains. J'en suis bouche bée et ne peux que le remercier. Voici un cadeau qui va s'avérer fort utile pour la suite. N'attendant rien en échange, il me salue effectivement d'un «*good-bye mister*» et démarre dans un tonnerre magnifique de carburateur. C'est un véritable bon samaritain que j'ai là. Le second mystère douloureux a justement pour fruit l'espérance.

Je suis hébergé le soir par un garagiste qui m'aide à réparer mes chambres à air avec des rustines de taille industrielle, et certainement bien plus efficaces que celles achetées en Chine. À la meuleuse, il prend soin de ces précieux caoutchoucs, aidé par son fils. Il dispose également d'un outil important: un tournevis pour visser la valve du pneu, deux d'entre elles s'étant dévissées, ce qui donnait une impression de crevaison lente. Travail de pro! À l'aube, je poursuis la course vers Bukhara, plein ouest.

Mercredi 12 avril 2017, J 139. Bukhara. 6 615 km

Record battu avant-hier! Parti de bon matin, sur des routes droites et monotones, il n'y a rien de plus à faire que de pédaler. À midi, j'ai déjà roulé 90 km. Le paysage devient désertique. Du sable avec de l'herbe à chameau et de la caillasse à perte de vue. Les flancs de la route sont dorés, brûlés par le soleil. Les camions doublent toujours avec autant d'entrain, klaxonnant à tout va. Je ne sais jamais trop si c'est pour me signifier mon inconscience de rouler ici ou pour me saluer. C'est en général la seconde option, surtout lorsque j'ai rencontré les chauffeurs plus tôt. À l'heure du déjeuner, je m'arrête la plupart du temps dans ces petites gargotes qui jalonnent la route. Systématiquement on m'aborde, me demandant en russe ce que je fiche ici, d'où je viens, où je vais, etc. Les chauffeurs routiers ont cette proximité très agréable avec les voyageurs. Alors débouchant des bouteilles de vodkas, nous vidons chacun une bonne rasade d'alcool. Les préparateurs sportifs ont certainement d'autres méthodes pour optimiser la performance, mais personnellement, ce que je recherche, ce sont plutôt les rencontres.

Mon porte-bagages vient de se briser, à peine quatre mois de vie ! C'est terriblement frustrant. Il est vrai que l'usage que j'en fais est probablement légèrement au-dessus des normes d'utilisation classique. Enfin tout de même, c'est assez embêtant. Je réalise une attelle à coups de rilsan et chatterton afin de conserver une rigidité suffisante, dans un garage bordant la route. Un palliatif, le temps de trouver un soudeur d'aluminium. J'apprends à mes dépens que l'aluminium ne se soude pas aussi facilement que l'acier.

Poursuivant ma course folle aux kilomètres, me battant avec le compteur que j'affole en moyenne à presque 25 km par heure, il est 17 h lorsque je m'arrête pour un goûter bien mérité. 155 km pour la journée, beau score ! Finalement je dormirai là, ce repaire de routiers est très agréable et pour à peine 1 $ je peux me poser, prendre une douche, et demain arriver dans la matinée à Bukhara, sise à une soixantaine de kilomètres.

Qiziltepa, un nom magnifique sur la route de la soie. Les camions s'arrêtent en fin de journée, tous étonnés de voir un Européen attablé. Les quelques plats dont j'ai appris le nom n'évoquent rien à mes interlocuteurs, qui me proposent quelque chose. N'y comprenant rien, j'accepte, cela devrait être bon. C'est le cas : on m'apporte un énorme poulet rôti sur la table, je ne mourrai pas de faim ce soir !

Bukhara apparaît enfin. D'une banlieue moderne typique de l'ex-URSS, j'arrive au cœur de la ville. Elle semble être encore plongée dans une profonde léthargie. Endormie, sous le règne de Tarmelan, la vieille ville conserve l'aspect des cités qui ont connu les grandes heures de la route de la soie.

Oasis au bord du désert du Kyzyl Kum, à mi-chemin entre les vallées du Syr-Daria et de l'Amour-Daria, Bukhara la magnifique a eu un rôle commercial nettement supérieur à celui de Samarcande. Jaloux, Tamerlan en a fait une vassale de sa jumelle, qui a récolté tous les titres de gloire. Encore aujourd'hui, Bukhara est nettement moins connue par le profane que sa rivale. Omeyyades puis Samanides, deux grandes dynasties régnantes dans la région en feront une ville prospère et un centre intellectuel majeur. En 1220, Gengis Khan, à la tête de ses Mongols, en prend le contrôle. La souveraineté mongole, le plus grand empire jamais constitué dans l'histoire de l'humanité, s'est étendue de la mer d'Okhotsk jusqu'à Moscou et de Rangoon à Prague en passant par Bagdad, Ispahan et Antioche. Le sac de Samarcande reste un des éléments les plus importants de l'histoire régionale.

La dynastie Timouride éclipse Bukhara au profit de Samarcande une fois les Mongols chassés, mais le khanat[14] de Boukhara (1599-1920) englobera par la suite Samarcande, la replaçant ainsi dans l'ordre historique sous sa tutelle. L'arrivée de l'Armée rouge sonnera le glas de ces divisions administratives d'un autre temps, pour aboutir à l'Ouzbékistan moderne.

En 2017, Bukhara est encore toute revêtue de ses attributs orientaux. Les murs en briques des Madrasas, finement peintes de motifs floraux et de mosaïques, m'émerveillent. L'ocre des façades donne cette patine splendide et usée des édifices qui ont vu défiler les siècles. De la fontaine de la place centrale jaillit une eau délicate. Tout autour, les cafés semblent encore endormis : quelques voyageurs hagards, assommés par la chaleur, s'abritent sous un parasol. Au milieu d'une madrasa, j'examine mon frein arrière qui fait encore des siennes. Décor féerique pour bricoler un vélo. Le réparateur n'y connaît pas grand-chose et manque de détruire la cassette en voulant l'enlever. Fort heureusement, je veille et lui retire des mains. Cette manie de vouloir aider les gens alors que l'on n'a rien demandé est usante.

14. Royaume, dirigé par un Khan.

Sur la place Lyab-I-Hauz, une Suisse m'aborde alors que je profite de cette scène superbe digne d'un roman du XXe siècle : les enfants jouent au cerceau dans la ruelle, pouffant de rire à la vue des touristes ; un cireur de chaussure propose ses services aux passants ; un jeune traverse l'espace sur la roue arrière de son VTT ; des marchands ambulants assaillent les touristes avec diverses babioles. Elvire arrive tout droit de Suisse et voyage également à vélo. En train depuis Berne jusqu'à Khiva, incluant plusieurs changements dans des coins aujourd'hui qualifiés selon nos critères, d'inhospitaliers : Khiva-Bukhara, 450 km de désert, le vent de face, le soleil brûlant dans les yeux jusqu'à 17 h... Sacrée épreuve ! Voir le bout de ce tronçon a été un soulagement. Ça n'est que le début de son voyage de deux mois qui la conduira au Pamir Tadjik, cette fameuse M41 à la fois enviée et redoutée des cyclistes.

Sous la grisaille, Bukhara conserve son éclat. Ses ruelles pittoresques et tortueuses conduisent les badauds vers des quartiers exotiques. Rien de mieux pour découvrir un pays que de marcher dans les rues et vagabonder sans but précis. L'église Saint-André, encore en construction, est située dans un faubourg à l'est de la cité. Il reste à faire les finitions, mais l'essentiel est là. Terminé le temps où, jusqu'en 2006, les paroissiens devaient célébrer en deux fois la messe, en russe puis en polonais, faute de place. L'édifice actuel peut contenir jusqu'à une centaine de personnes, nombre presque atteint à Pâques et Noël. Alors que cette paroisse Saint-André a été édifiée il y a dix ans, je suis témoin que ses fidèles sont encore en manque d'un pasteur pour les aider à grandir dans la foi.

En fin de journée, je me rends à la messe célébrée par le père Alexander, franciscain polonais. Son regard s'illumine en voyant arriver un Occidental pratiquant. Nous sommes seuls, pas d'autres paroissiens. Bien que les touristes soient nombreux, peu d'entre eux poussent la porte de l'église. La messe en anglais pourrait être proposée pour ces voyageurs, dans la limite où les prêtres desservant les paroisses le pratiquent. C'est un des axes de développement de l'administration apostolique d'Ouzbékistan.

Le père Alexander est en Ouzbékistan depuis quatre années, arrivé tout droit de sa Pologne natale. Quatre ans passés à Fergana, dans la vallée éponyme, à développer la communauté chrétienne locale. Depuis Noël, c'est une nouvelle mission qu'il a prise à Bukhara en tant que curé de cette paroisse. Assisté d'un vicaire et d'un frère franciscain, ils sont des témoins visibles de la chrétienté dans cette région. En quelques années, le nombre de fidèles réguliers a doublé, atteignant presque 70 personnes. Avec ses quelques mots d'anglais, nous échangeons et il m'expose la situation, entre autres la difficulté quotidienne qu'il rencontre avec les autorités, toujours prêtes à lui mettre des bâtons dans les roues pour des choses futiles. L'interdiction de célébrer en ouzbek est encore sévèrement contrôlée, ce qui est un véritable frein à l'évangélisation puisque de moins en moins de locaux parlent russe.

Jeudi 13 avril 2017, Jeudi Saint, J140. Samarcande

Un rendez-vous à Tashkent pour vendredi soir, afin d'y retrouver mon cher et vieil ami Guillaume de Martel qui me rejoint pour une semaine de découverte de l'Ouzbékistan. Revenir sur ses pas, quelle drôle d'idée pour un voyageur au long cours !

Si au Kirghizistan, l'auto-stop est un sport national au même titre que le Bouzkachi, c'est nettement plus laborieux ici. Peu de voitures s'arrêtent et les rares qui le font souhaitent surtout faire payer leur course. Visiblement, elles n'ont pas trop compris le concept de l'auto-stop ! Quelques sauts de puce successifs m'avancent mais l'heure tourne et je suis encore à une distance importante de l'objectif. Un camion poussif finit par s'arrêter pour m'embarquer, mais vu sa vitesse je n'arriverai jamais à temps pour la Cène à Samarcande. Après une bonne heure, je descends, le remercie et trouve un minivan pour quelques *sums* qui me conduira jusqu'à Samarcande et l'église Saint-Jean-Baptiste. Hélas, l'heure est passée, j'arrive à la fin de l'office. Le père Pierre est tout surpris de me voir repasser. Je lui explique mes déboires à faire du stop. Il me propose en consolation un dîner avec lui. À force de pédaler, j'en avais oublié que le stop peut se révéler un moyen de transport très lent, l'attente est régulièrement plus longue qu'imaginée. Je retrouve donc le père, Ruben son sacristain que j'avais rencontré une semaine auparavant et un jeune qui se destine à rentrer au noviciat des franciscains, pour un dîner joyeux à la pizzeria du coin.

15 ans de mission en Ouzbékistan au compteur et toujours la pêche, c'est superbe à voir. Dix ans à Fergana, Quatre à Tashkent et depuis quatre mois à Samarcande. Ayant étudié à Rome durant cinq ans avant de partir pour la mission, il maîtrise l'italien et quelques rudiments de français. Neuf prêtres pour un pays de 31 millions d'habitants, quelle démesure à la hauteur de l'élan missionnaire de ces géants.

Dimanche 16 avril 2017, Pâques, J143. Tashkent

Le Christ est vivant, sonnez trompettes, cymbales et cloches, annoncez à tous que le Seigneur est ressuscité! La vigile Pascale est aussi éclatante que la tristesse de l'office de la Croix du Vendredi Saint pendant lequel les tristes crécelles tournaient et les statues étaient recouvertes d'un voile violet ou noir. Ce soir, le feu pascal brûle sur le parvis de la cathédrale du Sacré-Cœur. Il dynamise notre foi. S'élevant des tréfonds de la nuit, éclairant les visages de l'assemblée nombreuse présente, il est allumé au début de la vigile par Mgr Maculewicz, évêque du diocèse de Tashkent. Le parvis est plein à craquer, les fidèles débordent en contrebas dans les escaliers. Un chant retentit, suivi d'une exhortation « Lumière du Christ » alors que l'évêque brandit le cierge pascal en signe de la résurrection du Christ que nous attendons tous. Dans la cathédrale du Sacré-Cœur de Jésus, nous avançons dans le noir, éclairés seulement par la lumière des cierges, au son d'une litanie chantée en russe. Mgr Maculewicz porte avec vigueur le cierge pascal allumé au feu éponyme. Puis lentement, dans un mouvement gracieux, les flammes illuminent la cathédrale, bientôt éclairée comme en plein jour. Les lectures s'enchaînent jusqu'au Gloria qui déclenche cloches, carillons et gongs: le Christ est vivant, Alléluia! Le voile qui occultait le Christ en Croix est détaché, redonnant à la cathédrale toute sa splendeur. Belle référence au voile du temple qui, le vendredi, s'est déchiré lorsque le Christ mourut.

Nous avons droit aux sept lectures, aux deux épîtres, puis à l'Évangile. Rajoutez à cela une homélie en quatre langues (russe, polonais, anglais et coréen), nous sommes en plein dans l'universalité de l'Église. Les Coréens qui, déportés par Staline depuis l'Extrême-Orient russe vers l'Ouzbékistan car jugés dangereux pour l'empire à cause des relations commerciales qu'ils tissaient avec les voisins, ont constitué un apport de chrétiens dans cette région. Malheureusement, une fois le rideau de fer tombé, la majorité est retournée au pays du matin calme, là où le christianisme a littéralement explosé, devenant la première religion de la péninsule.

À la fin de la vigile de trois heures, nous partons en procession devant la cathédrale, en chantant comme à Lourdes, à la suite du Saint-Sacrement. Les cloches sonnent à toutes volées, en écho à celles de la cathédrale orthodoxe de la Dormition, distante de quelques centaines de mètres. Car oui, en cette année 2017, fait assez rare, catholiques et orthodoxes fêtent Pâques à la même date! Pour la plus grande joie des cœurs et l'unité des chrétiens!

Avec mon ami Guillaume, arrivé à l'aéroport dans la nuit de vendredi à samedi à trois heures du matin, nous sommes chaleureusement salués à la sortie par le père Thomas Bahn, franciscain coréen. Tout sourire, heureux de voir des Occidentaux venir célébrer Pâques avec eux. Il m'a bien identifié car nous nous sommes déjà rencontrés lors de mon premier passage à Tashkent, quelques jours auparavant, et me demande des nouvelles de la route entre Tashkent et Bukhara, ce que j'en ai pensé, le temps mis pour arriver jusqu'à là-bas...

Il est presque une heure du matin lorsque nous rentrons à la *Gulnara Guest House*, charmante pension où j'ai déjà mes habitudes dirait-on. Guillaume avait retenu un splendide hôtel, je m'en suis vu refuser l'accès car je ne disposais pas de l'intégralité des tickets d'hôtels justifiant les endroits où j'avais dormi. Rien n'y fait, une demi-heure de tractations, d'appel au manager, à montrer la réservation bien effectuée... Niet, prié d'aller voir plus loin! C'en est grotesque, mais il n'y a rien à tirer d'eux. Un camembert vieilli en sac en plastique sentant bon la Normandie, une belle bouteille de vin, idéal pour fêter nos retrouvailles et Pâques, un package global.

Déambulant dans Tashkent après une grasse matinée, c'est sous le soleil à l'ombre des tilleuls dans les vastes parcs de la ville que nous reprenons nos conversations comme si elles avaient été interrompues la veille. Nous rallions ensuite la gare d'un coup de taxi pour prendre le train vers Samarcande. Notre chauffeur semble aussi myope qu'une taupe, réagissant surtout à nos exclamations lorsque d'autres automobilistes se font trop pressants.

Samarcande, dix minutes d'arrêt, la gare est déserte, nous sommes les seuls à descendre. Il n'y a pas âme qui vive, et hormis l'écran digital rappelant que la modernité est bien présente, le décor est tout droit sorti du début du XXe siècle. Troquant durant une semaine ma monture pour des moyens plus modernes et rapides, je vais reposer mes jambes avant d'entamer le grand sprint au Turkménistan.

Mardi 18 avril 2017, J146. Bukhara

Depuis déjà quatre jours nous arpentons l'Ouzbékistan sur les traces de Clavijo. Personnage pittoresque, il guidera notre quête existentielle pendant encore de nombreuses semaines. Que pouvait bien faire un espagnol à la cour de Timur le Boiteux, dit Tamerlan, à l'aube du XVe siècle ? Ruy González de Clavijo, écrivain-voyageur, diplomate, fait partie de ces personnages hauts en couleurs que l'Orient a cette faculté de nous révéler. Envoyé en 1403 auprès de Tamerlan par Henri III, roi de Castille, en qualité d'ambassadeur de la couronne d'Espagne, il en profite pour nous renseigner sur les us et coutumes en vigueur à l'époque. Il visite sur sa route Constantinople, Trébizonde, l'Arménie, le Khoraçan, Samarcande, et rédige en espagnol un journal de son voyage imprimé à Séville en 1582. Ses écrits consistent en l'unique ou presque source d'information délivrée par un témoin direct européen sur l'Orient et la cour de Tamerlan. Une précision inégalée pour un récit de voyage de Cadiz à Samarcande. Un voyage par les mers jusqu'à Trébizonde puis à pied, dos de chameaux et de chevaux en traversant Tabriz, Téhéran, Soultaniyè, Nichapour, Mashad, Balk, Bukhara jusqu'à la cour de Tamerlan. Devenu un de ses confidents, il eut la chance de pouvoir, en tant que gentilhomme chrétien, dîner avec l'empereur qui régnait sur la moitié du monde et l'observer au milieu de sa cour et de ses fastes.

Nous entrons dans la Madrasa Cher-Dor de Samarcande. Ses escaliers sinueux nous mènent à son toit, à une vingtaine de mètres du sol. Plaisir non dissimulé d'être ainsi à un endroit interdit. Quelle fantastique liberté de pouvoir déambuler ici, jouissant d'une vue privée, pour admirer de près la finesse et la délicatesse des mosaïques.

La nécropole Chah e Zindeh, située sur un coteau de la colline d'Afrosiab, le site archéologique primaire, se dévoile ensuite au fur et à mesure de l'avancée dans l'étroit espace. Les marches monumentales font s'arrêter naturellement le visiteur essoufflé à l'entrée. Au-dessus à gauche, un ouvrier est assis sur une frêle planche de bois suspendue au sommet de la coupole pour réparer les céramiques abîmées. On perçoit bien ici le soin apporté aux morts, servi avec délicatesse par les restaurations soviétiques ces dernières années, permettant ainsi de mieux se rendre compte de l'éclat du lieu.

Nous nous rendons ensuite à Chakhrisabz, ville natale de Tamerlan, l'endroit d'où partit la tornade qui ravagea le monde quatre décennies durant. N'hésitant pas à massacrer l'intégralité de la population des villes qu'il combattait, à l'exception des artisans qu'il déportait à Samarcande, c'est selon les historiens 5 à 10 % de la population mondiale qui périt sous son règne. Il faut dire qu'avec un empire conquis le fer à la main, s'étendant du Gange à la Volga, en passant par les Dardanelles et le golfe Persique, Tamerlan régna sur une étendue gigantesque à force de conquêtes incessantes. Son palais blanc, l'Ak Saray, qu'il fit construire comme résidence avant que Samarcande prenne tout l'éclat qu'il lui donna, trône fièrement sur la place principale. Il ne reste plus que quelques vestiges mais quels vestiges ! Un bloc monolithique blanc aux faïences bleues et vertes, masse impressionnante témoignant de la solidité avec laquelle le tyran souhaitait bâtir son fief. La visite vite expédiée, nous roulons jusqu'à Bukhara dans les couleurs de l'après-midi qui baignent le désert. L'endroit est inhospitalier, c'est plus confortable de le traverser en automobile pour une fois.

L'hôtel Amulet nous accueille magnifiquement, une madrasa transformée pour accueillir non plus les caravaniers mais dans la même veine, les passants épuisés par une journée de visite sous le soleil brûlant d'Asie. Nous goûtons enfin à ce grand soleil qui dore nos peaux et nous pousse à chercher l'ombre lorsque nous le pouvons.

En fin de journée, je profite d'un peu de temps pour ouvrir les cadeaux apportés par Guillaume: un pneu tout neuf, des chambres à air, quelques rustines, de quoi repartir de bon aloi pour les prochains kilomètres. Mon pneu arrière est cuit, sans plus aucune rigidité, il était vraiment temps de le remplacer. J'espère que les crevaisons vont s'arrêter car la suite est plutôt sportive.

Croisant quelques motards au volant de superbes machines, *Honda Transalp, Africatwin, KTM 990 adventure*, nous rêvons à l'idée d'aller rouler dans ces déserts prochainement.

Dimanche 23 avril 2017, J 150. Khiva

Le désert de Khorezm, 500 km d'une route toute droite à travers des paysages d'une monotonie désespérante. Un soleil de plomb. Je comprends mieux la réflexion d'Elvire, cycliste suisse rencontrée à Bukhara il y a quelques jours. Mais c'est aussi cela que je suis venu chercher: puiser en moi une force intérieure qui me tire vers l'avant. Dépasser les difficultés pour continuer à rouler coûte que coûte.

Après avoir voyagé une bonne partie de l'après-midi, nous arrivons à Khiva à la tombée de la nuit sous une pluie battante et dans le froid. C'est une vision presque apocalyptique que nous avons devant les murailles d'Itchan Kala, « la ville dans les remparts » en turc. Des éclairs déchirent le ciel, le tonnerre gronde, le vent souffle et nous nous enfonçons dans les ruelles désertées par tous vers notre hôtel heureusement tout proche. Le *« top manager »*, un titre qui fait certainement des envieux, nous y accueille avec son grand sourire, pas mécontent d'y être.

Fort heureusement, la nuit dissipe les nuages et sous un grand soleil la ville s'éveille dans une joyeuse animation. C'est une ville-musée: les

Soviétiques ont chassé toutes les familles à l'extérieur des remparts. Celles-ci peuvent tout juste commencer à revenir. On trouve donc surtout à l'intérieur de l'enceinte des restaurants, des hôtels et des monuments. La teinte ocre des bâtiments en terre séchée donne du cachet à ce coin de route de la soie bien préservé. Les hordes de « bobs décapotables » (i.e. groupes de touristes en bande organisée) ne nous facilitent pas la visite. Mais qu'à cela ne tienne, nous traçons notre route. Une porte non gardée nous permet de découvrir une nouvelle vue panoramique, depuis le plus haut minaret de la ville. Un nouveau plongeon dans les contes des *Mille et une Nuits*. L'agitation tout orientale est néanmoins un peu artificielle et touristo-centrée. Un minaret inachevé, Kalta minor, plus proche d'une cheminée de centrale nucléaire que de sa fonction théorique, jouxte notre hôtel. Point de porte ouverte cette fois-ci, nous devrons nous contenter de l'admirer de l'extérieur. Les médersas, la forteresse, le Tach Kaouli (palais de pierre) résidence des Khans, mausolées… Tout cela est globalement semblable et il va nous falloir visiter autre chose le lendemain.

Une virée dans le désert de Korezm. Des forteresses immenses aujourd'hui abandonnées, recouvertes de sable. Il est difficile d'imaginer que dans ce désert du Kyzylkoum de riches oasis ont prospéré des siècles durant. Les vastes réseaux de canaux alimentés par des fleuves rendent la vie possible, même si difficile. Située dans le doāb, formé par les rivières Amou-Daria et Syr-Daria, la constellation de forteresses témoigne de l'importance capitale de cet endroit sur la route de la soie.

Sur des pistes improbables, le sable rouge se révèle à nous. C'est d'ailleurs le nom littéral du lieu : Kyzylkoum signifie « sables rouges », en opposition au désert du Karakoum, « sables noirs », qui m'attend pour la suite au Turkménistan. La mer d'Aral est trop loin pour nous y rendre sur la journée, dommage. Nous reviendrons. Nous amusant comme nous pouvons, nous calculons l'énergie nécessaire à l'évaporation de l'eau en une année dans cette mer intérieure. 60 km^3 d'eau s'échappent chaque année dans l'atmosphère, soit l'énergie nécessaire à me propulser durant une année à la vitesse hallucinante de 6 500 km/h… Le soleil, quelle sacrée source d'énergie !

Fin de cette semaine, et déjà Guillaume regagne Paris alors que je dois rentrer à Bukhara récupérer mon vélo afin de poursuivre la route. Le sentiment de solitude est immense, et la perspective de traverser un pays complètement hostile en sprint ne m'enchante guère. Le moral est bas en ce dimanche soir. Quelle idée, franchement, d'avoir voulu traverser autant de pays pour une cause certes qui me tient à cœur, mais qui m'apparaît en ce mois d'avril trop ambitieuse. Vague à l'âme du voyageur qui je l'espère passera.

Mardi 25 avril 2017, J 152. Repetek. 6 854 km

Les voyageurs suivant la route de la soie le savent, le Turkménistan est un pays à part. Plusieurs voyageurs rencontrés m'ont mis en garde sur le passage de la frontière ouzbèke-turkmène. Ça n'a pas manqué. Pierre et Teresa, un couple de Suisses voyageant en camion depuis deux ans et demi, rencontrés la veille à quelques kilomètres du poste, en sortent. Les douaniers turkmènes ont une peur bleue de rencontrer un étranger vagabondant quelque part au milieu du désert. Pour leur piquer du sable ?

La sortie d'Ouzbékistan est pénible : les douaniers tatillons me demandant à quoi servent les médicaments contenus dans ma trousse de secours. Ne les ayant encore jamais utilisés, et n'étant pas franchement un grand infirmier, je mime au hasard des inspirations le traitement contre le mal de tête, de dos, de jambes… Ils sont impressionnés, comme s'ils découvraient des potions magiques. Ils passent ensuite toutes mes sacoches au scanner et ne trouvent heureusement rien à redire. Ouf, mais cela dit le superflu est exclu, il n'y a que l'essentiel. Le fonctionnaire qui contrôle le passeport à la sortie regarde vaguement les tickets d'hôtel, le visa turkmène et appose un coup de tampon avant de me gratifier d'un *« bye bye »*. Les travailleurs qui passent la frontière en même temps que moi me traitent comme un VIP, me faisant systématiquement passer devant eux. J'en suis gêné. Ils ont des petits calepins sur lesquels leurs passages sont notés. Il s'agit certainement de travailleurs qui rentrent tous les week-ends chez eux en Ouzbékistan, après une semaine de labeur de l'autre côté du rideau de fer. À ce rythme, leur passeport doit être rempli allègrement en quelques mois.

Manifestement la nouvelle de la chute du mur de Berlin n'a pas encore traversé la Caspienne, et les dirigeants du Turkménistan entendent toujours réglementer sévèrement les entrées et sorties du territoire. Grâce à l'aide de l'Ambassadeur de France au Kirghizistan, Michaël Roux, qui a appuyé ma demande de visa, j'ai pu décrocher le précieux sésame. Outre les formulaires en turkmène et le personnel peu accommodant, le plus étonnant réside dans la délivrance ou non des dits visas. Sans que personne n'ait jamais réussi à comprendre comment, vous pouvez voir votre demande rejetée alors que celle de votre voisin / femme / mari / ami / co-voyageur est quant à elle acceptée, sans distinction de nationalité. L'avantage de voyager seul est que vous ne risquez pas de vous retrouver devant ce dilemme !

Le Turkménistan est un des pays les plus fermés du monde, et sa population ne peut toucher les dividendes des immenses richesses gazières et pétrolières du sous-sol. Au moins, pour eux, le pétrole est bon marché, mais c'est peut-être bien le seul avantage de ce pays.

L'ancien président Niazov (1940 – 2006), dirigeant le pays depuis l'époque soviétique comme président du Soviet suprême, et Secrétaire général du parti communiste du Turkménistan depuis 1985, y a fait construire une capitale hallucinante : Achgabat. Toute en marbre, vide et selon les dires de voyageurs ayant pu y passer, les trottoirs et lampadaires y brilleraient de mille feux… Mégalomanie typique, et qui continue encore aujourd'hui avec le président Berdymukhamedov qui lui a succédé à sa mort. Gourbangouly Berdymoukhamedov a été réélu en février 2017 avec plus de 97 % des voix, un score sans appel qui montre bien tout l'amour porté par le peuple turkmène à son cher président.

Son prédécesseur, le premier président, Niazov, a rédigé une sorte de bible appelée le *Ruhnama (livre de l'âme),* une épopée nationale révisionniste qui est le guide spirituel de la nation, et offre un socle commun à tous les Turkmènes. Il annonce, quelque temps avant sa mort *« Celui qui par trois fois lira le Ruhnama trouvera une richesse spirituelle, deviendra plus intelligent, reconnaîtra l'existence divine et ira directement au paradis »* C'est dire l'excentricité du personnage ! Il s'est même renommé *Türkmenbaşy*, « le père des Turkmènes », rien que cela, le 22 octobre 1993…

Berdymoukhamedov n'est pas en reste et a fait lui aussi ériger des statues en or de sa personne un peu partout dans le pays. Il a d'abord pris soin d'éloigner celles de son prédécesseur. Classé antépénultième par *Reporters sans Frontière* sur le critère de liberté (l'Érythrée, puis la Corée du Nord sont les deux derniers), c'est un pays fort sympathique que je m'apprête à visiter ! Visiter un pays communiste alors que ce même régime est déjà tombé, une expérience pas banale. Enfin visiter, non. Je suis là en transit, surtout pas en touriste !

Cinq jours, 500 km sur des routes en mauvais état, deux frontières à franchir, le désert du Karakoum à traverser, des lignes droites à perte de vue… Cela n'a rien de bien accueillant mais cela fait partie du voyage.

Après avoir parcouru à peine 100 m dans le *no man's land* entre les deux frontières, un militaire turkmène me demande mon passeport. Un second, dans une guérite 10 m plus loin, aussi. 300 m après, rebelote. À l'entrée du bâtiment, nouveau contrôle avec un papier à remplir, intégralement en turkmène. Heureusement qu'un local est là pour m'aider ! Contrôle des bagages, scanner intégral, pendant que mon passeport passant de mains en mains est tamponné. Nouvelle vérification à un bureau, puis avant de m'ouvrir une porte, un autre militaire le consulte. C'en devient dément ! Je peux enfin prendre la route, mais moins d'un kilomètre après le poste frontière, nouveau contrôle ! Si je ne suis pas en règle après tout cela, il faudra bien revoir les procédures mises en place.

Je suis au Turkménistan, dernière dictature communiste de la planète avec sa comparse Nord-coréenne. Et je vais traverser le pays avec un simple vélo. Il y a de la folie et de l'inconscience dans cette aventure. Braver la guépéou locale pour atteindre la Perse.

Le vent souffle et mes jambes sont un peu lourdes. Le compteur est bloqué sous les 20 km/h malgré une débauche d'énergie folle. Le mauvais état de la route la rend abrasive et chaque coup de pédale représente un effort important. Arrivé à Turkmenabad, je peux changer un peu d'argent en *manat*, la monnaie locale. Comme en Ouzbékistan, le taux du marché noir est deux fois plus intéressant que celui officiel… La traversée commence vraiment : 300 km jusqu'à Mary et quasiment rien entre les deux. Quelques rares villages pour me ravitailler en eau et en nourriture tous les 60 km.

Étonnamment, le désert est assez vert : lors des quelques montées toutes relatives, on peut apercevoir un paysage de couleurs vertes et ocre, mélange de sable et de plantes, à perte de vue. Cette monotonie, sur une route intégralement droite, n'est pas idéale pour se motiver. Bien sûr, le défi lancé par le gouvernement turkmène est un bon carburant, mais il ne me porte pas outre mesure. Bivouac près d'un relais routier. Le vent souffle toute la nuit mais je dors du sommeil du juste, exténué par la première journée. Une belle étape… mais il en reste encore quatre !

Mercredi 26 avril 2017, J 153. Mary. 6 934 km

Second jour, dès le réveil le vent souffle. À peine parti, il forcit : 60 km/h annonce un anémomètre. Je comprends mieux pourquoi ma vitesse est si faible. Je me bats avec mon vélo, les kilomètres sont un combat contre le vent, c'est physique ! Pause déjeuner où je suis une star, tous les Turkmènes veulent se prendre en photo avec moi, y compris un grand-père en tenue traditionnelle.

Je repars dans le vent après une sieste. Il faut bien avancer pour tenir la cadence, mais après une vingtaine de kilomètres, je dois m'abriter dans un café car le vent est de plus en plus fort. Le seul bâtiment rencontré depuis le déjeuner tombe à pic. Mohad me sert un thé, alors que je pioche dans mes réserves de produits français apportés par Guillaume en Ouzbékistan. Ce remontant fait du bien. Je me lance pour repartir mais comprends vite que cela m'est impossible : une véritable tempête de sable s'est levée, je peux à peine avancer ! Le sable me gifle les jambes, les bras, le visage et emporte tout ce qui traîne sur son passage. Prenant mon mal en patience, et voyant que la tempête ne faiblit pas, je me résous à faire du stop sur quelques dizaines de kilomètres afin de ne pas perdre trop de temps. Après quelques essais infructueux (seulement des camions ne pouvant embarquer le vélo), un pick-up m'emmène. Dépassant Baraymali, malgré ma demande d'arrêt, mon chauffeur continue jusqu'à Mary. Selon lui, je ne risque de ne pas sortir à du pays à temps.

Bon an mal en, j'accepte ce lift et me fais déposer dans cette ville, où je passe la nuit. Épuisé, étourdi par le vent, le sable et la chaleur, j'écrase complètement sur le lit du relais routier qui a bien voulu de moi pour la nuit. Ce coup de pouce du chauffeur est sûrement une idée de la Providence, car le lendemain, j'aurai donc le temps de m'arrêter à l'église orthodoxe de la Sainte-Intercession de Mary que j'ai repérée avant d'entrer dans le pays.

Jeudi 27 avril 2017, J 154. Tejen. 7 046 km

Grégorïsky et Olivitch, sacristains de l'église, m'accueillent. Édifice tout de brique rouge, symbole de la grandeur passée de l'empire russe, cette église me rappelle les églises de Birmanie et, dans des proportions plus modestes, la cathédrale de l'Immaculée Conception à Rangoon. Dans un russe hésitant, j'essaie de communiquer non sans mal, mais j'arrive à faire comprendre à Grégorïsky et Olivitch le but de mon voyage. Grégorïsky me demande si je vais écrire un article pour *Le Figaro* ou *Paris Match*! Je suis estomaqué de voir qu'ils connaissent nos journaux.

La communauté chrétienne est ici rattachée au Patriarcat de Moscou, et existe depuis les années trente. Mais elle est aujourd'hui réduite à une peau de chagrin. Les Russes[15] restent très fiers de leur foi et de leur attachement à la chrétienté. C'est pour eux un honneur de défendre le christianisme et plus précisément l'orthodoxie, sur ces terres à 95 % musulmanes. Faisant partie des deux religions autorisées par le pouvoir (avec l'Islam sunnite), ils n'abdiqueront jamais, étant prêts à mourir pour leur foi me dit Olivitch. Sacré courage et confiance dans le Christ.

« Dis bien aux Français qu'il reste des chrétiens au Turkménistan » me somment-ils, fiers comme des bars-tabacs et il y a lieu de l'être. Leur regard droit et franc est magnifique. On perçoit l'espérance, pourtant

15. Puisqu'ils s'estiment russes et non turkmènes.

mince, que je leur apporte. Il est vrai que peu d'Occidentaux viennent dans ce pays, et encore moins rencontrent les Russes orthodoxes de Mary.

Ceux-ci m'offrent des gâteaux fraîchement cuits et encore chauds, et j'ai droit à une visite détaillée de l'église à laquelle je ne comprends pas grand-chose car j'atteins les limites de ma pratique du russe. Après avoir prié ensemble, pris quelques photos, signé le livre d'or, je dois me remettre en selle vers Serakhs et la frontière iranienne. Encore bien 250 km à rouler avant d'y arriver, en deux grosses journées, ce sera bon mais il ne faut pas traîner.

Vendredi 28 avril 2017, J 155. Seraks. 7162 km

Tentant ce matin un coup de poker alors que le soleil vient à peine de se lever, je plie ma tente plantée sur le toit d'un relais routier et file avec le soleil qui pointe sur la gauche. Un camionneur me conseille de passer par une route plutôt que de suivre celle indiquée sur ma carte. Je m'engage doucement sur le chemin à moitié asphalté. Heureusement, après quelques kilomètres, je retrouve un chemin tout à fait praticable. Ces 14 km m'en auront économisé 40, une bien bonne nouvelle ! Le désert du Karakoum est derrière moi, il me reste quelques kilomètres à travers de nombreux villages. Les femmes turkmènes me saluent dans leurs longues robes colorées, souvent accompagnées d'enfants courant dans leurs jambes. Ce monde est étrange, les hommes sont cantonnés aux travaux de terrassement de la route et aux commandes des camions. La gent masculine est presque intégralement absente des endroits où je passe, certainement absorbée par le travail dans les manufactures et usines que j'aperçois.

Le vent étant enfin tombé, je peux rouler à près de 25 km/h, avec en ligne de mire tout au bout de cette ligne droite de 60 km, la frontière iranienne. Ça y est, j'en ai terminé, défi gagné ! J'arrive au poste frontière en fin d'après-midi. Les douaniers sont encore une fois très pointilleux et le fait d'être seul dans le poste à ce moment n'arrange rien. On vérifie mon passeport à six endroits différents. Je ne vois pas comment cela serait possible d'arriver jusque-là sans un visa en bonne et due forme. Heureusement, rien à déclarer ! Mon saucisson n'est pas confisqué, je peux quitter serein ce pays fermé sur lui-même. Les lignes de barbelés, les miradors et les nombreuses sentinelles ne donnent de toute façon pas envie de s'y attarder, encore moins d'y rentrer de force !

Par mégarde, je prends le mauvais embranchement et suis la piste neuve encore en chantier du pont vers l'Iran. Erreur fatale, je lacère bien involontairement avec mes pneus le soubassement de la piste en sable, attendant que l'asphalte soit posé... Un soldat m'interpelle en criant, je file à gauche et m'échappe vers le pont rouillé aux espaces béants, en direction la République islamique d'Iran. Je vois enfin flotter les drapeaux verts-blancs-rouges qui annoncent des jours bien plus paisibles. J'en ai rêvé depuis des années : la Perse est là, devant moi !

Église de la Sainte-Intercession, Mary

Tabriz
Mer caspienne
TURKMÉNISTAN
Urmia
10000 km
203 jours
Téhéran
Mechhed
Désert du Dasht-e-Khevir
Monts Elbourz
50°C !
AFGHANISTAN
Tabas
7890 km
7 mai
164 jours
Ispahan
8648 km
173 jours
IRAN
Désert du Dasht-e-Lut
Monts Zagros
Yazd
Chiraz
Bam
N
Golfe Persique
300 km

Un caravansérail dans le désert

7

IRAN

« Des amis, un flacon de vin, du loisir, un coin parmi les fleurs... Je n'échangerai pas cette joie pour un monde, présent ou à venir. »

Hafez

Mardi 2 mai 2017, J159. Mashhad. 7 370 km

« Ho là, où allez-vous ? » s'exclame en anglais le douanier qui sort de sa casemate pour me rattraper. *« En Iran »* lui réponds-je. Ce à quoi il m'intime de venir le voir pour noter quelques informations sur son carnet. Numéro de passeport, de visa, quelques ordres transmis par talkie-walkie et je peux rejoindre le bâtiment des douanes.

J'entre dans un pays où l'anglais est plutôt correctement parlé. Le fonctionnaire qui prend en charge mon dossier est tout à fait capable d'une conversation courante, ce qui change beaucoup des derniers mois. Remplissage de quelques paperasses puis l'on me fait entrer dans une pièce de type infirmerie où un médecin relit avec moi le questionnaire rempli. Il commence à sortir une seringue, et je proteste vivement : je ne suis pas malade et je demande des explications sur l'objet de cet examen. Il me répond d'un ton administratif et monocorde «*HIV*». Non merci, je me passerai de ce test ! Il n'insiste pas. Je réalise quelques secondes plus tard que ce refus peut me valoir d'être refoulé d'Iran. Tout ça pour rien ! Avoir traversé le Turkménistan pour ne pas avoir le droit d'entrer ?! De toute manière, je n'ai pas vraiment le choix, un retour au Turkménistan n'est pas envisageable, il faut passer coûte que coûte.

Une fouille des bagages plus tard, le coup de tampon est apposé sur le passeport et je peux rouler sur le territoire de la République islamique d'Iran. Enfin, j'y suis !

Sur la route vers Mashhad, je croise deux Norvégiens arrivant en sens inverse, Jostein et Truls, qui ont mis trois mois seulement pour arriver jusqu'ici. Leur objectif est Pékin, mais dans une logique plus sportive que la mienne. Ils voyagent dans le bon sens des saisons et sont bien plus légers que moi en termes d'équipement. L'avantage d'être deux permet ainsi de partager le matériel commun.

L'Iran, une civilisation quadri millénaire, qui a façonné cette région du monde. Les Perses comptent parmi ceux qui ont fait progresser la science dans l'Antiquité, développant l'astronomie et les mathématiques. Mais c'est surtout ici que la route de la soie a connu un développement fantastique. Les cités caravanières de Ispahan, Tabriz, Téhéran, Mashhad, Suse restent marquées par le poids de l'histoire. L'accueil légendaire de la Perse fut raconté par de nombreux voyageurs, de Thévenot, Tavernier, Chardin, Pierre Loti jusqu'aux cyclistes contemporains.

C'est chez Eshan et Shima que je vais loger pour deux nuits. *Warmshower*, le réseau d'accueil des cyclistes, semble assez développé ici. Hormis à Bishkek chez Nathan et Angie, j'ai trouvé peu d'hébergements jusqu'à présent. Un message sur l'application, quelques sms échangés et me voici accueilli à bras ouverts par ce couple adorable de jeunes iraniens, bien dans leur époque et résolument modernes. Ici, point de voile dans la maison et les mœurs sont assez occidentales. Tenues chics et distinguées. Lorsqu'il faut sortir en revanche, Shima doit se couvrir d'un voile jeté négligemment sur ses cheveux et revêt une tunique ample. Les traditions complètement relativistes de l'islam m'échappent.

Hier, jusqu'à tard, nous avons démonté avec Eshan une bonne partie de mon vélo qui le méritait bien ! Nettoyage des roulements, changement de la graisse, resserrage des rayons, démontage de la cassette, les pièces commencent déjà à s'user mais rien d'alarmant à ce stade. Shima nous laisse, fatiguée, et beaucoup moins portée sur la chose mécanique que son mari.

La visite au sanctuaire de l'imam Reza est intéressante. J'entre de plein fouet dans l'islam chiite. Reza est le huitième imam des chiites, une des deux branches de l'islam avec les sunnites, et sa sépulture est un important lieu de pèlerinage. L'année passée, 20 millions de pèlerins sont venus à Mashhad. Les salles de prières sont immenses, climatisées et tapissées de miroirs en tout genre. Cela me laisse plutôt indifférent.

Dans la nuit j'expérimente une chose étonnante : la terre tremble. Séisme d'une faible magnitude mais suffisante pour me réveiller. Dans la brume, je peine à réaliser ce qui se passe. L'immeuble va-t-il s'effondrer ? Rien de tout cela, Eshan me rassure, expliquant que cela arrive souvent et que pour l'instant ils sont toujours debout. Un mois auparavant, un séisme de magnitude 6,1 avait secoué la région, sans grands dommages fort heureusement. Il s'agit d'une réplique de ce dernier, à 5,1 sur l'échelle de Richter tout de même.

Rassuré, autant que fatigué, je me rendors et quitte finalement Mashhad vers Yazd sous un beau soleil matinal. Au menu, encore un désert : le Dasht-e Kavir. Après le Karakoum au Turkménistan, le Kyzyl Kum en Ouzbékistan, le Dzoosotoyn Elisen en Chine, ce nouveau désert risque fort de s'afficher à la liste des zones inhospitalières traversées.

Vendredi 5 mai 2017, J 162. Borgherige. 7 727 km

Déjà de belles étapes, les jambes sont là, même si chaque matin, c'est toujours une petite victoire de se lever. La chaleur est éreintante et m'use. Le premier soir, je suis hébergé chez des amis d'Eshan à Neyshabur. Quel accueil ! Hossein Simaki avec son frère, sa belle-sœur et ses neveux sont tous à mon service, me proposant des fruits, des galettes, de la viande… Nous dînons et rions de bon cœur, ils me retiendraient plusieurs jours si je n'avais pas à avancer ! Le lendemain, le même cérémonial recommence. Comment ne pas être touché par leur générosité ! Au simple coup de téléphone de leur ami leur demandant de me loger, ils se sont exécutés, ne sachant même pas qui j'étais. Nous discutons politique, Iran, voyage, géographie. Hossein est professeur dans une école primaire de la ville. À coup sûr, il aura une belle leçon de géographie à raconter aux enfants dimanche pour la reprise des cours. Hilare, il sort d'un placard un costume traditionnel de berger de la région et me le fait essayer. Tout le monde est écroulé de rire.

Dans leur maison où vivent sous un même toit trois générations, le père de Hossein, lourdement handicapé, au crépuscule de sa vie, partage les joies de la vie familiale. Son visage est radieux lorsqu'il voit ses enfants recevoir un étranger. Un bien bel accueil qui ne fait pas mentir la réputation que l'on m'avait faite des Iraniens.

En quittant Neyshabur, Bobak, le fils cadet m'accompagne à vélo quelques kilomètres.

Le faux plat est traître, sans s'en rendre compte on gravit les montagnes. Un orage déchire le ciel, la pluie tombe dru, le temps s'allège, je suis trempé. Fort heureusement, il ne faut pas attendre longtemps avant de voir le soleil réapparaître. Au milieu d'un cirque merveilleux, les cultures sont la preuve de la présence ancienne de l'homme dans ces endroits. Un ruisseau court, et tout le long des fermes sont installées. Un autochtone me salue puis retourne à son travail.

À Rivash, Ali m'accueille mais ne s'écoutant que parler, il m'explique qu'il est un poète incompris, rare mais parfait, me raconte des histoires abracadabrantesques de ses années étudiantes… Je ne sais que répondre car je ne souhaite que dormir ! Heureusement, il invite un de ses amis, professeur à l'école de la ville, pour dîner. Nettement plus mesuré, celui-ci le reprend en voyant que je n'ai rien demandé et qu'il me fatigue avec ses histoires. Je n'osais rien dire frontalement mais me voilà libéré d'un mauvais pas. Nous dînons, et dans la foulée je me couche.

Sous la grisaille, je rejoins Kashmar via le col à 1 600 m qui sépare les deux vallées, un sacré morceau ! Je suis bien heureux d'être dans ce sens plutôt que dans l'autre. La longue descente jusqu'à Kashmar, à 900 m d'altitude, est un délice. De nombreuses familles sont arrêtées au bord de la rivière en ce vendredi, jour non travaillé. Ils prennent de la hauteur pour s'extirper de la fournaise vers laquelle je me dirige. De nombreux spots pour s'arrêter déjeuner jalonnent la route encaissée dans cette vallée impressionnante.

Alors que s'ouvre la plaine immense en bas, Ali, cycliste, m'aborde en me rattrapant pour m'inviter à boire le thé chez lui. Je commence à connaître l'histoire et refuse, c'est d'ailleurs ce qu'il faut faire en Iran. Le *Tarof* est une pratique de politesse iranienne consistant à proposer par charité quelque chose que l'on n'est pas en mesure d'offrir, autrement dit un service démesuré. C'est ainsi que régulièrement, au moment de payer, les restaurateurs vous disent *« c'est bon, il n'y a rien à payer »* alors qu'en réalité, l'étiquette iranienne impose d'insister pour payer le repas dû. Si par malheur vous ne connaissez pas la coutume, il se retrouvera bien embêté de vous dire qu'il faut quand même passer à la caisse. Ici c'est la même chose, si après avoir refusé trois fois votre interlocuteur continue à vous proposer de boire un thé, c'est que ça n'est pas une proposition de Gascon. Je suis donc abordé constamment sur la route. C'est un moyen de dire bonjour, de montrer que l'on prend soin de l'autre. Mais Ali est sincère. Il souhaite véritablement me recevoir chez lui, ou plutôt dans la maison de ses parents car à 19 ans, il est encore étudiant. Jolie petite maison typique, avec un mur qui donne sur la rue, flanqué de deux petits cabanons, d'une cour intérieure fleurie et au fond, la maison à proprement parler. Une volée de marches conduit au niveau du rez-de-chaussée où un grand salon, haut de plafond, sans aucun meuble sinon plusieurs coussins, m'accueille. Surprise de taille : Ali connaît Eshan et Shima qui m'ont hébergé quelques jours plus tôt à Mashhad ! Faisant partie du même club de cyclisme, ils roulent régulièrement ensemble. Quelle surprise et quelle coïncidence tout de même.

Les sœurs et la mère d'Ali nous apportent du thé, des gâteaux, du pain, du fromage... De quoi refaire mes forces avant de poursuivre la route vers l'ouest. Il n'est pas aisé de s'extirper du guêpier que peut représenter une invitation à déjeuner. Si je me laissais faire, je serais encore là dans trois jours !

Roulant vers l'ouest, j'entame la traversée du désert du Dast-e Kavir. Ma carte n'est pas bien précise, je peste contre les distances qui semblent sous-évaluées, il va falloir me ravitailler en eau avant de bivouaquer. Toquant à une porte du village de Borgherige, le vieux qui tient l'épicerie me rabroue un peu directement. Qu'à cela ne tienne, je vais voir un peu plus loin, et là on m'accueille comme un bienheureux. Descendant tout juste de mon vélo, tendant mes bouteilles pour les faire remplir, Mohammed s'approche et me souhaite la bienvenue chez lui pour la nuit. Ingénieur agronome, il est de retour dans son village pour le week-end. En quelques secondes, il a déjà rentré mon vélo chez lui ! Il travaille à Kashmar, à la fois dans un laboratoire agronome et dans une exploitation agricole à proximité. En voiture, nous allons nous promener dans les champs, bien irrigués par un réseau très performant de canaux descendant directement de la montagne. Tout le village est en émoi, et j'ai droit à de multiples visites pendant le dîner, alors que je tombe de fatigue. La télévision allumée diffuse un débat entre les candidats à la présidentielle iranienne de 2017 mais le suspens n'est pas bien grand. Tous soutiennent Hassan Rohani qui fait beaucoup pour les classes populaires et moyennes.

Dimanche 7 mai 2017, J 164. Tabas. 7890 km

L'orage a grondé une bonne partie de la nuit. Tout juste étais-je rentré dans ma tente pour dormir que le vent s'est levé. Un bivouac splendide proche d'un point d'eau où la douche rafraîchissante m'a fait un bien fou. Cette eau qui jaillit de la nappe phréatique est légèrement salée, ce qui est parfait après de longues journées d'effort.

Le vent souffle plein ouest depuis deux jours, je l'ai en plein nez. À l'embranchement, à droite, après 200 km sur la même route, j'ai la chance de trouver un panneau qui indique la direction de Tabas. À coup sûr, la carte m'aurait filé entre les doigts si j'avais eu le malheur de la sortir. Chaque mètre est une bataille homérique contre Éole. J'entre de plain-pied dans le Khorasan méridional, un des coins les plus chauds de la planète. 75 km jusqu'au prochain point d'eau : il s'agit de ne pas tomber en panne ni à cours de ce précieux liquide. Appuyant de toutes mes forces sur les pédales, les tours de roues s'enchaînent et sans trop broncher j'enquille les kilomètres. Le vent est contre moi ? Qu'à cela ne tienne, il faut faire avec. Une débauche d'énergie qui s'avère payante : Eole dans sa grande mansuétude se calme ! Oh il ne s'arrête, pas loin de là, mais il devient plus agréable, moins brutal. Quelques montagnes au loin offrent un paysage digne de Mars. Le long ruban asphalté s'étend tout droit vers l'horizon. De temps à autre, un camion ou une voiture déboule. Infiniment petit puis grossissant avant d'être à nouveau englouti par la ligne sur laquelle bute ma vision.

Tabas est une oasis au milieu du néant. Voisine des montagnes proches, elle se développe grâce aux importants réseaux de qanats, ces canaux souterrains permettant d'acheminer l'eau depuis les nappes phréatiques. Merveilles architecturales s'étendant sur des kilomètres, c'est grâce à ces réalisations que les oasis ont pu survivre depuis des siècles dans cette région si aride.

L'idée consiste à aller forer jusqu'à la nappe située en amont des champs et de la ville, puis d'y creuser un canal en pente douce, souterrain. Splendide réalisation technique ne nécessitant pas d'entretien. Les Iraniens, après quatre millénaires d'utilisation, en avaient même oublié l'existence, allant même jusqu'à imaginer que ces sources au milieu du désert étaient naturelles. Évidemment, au XIXe siècle, des géologues se penchèrent sur la question et percèrent le mystère. Les régions de Yazd, de Tabas, de Kerman en sont parsemées, près de 33 000 sont encore en fonction sur tout le plateau nord-est iranien. Le qanat de Zarch est le plus long d'Iran avec ses 71 km et 2 115 puits verticaux de visite. Daté de plus de 3 000 ans, il est un témoignage unique du savoir-faire des Perses pour la maîtrise de l'eau afin d'irriguer leurs plaines arides et de coloniser ces territoires.

J'y arrive, exténué par la journée de route avec ce vent à décorner les bœufs. Fort heureusement, celui-ci tourne légèrement après l'embranchement. Les camions se font plus nombreux, l'activité est là, c'est indéniable. Après une pause déjeuner, le vent reprend aussi fort qu'au Turkménistan. Tempête de sable. Je trouve un abri dans un petit restaurant au bord de la route. Systématiquement une mosquée est construite pour que les voyageurs puissent faire leurs prières, je suis bien dans un pays musulman pratiquant, au moins en apparence.

Voyant ma mine dépitée devant le vent et la difficulté à rouler, un chauffeur propose de m'emmener jusqu'à Tabas. Un saut de puce d'une quarantaine de kilomètres. J'accepte mais une fois le vélo chargé, j'ai des remords. Un peu trop facile de ne pas affronter le vent jusqu'au bout, ce serait tricher. Et puis bon, j'accepte. La décision est prise, il est trop tard désormais. Il est nécessaire d'assumer ses choix et de prendre son mal en patience lorsque les conditions sont plus fortes que soi.

Le vert est irréel ici. Les plantes sont nombreuses et les jardins foisonnent d'arbres. Typiques de l'Iran, ces jardins ordonnés rivalisent de soin pour offrir des espaces de calme au milieu du tourbillon d'agitation des souks et des rues. L'eau coule depuis l'amont par un grand canal central. Un réseau de canaux secondaires irrigue une multitude de petits frères se rejoignant par la suite en contrebas, dans un grand collecteur. Les arbres sont verts, les cygnes barbotent gaiement, les oiseaux chantent. Fermant les yeux, j'ai du mal à imaginer être au milieu d'un des déserts les plus arides du monde. La nature recèle des ressources partout, y compris dans les endroits a priori les plus inhospitaliers.

Faisant la sieste à l'ombre au bord du canal, profitant de la fraîcheur générée par l'eau, Hossein Allah m'aborde. Professeur d'anglais à Tabas, il est venu avec sa famille profiter de la journée. Le vélo lourdement chargé à proximité l'intrigue et il me questionne : d'où je viens, où je vais, pourquoi à bicyclette alors qu'il existe aujourd'hui des avions ? Questions classiques auxquelles je réponds avec enthousiasme. Il m'invite presque immédiatement chez lui puis m'emmène au volant de son automobile Peugeot (qu'il prononce comme tous les Iraniens *« Pijot four zero five »)* visiter le canyon juste à côté. J'en reste bouche bée : dans la montagne, à une quinzaine de kilomètres, un écrin de verdure et de fraîcheur splendide. Le soleil a déjà bien amorcé son déclin et les roches sont magnifiées. La population aisée de Tabas achète des maisons dans cette vallée, y venant pour le week-end ou y habitant à temps plein. Karv est un endroit très couru dans la région, notamment pour sa source d'eau chaude. Remontant le lit de la rivière retenue en contrebas par un barrage d'eau nécessaire à l'alimentation de la ville durant les longs mois d'été, nous essayons de garder un tant soit peu nos pieds secs. Peine perdue, les grèves sont humides jusqu'au bout et à chaque pas ou presque je m'enfonce, trempant mes chaussures. Vu la chaleur, ce n'est pas un réel problème. Une vingtaine de minutes de marche et nous voilà arrivés. De la roche, une cascade d'eau s'écoule à quelques mètres du sol. L'eau y est à une température idéale pour se baigner. *« Hamam »*, c'est le mot en farsi pour désigner cela, une douche. Le spot est connu, puisqu'une famille (c'est-à-dire au moins trois générations ici) est présente. C'est la sortie détente de la fin de journée.

Reprenant le chemin inverse, nous filons dans un gymnase pour jouer au football avec ses amis ! Au goal, je réalise une piètre performance, mais comme meneur de jeu, il semble que je suis en mesure de tirer mon épingle du jeu. Tous me surnomment *« Zidane »*, ce qui me fait bien rire. Pas de pause possible, et durant plus d'une heure la nouvelle recrue se doit de jouer. Ils sont bien trop fiers d'avoir un footballeur étranger dans l'équipe ! Fin du match, score anecdotique, mais mon équipe a gagné, selon mes coéquipiers qui ont eux suivi le score. Ouf, l'honneur est sauf.

Mardi 9 mai 2017, J166. Saghand. 8 125 km

L'opération *Eagle claw*. Un fiasco pour les Américains, un mythe presque fondateur pour la République islamique d'Iran. 4 novembre 1979. L'ayatollah Khomeiny dirige l'Iran depuis à peine un an lorsque des étudiants prennent d'assaut l'ambassade américaine à Téhéran. Le personnel de l'ambassade est pris en otage. Les négociations pour les libérer patinent et échouent après plusieurs mois. Hormis la solution militaire, il n'y a pas vraiment d'autre option pour libérer les otages. C'est à cette méthode que le président Jimmy Carter va se résoudre.

24 et 25 avril 1980, une opération hautement complexe avec l'USS Nimitz, des C-130 Hercules et des RD-53D Sea Stallion se met en place. Un cocktail plutôt explosif car les Américains ne feront pas vraiment dans la dentelle : 120 hommes de la Delta Force, les forces spéciales américaines sont engagés.

L'idée est de traverser sur 2 000 km l'Iran en hélicoptères, avec deux bases temporaires pour ravitailler les hélicoptères en carburant. La première est à côté de l'endroit où je bivouaque ce soir, la seconde à proximité de Téhéran. Ces dernières doivent être prises d'assaut évidemment, pour aller ensuite délivrer les diplomates américains retenus en otage dans leur ambassade et au ministère des Affaires étrangères. Le plan prévoit ensuite d'emmener tout ce monde à nouveau en hélicoptère à partir du stade qui est en face de ces bâtiments qui aura évidemment été pris d'assaut, vers l'aéroport de Manzarieh situé à 50 km au sud de Téhéran, sur lequel des avions de transport C-141 *starlifter* seront arrivés – une fois encore avec un assaut tactique. Une flopée d'AC-130 tirant de multiples projectiles (obus de 12,7 mm, 30 mm, 100 mm) seront là pour l'appui-feu.

La base qui nous intéresse est celle dite de « *Desert one* » où le Major John Carney est amené quelques jours avant par un petit avion de tourisme piloté par la CIA, avec une moto, afin d'y poser des balises infrarouges pour matérialiser la piste. Le désert à cet endroit-là est un immense billard de roche dure, isolé de tout (le premier village est aujourd'hui à plus de 50 km, certainement plus à l'époque). Charge à lui ensuite de se débrouiller pour sortir du pays, la CIA est experte en ce genre d'entourloupes.

Rien ne se passe comme prévu, sur les huit hélicoptères deux tombent en panne avant même d'atteindre *Desert one*. Ne reste que le minimum syndical prévu pour honorer la mission. Le vent – que je prends dans la figure depuis une semaine – est de la partie. Il retarde considérablement le vol et fatigue les pilotes. Arrivé à *Desert one*, l'hélicoptère n° 2 tombe également en panne, l'opération doit être annulée. Tout pourrait s'arrêter là, mais un gros grain de sable vient gripper la machine.

En décollant vers l'USS Nimitz pour un retour qui fera chou blanc, l'hélicoptère n° 1, aveuglé par le nuage de sable qu'il soulève, heurte un C-130 de ravitaillement. C'est le crash. Huit hommes meurent dans l'embrasement des appareils. Trois hélicoptères sont endommagés par l'explosion du C-130 qui contenait, en sus du carburant pour les hélicoptères, – combo jackpot – des munitions. Il faut tout abandonner sur place en embarquant dans les avions encore intacts et rentrer à la maison…

L'endroit est donc désormais célébré comme un haut lieu de l'intervention divine pour sauver la République islamique d'Iran de l'oppresseur américain. Une mosquée y a été édifiée. Hors de ce bâtiment, pendant près de 150 km, pas un seul coin d'ombre artificielle, village ou quelconque présence humaine. L'endroit idéal donc pour faire atterrir des gros avions bruyants. Alors que les hélicoptères peuvent couvrir 2000 km en moins d'une journée, il m'aura fallu cinq mois pour en rouler 8000.

Depuis quelque temps, j'ai repéré sur ma carte le caravansérail de Ye Sha Abbasi. Après 60 km, dont le col de Robat-e-Posht-Badlam, il serait la première trace de civilisation croisée sur ma route. Mais existe-il toujours ? Dans la montée, avant de l'atteindre, une source me permet de me désaltérer. Fraîche, jaillissant de la montagne, quel régal ! Puis, peu à peu, au milieu d'une plaine immense, après la grande descente, le minuscule point grossit : il est là. J'atteins ce caravansérail de la route de la soie, un carré de 100 m de côté, abandonné de tous. Quelques signes de passages récents subsistent mais la grande majorité des camions ne s'y attarde pas. Les vieilles briques de terre cuite sont toujours là depuis presque un millénaire. Hormis le vide improbable d'un endroit qui a vu passer des milliers de marchands dans un tumulte incessant, on s'y croit. Je ferme les yeux et imagine les caravaniers arrivant du bout de la plaine. Depuis la terrasse encore dans un excellent état de conservation, la visibilité est excellente sur plus de 25 km. Fraîcheur sous les voûtes majestueuses, quel bonheur d'avoir ce domaine pour moi seul. Aux coins, les espaces pour les chameaux et dromadaires sont encore bien délimités. Sur les côtés, les deux étages laissent la marque des espaces réservés aux chameliers pour se reposer, et ceux des marchands pour échanger leur précieuse cargaison contre de la monnaie sonnante et trébuchante. Au centre de la cour inondée de soleil : une fontaine en état de marche. Toujours ces fameux qanats.

Je suis un peu à court de vivres pour bivouaquer ici ce soir malheureusement. Quel endroit magique ! Un chauffeur de camion s'arrête et vient visiter lui aussi cet endroit hors du temps. Voilà quelqu'un qui a du goût. Je reprends la route jusqu'à Saghand, la ville semble abandonnée. Quelques maisons, une mosquée en pleine rénovation avec les reliques d'un illustre personnage vénérées par les hommes et les femmes chacun de leur côté. Le recteur de ladite mosquée m'offre une chambre sommaire pour la nuit, j'en profite pour faire une lessive. Avec la chaleur persistante de la nuit, ce sera sec demain.

Vendredi 12 mai 2017, J 169. Yazd. 8 312 km

1 000 km parcourus en huit jours. Belle performance qui me surprend, les journées n'auront pas été chômées avec 125 km en moyenne par jour. Neuf litres d'eau quotidienne ingurgités pour hydrater ce corps que je fais souffrir. Trois jours de visite à Yazd, à me remettre de cette éprouvante traversée du désert du Dasht-e Kavir (grand désert salé), plus grand désert du plateau iranien et nommé ainsi à cause des marais salants, i.e. Kavir en Farsi, qui le jalonnent. C'est surtout après Tabas que je découvrirai ceux-ci, immenses espaces brillants à perte de vue où le sel est exploité. L'eau salée des qanats se dépose en effet dans cette cuvette. Quelques arbustes, un décor apocalyptique. Parallèle à moi se tient la ligne de chemin de fer où deux fois dans la journée un train passe, me narguant par sa vitesse insolente. Désespérant. Absurdité du voyage à vélo.

Ce désert est connu pour être un des plus chauds de la planète. C'est son voisin, le Dasht-e lut (désert du vide) situé à quelques centaines de kilomètres plus au sud dans la province de Kerman, qui détient la température maximale du sol relevée à la surface du globe avec 70,7 °C. Trop excentré au sud par rapport à ma route, je ne pourrai malheureusement pas le traverser, ni visiter la citadelle de Arg-e Bam, préservée par 2 000 années dans le désert et aujourd'hui abandonnée après le terrible séisme qui ravagea la région en 2003.

Néanmoins, j'aurai eu droit à un beau record de chaleur avec un thermomètre annonçant 50 °C à proximité de Robat-e-Posht-Badlam. Une fois que l'on est en selle, le vent créé permet une vague sensation de fraîcheur, et à l'ombre c'est tout à fait supportable. Problème : sur la piste, il n'y a pas d'ombre. Les carcasses de dromadaires jonchent les bords de route malgré les panneaux « attention aux dromadaires » réguliers. Leur état de décomposition avancé dégage une odeur de putréfaction difficilement soutenable qui incite à avancer encore plus vite.

Yazd est ce doux mélange d'histoire et de modernité dont raffolent les Iraniens. Aux vieux bâtiments de terre séchée en pisé, on ajoute allègrement des paraboles, guirlandes et autres artifices modernes pour s'afficher « in ». Depuis toujours, cette ville a développé une architecture permettant de survivre au milieu extrême au bord duquel elle est implantée. Les maisons à un ou deux étages comportent aisément trois à quatre niveaux de sous-sol pour lutter contre la chaleur et le froid en hiver. Avec un climat continental par excellence, les hivers sont aussi rigoureux que les étés brûlants.

Une trentaine de kilomètres avant cette cité, on arrive à la porte du désert. Kharanaq en marque l'achèvement ou le commencement selon le sens. Ville zoroastrienne où le culte du feu occupe une place centrale, c'est un enchevêtrement de maisons collées les unes aux autres, bâties en boue séchée, permettant ainsi de conserver une réelle fraîcheur à l'intérieur malgré la fournaise du dehors.

Yazd transpire l'Iran profond, mêlant une histoire tri millénaire et des magasins à la pointe de la technologie au bout de la rue. Ali, patron de l'hôtel *Silk road*, héberge gratuitement les cyclistes de passage qui font la demande via *Warmshower*. Superbement situé en plein cœur du quartier historique, c'est assurément un des meilleurs accueils que je puisse trouver.

Sur le parking juste devant, deux splendides motos, une *Africatwin 750* et une *Tenere 650* me font de l'œil l'air de dire: « prochaine étape, mais d'abord termine ton voyage à vélo ». L'air est léger, je déambule dans la ville au hasard, passant sous des porches, escaladant des toits. Passant de l'un à l'autre et sautant au-dessus des rues, j'attire la curiosité des locaux. Les tours des vents, *badgir* en farsi soit littéralement « attrape-vent », sont de surprenantes constructions dont la technicité étonne encore aujourd'hui les experts ès architecture.

Le système est simple au possible: un bassin au milieu d'une pièce au-dessus duquel est construite une cheminée à quatre, six voire huit compartiments verticaux. À une dizaine de mètres au-dessus, un système d'aération permet de faire circuler l'air vers l'extérieur ou l'intérieur. La très faible différence de pression entre le haut et le bas permet, dès lors qu'un léger souffle passe en haut du badgir, de faire remonter l'air chaud et descendre l'air frais dans la pièce. Conçu avec un mélange de terre d'argile, de paille et d'eau, il semble que la composition de l'élément soit essentielle au fonctionnement. Le *badgir* stricto senso est cette tour des vents, dans la grande majorité des cas couplée au bassin permettant d'accentuer l'effet réfrigérant par un principe d'évaporation. Au contact de l'eau, l'air chaud provoque l'évaporation de l'eau à la surface du bassin et rend le *badgir* encore plus efficace. Les maisons les plus cossues des riches marchands, les palais et mosquées disposaient souvent d'un *yakhtchâl*, un espace enterré et protégé par deux mètres d'épaisseur imperméable qui rafraîchissait l'air avant de l'envoyer par un réseau de canalisations dans tout le bâtiment. En deux mots, les Perses avaient déjà inventé la climatisation il y a presque 2000 ans, sacré tour de force.

Me promenant devant le bazar à proximité du complexe Amir Chaghmagh, espace central de la vie sociale j'observe, assis sur le bord d'une fontaine, la fin de la journée. Le soleil est prêt à se coucher, l'appel à la prière ne va pas tarder à retentir pour inviter les fidèles à se rendre à la mosquée la plus proche. Ça y'est: les passants s'agitent immédiatement en les entendant. Des enfants jouent au football avec un sérieux au moins aussi important que s'ils disputaient une finale de coupe du monde, des vieux sont assis sur leur banc, les jeunes comparent leurs téléphones tous plus grands les uns que les autres. Cité qui vit dehors lorsque la température est rendue plus clémente, mais qui n'accueille que peu de touristes. Attablé à la terrasse d'un café, je sirote mon jus de citron en contemplant ce tableau.

J'aperçois soudain des Européens l'air athlétique s'apprêtant à reprendre des vélos ressemblant fort à des engins taillés pour avaler des kilomètres. Les interceptant, j'ai vu juste. Samuel et Arnaud viennent de Belgique et voyagent avec Victor, un troisième larron resté à l'hôtel. Après avoir roulé leur bosse en Birmanie, Thaïlande, Laos, Vietnam et Indonésie, c'est d'un coup d'avion qu'ils ont rejoint Téhéran pour continuer, avant de rallier Dushanbé au Tadjikistan et la mythique M41, la Pamir Highway. Quelle rencontre ! Nous avons tant à échanger sur nos expériences diverses, nos galères, les moments extraordinaires que permet le vélo avec sa liberté d'action...

Le lendemain, c'est Carlos que je croiserai par hasard dans les ruelles étroites de Yazd. Arrivant tout juste d'Espagne – Barcelone exactement – et parti 15 jours avant moi, il n'a pas chômé ni eu de problème de passeport. Déjà 11 000 km au compteur, un bon score. Toujours les mêmes histoires, nous en avons mille à raconter. Avec les Belges, ce sont les premiers cyclistes que je croise en Iran, une sorte de fraternité nous unit. L'imprévu du voyage en autonomie totale est notre quotidien, notre adrénaline. Toujours à nous demander ce qui peut encore nous arriver, changeant nos plans régulièrement, sans jamais vouloir faire au plus simple.

Il faut croire que l'Iran est propice aux rencontres sympathiques puisque, alors que je change ma chambre à air de roue arrière après avoir réparé les cinq rayons cassés depuis Mashhad, un couple d'Allemands – Salomé et Tobie – voyageant avec leurs deux filles de trois et cinq ans m'aborde. Ils logent à l'hôtel où Ali m'héberge, et regardent avec une pointe d'envie mon vélo. Trois semaines de vadrouille au gré des opportunités qui se présentent en Iran, voilà qui n'est pas banal pour une famille modèle européenne. Un Espagnol qui voyage, lui, en moto, me demande quelques tuyaux sur le Turkménistan qu'il s'apprête à traverser si son visa lui est accordé. Il projette de rejoindre Mashhad, à 1 000 km d'ici, en une seule journée. Nous ne jouons clairement pas dans le même espace-temps.

Dimanche 14 mai 2017, J 171. Varzaneh. 8 529 km

Seul au milieu du désert, un air de déjà-vu mais une fois que l'on y a goûté on y replonge dès que possible. La route est devenue une piste à Nadurshan, 60 km où la nature est encore maîtresse. Une mine à l'embranchement de la piste, là où l'asphalte s'échappe, son responsable arrive au volant de son 4x4 pour m'assurer de son aide en cas de besoin et même d'un lit pour la nuit. Cela voudrait dire revenir en arrière ? Jamais ! Quelle sollicitude tout de même. Plus de réseau téléphonique, la poussière soulevée par quelques camions me repeint, j'avance. Le caravansérail de Kargoshi repéré sur ma carte apparaît. Ses murs épais laissent augurer d'un bâtiment encore debout pour de nombreuses années. Les trois derniers km sont pénibles, avec la piste qui devient molle. Le vélo s'enfonce, il faut le pousser, presque impossible de continuer à pédaler. Des traces d'autres cyclistes qui m'ont devancé… peut-être les Belges ou ces Allemands croisés hier. Pause déjeuner dans ce majestueux caravansérail gardé par des policiers. Depuis ce poste et l'autre dans la montagne, ils contrôlent l'endroit apprécié par les braconniers. Régulièrement, des accrochages éclatent et il faut prouver que la force reste à la loi. Hormis le sergent-chef qui nous rejoint au volant de son 4x4 et deux hommes, ce sont des appelés du contingent qui composent la section. La motivation n'est pas grande mais « *comme ça, je suis tranquille, c'est quand même plus cool que d'aller monter la garde à Téhéran devant un ministère* » me confie l'un d'eux.

Nous partageons le déjeuner, du riz avec du poulet, un melon et de la pastèque. Si désaltérant.

Au milieu de nulle part, coupés du monde, le fait de pouvoir partager avec une telle simplicité de quoi nous sustenter est une chance immense. À l'heure des Shinkanzen, centrales nucléaires et à laquelle le cours de

Wall Street détermine si le paysan ougandais pourra construire sa maison, il est si bon de s'évader ainsi. La sieste vient parfaire ce bonheur. La sieste, c'est la vie!

Roulant jusqu'à Varzaneh après avoir récupéré une piste au revêtement approximatif, une caravane de motards arrive en face et me salue, facile! Sur la gauche, plein sud, le sol brille. Un lac salé semble s'éloigner à mesure que je roule, le rejoindre serait illusoire. Une montagne noire basaltique côté nord, la plaine immense au sud, j'enquille plein ouest, avec le soleil dans les yeux.

Planter sa tente à l'abri derrière des arbustes, cuisiner un bon dîner, se retrouver à dormir dans un hôtel 500 000 étoiles sous une frêle toile, voici ce que je suis venu chercher en traversant ces endroits: la simplicité et le dépouillement.

Mardi 16 mai 2017, J 173. Ispahan. 8 707 km

Ispahan la magnifique. Un nom de la route de la soie en écho à ceux de Kachgar, Almaty, Samarcande, Tashkent, Bukhara. Capitale de l'empire perse sous la dynastie Safavide du XVIe au XVIIIe siècle, irriguée par la verdure de ses parcs et allées, parsemée de monuments, cette cité a un nom qui fait rêver les voyageurs. Une atmosphère moderne largement teintée de son histoire tri millénaire.

Débarquant de deux journées dans le désert, l'arrivée dans une agglomération par une route toute droite sur 50 km tranche avec la tranquillité des jours précédents. Enfin j'y suis me dis-je, le rêve devient réalité. Un centre commercial est en construction à côté d'une salle de concert flambant neuve, les routes encombrées par des machines en tout genre découpant, aplanissant, décollant, remodelant les voies d'accès à la cité. Ispahan fut de tout temps à la pointe du progrès, elle souhaite conserver son rang.

Je file dare dare vers le quartier de la nouvelle Jolfa, nommée ainsi puisque c'était il y a 500 ans un faubourg hors des murs de la ville safavide et construite ex nihilo par les Arméniens déportés par le Shah Abbas Ier.

Ce dernier avait mené une grande campagne militaire vers le nord du pays et l'Empire Ottoman, allant jusqu'à prendre Erevan. Mais devant se retirer devant la puissance de son adversaire, il appliqua la technique de la « terre brûlée », incendiant villes et campagnes et déportant près de 400 000 Arméniens vers Ispahan, Hamadan, Shiraz et les campagnes. En pleine construction de cette capitale qu'était Ispahan, le Shah Abbas Ier incita les artisans arméniens à s'y installer pour travailler à la réalisation des palais et autres mosquées, ainsi qu'au commerce permettant ainsi d'enrichir la nouvelle cité. Ainsi naquit la nouvelle Jolfa.

Ainsi, des églises furent édifiées ici et là, afin de répondre au besoin indispensable de prier et de se retrouver en communauté. La cathédrale du Sauveur, achevée en 1665, en est le plus beau symbole. Architecture typiquement arménienne que je retrouverai quelques milliers de kilomètres plus loin, avec son dôme imposant et ses fresques peintes à l'intérieur, retraçant les scènes de la Bible et la vie de saint Grégoire l'Illuminateur.

Depuis la rue, les croix dépassent de hauts murs, mais hormis la cathédrale et l'église Sainte-Marie, il n'est pas possible de les visiter. C'est interdit par la loi, seuls ces deux monuments chrétiens sont ouverts au public, les autres sont réservés aux Iraniens descendants d'Arméniens pour y privilégier un climat de prière. À mon grand désespoir, il est compliqué de discuter avec les personnes tenant les lieux. Je touche pour la première fois du doigt la difficulté pour ces chrétiens de vivre leur foi. Iraniens, ils sont plus tolérés qu'acceptés.

Rapide discussion à l'entrée de la cathédrale[16] avec quelques employés, tentative de négociation du prix du ticket d'entrée qui échouera. Les Arméniens ont la réputation d'être difficiles en affaires, j'en fais les frais. La plaque en face de l'entrée sonne comme un avertissement à ne jamais oublier : celui du génocide arménien et des personnes ayant payé de leur vie le fait de venir en aide à cette population. On y trouve un consul iranien, un Américain, un Italien, deux Français, un Allemand. Cette purge

16. Dont l'horloge vient de Bangkok, petit clin d'œil.

réalisée par la Turquie à l'aube du XXe siècle reste le plus grand point de discorde entre Arméniens et Turcs, qui ne veulent en aucun cas en entendre parler, évoquant simplement des « conséquences malheureuses » à la suite de la guerre.

C'est chez Mohammed que je logerai pour quelques jours, toujours grâce à *Warmshower*, ce réseau d'entraide et d'hébergement de cyclistes à travers le monde. Un message envoyé sur l'application et quelques heures plus tard, je reçois une réponse positive sur mon téléphone.

Il n'est pas là, et c'est Julien qui arrive quelque temps après, un Français parti de Strasbourg il y a un an à vélo. Nous logeons chez la même personne. Je ne suis pas au bout de mes surprises car après l'arrivée de Mohamed, un Espagnol débarque à son tour. Ignacio loge ici depuis quelques jours sur sa route de retour, après avoir travaillé plusieurs années comme architecte à Singapour. Voyageant depuis autant de temps que moi environ, nous avons franchi les mêmes cols à 4500 m d'altitude au Tibet ! Ambiance fort sympathique dans le petit appartement de Mohammed, d'autant plus que les trois Belges, Victor, Samuel et Arnaud, rencontrés à Yazd quatre jours avant arrivent à leur tour ! Nous sommes donc sept cyclistes dans un appartement à peine plus grand que celui d'un étudiant à Paris.

Discussions interminables forcément, sur nos routes, les galères, les options tactiques prises... Le lendemain, nous avons droit à un brunch iranien pantagruélique préparé par ce cher Mohammed, dont nous ne comprendrons pas trop le rythme de travail assez aléatoire à l'hôpital.

Je flâne dans Ispahan, me promène à vélo, puis retrouvant mes compères cyclistes, nous jouons à l'ultimate sur la place de l'Imam, la grande place de Ispahan. Scènes improbables au milieu des enfants qui pratiquent un sport bien plus universel : le football.

Voulant faire enfin réparer ce porte-bagages avant cassé depuis l'Ouzbékistan et qui après 2500 km mérite une réparation en bonne et due forme, je me mets à la recherche d'un soudeur d'aluminium. Dans la troisième plus grande ville du pays, cela doit bien pouvoir se trouver.

On m'emmène de fil en aiguille jusqu'à une boutique anonyme, qui soude l'aluminium. Voyant mon t-shirt « SOS Chrétiens d'Orient », le patron me demande si je suis chrétien, car lui l'est. Voyant ma réponse affirmative il m'entraîne à l'arrière, me présente ses employés Arteen et Avook, et me sert un bon verre d'alcool local avec de larges tranches de fromage frais, un apéro bien sympathique. Pendant ce temps-là, mon porte-bagages se refait une beauté, paré à reprendre la route. L'heure tourne et je dois quitter mes nouveaux amis, qui me donnent rendez-vous le lendemain pour remettre ça.

Retour à la maison chez Mohammed où nous dînons tous : Victor, Samuel, Arnaud, Julien, Ignacio, Mohammed et moi-même. Des amis de Mohammed croisés la veille nous ont invités pour la soirée. Nous projetons de nous y rendre à vélo, mais notre hôte nous incite à prendre un taxi car c'est « un peu loin ». Effectivement, entassés dans deux Peugeot Pars, modèle composant la quasi-totalité du parc local de taxis, nous arrivons à destination après 10 km parcourus sur l'autoroute. La soirée est fort sympathique, l'Arak coule à flots. Nos nouveaux amis sont des musiciens accomplis et Victor se défend largement lui aussi. Tous les grands titres du rock y passent, un peu plus et on se croirait au festival de Glastonbury. Dans la nuit noire, bien tardivement, quelque peu embrumés par ces nombreuses vapeurs d'alcool, nous rentrons tous nous coucher. Qui aurait pu croire que nous étions en Iran ?

Mercredi 17 mai 2017, J 174. Ispahan

Les rives de la Zayandeh roud, parsemées de parcs et de verdure, l'endroit idéal pour profiter de la journée alors que le soleil donne. Les ponts aux multiples arches et à l'architecture abrupte s'alignent. Un débit important coule entre les piles, résurgence du printemps qui s'achève, déchaînant un joyeux bruit de cascade. Bientôt le lit de la rivière sera presque à sec, laissant s'échapper un mince filet d'eau. À l'ombre d'un peuplier, la vue est simple, délicieuse. Quelques badauds passent, l'air affairé, les canards barbotent joyeusement, écrasés par le soleil dès que l'ombre se fait rare. La chaleur de l'été rend difficilement imaginable les températures d'hiver, frôlant cinq mois par an le zéro.

La dynastie Safavide nous a gratifiés de ces superbes ouvrages pour étendre sa capitale vers le sud. Les 33 arches du pont Allahverdi Khan (Si-o-se Pol en persan) jettent un continuum sur l'eau, formant par effet de miroir de ses lumières un spectacle magique à la tombée du jour. Érigé par ordre du Premier ministre géorgien de Shah Abbas, Allahverdi Khan, vers 1608, il nous offre avec ses arcades à la fois sur les côtés et au niveau de sa base une possibilité de promenade à plusieurs niveaux, selon la hauteur de l'eau. Lieu de passage vers l'autre rive, il constitue également un barrage pour réguler le cours de la rivière. Les emmarchements créent au niveau de l'eau un effet de fontaines jaillissantes où petits et grands prennent plaisir à tremper les pieds. La nouvelle Jolfa se tient juste au bout sur la rive sud, un lien puissant et raffiné unit les deux quartiers de la ville.

À peine un pont dépassé qu'un autre surgit, encore plus majestueux. Le Pol-e Khaju est le deuxième grand pont de Ispahan, édifié 50 ans après le Pont Allahverdi Khan. Sa structure est plus complexe et les brise-flots en éventail permettent des effets d'eau plus spectaculaires. Pour Jean Chardin, grand voyageur français en Perse au XVIIe siècle il s'agit du *« monument majeur de l'architecture des ponts persans et l'un des ponts les plus intéressants encore existants »*. 23 arches, une longueur de 105 m, une largeur de 14 m. Des chiffres loin d'être ébouriffants lorsqu'on les compare à ceux du Pont Danyang-Kunshan soutenant la ligne chinoise à grande vitesse[17] entre Pékin et Shanghai, aux 1 991 m de portée du pont du détroit d'Akashi à Kobe au Japon. Mais c'est l'harmonie qui se dégage de l'ouvrage qui frappe le promeneur. Les lignes aériennes sont un délice pour la rétine. L'agitation sur son tablier est typique de la Perse. Vendeurs de souvenirs, cireurs de chaussures, enfants jouant à de multiples jeux,

17. Livrée en 2011 et courant sur 164 km.

dessinateur juché sur une pile et pensif... Tout ce beau monde déambule sous l'œil vigilant de la police toujours prompte à faire régner l'ordre. Poursuivant la promenade, je rejoins en aval le Sharestan, chef-d'œuvre de la période sassanide au IIIe siècle et à l'allure nettement plus trapue. Reconstruit au Xe siècle, il conserve son allure basse sur l'eau, vestige de ses fonctions de barrière douanière des siècles durant.

Je flâne dans les ruelles du bazar, découvrant ici et là un jardin magnifique et calme au milieu de cette agitation. Je discute avec un marchand de tapis heureux de parler anglais et oubliant presque de vendre ses tapis... Sortant du bazar, reprenant mon vélo pour une promenade, je tombe sur Édouard et Mathilde, à deux pas de la place Naghsh-e Jahan « place du Shah »[18] un couple de motards d'Albertville qui va jusqu'au Japon. Très sympa, le courant passe bien et nous nous donnons rendez-vous pour dîner ce soir. Je suis un peu jaloux de leurs bécanes, une *BMW GS 650* et une magnifique *Yamaha Tenere XT660Z*. Bien plus efficaces dans les côtes que mes mollets. Nous passons une bonne soirée à discuter. Édouard me vend déjà sa moto pour mon retour!

Les vastes allées ombragées mais encombrées de voitures témoignent de ce lien multiséculaire qu'entretiennent les Ispahanais avec leur ville. L'histoire est passé, présent et futur. Ali, rencontré au hasard d'une rue et qui sera mon guide sur les rives de la Zayandeh roud, me le fait bien sentir. Gratuitement, pour me faire découvrir sa ville, il prendra deux heures de son temps complètement à l'improviste, car il m'a trouvé sympathique... Fantastique Iran.

Il me tarde de pouvoir assister à une messe. Mais le contact que j'ai obtenu par l'intermédiaire des Filles de la Charité résidant à Téhéran ne répond pas et les Arméniens m'ayant à plusieurs reprises congédié, craignant pour leur sécurité, voilà presque quatre semaines écoulées depuis la dernière messe à laquelle j'ai pu participer, à Bukhara en

18. Devenue « place de l'Imam » à la Révolution.

Ouzbékistan. «*La messe n'est pas obligatoire, elle est nécessaire*». C'est dans l'absence que l'on se rend compte de la présence usuelle. Je me rattraperai à Téhéran.

Samedi 20 mai 2017, J 177. Téhéran

Élections présidentielles, second tour. L'agitation a été vive toute la nuit. Maya, mon hôte de la nuit à Kashan où je fais étape avant de rallier la capitale, n'a pas beaucoup dormi la nuit précédente. Les montagnes m'avaient, avec leurs paysages verdoyants et l'atmosphère légère des sommets, presque fait oublier la fournaise vers laquelle je redescends. Ispahan reste une ville d'altitude, à 1 800 m au-dessus du niveau de la mer. Cela explique qu'en fin de journée l'air revient et la rend si agréable. Le col de Gohrud à 2 720 m, bien qu'atteint avec grand peine sur le dernier raidillon de 400 m à 21 %, est incroyablement frais. L'immense descente à travers la montagne jusqu'à la plaine à 1 000 m et Kashan me donne l'impression d'avoir ouvert la porte d'un four. Au détour d'une source, de nombreuses familles sont arrêtées en ce jour férié. Chaleur sèche, la ville est plongée dans une profonde léthargie. Il n'y a pas âme qui vive, rues désertes, passants tournant furtivement au coin de la rue. Cherchant un lieu où passer la nuit, je rencontre Rémi, un Suisse dans une *Guest House*, qui me recommande d'aller au Kurdistan iranien si j'en ai la possibilité. Je garde cela en tête puis me dirige vers la maison de Maya, hôte *Warmshower* qui m'a répondu par l'affirmative entre-temps.

Les ribambelles de drapeaux, les affiches et les messages politiques diffusés par des voitures de militants haranguant les passants témoignent de l'atmosphère politique. Le scrutin est décisif pour l'avenir de l'Iran et son développement. Le grandissime favori Hassan Rohani, président sortant, doit composer avec des candidats populistes aux idées conservatrices en vogue dans les campagnes. 1 636 candidats se sont présentés dont 137 femmes pour l'élection mais seulement six candidats ont été autorisés à porter leur projet devant les urnes par le Conseil des gardiens de la Constitution. L'ancien président ultra-conservateur Mahmoud Ahmadinejad (2005-2013) a également vu sa candidature rejetée par le

Conseil. Cette assemblée suprême contrôle tout en Iran, le Président répondant devant elle de sa politique. Douze membres : six religieux nommés par le guide suprême et six juristes élus par le Parlement sur proposition du pouvoir judiciaire (dépendant du guide suprême) composent ce Conseil Constitutionnel à l'iranienne. Ils valident la compatibilité des lois avec la Constitution et l'Islam.

Finalement l'agitation revient alors que le soleil décroît, dans une ambiance bon enfant. Les slogans pro-Rohani sont vivement sermonnés. Maya me donne quelques clefs pour mieux comprendre cette élection. Rohani a beaucoup œuvré durant son mandat pour ouvrir le pays à l'international, le sortir de son isolement et le rendre plus attractif au monde malgré l'embargo qui pèse sur le marché par le dollar américain. En résulte l'accord sur le nucléaire fin novembre 2013, levant une partie des sanctions pesant sur l'industrie, le pétrole, l'automobile, l'or et la pétrochimie. C'est cela que Donald Trump dénonce depuis 2017, le qualifiant de « plus mauvais deal jamais signé par les États-Unis ». Son bilan économique est discutable mais il apporte un réel espoir à toute une classe moyenne peu religieuse et soucieuse avant tout de liberté. Avec 57 % des voix dès le premier tour, on peut dire qu'il s'agit d'une belle réélection et d'une preuve de confiance de la part des Iraniens. Nous discutons jusqu'à tard. Au matin, le réveil est quelque peu difficile.

Je laisse mon vélo et une partie de mes affaires chez Maya, rejoignant Téhéran par la route. Deux amis me rejoignent pour la semaine, mais ne sont pas très motivés à l'idée de pédaler dans la chaleur du mois de mai au milieu du désert. J'abandonne donc chez quelqu'un que je ne connais pas une partie non négligeable de mes biens et mon moyen de transport pour aller jusqu'à Paris. Fort heureusement je n'ai pas grand-chose de précieux ni d'indispensable.

Trois heures de route dans la cabine d'un camion, l'auto-stop fonctionne très bien. Juste avant la barrière de péage, j'arrête quelques camions et l'un d'entre eux m'emmène jusqu'à la banlieue de la capitale. Un pick-up me dépose ensuite au bout de la ligne de métro. La métropole apparaît depuis le sud et s'étale jusqu'aux montagnes dans un tapis ininterrompu de constructions. Les monts Elbrouz au nord s'affichent, barrière infranchissable, gardiens de la route vers le nord et protecteurs contre les invasions.

Bourdonnante, ébouriffante, bruyante, dynamique, viaduc entre une gloire passée et un avenir incertain, Téhéran est un symbole de ce qu'est l'Iran des années 2017. Paradoxe permanent, écartelée entre une révolution islamique et la soif d'ouverture sur le monde comme la Perse l'a toujours fait au long de son histoire tri millénaire. Il faut arpenter la ville pour la comprendre et mieux appréhender l'Iran : se perdre dans les allées du grand bazar, descendre de Tajrish à la gare sur l'avenue Vali-ye Asr, visiter le Golestan, rêver au musée des joyaux de la couronne devant tant de pierres précieuses présentées telles de la vulgaire verroterie, s'imaginer à Wall Street en passant devant l'immeuble de la Bourse et ses financiers qui s'y engouffrent...

C'est en métro que je rejoins le quartier de Tajrish où Aurélie et Didier Richard et leurs quatre enfants m'accueilleront pour une petite semaine. En Iran depuis septembre, ils ont déjà bien pris le pli de l'hospitalité qui fait la réputation de ce pays. Un accueil superbe et cela me fait tout drôle et beaucoup de bien de partager la vie d'une famille française une petite semaine durant. Retour vers une vie sociale, après un mois à traverser des déserts de sable et cailloux entrecoupés par quelques villes.

Dimanche 21 mai 2017, J 178. Téhéran

Messe à Téhéran. Depuis le 18 avril, je n'ai pas pu mettre les pieds dans une église catholique. Heureusement à Téhéran cela est possible, une communauté catholique latine essentiellement composée d'expatriés demeure. Encore plus rare, il existe même une communauté catholique latine francophone, desservie par le père Jack Youssef, par ailleurs administrateur apostolique du diocèse latin. C'est chez les sœurs de Saint-Vincent-de-Paul que la communauté se réunit le vendredi et le dimanche. Belle messe à laquelle assistent des chrétiens de plusieurs nationalités, mais aucun Iranien. Il leur est officiellement interdit de se rendre dans une église, au risque de se faire emprisonner. Seuls les Iraniens membres historiquement des différentes Églises peuvent pratiquer leur foi chrétienne dans leurs églises, sans aucun prosélytisme évidemment. Une messe en français qui plus est, voilà plus de huit mois que cela ne m'était pas arrivé, depuis mi-septembre à Bangkok à la Chapelle de la Nativité au Silom, au quartier général des MEP. Et bien cela n'a pas changé, il est beaucoup plus facile de suivre dans sa langue maternelle qu'en russe, tibétain, chinois ou polonais !

L'assemblée est composée d'une bonne vingtaine de personnes dont quatre religieuses, des Filles de la Charité de Saint-Vincent-de-Paul. Je suis touché de pouvoir prier ainsi avec les sœurs qui sont absolument adorables et d'un optimisme à toute épreuve. Leur communauté a tout ou presque perdu en 1979, mais elles poursuivent inlassablement les œuvres de charité et de soutien aux plus faibles.

L'interdiction de célébrer en farsi, comme celle de faire du prosélytisme est réelle et le père Paul, dominicain, a eu quelques soucis récemment. C'est Isabelle, paroissienne de 70 ans, mariée à un Iranien et habitant le pays depuis presque 20 ans, qui m'emmène le rencontrer. Malchance, il n'est pas vraiment disponible, mais je perçois que la situation est vraiment compliquée pour lui. *« Récemment il est passé à un cheveu de se faire expulser »* m'explique Isabelle, sans s'épancher dans des détails complexes.

Les dominicains sont implantés depuis le XIVe siècle en Iran : à Soltaniye en 1305, Tabriz, Dehikeran et Maragha dans le Nord-Ouest en 1320. Venus initialement comme émissaires du Pape à la cour mongole, afin de proposer une alliance militaire pour venir en aide aux croisés en 1254, ils en profitent pour évangéliser. Le diocèse de Soltaniye se développe jusqu'en 1381 mais l'invasion de Tamerlan réduit la ville en cendres et tue tous les habitants. Seuls trois frères survivent. Au XVIIe siècle, le Shah Abbas fait de Ispahan la capitale de son empire. Ayant déporté des milliers d'artisans arméniens, il autorise un certain nombre d'ordres religieux européens à construire des églises dans le quartier chrétien de la ville. Les dominicains construisent alors à partir de 1657 l'église Notre-Dame du Rosaire, toujours debout dans le quartier arménien sur la rive sud. En 1681, elle est dédicacée, puis reconstruite et agrandie en 1705. Treize églises datant de cette période sont encore debout. Dès 1632, le diocèse de Perse, sous le titre de « diocèse de Ispahan des Latins », est recréé. La communauté vit et se développe doucement avec l'ouverture en 1933 d'une maison à Shiraz, puis en 1961 à Téhéran avec le père William Barden, un Irlandais, puisque c'était la province d'Angleterre qui était implantée en Perse. C'est le Saint-Siège directement qui demande une présence constante à Téhéran. Le prieuré, ainsi que l'église Saint-Abraham, sont construits en périphérie de Téhéran, à proximité de l'université, afin de constituer un centre intellectuel et de réflexion ouvert. Quatre à cinq frères y vivent jusqu'à la révolution de 1979 où ils sont contraints de quitter le pays. L'afflux de travailleurs occidentaux de langue anglaise est également un élément déterminant dans la volonté de créer une paroisse anglophone qui n'existe pas à l'époque. À l'origine prieuré pour des religieux, le lieu se transforme en paroisse, baptisée Notre-Dame-du-Saint-Rosaire, devant la nécessité de disposer d'un lieu où assister à la messe et participer à une vie communautaire.

Le père Paul Lawlor, irlandais, a vécu en Iran durant son enfance et a pu y retourner voici 20 ans pour prendre la charge de la paroisse Saint-Abraham, rattachée au prieuré. La réouverture de cette paroisse est un signe tangible de l'évolution du pouvoir et de la société iranienne. La paroisse accueille donc aujourd'hui plusieurs dizaines de jeunes iraniens chrétiens, nés de parents étrangers ayant longuement habité en Iran. Il ne s'agit donc pas de conversion puisqu'ils appartiennent à une communauté considérée comme « étrangère ». Malgré la faible taille de la communauté, il est beau de voir qu'elle reste et demeure un témoignage vivant au milieu de cette grande ville.

Le prosélytisme étant interdit, c'est par son amitié que le père Paul témoigne du Christ à ses voisins, aux étudiants, écoliers, voisins. Cette simple attitude suffit à le mettre dans une position dangereuse car il peut être renvoyé en Irlande du jour au lendemain. Fidèles à la vocation de l'ordre des prêcheurs, les dominicains considèrent comme une « nécessité en ces temps de grands débats sur l'islam dans notre monde, de continuer à être présent pour accompagner la réflexion intellectuelle et théologique »[19].

Mardi 23 mai 2017, J 180. Téhéran

Que de choses depuis quelques jours, des journées denses ! Je fête déjà les six mois depuis le départ de Maetowo, avec l'idée de rentrer en sept mois. A priori, cela va être légèrement plus long. Qu'à cela ne tienne, la route est faite pour être parcourue à son rythme !

Six mois pour rouler 9 000 km
Six mois pour traverser neuf pays
Six mois pour rencontrer un hiver de glace et la chaleur du désert
Six mois pour découvrir les beautés de la liturgie orientale
Six mois pour rencontrer et prier avec des communautés chrétiennes inconnues de tous
Six mois pour rendre témoignage de ces frères conservant fidèlement la foi malgré les difficultés.

Téhéran, bien que n'étant pas réellement composée d'une majorité de chrétiens, concentre plusieurs Églises et sensibilités chrétiennes. Ce sont les Arméniens que je rencontre en premier lieu, à la cathédrale Saint-Sarkis. C'est par hasard que je tombe sur ce large et aérien édifice en marbre blanc au détour d'une rue, alors que je cherche où faire prolonger mon visa. Je consacre ensuite une petite heure à passer d'un bureau à un autre, une liasse de documents à la main, des photocopies de mon passeport, de mon visa, mes photos d'identité, quelques dollars, divers formulaires remplis : le coup de tampon est apposé sur mon passeport, je peux rester 30 jours supplémentaires. Déjà un mois en Iran et il reste pourtant une infinité de choses à découvrir.

En sortant du bureau je remonte dare-dare vers la cathédrale Saint-Sarkis. Aérée, lumineuse, profondément moderne, elle est le symbole

19. Selon le père Jean-Jacques Pérennès, actuel directeur de l'École biblique et archéologique de Jérusalem.

d'une communauté ancrée dans son époque. Construite entre 1964 et 1970 sur fonds privés par les frères Sarkissian en mémoire de leurs parents, c'est le siège du diocèse.

Les fidèles entrent et sortent de l'église mais une famille reste et un prêtre sort de la sacristie, vêtu d'un surplis finement brodé. La messe vient de se terminer et l'enfant né il y a six jours est présenté à l'autel. Cette cérémonie est comparable au rite juif de la présentation de Jésus au Temple. Les nouveau-nés sont consacrés ainsi au Seigneur – ce n'est pas un baptême puisqu'il n'y a pas d'eau versée[20]. Rencontre rapide mais émouvante car je peux enfin discuter plus en détail avec ces Arméniens qui forment l'ossature de la chrétienté en Iran depuis près de 1 500 ans. La difficulté est réelle pour ceux-ci qui ne peuvent vivre qu'entre eux et sont encore soumis à un certain nombre de règles, dont leur statut de *Dhimmi*.

Mgr Leo Boccardi, nonce apostolique, me reçoit à la Nonciature. Le dernier ambassadeur rencontré était celui de France au Kirghizistan. Je comprends d'ailleurs que la seule tenue de ville que je possède commence à fatiguer sérieusement. L'évêque italien, arrivé à Téhéran en juillet 2013, aborde la question des chrétiens de Perse sous un angle politique absolument passionnant. Le pouvoir est convaincu que leur présence est un facteur de stabilité important. Plus encore, les autorités religieuses sont extrêmement curieuses de comprendre la religion chrétienne.

Le Vatican et les catholiques latins ayant une structure de gouvernance facilitant le dialogue, c'est surtout par là qu'arrivent les questions relatives au christianisme. L'université des religions de Qom, centre religieux du chiisme, a d'ailleurs sollicité Rome il y a quelques années pour traduire d'une façon rigoureuse un certain nombre de textes fondateurs du christianisme afin d'appréhender dans leur langue cette religion. Il n'existait pas de traduction ad hoc pour des théologiens, c'est désormais chose faite pour le Pentateuque et le *Catéchisme de l'Église catholique*. Actuellement, ce sont les Évangiles qui sont en cours de traduction.

20. Celui-ci viendra plus tard.

Mgr Boccardi m'offre d'ailleurs un exemplaire de ce *Catéchisme de l'Église catholique*, dans une langue que je ne saurai a priori jamais lire, mais qui est pour moi un magnifique souvenir de la chrétienté iranienne. Son optimisme sur la situation des chrétiens me met du baume au cœur et me donne de l'espérance.

Ça n'est pas réellement le tableau que me dresse le père Jack Youssef, vicaire apostolique du diocèse latin de Ispahan, et donc de tout l'Iran. Les divisions entre les communautés sont réelles, les Italiens, Espagnols, Anglais, Français souhaitent tous devenir indépendants. L'année dernière, ils ont enfin pu bénéficier d'une célébration commune pour le Jeudi Saint, ce qui ne leur était pas arrivé depuis très longtemps. Chacun avance ses pions et l'entraide n'est pas vraiment le maître-mot. De plus, le fait que la majorité des catholiques soit constituée d'expatriés, de passage pour deux à trois ans, n'aide pas à garantir une vitalité paroissiale nécessaire à l'ouverture aux autres. À Ispahan, il ne reste que deux religieuses : des sœurs de la Charité, retraitées et l'on peut encore trouver quelques catholiques dans la région de Tabriz et Urmia. Vision très noire de l'évolution du catholicisme en Iran, mais les persécutions réelles refroidissent assez fortement l'ardeur missionnaire. Je me sens tout d'un coup proche des récits des Actes des apôtres dans lesquels les disciples étaient exhortés à risquer leur vie pour le Christ et persécutés pour cela.

À Téhéran, après six mois de rencontres au fil des kilomètres parcourus, je prends pleinement conscience de la situation des Chrétiens d'Orient, ou plutôt des Chrétiens vivant en Orient. Malheureusement mis en lumière par les exactions commises par l'État islamique en Syrie et Irak depuis 2013, la prise de Mossoul en 2014 a révélé la fragilité de la situation des chrétiens orientaux dans ces régions.

Ces Églises d'Orient sont une part méconnue de l'Église catholique. Certaines d'entre elles célèbrent leur liturgie en araméen, langue du Christ. Elles sont, pour une partie, en communion avec Rome.

Les Assyriens font justement partie des derniers à célébrer en araméen. J'ai donc rencontré le père Ryan Issa, recteur de la cathédrale

Saint-Joseph, à Téhéran. La quarantaine, ce prêtre dynamique arpente les avenues de Téhéran par divers moyens de transport afin de rencontrer les familles, célébrer la messe dans la paroisse Sainte-Marie située à l'ouest de la ville, et s'occuper du patronage pour les enfants. Pas le temps de s'ennuyer avec lui, qui a une vie déjà bien remplie! Ici les horaires sont précis, chose rare dans cette partie du monde, car la tâche est immense.

Originaire de Urmia, ville située au nord-ouest de l'Iran, le père Issa l'a quittée pour le sud de l'Iran à l'âge de neuf ans. Jusqu'à 20 ans, avec les autres familles chrétiennes, ils ne recevront la visite d'un prêtre que deux fois l'an. C'est là qu'il a affermi sa foi et vers 20 ans, trouve sa vocation. Des études d'anglais à Téhéran, un *bachelor of English* plus tard, c'est à Rome que Mgr Ramzi, évêque, envoie notre séminariste pour se former. Après six années de séminaire, Ryan Issa est ordonné prêtre. Grande fête car le diocèse de Téhéran ne compte que deux prêtres, autant que celui de Urmia. Depuis, il mène la vie d'un prêtre dynamique et missionnaire, toujours prêt à délivrer les sacrements à qui le demande. Ici, c'est le prêtre qui se déplace, vieux principe missionnaire visant à développer les communautés qui, en cas de persécutions, sont plus solides car habituées à prier et à se retrouver même sans prêtre. Aujourd'hui, environ 450 familles chaldéennes vivent dans le diocèse de Téhéran, huit à Hamadan, et une dizaine à Ispahan. La communauté est restreinte, mais tous sont profondément attachés à leur terre. Deux fois par semaine des activités sont organisées à la paroisse Sainte-Marie pour les enfants, étudiants et parents. Des moments pour se retrouver, travailler ensemble et prier. C'est entre autres avec cela que la vie communautaire continue à demeurer. Le catéchisme, mais également l'aide aux devoirs, des jeux, les discussions…

« Les chrétiens d'Iran sont iraniens depuis des siècles! Il est donc incroyable de voir qu'aujourd'hui nous sommes de plus en plus poussés par les musulmans à émigrer ». Ce cri du cœur témoigne de la difficulté de la situation locale. Officiellement enregistrés, connus des autorités, les chrétiens n'ont aucunement le droit de faire du prosélytisme. Mais cela va plus loin car un Iranien n'a pas le droit de se convertir. C'est

défendu par l'État et il risque de graves problèmes pouvant aller jusqu'à l'emprisonnement. Jusqu'il y a quelques années, il était encore possible de baptiser les Iraniens. Aujourd'hui, c'est interdit. Le simple fait de rentrer dans une église, ne serait-ce que pour la visiter, est défendu à tout Iranien. Aux yeux des responsables du régime, il est impensable qu'un musulman puisse envisager de se convertir au catholicisme : un paradoxe supplémentaire, d'après Mgr Boccardi, dans un pays qui a ouvert une université des religions, à Qom. Cependant, certains Iraniens, ayant pu être baptisés avant ces changements, ont la possibilité de participer à la messe. Leur situation est délicate puisque cela ne leur est autorisé que pour les grandes fêtes, alors qu'ils sont chrétiens au même titre que les autres. Il est difficile pour ces personnes ayant soif de Jésus de ne pouvoir venir aussi souvent qu'elles le souhaiteraient à la messe.

Cela dit, tout n'est pas noir : *« Je fais ce que je veux dans mon église »*, me confie le père Issa. Dans les murs, il est chez lui et personne ne lui impose quoi que ce soit. Tant que cela ne se voit pas, ça passe. C'est finalement une constante dans ce pays : ce qui se passe en public est fortement réglementé, mais il en va tout autrement dans la vie privée. Afin de remédier à l'interdiction de prosélytisme dans les rues, il a créé le site irancatholic.com qui permet de donner de nombreuses informations sur le christianisme aux Iraniens. Il y a donc des raisons d'espérer !

En fin d'après-midi, ce mardi 23 mai, je rejoins le père Ryan Issa à la cathédrale. Direction l'église Sainte-Marie pour y célébrer la messe en rite chaldéen. Le trajet n'est pas aisé. Métro, puis taxi, un bus, puis un second taxi nous permettent après une bonne heure d'arriver à la paroisse, qui m'aurait été introuvable seul, puisque l'église est en sous-sol. C'est également un couvent où vivent des sœurs italiennes de la congrégation du Saint-Esprit. La chapelle est simple : un sol de marbre gris aux traits irréguliers, des sièges en bois foncé tout autour du périmètre. Un chapelet prié en araméen avant la messe nous fait monter vers le Christ. Puis les chants s'élèvent, portant notre prière. Je suis profondément ému. C'est la première fois de ma vie que je participe à une liturgie orientale. C'est
 d'autant plus symbolique pour moi que je la vis en plein cœur de Téhéran,

entouré de frères chrétiens dont la foi est solidement enracinée. Choc et douceur d'assister à une célébration dans cette langue. Le soin apporté à la liturgie me marque. Lentement, majestueusement, le père encense, bénit, avant de faire silence. Ce dernier, si cher au C^al^ Sarah, paraît comme une évidence ici.

Les rites latins et chaldéens sont très proches. La langue mise à part, tout m'est presque familier, et ne suis pas perdu. Lors de la consécration en araméen, le temps semble suspendu. Le père Issa prononce les paroles mêmes du Christ à ses disciples, 2000 ans plus tard. Cette intimité avec le Seigneur est inexprimable. Je suis porté par la prière des autres fidèles, une proximité immédiate avec mon Sauveur.

La rareté des messes me fait encore plus prendre conscience de la chance que nous avons en France, et encore plus à Paris. *« La messe n'est pas obligatoire, elle est nécessaire »* disait le père de Monteynard. Oui, je ne peux qu'acquiescer à cela !

La foi de ces chrétiens est impressionnante. Pas de peur sur leurs visages, ils savent que Dieu est à leurs côtés à chaque instant. Aux yeux d'un Occidental, ils semblent pourtant bien seuls. *« Cela pourrait être bien pire »*, me dit au contraire l'un d'entre eux. La messe est pour eux une respiration indispensable dans des semaines bien chargées, certains venant de l'autre bout de Téhéran pour y assister.

Je quitte l'Église heureux, le cœur léger, rempli de joie d'avoir pu prier avec ces Églises d'Orient et d'avoir partagé quelques instants avec eux. Les remerciements émanant de plusieurs d'entre eux à l'égard du projet que je mène sont difficiles à accepter. Cela me semble être une goutte d'eau comparée à ce qu'ils vivent, mais si cela peut les aider, ne nous arrêtons pas ! Pour sûr, ils vont me donner la force de continuer dans les difficultés du chemin.

Mgr Sarkis Davidian, évêque de l'Église arménienne catholique pour le diocèse de Ispahan[21], me reçoit avec beaucoup de chaleur. Curé pendant

21. Désormais à Téhéran mais ayant comme les autres conservé l'ancienne dénomination.

17 années à Marseille, francophone averti, il témoigne d'un optimiste qui fait fi de toutes difficultés. Nous devisons sur les chrétientés orientales et il m'éclaire sur leur lien avec Rome. Les Arméniens catholiques ont été, comme les autres Églises d'Orient, rattachés à Rome, fruit d'un travail diplomatique important de la part du Saint-Siège au XVIIe et XVIIIe siècles. Cette démarche visant l'unité de l'Église a eu pour conséquence le retour sous l'autorité du Pape d'une partie des Églises orientales, une part souhaitant rester du côté de l'orthodoxie. Les Assyro-Chaldéens, Coptes, Syro-malabars, Arméniens, Melkites, Maronites sont pleinement intégrés à l'Église catholique. Le lien avec Rome se fait via une congrégation où les représentants des Églises siègent, et représentent auprès du Saint-Siège les Églises d'Orient et d'Afrique du Nord. Cette congrégation a autorité sur l'ensemble des Églises et l'on retrouve ici la grande tradition orthodoxe de collégialité.

Jeudi 25 mai 2017, J 182. Chiraz

Au revoir Téhéran, le tumulte des automobiles klaxonnant à tout-va, les places bondées, l'air lourd du centre-ville et léger sur les hauteurs de Shariati.

Merci à Didier et Aurélie pour leur accueil sans limites, simple et amical et ces bonnes discussions qui m'ont aidé à mieux comprendre la situation locale, notamment économique. Envoyé pour représenter fièrement l'industrie automobile nationale[22] sur ce difficile marché, Didier remplit cette mission avec vigueur afin que le pavillon français soit toujours présent en Perse. Avoir choisi de quitter Pékin et sa vie sociale importante pour Téhéran et les défis qui y sont inhérents, ça n'est pas rien avec quatre enfants. La vie d'expatrié est loin d'être un conte de fées comme on aime à le raconter ou à l'imaginer.

Le train déboule sur les hauts plateaux encadrés de montagnes au sud de l'Iran. Chiraz est là, encaissée, gardée par les monts Zagros. Sur

22. Renault

les coteaux environnants, quelques hectares de vignes sont plantés. Le Syrah, cépage bien connu des œnologues, trouve ses origines dans le nom de Chiraz.

Le soleil est déjà bien haut en ce matin de fin mai lorsque je retrouve Thibault Join-Lambert et Mathilde Pellerin. Ces deux amis me rejoignent pour une semaine de découverte de l'Iran. Nous flânons dans les jardins et nous adonnons au sport national : la sieste.

Hafez, Saadi, Khwaju Kermani, ces poètes sont l'âme de Chiraz. Ville de culture raffinée, elle n'a pas le bouillonnement de Téhéran ou le faste de Ispahan mais son atmosphère de légèreté la rend particulièrement agréable. Les hautes voûtes du bazar du XIIIe siècle nous font voyager à l'époque des caravaniers. C'est le dernier soir avant le début demain du ramadan. Tout le monde s'agite et profite de cette soirée.

Vendredi 26 mai 2017, J 183. Persépolis

Persépolis, la cité perse, capitale la plus célèbre de l'empire achéménide. Cyrus le grand ayant fondé l'empire perse, soumettant les Mèdes, plaçant sous domination la Lydie et les cités grecques d'Ionie, l'Empire néobabylonien avec la Mésopotamie, la Syrie, la Phénicie et la Judée, bouleverse les cartes de l'Antiquité. Son empire s'étend des rives du Syr-Daria jusqu'à la Cappadoce en passant par l'Inde et les rives de la Caspienne. Darius Ier prend le pouvoir en -521 et poursuit l'action de Cyrus le grand et Cambyse en bâtissant des ouvrages : remise en état du canal des Pharaons reliant la mer Rouge à Bubastis dans le delta du Nil, la ville de Suse est remodelée, réseau de routes partout dans l'empire. Pour asseoir sa postérité et sa légitimité, il engage la construction d'une nouvelle capitale : ce sera Persépolis. Roman Ghirshman, archéologue, explorateur et historien français s'exclamera à son propos « *Jamais dans l'Antiquité, l'art n'avait fait preuve d'une telle audace* ».

Les palais splendides s'élèvent, les statues proviennent de tout l'empire et les plans carrés symétriques font leur apparition. Combinaison des cultures de l'Empire, c'est un témoignage exceptionnel de la diversité de cet immense territoire conquis par les Achéménides.

C'est par la porte de toutes les Nations, après la montée de l'escalier monumental symétrique à deux volées de Persépolis que l'on pénètre sur le site. Gigantisme des vestiges, les bas-reliefs sont sculptés en taille réelle. La terrasse, sur laquelle les monuments sont bâtis, forme un rectangle de 450 m par 300. Palais, harem, garnison, cet ensemble est bel et bien fait pour les rois. Des taureaux de 5,5 m de haut sculptés dans des blocs d'un seul tenant ornent cette porte. Les inscriptions laissées par les voyageurs, notamment au début du XIXe siècle (un consul allemand, un ambassadeur français) comme des tags témoignent de ce tourisme balbutiant et de l'immense impression laissée par l'ensemble sur les visiteurs. L'archéologue David Stronach estime que le palais de l'Apadana, du roi Darius Ier, permet de recevoir jusqu'à 10000 personnes pour des réceptions officielles.

Au XVIIe siècle, Jean Chardin, marchand français ayant habité la Perse pour y commercer, ayant appris le farsi, écrit la chose suivante: « *Je ne sais si ma description et les figures qui l'accompagnent, en donneront une grande idée; mais je puis assurer que celle qu'on en conçoit par la vue, va au-delà de toutes les expressions: car enfin je n'ai jamais rien vu, ni conçu, de si grand ni de si magnifique. Combien de milliers d'hommes y doivent avoir travaillé, et durant combien d'années? Ce n'est pas seulement ici un chef-d'œuvre, où il ne soit allé que du travail et de la peine, comme aux Pyramides d'Égypte, qu'Horace a bien raison d'appeler une merveille Barbara, puisque ce n'est après tout qu'un amas de pierres: ici il y a de l'art infiniment, de l'ordre, et de l'industrie; et l'on peut dire que c'est un ouvrage digne des plus grands maîtres, et des savantes mains qui l'ont formé.* »

La pièce la plus connue de cet ensemble exceptionnel nous émeut particulièrement par sa finesse, Mathilde, Thibault et moi-même. La destruction de la ville par Alexandre le Grand en -331 a permis la conservation de cette partie des bas-reliefs. Recouvert par les débris du toit incendié de l'Apadana, l'escalier Est a été préservé. Il se divise en trois panneaux (nord, central, et sud) et en triangles sous les marches. Le panneau Nord montre la réception de Perses et de Mèdes. Le panneau Sud

La Moei vue depuis Maetowo, rivière frontière entre la Thaïlande et la Birmanie, le territoire des Karens où j'ai passé un an de volontariat avec les MEP – Thaïlande. Novembre 2016

Rizières au nord-Thaïlande – Doithong, Thaïlande. Novembre 2016

Église
Saint-François-Xavier
Nam Ho tai, Laos.
Décembre 2016

Jeunes de la paroisse Saint-Joseph – Lai Chau, Vietnam. Décembre 2016

Monument aux morts de l'Armée Française – Dien Bien Phu, Vietnam.
Décembre 2016

Le Mékong, fleuve majeur de toute l'Asie du Sud-est, qui traverse la Chine, la Birmanie, la Thaïlande, le Laos, le Cambodge et le Vietnam

Cathédrale du Sacré-Cœur – Dali, Tibet. Décembre 2016

Église de Caijang, où j'ai passé Noël – Tibet. Décembre 2016

Jour de Noël 2016 – Caijang, Tibet. Décembre 2016

Sommet d'un col sur les contreforts de l'Himalaya, 4301 m – Tibet. Janvier 2017

La marque du passage à 4 301 m sur un cairn – Tibet. Janvier 2017

Séminaire de l'Annonciation – Bailu, Chine. Janvier 2017

Avec Jenny et René, unique bivouac de toute la route avec d’autres voyageurs – Kazakhstan. Février 2017

Vallée de Suusamyr – Kirghizistan. Février 2017

Rencontre avec Mgr José Luis Mumbiela Sierra, évêque d'Almaty – Kazakhstan. Février 2017

Devant le Registan – Samarcande, Ouzbékistan. Avril 2017

Messe des Rameaux – Samarcande, Ouzbékistan. Avril 2017

Église de la Sainte-Intercession, avec Gregorïsky et Olivitch – Mary, Turkménistan. Avril 2017

Mosquée du vendredi – Ispahan, Iran. Mai 2017

Mgr Sarkis Davidian, évêque du diocèse d'Ispahan pour les Arméniens catholiques – Téhéran, Iran. Juin 2017

Désert du Dasht-e-Khevir – Iran. Mai 2017

Le sacristain de l'église assyro-chaldéenne de la Vierge Marie – Urmia, Iran. Juin 2017

Paroissienne de l'Église arménienne apostolique – Ispahan, Iran. Mai 2017

Désert du Dasht-e-Khevir – Iran. Mai 2017

Caravansérail abandonné – Désert du Dasht-e-Khevir, Iran. Mai 2017

Lac d'Urmia – Iran.
Juin 2017

Monastère de Garni, Arménie. Juin 2017

Katchkars
Arménie.
Juin 2017

Bivouac en Anatolie – Turquie. Juillet 2017

Les participants à l'université d'été de PhilOrient devant une coopérative aidant des femmes – plaine de la Bekaa, Liban. Juillet 2017

Couvent melkite Saint-Sauveur – Joun, Liban. Juillet

Salam, traducteur pour SOS Chrétiens d'Orient, Irakien de Mossoul exilé à cause de l'État islamique – Amman, Jordanie. Août 2017

Le père Dario Escobar, ermite –
Vallée de la Qadisha, Liban.
Juillet 2017

En service avec
SOS Chrétiens d'Orient,
Rénovation d'une maison – Amman,
Jordanie. Août 2017

Divine liturgie célébrée par les orthodoxes au Golgotha durant la nuit dans la Basilique du Saint-Sépulcre – Jérusalem, Terre Sainte. Septembre 2017

Le père Carlos Ferrero, curé de la paroisse Saint-Paul – Paphos, Chypre. Septembre 2017

29 août 2017, arrivée à Jérusalem, devant le Saint-Sépulcre. 279 jours et 12 777 km – Terre Sainte

Le père Serdjan – Gračanica, Serbie. Novembre 2017

Deux camarades de l'école tenue par les sœurs de la Sainte-Croix de Jérusalem – Taybeh, Terre Sainte. Septembre 2017

Sur la côte lycienne près de Myra, dans les pas de Saint Nicolas – Turquie. Octobre 2017

Toussaint à la cathédrale du Sacré-Cœur – Skopje, Macédoine. Novembre 2017

Intérieur du monastère de Varlaam – Météores, Grèce. Octobre 2017

Deux poètes boxeurs orthodoxes, qui donnent autant qu'ils reçoivent –
Kosovska Mitrovica, Serbie. Novembre 2017

17 novembre 2017, arrivée place Saint-Pierre, après 359 jours sur la route.
Vatican

15 décembre 2017
Arrivée à Notre-Dame de Paris
après 387 jours de route

montre la réception de personnages provenant des 23 nations assujetties et conduites par des guides perses et mèdes, le panneau central est religieux et montre Ahuramazda, une divinité importante de l'époque, gardée par deux griffons à têtes humaines, surplombant quatre gardes perses et mèdes. Témoignage incroyable de la diversité monumentale de cet empire, un des plus vastes jamais connus. Près de 145 m de frise sont encore largement visibles, ce qui laisse songeur quant à l'intégralité de l'ouvrage lorsqu'il était encore debout. C'est ici qu'en mars 1971, le Shah d'Iran Mohammad Reza Pahlavi célébrera avec un faste inouï les 2 500 ans de l'Empire perse. Ce sera un des éléments conduisant à sa chute quelques années plus tard.

Lundi 29 mai 2017, J 186. Varzaneh

Un passage par Yazd où j'achète un tapis volant, celui repéré depuis trois semaines et dont je discute le prix par sms avec Reza, le responsable de la boutique, presque quotidiennement. Les murs de pisée sous le soleil prennent tout leur sens. Avec Thibault et Mathilde, les histoires de voile deviennent un gag permanent. Le ramadan qui a débuté ne facilite pas les choses, surtout pour déjeuner. Nous sommes obligés de nous préparer des pique-niques afin de ne pas mourir de faim dans la journée. Point positif, les rues sont désertes dans la journée et dans les jardins de Dowlat Abad, nous sommes seuls pour profiter de ces splendides perspectives au bord de bassins apportant une fraîcheur bienvenue.

Varzaneh et ses dunes de sable, un petit paradis au bord du désert. J'y suis passé à vélo, je vais pouvoir profiter plus largement des merveilles de la nature avec mes amis. Les dunes toutes proches sont un terrain de jeu splendide pour aller surfer. Planche de surf dans le coffre, Mohammed qui gère la *Guest House* où nous dormons, nous emmène dans le désert avec Simon et Sarah, deux Français en vacances dans le coin. Au hasard d'une discussion, nous nous rendons compte que lui travaille avec une de mes amies. Si ça n'est pas trop fort ça !

Direction le lac salé, pour une séance de baignade dans une eau huileuse et douce pour la peau, avant de déguster une pastèque au milieu de ce paysage lunaire. Le temps s'est arrêté, la douceur du soleil de fin de journée illumine le sel blanc sortant du sol, donnant une impression de mer de glace.

Puis nous escaladons d'un bond les dunes marquant la limite du lac. À la recherche de la vague parfaite, de la pente idéale, nous glissons avec un mince objet de carbone et métal sur les billes de sable. Le soleil se couche, les runs s'enchaînent jusqu'à ne plus rien voir. Nos guides sont hilares et heureux de partager ces moments avec des Européens qui ne viennent pas si souvent que cela ici. L'échange est franc, sans artifices, des hommes heureux d'être ensemble alors que les étoiles filantes déchirent le ciel constellé de points lumineux.

Samedi 3 juin 2017, J 191. Kashan

Provisions en poche, bière sans alcool à la main, nous profitons de la fraîcheur qu'accorde la nuit sur la place de l'imam de Ispahan. Les illuminations, étonnemment sobres pour une fois, laissent un panorama enchanteur. Les enfants jouent pendant que les parents devisent avec leurs amis, chicha et thé posés à portée de main, prêts à refaire le monde jusqu'à l'aurore.

Les visites de mosquées nous occupent, nous sommes émerveillés par l'extraordinaire collection de mosaïques. L'acoustique au centre de la mosquée du Shah est étonnante, un simple murmure s'entend à l'autre bout du bâtiment. Peu d'Européens en cette période de ramadan, il faut noter que le quai d'Orsay déconseille de se rendre en Iran et encore plus durant ce mois. Je ne note pourtant pas plus de tensions envers les Occidentaux, encore un décalage entre la politique vue de France et la réalité sur place.

Les guichetiers du palais d'Ali Quapu nous expliquent qu'il est normal pour des touristes de payer plus cher que des Iraniens et souhaitent nous escroquer allègrement. Cette manie de prendre les touristes pour des porte-monnaie ambulants est pénible. Le mari de notre hôte louant sur le *AirBnB* local deux pièces de son appartement essaiera aussi de nous sous-tirer de l'argent : *« Je vous dépose sur la place de l'Imam, c'est sur mon chemin»*, avant de me demander de payer le triple du prix habituel d'une course de taxi. Cette ville est trop touristique, nous filons dare-dare à Kashan en bus VIP où deux jeunes nous voyant marcher sous le cagnard nous déposent à notre hôtel, refusant net toute gratification. Autre ville, autre mentalité…

Accroché à la roche, à flanc de montagne, blotti contre elle, le village d'Abyaneh est un vestige de ces tribus montagnardes s'étant peu à peu sédentarisées. Les maisons de couleur ocre bâties avec la terre riche en fer se camouflent dans les recoins de la roche, tassées les unes contre les autres. Fatima Loeb, notre chauffeur, nous y conduit. Doublant la majorité des autres automobiles circulant dans le même sens, Abyaneh semble endormi lorsque nous arrivons, et pour cause: un vendredi de ramadan, il n'y a pas âme qui vive. Quelques boutiques sont ouvertes mais c'est tout. L'air montagnard frais nous apporte une bouffée d'oxygène bienvenue alors que nous nous rendons sur le coteau opposé afin d'admirer la vue de ce village étonnant. Aujourd'hui, c'est essentiellement le tourisme qui fait vivre ces recoins de tradition, l'agriculture ne permettant que difficilement de subvenir aux besoins des familles.

En redescendant vers Kashan, les canons de DCA nous rappellent que le sujet du nucléaire est aujourd'hui toujours sensible et les panneaux interdisant les photos de la zone également. Le site de Natanz fait partie de ces endroits révélés au grand public en 2002 pour abriter une part du programme nucléaire iranien. La proximité d'une autoroute laisse penser que les locaux devaient bien se douter qu'il ne s'agissait pas d'une usine lambda. C'est ici que des centrifugeuses tournent afin d'enrichir l'uranium à hauteur de 20 % (Uranium 235), permettant le fonctionnement d'un réacteur nucléaire. Depuis le 9 février 2010, le site est opérationnel et comprend 3000 centrifugeuses environ.

Dimanche 4 juin 2017, J192. Naragh. 9 011 km

Reprendre la route à travers la montagne, quel bonheur! Après avoir salué Mathilde et Thibault qui rentrent à Téhéran pour attraper leur avion, je file plein ouest. Direction le Kurdistan iranien que l'on m'a vanté. Un détour de 400 km pour aller admirer des vallées dont les panoramas semblent extraordinaires. Le soleil brûle, la route s'élève et je perds ma carte. Mauvaise idée : les courbes de niveau et l'intégralité des routes y sont renseignées ainsi que les points intéressants. Je m'en veux de l'avoir mal accrochée sur le dessus de ma sacoche de guidon, de quoi vais-je avoir l'air désormais sans carte. Il me faudra absolument en trouver une à Hamadan ou même avant.

Un col à 2 537 m d'altitude marque les 9 000 km pédalés, sacrée distance mine de rien, et ça n'est pas terminé. Un splendide bivouac dans un champ à Naragh me comble. Plein ouest, coucher de soleil sur les montagnes, au bord d'une rivière. On dirait une vue de l'Aubrac, de ses grands plateaux verdoyants et de ses troupeaux de moutons menés par leurs bergers. L'air est frais, la fatigue clairement là, j'écrase complètement une fois passé en position allongée.

Lundi 5 juin 2017, Khomenei. J 193. 9 112 km

Les paysages ont complètement changé. Les montagnes ont remplacé le désert plat et caillouteux, les champs ont fait leur apparition. Verdoyante agriculture irriguée par les torrents descendants de la montagne. J'avance bien le matin, presque 80 km avant de m'arrêter déjeuner, ce qui permet d'éviter les heures les plus chaudes avec une sieste et vers 16 heures de repartir pour boucler la distance usuelle des 100 km journaliers. La route me conduit par Khomein, ville natale de l'ayatollah Khomeiny qui souleva la révolution contre le Shah en 1979, après un exil de presque dix ans à proximité de Paris.

Alors que je souhaite faire la sieste, des jeunes Iraniens viennent systématiquement me déranger, demander des choses, discuter. L'un d'entre eux parlant anglais, je lui exprime assez sèchement que je n'ai pas envie de discuter. C'est fou comme ils semblent ne pas comprendre le besoin d'être par moments tranquille. Sur la route un peu plus loin, une voiture s'arrête et me salue. La femme est cyclo-touriste et vient de pédaler entre

Téhéran, Kavin et Khomenei. Son ami la ramène jusqu'à Téhéran, ils sont tout heureux de rencontrer un Français qui pédale tout seul au milieu de leur pays et me donnent un bon contact pour un logement à Hamadan où je serai dans quelques jours. Un peu plus loin, une voiture s'arrête et m'offre des provisions, de l'eau fraîche… ça n'est pas un rêve, l'Iran est comme ça.

Un bivouac posé en bordure d'un champ sur la ligne de crête à la manière des goumiers. L'air frais est exquis, et permet de respirer après une bonne journée de chaleur.

Mardi 6 juin 2017, J 194. Malayer. 9 235 km

Les monts illuminés par le soleil perçant timidement la fine couche de brume typique de l'aurore dominent la plaine ondulante. Les ressauts du relief tels des petites bosses éparses donnent une atmosphère d'indépendance aux maisons juchées sur leur sommet.

Je me heurte aux portes closes de l'église arménienne d'Arak. À mon grand regret, il faut poursuivre. Au bord d'une quatre voies, je m'arrête pour déjeuner puis faire la sieste dans un restaurant routier. Reprenant ensuite cette route assez dangereuse, je bifurque à Tahte Mahal plein nord dans une vallée que j'ai repérée sur le GPS de mon smartphone. Calme, route tranquille, légèrement encaissée, verdoyante, c'est exquis à souhait. Le thermomètre se détend et rend le pédalage fantastique. Quelques femmes voilées me saluent, les enfants courent quelques mètres à proximité. Un tracteur antédiluvien me double dans une pétarade de bielles et de cylindres usés avant de tourner dans un champ le long de la rivière. Je roule presque une heure ainsi, le temps d'atteindre Javarseyan, tout heureux de mon choix légèrement moins direct mais si agréable, pour rejoindre Malayer.

À l'entrée de la ville, un policier me fait signe de stopper ma course et de le rejoindre pour un contrôle. Rien de bien étonnant, cela m'est arrivé à de nombreuses reprises ici ou dans d'autres pays. Pour l'Iran, c'est plus la curiosité que suscite un touriste circulant à vélo là où il n'y a pas grand monde qu'un désir de contrôler les papiers d'Occidentaux toujours en règle. Sauf que là, c'est différent.

Après un examen consciencieux de mon passeport, de mon extension du visa obtenue quelques jours plus tôt à Téhéran, de la page avec mes informations personnelles, il me fait signe que je ne peux pas continuer, qu'il faut retourner d'où je viens. Surpris et surtout n'envisageant pas de revenir en arrière, je lui indique mon refus de rebrousser chemin, et de continuer vers Malayer. Lui reste figé sur sa position et nous rentrons dans le poste de police où un officier prend les choses en main. Il est parfaitement anglophone, ce qui sera plus simple pour échanger. La zone a l'air d'être interdite aux étrangers, mais j'argumente sur le fait que je ne vais que la traverser, non m'y implanter, et surtout que l'autre route pour aller à Malayer est très dangereuse. Cette dernière étant une deux fois quatre voies, avec des camions et voitures roulant vite, opter pour une petite départementale me semble bien plus intéressant et adapté. Visiblement soucieux de trouver une solution, le capitaine de l'armée est partagé entre ses ordres formels lui intimant de ne pas laisser entrer un étranger dans la zone et la sympathie qu'il semble éprouver pour moi. Je ne comprends toujours pas ce qui les empêche de me laisser avancer, n'ayant obtenu jusqu'alors que des *« c'est interdit, vous ne pouvez pas y aller »*. Les soldats me donnent de quoi manger, de l'eau, ils prennent soin de moi. Les multiples tampons sur mon passeport les impressionnent et lorsque j'annonce arriver de Thaïlande ils déplient aussitôt une carte pour voir d'où je déboule. À la vue de la distance, je récolte des sifflements d'admiration. Le capitaine finit par m'expliquer ce qui pose problème : il y a un centre du programme nucléaire iranien à quelques kilomètres de là, et la zone est rigoureusement interdite aux étrangers. Ni une ni deux, je lui déclare qu'il n'a qu'à demander à une voiture de me suivre afin de vérifier que je ne fais que transiter vers le nord-ouest. La proposition ne l'enchante que moyennement, cela risque fort de lui retomber dessus et les gardiens de la révolution ne sont pas vraiment de grands sensibles. Finalement, il donne quelques ordres pour qu'un de ses hommes me conduise de l'autre côté de la zone interdite, qui commence à la sortie de Malayer, à une cinquantaine de kilomètres de là. Après 1 h 30 d'attente je suis libéré, nous faisons des selfies avec les soldats qui se battent presque pour m'emmener ! Vélo chargé dans le pick-up et c'est parti. Nous dépassons une bonne dizaine de batteries DCA aux servants prêts à tirer. Canons et missiles sont là, tout comme la menace israélienne de détruire ces sites. La pénombre laisse tout de même apparaître sur la droite, au fond de la plaine, le site du réacteur nucléaire d'Arak IR-40 à eau lourde adossé à la montagne. L'endroit et ses activités sont connus des inspecteurs de l'AIEA (Agence internationale de l'énergie atomique). Le site est opérationnel depuis 2013. Néanmoins, les touristes peuvent toujours maquiller un barbouze du 11e Choc ou du 13e RDP à l'affût de renseignements sur le site. Ce sujet est tellement sensible pour le gouvernement iranien qu'on peut comprendre qu'ils soient assez précautionneux lorsque l'on s'approche de ces endroits. Fort heureusement, je ne finirai pas dans une geôle anonyme pour espionnage, ce qui m'aurait cela dit permis de raconter une histoire amusante.

Dans un parc, je trouve un coin pour planter ma tente et des Iraniens m'invitent d'une manière tout à fait naturelle à partager avec eux l'*iftar*, repas de rupture du jeûne en ce mois de ramadan.

Jeudi 8 juin 2017, J 196. Qorvay. 9 442 km

Entrer dans le Kurdistan de plain-pied, c'est un monde. Hier à Hamadan, la visite à la tombe d'Ester et de Mardochée a été un grand moment. L'Iran, ennemi politique d'Israël depuis sa création en 1948, permet à la communauté juive de continuer à vivre sur son sol. Ispahan, Téhéran, Hamadan sont les principaux foyers du judaïsme en Iran. Pays de paradoxe comme toujours. Épouse du roi perse Xerxès 1er, elle est de la tribu de Benjamin qui fait partie du royaume de Juda avant l'exil à Babylone. C'est donc pour cette raison qu'elle se retrouve au palais du roi perse à Chouchan. Son cousin Mardochée réussit à en faire une épouse du roi Assuérus sans que celui-ci ne sache qu'elle est juive. Le ministre du roi, Haman, décide d'exterminer tous les Juifs du royaume, ce que ne peut accepter Esther, qui, si elle ne risque rien personnellement, est juive et donc concernée par la question. Après avoir jeûné trois jours et invité le roi à dîner, elle l'informe de sa véritable identité et du décret publié par son ministre. Le roi entre dans une colère noire et annule le décret, redonnant ainsi le droit aux Juifs de se défendre s'ils sont attaqués. Il fait même exécuter Haman, le ministre en cause. Le mausolée d'Esther à Hamadan est devenu un centre de pèlerinage très important pour les Juifs d'Iran. La tradition juive retient d'elle que Dieu en a fait un instrument pour éviter la destruction du peuple juif durant son exil à Babylone. La fête de Pourim commémore cet évènement miraculeux pour les Juifs. Chose étonnante, les mausolées d'Esther et Mardochée sont vénérés également par les musulmans chiites (iraniens majoritairement) et sunnites (le reste des musulmans) puisque le Coran reprend un certain nombre de passages bibliques à son compte.

Les plateaux du Kurdistan défilent dans ce décor gigantesque. Les champs de blé entrecoupés de haies sont encore verts. Plus je gagne vers l'ouest, plus les journées sont longues le soir. Idéal pour rouler avec cette lumière qui reste longtemps encore. Je profite des bains publics pour quelques milliers de rials et peux bénéficier d'une douche chaude et faire une lessive, bonheur du cycliste. S'il a la possibilité de se laver ainsi que ses vêtements, le voyageur peut dormir à la belle étoile ou sous tente sur un rythme infini. Derrière une ferme je plante ma tente, le fils du propriétaire, Mohammed, est tout intrigué par mon vélo et pour cause : il est champion d'Iran de VTT ! Dans la nuit la fraîcheur revient, et je dors comme un loir.

Lundi 12 juin 2017, J 200. Saqqez. 9 807 km

« Les vallées du Kurdistan sont les plus belles d'Iran, tu verras ». Rémi, voyageur suisse rencontré à Kashan ne m'avait pas menti ! Une beauté minérale saisissante : dès que les conditions climatiques sont légèrement favorables, la végétation s'enracine dans cet océan d'aridité. Les cultures en terrasse aux couleurs chatoyantes m'envoient un uppercut dans la rétine. On se croirait en Provence avec ce ciel bleu, les couleurs pastel, l'air léger mais chaud. À Marivan, le bord du lac dans cette plaine de dépression a des airs de côte d'azur. Un club huppé avec des jeunes

fortunés d'un côté, musique à fond et engins sportifs sur la jetée ; plage familiale de l'autre. La région est fantastique avec ses vallées aux flancs abruptes et ses villages qui y sont accrochés. Je suis le seul touriste au milieu de ces Kurdes, très différents des Iraniens. Ici, les hommes portent des pantalons larges et des turbans. La lumière blanche intense sublime ces montagnes brutes. Ces paysages variés sont fascinants. Un col peut présenter d'un côté une face aride et de l'autre, des champs aménagés le long d'une rivière, des terrasses pour cultiver des céréales, enfin des arbres.

Un soir, une paysanne à qui je demande si je peux planter ma tente me chasse sans ménagement. C'est dans un poste de secours du croissant rouge que je dormirai.

La route est défoncée, je n'ai plus d'eau et presque plus rien à manger. Au détour d'un virage, dans la montée interminable du col au-dessus de Sanandaj, à 2 222 m, je tombe sur une source et une famille en train de pique-niquer. Quoi de plus naturel pour eux que de m'offrir fromage, pastèque, pain, poulet, thé, gâteaux... Le long de la rivière, la route chemine. Je m'y baigne plusieurs fois par jour. Elle est très fraîche mais c'est excellent pour la circulation sanguine. À l'ombre des arbres, je déjeune tranquillement des victuailles que l'on me donne ou que j'arrive parfois à acheter. Les vergers sont omniprésents et à chaque virage un Kurde vend sa production : fraises, abricots, raisins, cerises, pommes. Je deviens un véritable fructivore !

À quelques kilomètres de l'Irak, les passages stratégiques sont gardés par l'armée. La montagne se pare de ses plus beaux atours. En descendant jusqu'aux ruisseaux, je suis émerveillé par les irrégularités de nuances jaunes, vertes, marron, grises. Les villages accrochés à la montagne me donnent le vertige. Comment tiennent-ils ? Ce paysage est typique de la région où l'espace plat est immédiatement utilisé. Les maisons de village, empilées les unes sur les autres, semblent être apparues d'un coup de baguette magique. Les toits des unes forment les terrasses des autres. L'ocre poussiéreux qui les caractérise rend leur couleur splendide et délicatement rétro. Enlevez les câbles électriques parsemant la vallée, les voitures et vous voici plongés au XVIIe siècle.

Une caravane incessante de 4x4 chargés jusqu'à la gueule me dépasse ou me croise, soulevant sur la piste un nuage de fumée. Depuis Marivan, la route se transforme tous les 10 à 15 km en piste plus ou moins bien entretenue. Les descentes sont éprouvantes, voire plus, pour la bicyclette qui semble être toujours prête à lâcher, mais qui tient bon. Ce massif montagneux aux vallées encaissées est prodigieux. Découpés, déchiquetés par l'érosion, les sommets veillent en protecteurs sur ce pays kurde. À cheval sur l'Irak et l'Iran, les rivalités régionales sont comme partout en Orient, hautement complexes.

Jeudi 15 juin 2017, J203. Urmia. 10 040 km

Passer la barre des 10 000 km, c'est un cap, c'est une étape. Un quart de tour de globe à coups de pédale, ça commence à faire. Et il reste encore une sacrée distance !

À Urmia, je retrouve des signes d'une présence chrétienne : une église assyro-chaldéenne et une église arménienne apostolique de l'autre côté de la rue où je suis fort aimablement accueilli en cette période de ramadan. Mes hôtes m'emmènent ensuite à l'évêché voisin, où l'on me présente le père Jean-Louis. 78 ans, dont 50 de mission en Iran ! Membre de la communauté des frères de Charles de Foucauld, il est arrivé au Liban pour deux années de coopération, quand son supérieur demanda deux volontaires pour l'Iran. Pas spécialement doué pour les langues selon ses dires, il a quand même été sélectionné, a appris le farsi et le syriaque sur le tas et a entrepris un travail missionnaire dans les montagnes de la région de Urmia, dans un petit village comptant 65 familles chrétiennes. À l'issue de ces deux années, il est rentré en France pour achever sa formation, être ordonné prêtre, avant de repartir pour quelques années de service : 48 à ce jour. Si l'on m'avait dit que je rencontrerai un missionnaire français, brestois, au Kurdistan iranien, je ne l'aurais jamais cru !

Le tableau décrit par le père Jean-Louis sur la situation des chrétiens est éloquent. N'ayant plus le droit de travailler dans les administrations, entreprises d'État ou celles jugées stratégiques, pas plus que dans la restauration, beaucoup ont pris le chemin de l'exil. Jamais, du temps du Shah, les chrétiens n'auraient pu imaginer cela. Certains sont restés, mais désormais les jeunes, n'ayant que peu de perspectives, envisagent à peu près tous de quitter cette terre qui a pourtant vu vivre les leurs depuis 2000 ans. Sur les 65 familles chrétiennes présentes au village au moment où le père démarrait son ministère, il n'en reste plus qu'une seule. 200 Kurdes sont arrivés pour remplacer peu à peu les autres. «*D'ici une quinzaine d'années, la population chrétienne aura totalement disparu d'Iran, hors étrangers expatriés*». Les registres de baptêmes et de décès sont sans appel. Les deux seuls prêtres iraniens du diocèse voient l'évangélisation plus que compromise.

La cathédrale Sainte-Marie mère de Dieu est le siège du diocèse chaldéen de Urmia, un des lieux les plus anciens de la présence chrétienne. Mgr Thomas Meram, présent dans son évêché en ce jour, m'accueille et nous devisons de la situation des chrétiens ici. Il me parle d'une époque encore proche où tous les villages des montagnes étaient encore christianisés. Comme en Thaïlande et dans d'autres pays, ce sont les minorités montagnardes qui se sont laissées convertir en premier. Depuis 1967, Mgr Meram est à Urmia. Après avoir été prêtre de paroisse dans les villages environnants, il est devenu l'archevêque des assyro-chaldéens catholiques depuis maintenant 35 ans. Durant la révolution islamique de 1979, beaucoup ont fui pour sauver leurs vies. La guerre entre l'Iran et l'Irak, qui a eu lieu jusqu'en 1988, n'a pas arrangé les choses. Établis aujourd'hui aux États-Unis ou en Turquie, ils restent toutefois attachés à leur terre et y reviennent. Formé au séminaire chaldéen catholique Saint-Pierre de Bagdad, Mgr Meram a célébré dimanche dernier ses 50 années de sacerdoce. Il s'en est fallu de peu pour que je puisse y assister. Son enthousiasme est loin d'être entamé par les années. Bien sûr, la réalité est rude mais il garde une ferme espérance dans le Christ. Ses relations avec le gouvernement sont bonnes, que ce soit à propos du respect de sa personne, comme de celui de sa communauté. Il peut sortir dans la rue avec sa croix pectorale sans qu'on lui tombe dessus. Le fait d'être dans une petite ville de province y contribue : Mgr Meram fait partie des notables de la ville. En 1982, il a été élu évêque par le Synode chaldéen et saint Jean-Paul II l'a confirmé dans ce choix. Il ne doit pas y avoir encore aujourd'hui beaucoup d'évêques ayant connu trois Papes dans l'exercice de leur ministère épiscopal au même endroit.

« Notre plus grande mission est de maintenir les chrétiens dans l'Église » me dit-il avant d'ajouter sans discontinuer, *« trop nombreux sont ceux qui veulent partir et qui idéalisent la vie à l'étranger. C'est compliqué de se retrouver seul dans un monde inconnu »*. Ce cri du cœur du pasteur sonne comme une charge contre ce qui menace l'unité des familles, irrémédiablement brisée, le cas échéant. Les dizaines de milliers de chrétiens des années 1950 ne sont plus que 4 000 à 5 000 aujourd'hui, avec une pente descendante nette. *« Les chrétiens s'éteignent progressivement au Moyen-Orient »* et l'Europe n'aide pas vraiment ces populations à rester, ni à partir pour ceux le souhaitant. *« Jamais nous n'obtenons de visas en tant que chrétiens »*.

Le grand défi des Églises d'Orient est de conserver les chrétiens sur leurs terres en ces périodes difficiles. En 1985, ils étaient 1,5 million de chrétiens en Irak. Aujourd'hui, on n'en compte plus que 300 000. Beaucoup ont émigré pour fuir les persécutions. Le père Issa me parlait à Téhéran d'une *« d'épidémie migratoire »* qui affaiblit de plus en plus la communauté et donne raison à ceux qui ne souhaitent que cela. Les chaldéens sont présents dans le monde entier, avec huit diocèses en Irak, deux aux USA, un au Canada, un en Australie, un en Syrie, un au Liban, un à Constantinople et deux en Iran. Le Patriarche siège à Bagdad et le séminaire est désormais localisé à Erbil, au Kurdistan irakien. 19 séminaristes y étudient, dont deux Iraniens. Aujourd'hui, environ 450 familles chaldéennes vivent dans le diocèse de Téhéran, 300 dans le diocèse de Urmia, dont sept à huit à Hamadan et une dizaine à Ispahan. Le nombre est faible, mais tous sont profondément attachés à leur terre.

Je prends congé de Mgr Meram qui me glisse un dernier conseil : *« Si tu n'as pas d'espoir, tu ne peux pas vivre, garde toujours espoir »*.

Dimanche 18 juin 2017, J 206.
Jolfa, monastère Saint-Stéphane. 10 355 km

Le lac de Urmia est une mer d'Aral en modèle réduit. Mêmes causes, mêmes effets. Depuis 50 ans, les paysans cultivant des terres aux alentours du lac se sont tournés vers une agriculture de légumes très intensive, extrêmement consommatrice d'eau. Le lac n'est plus assez alimenté en eau pour compenser l'évaporation immense et perd de la profondeur chaque année. La teneur en sel augmente, la vie meurt et il ne reste plus rien. Cette concentration donne néanmoins de très beaux effets d'optique roses, rouges, verts et blancs, permettant des photos intéressantes. Heureusement, depuis quelques années, le problème a été pris en compte mais les changements de comportements sont très longs à mettre en place, d'autant plus quand l'ancien gouvernement annonçait que c'était un complot des Américains qui ne faisaient pas pleuvoir assez sur la région et asséchaient ainsi le lac ! Non, c'est simplement une agriculture non adaptée à l'hydrographie du lieu qui pose problème. Mais la conscience écologique est malheureusement assez lente pour se réveiller dans tous ces endroits du globe.

À Khaseban, faisant une pause peu après avoir failli percuter un troupeau de dromadaires errant sur la route, je rencontre quelques villageois. Des bergers guident leurs troupeaux vers les prairies en cette fin de journée, la chaleur se calmant. Un villageois anglophone discute avec moi et me montre des photos de 2004 : un cycliste suisse au milieu d'eux posant pour la postérité. Voilà treize années qu'aucun cycliste ne s'était arrêté dans leur village, pourtant situé dans une région et sur des axes importants. Pour eux, tous les Occidentaux se déplacent à vélo comme moi, ce que je démens mais mon interlocuteur n'en démord pas, c'est une évidence pour lui. Quelle ne sera pas sa surprise lorsqu'il en verra – si cela arrive un jour – débarquer au volant d'un gros 4x4 !

Tabriz, une opulente cité commerciale du nord de l'Iran, dans une plaine fertile irriguée par l'Aji et le Quri, descendant des montagnes avoisinantes : Eynali et Sahand. Les vastes prairies lui confèrent une position de choix pour les Mongoles et Abaka Khan, petit-fils de Gengis Khan la propulse au rang de capitale régionale. Ville emblématique de la route de la soie, Marco Polo y passera et dira d'elle qu'elle est *« une grande ville entourée de beaux et agréables jardins. Elle est excellemment située et on y trouve des marchandises venues de toutes les régions. Les marchands latins et en particulier les Génois s'y rendent pour acheter des marchandises »*. Point pivot de l'Orient vers l'Occident, son territoire sera souvent disputé aux Perses par les Ottomans, puis au début du XIXe siècle brièvement occupé par les Russes. Tamerlan la mettra à sac en 1392, mais elle s'en relèvera.

Son bazar est certainement le plus bel héritage de cette période extraordinaire que fut le XIIIe siècle. Classée au patrimoine mondial de l'UNESCO en 2010, cette ville dans la ville, de trois km par deux, revendique le titre de « plus grand bazar du monde ». C'est également celui de Téhéran.

Sous les voûtes à arc-boutant, on retrouve les différents corps de métiers dont vous pouvez avoir besoin, organisés par corporations. Ici les orfèvres, là les vendeurs de fruits et légumes, à droite les bouchers, quand à gauche le bétail est encore bien vivant. Poules, veaux, vaches cohabitent joyeusement avec les biens en plastique *made in China* fraîchement importés, les appareils électroniques divers, la téléphonie mobile… Vous pouvez trouver absolument de tout dans ce bazar où les espaces les plus nobles, les mieux décorés, les plus aérés, sont réservés au quartier de l'art. Au guidon de mon vélo lourdement chargé, je slalome dans les allées sans trop de peine. Ces derniières étant organisées pour laisser circuler des chariots remplis jusqu'à la gueule de denrées diverses, mon vélo ne choque pas vraiment les badauds. Déboulant d'une allée, j'arrive dans une immense salle voûtée où s'alignent des vendeurs de tapis. Tranquillement installés dans leurs échoppes ils attendent le client avec calme, loin de l'image populaire du marchand de tapis.

Je ne parviens pas à trouver l'église Saint-Lazare dans le tumulte de la circulation impossible et une voiture me percute, brisant net deux rayons d'une de mes roues et déchirant une sacoche. Le conducteur m'a coupé la route mais s'est enfui bien vite une fois son forfait accompli, je suis furieux. Plus j'avance vers le nord, pires sont les conducteurs, de véritables dangers publics ! N'ayant pas l'outil ad hoc, je suis contraint de trouver un réparateur de vélo. Cela me fait perdre un temps précieux. Au final, je me charge moi-même, avec ses outils, d'une bonne partie de la réparation, il fera les finitions.

Dernier saut de puce avant l'Arménie, mais déjà le pays a changé. Deux fois et demie grand comme la France, une topographie très variée composée de plaines, désert, montagnes, mer, collines ; l'étendue de cette terre y contribue.

Le monastère Saint-Stéphane, à Jolfa, illustre bien cette diversité. Territoire historiquement arménien depuis des siècles, il est passé voici une bonne centaine d'années sous contrôle iranien, à la chute de l'empire ottoman. Il est bel et bien situé en surplomb de l'Araxe. Je n'aurai eu que très rarement une pente aussi ardue à monter. Au bas mot 25 %, un enfer qu'il faut vaincre sans mettre pied à terre pour mériter le droit de visiter cet extraordinaire monument de la chrétienté arménienne.

L'église en plan de croix grecque est coiffée d'une coupole en ombrelle reposant sur un tambour à seize côtés, représentant les douze apôtres, Dieu, la Vierge Marie, saint Jean-Baptiste et saint Grégoire l'Illuminateur. Le monastère en lui-même consiste en un vaste rectangle de 48x72 m défendu par quatre tours aux angles. Presque intégralement restauré au XVIIe siècle, puis dans les années cinquante par des archéologues et historiens, le plan général date de 1330. La pierre ocre soigneusement taillée dans des nuances différentes offre un splendide spectacle dans le soir couchant. Pas de chance, le monastère est fermé lorsque j'arrive. Impossible d'obtenir une faveur de la part du gardien. Je tourne autour, bois à la source d'eau fraîche et examine les environs lorsqu'une idée me traverse l'esprit : venir ici pour ne pas pouvoir rentrer dans le monastère est quand même bien dommage ! Je monte un bivouac dans les bois abrupts, le hamac est encore bien utile pour s'affranchir de la déclivité de la pente. Personne ne viendrait imaginer qu'un cycliste français puisse dormir ici.

Au petit matin, alors que l'aube pointe tout juste son nez, bien avant l'heure officielle d'ouverture, je contourne le monastère et arrive par le côté amont, via la montagne. Silencieusement, j'escalade le mur sud et d'un bond, me retrouve à l'intérieur. Les grosses pierres du mur d'enceinte ne m'auront pas vraiment arrêté, bien que le mur étant assez friable, il n'est pas si aisé que cela de ne pas déraper. Silence dans cette matinée, je suis seul. Un monastère classé à l'UNESCO, ce n'est pas banal. Je déambule là où je peux en faisant attention aux quelques caméras mais le gardien travaille bien : les portes sont verrouillées, l'église, les cellules des moines, le réfectoire restent inaccessibles. Après avoir admiré de près les katchkhars[23], il est temps d'y aller, ce soir l'Arménie m'attend ! Heureux de ma petite promenade, je roule le long de l'Arax qui défend par ses flots puissants le passage vers l'Arménie.

---

23. Stèles de grès, de basalte, de felsite ou d'andésite finement sculptées, typiques de l'art religieux arménien.

GÉORGIE
11107 km
6 juillet
224 jours
ARMÉNIE
TURQUIE
Haut Karabagh
AZERBAÏDJAN
Erevan
Mont
Ararat
Noravank
Tatev
N
Lac de Van
Bière !
100 km

Monastère de Novarank, Arménie

8

ARMÉNIE ET GÉORGIE

« Tôt ou tard, avec de la persévérance,
on surmonte les difficultés qui nous arrêtent. »
Henri Lacordaire

Mardi 20 juin 2017, J 208. Kapan. 10 529 km

Le col de Meghri à 2 535 m m'accueille. L'Arménie ne s'offre pas au tout-venant. Grand-route, la M2, qui traverse le pays du nord au sud, est aussi large qu'une départementale et tournicote autant qu'une route de montagne.

Au poste-frontière, le douanier examine très attentivement mon passeport bardé de coups de tampons dans tous les sens. Il se demande si celui-ci n'est pas un faux, le fait passer dans une machine puis une autre, tente de lire des écritures à travers... Tant de visas l'ornent, une absurdité d'avoir voulu traverser autant de pays avec un faux ! Il est déjà si écorné que cela peut en effet faire douter le fonctionnaire.

S'envoyer 2000 m de dénivelé positif de bon matin, histoire de voir si les jambes suivent toujours, mauvaise idée mais je n'ai pas le choix! Les cuisses et les mollets brûlent, le soleil donne et le col n'est toujours pas là. Les lacets s'enchaînent inlassablement, montant le long de la vallée. Les pourcentages se stabilisent autour de 6 à 7 %, alternant avec quelques sections plates. Les nombreuses fontaines sont des points d'ancrage précieux pour se désaltérer, remplacer l'eau qui s'évacue du corps. Fraîche et minérale, cette eau est un régal.

Tenant bon, j'enlève ce col et contemple le paysage dégagé, fait de vallées courant d'est en ouest. Les montagnes barrent ma remontée vers le nord. Les prochains jours promettent d'être sportifs. Au sommet, deux Arméniens me partagent leur fromage et leur pain alors que je leur offre quelques dattes qu'il me restait d'Iran. La descente s'annonce vertigineuse, la prudence est de mise : je titille le compteur kilométrique pour le faire passer dans la dizaine supérieure.

Vendredi 23 juin 2017, J211. Karki. 10 761 km

Un pneu arrière déchiré, avec le risque d'un délaminage complet à haute vitesse, entraînant une rencontre violente et impromptue avec le sol : voilà ce que je risque avec cette déchirure que je constate sur le pneu « increvable » Schwalbe. Certes depuis qu'il est en fonction je n'ai pas crevé, pas plus qu'à l'avant. En revanche, qu'après simplement 5000 km il soit déjà trop abîmé n'est clairement pas normal. Je suis furieux contre le fabricant et d'autres cyclistes témoignent sur un groupe *whatsapp* de leurs mésaventures avec les pneus de la marque. Heureusement, ma famille me rejoint à Erevan dans quelques jours. Je leur envoie aussi vite que possible un message leur donnant la référence des pneus à m'apporter afin de pouvoir continuer. Il ne s'agirait pas d'arrêter ma course maintenant pour une idiote histoire d'accident.

Au milieu de la plaine le bivouac est là, tranquille et paisible. Planter la tente est un acte qui paraît anodin lorsqu'il est ponctuel, mais pour celui qui en prend l'habitude tous les soirs, c'est un retour à la maison!

Quelques millimètres de polyester pour marquer l'espace permettant de se protéger de dehors. C'est peu et beaucoup. Ces millimètres autorisent à se jouer du blizzard pour un repos salvateur après une journée d'effort. Le bivouac est un moment unique et recherché par le voyageur. S'installer dans un beau lieu dégagé. Idéalement sur l'interfluve pour bénéficier à la fois du soleil couchant et levant. Ce soir, c'est sur un promontoire dominant le village que je m'installe. Deux cyclistes allemands sont passés ici hier et vont en direction de Yerevan me disent les villageois.

Sortir l'attirail pour cuisiner, un réchaud à pétrole et une gamelle, puis mettre de l'eau à chauffer. Boulgour, pâtes, blé, riz, spaghetti… Le menu varie peu mais je me plie à la discipline de cuisiner les mets les plus raffinés qu'il soit. Les omelettes, galettes de sarrasin, crêpes, ainsi que des menus trappeurs les soirs où je peux allumer un feu égaillent les soirées et les papilles.

Sur les routes cabossées, irrégulières, escarpées et poussiéreuses d'Arménie, le bivouac du soir comme partout est un plaisir. Les grands espaces et le ciel gigantesque donnent l'envie de ne vivre que pour ça. Aller de bivouac en bivouac sur les routes où plus personne ne passe, hormis des tracteurs aux moteurs hors d'âge toussant et faisant vibrer leurs pistons pour les propulser vers le prochain champ à labourer. Les églises fièrement dressées au milieu de la campagne, au bord d'à-pic vertigineux, parachèvent ce panorama fantastique.

Dans ce pays orienté nord-sud, avec des montagnes courant est-ouest, il est nécessaire de continuellement gravir un col jusqu'à 2000 m d'altitude pour replonger dans la vallée jusqu'au talweg à 500 m, et ensuite recommencer jusqu'au suivant. Les pourcentages impressionnants ont fait chauffer la cassette, le dérailleur et la chaîne. La promenade s'est transformée en duel sanglant. Pas de place ici pour la demi-mesure. La pente s'accentue, devient brutale, alors que les derniers mètres d'asphalte s'effacent. Terre, cailloux et graviers d'un côté ; vélo et pilote de l'autre. La bataille peut commencer. Chaque mètre gagné a des allures de victoire, de col « hors catégorie » du Tour de France. Point d'économie dans cette journée où le compteur avance sur un rythme désespérant. Il n'est pas envisageable de renoncer, de retourner en arrière. La voie est face à moi.

Nature immaculée, boisée, avec simplement la trace de chemins forestiers qui lacèrent les pentes vertes d'un trait marron. À moto, l'Arménie est à coup sûr un régal.

Le monastère de Tatev, immense centre intellectuel de l'Église arménienne au XIIIe siècle apparaît à la fin du jour. En contrebas, du haut du col tout juste franchi, il n'est encore qu'un petit point fondu dans la masse grise de la montagne et de la verdure environnante. La descente sur la sente est progressive, jouant entre les cailloux glissants et les aspérités creusées par les pluies récentes. Aborder le monastère par ce chemin terreux venant des montagnes est un privilège, on le découvre après un chemin éprouvant avec encore plus de bonheur qu'après une route facile. Le ciel bleu est légèrement zébré de quelques cumulus jouant à s'entrechoquer. L'air délicatement frais rend la fin d'après-midi idéale pour rouler. Les sous-bois laissent s'échapper des arômes de cassis, l'été est là.

Erreur fatale de penser cela. Dans la nuit, les cieux se déchaînent. Tambourinant sur la toile de tente toute la seconde partie de nuit, la pluie me réveille. Bien au sec, vérifiant que les tendeurs sont toujours en place, je me rendors. Nous verrons demain. Un déchaînement de gouttelettes puis l'accalmie. C'est le signal, il faut en profiter, bien qu'il soit encore très tôt, pour plier bagage. Il n'y a rien de pire que de décamper sous une pluie battante.

J'ai tout juste le temps de descendre dans le vallon 10 km de piste défoncée, jusqu'au lit de la rivière, pour retrouver une route goudronnée que Zeus déchaîne un torrent d'eau sur ma pauvre carcasse. Trempé jusqu'aux os, je gravis bon an mal an la côte, mais le ciel devenu noir et la pluie redoublant d'intensité me forcent à m'arrêter dans une maison d'hôte. Depuis l'Ouzbékistan, je n'avais pas connu la pluie, quel retour fracassant! Et encore, il ne s'agissait que d'une petite pluie épisodique. La précédente remonte à la Thaïlande durant la saison des pluies, neuf mois auparavant… Certes, il est vrai que la neige tombe du ciel mais ça n'est pas tout à fait la même chose.

Je demande un thé pour me réchauffer. Un touriste me voyant arriver trempé m'interpelle et commande, malgré mes réticences, un petit-déjeuner complet. Revigoré, la pluie se calmant et le ciel s'éclaircissant, je peux reprendre la route. La visibilité exécrable m'empêche de distinguer la pente. Il s'agit d'entrer dans une autre dimension, celle du pédalage continu et automatique. Avancer, tenir bon, rouler coûte que coûte. Dans la brume, je gravis ce haut plateau où en fin de journée se lève le soleil, magnifique clair-obscur au bord d'un lac.

Une journée de rencontres avec Markus, slovaque ; Hervan, suédois ; et Mehdi, turc. Amusant de voir des collègues, tous aussi chargés que moi. C'est à la fois rassurant et motivant. De plus, cela me permet de récupérer des tuyaux sur la route, l'emplacement des cols doubles[24] ou encore les points de ravitaillement.

Demain le mont Ararat, sur lequel, selon la tradition, Noé échoua son arche à l'issue des 40 jours de déluge. Planté du côté turc, le point de vue dans la matinée du côté arménien promet d'être époustouflant.

Dimanche 25 juin 2017, J213. Erevan

Je participe à la messe ce matin chez les Missionnaires de la Charité. Voilà presque un mois que j'ai quitté Téhéran, un mois que je n'ai pu assister à un office. Un tout petit couvent, quasiment l'unique présence catholique latine dans ce pays où l'Église apostolique arménienne et l'État ne font qu'un. C'est parfois à se demander qui, du patriarche d'Arménie Garéguine II ou du Président de la République Armen Sarkissian détient le pouvoir. La très récente révolution arménienne au printemps 2018 est une résurgence de la période soviétique. Comme dans de très nombreux pays anciennement sous le joug de l'URSS, la classe dirigeante actuelle a été en poste dans des administrations diverses voici 30 ans. Le ras-le-bol de ces politiques de copinage et la corruption à répétition ont eu raison de l'ancien gouvernement. L'Église arménienne n'a pas non plus été épargnée

24. Un premier col, descente de quelques centaines de mètres puis remontée vers la seconde partie du col, une topographie à vous tuer un cycliste épuisé!

par les critiques mais apparaît comme le dernier rempart d'unité du pays. Le politologue Guevorg Melikyan analyse cet évènement comme la chute réelle de l'Union soviétique en Arménie : *« L'héritage de cette Union soviétique tenait encore les gens dans la «tenaille». Ce que nous voyons aujourd'hui, c'est une nouvelle génération qui a pris ses responsabilités et a gagné sur cette Arménie soviétique ».*

Sous un doux soleil de fin juin, je découvre la ville d'Erevan, extrêmement agréable. Il y fait chaud mais supportable, les grandes allées modernes conservent une touche de légèreté. L'urbanisme efficace mélange les grandes enseignes internationales où la France se taille la part du lion et friperies dans un désordre insondable. La cathédrale Saint-Grégoire l'Illuminateur veille sur la cité à la périphérie, sur la route du sud. Les platanes distillent leur ombre permettant d'arpenter les vastes places dans un délice de fraîcheur bienvenue. Moderne et européenne, j'ai pleinement l'impression d'être de retour dans un territoire connu, une civilisation proche de la mienne.

Retrouvailles ! Une partie de ma famille me rejoint pour quelques jours à la découverte de ce pays et de ses racines chrétiennes. Sentiment étrange, mêlé de joie d'être ici réunis en Arménie, plus d'un an et demi après nous être quittés pour Maxime et Clotilde mon frère et ma sœur, huit mois pour maman. Ma sœur est venue avec son fils Mayeul, mon filleul, que je découvre alors qu'il est déjà âgé de 11 mois ! Ils sont bien fatigués après une courte nuit partagée entre deux vols, un changement à Kiev et des bagages qui n'arrivent pas ! Un programme rock'n'roll adaptatif, rien de plus normal pour moi mais il est vrai que je ne suis pas vraiment habitué à la présence d'un enfant de 11 mois sur mon porte-bagages.

Dimanche 2 juillet 2017, J220. Erevan

Une bien belle semaine pour découvrir les merveilles de l'Arménie au volant d'un autre véhicule, cette fois-ci autopropulsé par une énergie mécanique artificielle à explosion. Nous visitons Etchmiadzin, Khor

Virap où saint Grégoire l'Illuminateur fut enfermé 13 années durant dans une fosse. Malade, le roi Tiridate IV[25] fit appeler Grégoire qui le soigna, entraînant la conversion du roi et du pays, faisant au tout début du IVe siècle de l'Arménie le premier pays chrétien et lui donnant une structure épiscopale hiérarchique.

Dominée par le mont Ararat situé côté turc, la frontière est à quelques encablures du monastère. Une mosquée la jouxte. Avec ses puissants haut-parleurs, elle appelle cinq fois par jour à la prière des fidèles inexistants puisqu'aucun village n'est construit à proximité. Elle semble n'être là que pour contrarier les pèlerins et rappeler aux Arméniens que les Turcs sont à proximité, les gardant sous leur menace. On a déjà vu plus amical comme relations de voisinage.

Un passage à Tatev par un franc soleil dans ce grand monastère où l'arrivée par téléphérique est majestueuse. Surplombant de presque 250 m le canyon du Vorotan, ce long et récent téléphérique de 5 752 m est le plus long au monde. L'inaccessibilité du lieu se fait encore mieux sentir en prenant de la hauteur.

Le territoire du Haut-Karabagh sera également un excellent souvenir. Il est fortement déconseillé par toutes les agences, le quai d'Orsay et les guides touristiques de s'y rendre, c'est donc pour nous une excellente raison d'y mettre les pieds. Les carcasses de chars jonchent les bords de route, les maisons vaguement réparées portent encore les stigmates de la guerre avec l'Azerbaïdjan (1988-1994). Territoire peuplé à 80 % d'Arméniens, mais placé sous le contrôle de l'Azerbaïdjan durant la période soviétique, selon la méthode éprouvée du « diviser pour mieux régner », à l'implosion de l'URSS les tensions exacerbées ont abouti à une guerre entre voisins. Chouchi, ville meurtrie, conserve des bâtiments en ruine qui témoignent de la violence des combats. Le statu quo d'aujourd'hui fait que le Haut-Karabagh n'est reconnu par aucun autre État que l'Arménie, et

25. Qui n'était pas forcément très ouvert au chrsitianisme puisqu'il avait martyrisé plusieurs chrétiens dont Gayané, Hripsimé et leurs compagnons.

bien que faisant administrativement partie du territoire Azéris, il est lié à l'Arménie. Les nombreux monastères parsemant ses montagnes peuvent en témoigner. Dadivank, Granzazar… L'artifice par lequel des géographes ont tracé les frontières de ces pays en 1920 sans tenir compte de réalités historiques condamne les États comme l'Azerbaïdjan à être écartelés entre un pouvoir légal créé par les communistes que l'histoire a légitimé et un pouvoir réel de l'histoire.

Une route encore en construction qui s'élève dans les montagnes pour passer la frontière, le SUV loué pour l'occasion s'avère un allié précieux et protecteur contre la pluie qui tombe dru en cette fin de journée. C'est sous un ciel noir, puis un véritable déluge que nous parvenons dans un hôtel à l'allure soviétique sur la rive sud du lac Sevan. Le réceptionniste ne comprend guère mon russe. Après plusieurs efforts, nous apprenons que cet hôtel est complet. Rien de grave pour moi, il suffit de continuer. Le réceptionniste nous guide avec sa voiture pour nous emmener à quelques kilomètres d'ici dans une sorte de blockhaus, motel pour voyageurs. «*Back in the USSR*» chantaient les Beatles, nous y sommes ! Le lendemain, je profite du soleil pour m'offrir une baignade salvatrice et revigorante dans le lac Sevan à l'eau transparente.

Quelques dernières visites de monastères perdus dans la montagne et la semaine touche déjà à sa fin. Flânant dans les rues, nous profitons de ces derniers instants familiaux avant une nouvelle séparation jusqu'à mon arrivée à Paris dans quelques mois. C'est le cœur léger que je les quitte, quelque peu nostalgique et tout de même assez interloqué par l'idée improbable que j'ai eue d'avoir voulu rentrer à vélo. Heureusement, la soirée me permettra de me changer les idées. La *Guest House* où je pose mes sacoches pour la nuit voit débarquer en fin d'après-midi un couple de Français, Charles et Cécile. Jeunes mariés, ils sont partis en stop pour aller jusqu'au Tibet, en voulant rencontrer des communautés chrétiennes méconnues afin d'affermir leur foi et d'aller aux périphéries. Un sacré voyage de noces.

Nous échangeons toute la soirée sur l'Asie, Bishkek où ils seront d'ici quelque temps, le Tibet… Un bon coup de boost pour le moral qui redonne de l'allant.

Mardi 4 juillet 2017, J 222. Talin. 10 933 km

Cette journée a été marquée par un soleil brûlant et un paysage merveilleux. J'ai changé mes rayons de roue arrière la veille et fait souder le porte-bagages qui, brisé sous les contraintes, ne pouvait plus décemment tenir des milliers de kilomètres avec du chatterton. Je plante ma tente dans un champ au bord duquel sont disposés de magnifiques khatchkars. Ils sont tous aussi splendides les uns que les autres. Sur le sommet d'une colline, au milieu des herbes folles, le soleil décline doucement avec une lueur orangée. Les vendeurs de fruits le long de la route engagent aisément la conversation lors des pauses de la journée. Vers 17 h, l'eau dans mes bouteilles est si chaude que j'envisage de plonger un sachet de thé pour boire un breuvage adapté à sa température!

Alors que je cuisine tranquillement un bon plat de pâtes, Martin arrive. Cycliste tchèque, il s'est envoyé une belle boucle depuis Tbilissi et rentre désormais à Prague. Nous discutons pendant le dîner de nos aventures respectives et sombrons dans le sommeil, lui à la belle étoile malgré ma proposition de l'héberger sous mon abri de tente.

Jeudi 6 juillet 2017, J224. Bivouac à Kartsakhi. 11 107 km

Depuis le concile de Chalcédoine en 451, l'Église apostolique arménienne n'est plus en communion avec Rome, non tant pour un différent théologique que politique. N'ayant pu se rendre à Chalcédoine pour le concile car trop occupés par les guerres avec les Perses, les Arméniens – première nation chrétienne – ont refusé les conclusions du concile puisqu'ils estimaient détenir de facto la vérité sur le christianisme. La rupture consommée, les différentes tentatives de réconciliation aux VIIe, IXe et XIIe siècles avec les Églises de Constantinople ou de Rome n'y feront rien.

D'une Église fondée par Thaddée et Barthélemy, a germé l'un des plus importants centres de diffusion de la foi en Europe. Le caractère national de l'Église comme ciment des Arméniens y a fortement contribué. Les chemins usités par la suite sont différents, mais le fondement de la théologie est commun aux latins, orthodoxes et arméniens. Contrairement à la rumeur largement répandue, les Arméniens ne sont pas monophysites mais bien duophysites, croyant en un seul Christ ayant deux natures, sans confusion, sans changement, sans division et sans séparation. Ces allégations fausses ont fait beaucoup de mal à l'unité de l'Église, et depuis les années 1970, de grandes avancées ont pu être réalisées, laissant augurer une suite positive pour un rapprochement entre les différents membres de l'Église. Le 19 mars 2013, le catholicos Garéguine II a assisté à la messe inaugurale du pontificat de François à Saint-Pierre de Rome, geste d'une portée historique.

C'est avec beaucoup d'espérance à ce sujet que je quitte l'Arménie, heureux d'avoir pu comprendre davantage de l'intérieur ce qui fait la richesse de ces nuances au sein de l'Église. Je n'oublierai jamais ce pèlerinage dans ces lieux habités par la parole du Christ depuis le Ve siècle, par l'intermédiaire des moines

Je m'échappe de ce pays où le vélo est décidément une très mauvaise idée en plein été ! La voie est face à moi. Nature immaculée, boisée, avec simplement la trace de chemins forestiers qui lacèrent les pentes vertes d'un trait marron. À moto, l'Arménie est à coup sûr un régal.

Les futaies et les plaines géorgiennes m'accueillent avec plus de douceur que les montagnes arméniennes. Dans la matinée, avant de passer la frontière, une patrouille de Sukhoï 24[26], armés « bons de guerre » me survole à plusieurs reprises avant de virer vers la frontière turque. Il s'agit de montrer les dents au voisin : le génocide arménien n'a pas abattu ce peuple.

Les forêts de conifères sont un endroit idéal pour bivouaquer. Vive la Géorgie et sa tranquillité ! M'enfonçant dans une allée d'une futaie, je trouve un coin parfait. À l'ombre, un feu vient réchauffer la soirée humidifiée par un violent orage. Le poste-frontière est à quelques centaines de mètres.

26. Avions militaires.

Monastère de Tatev

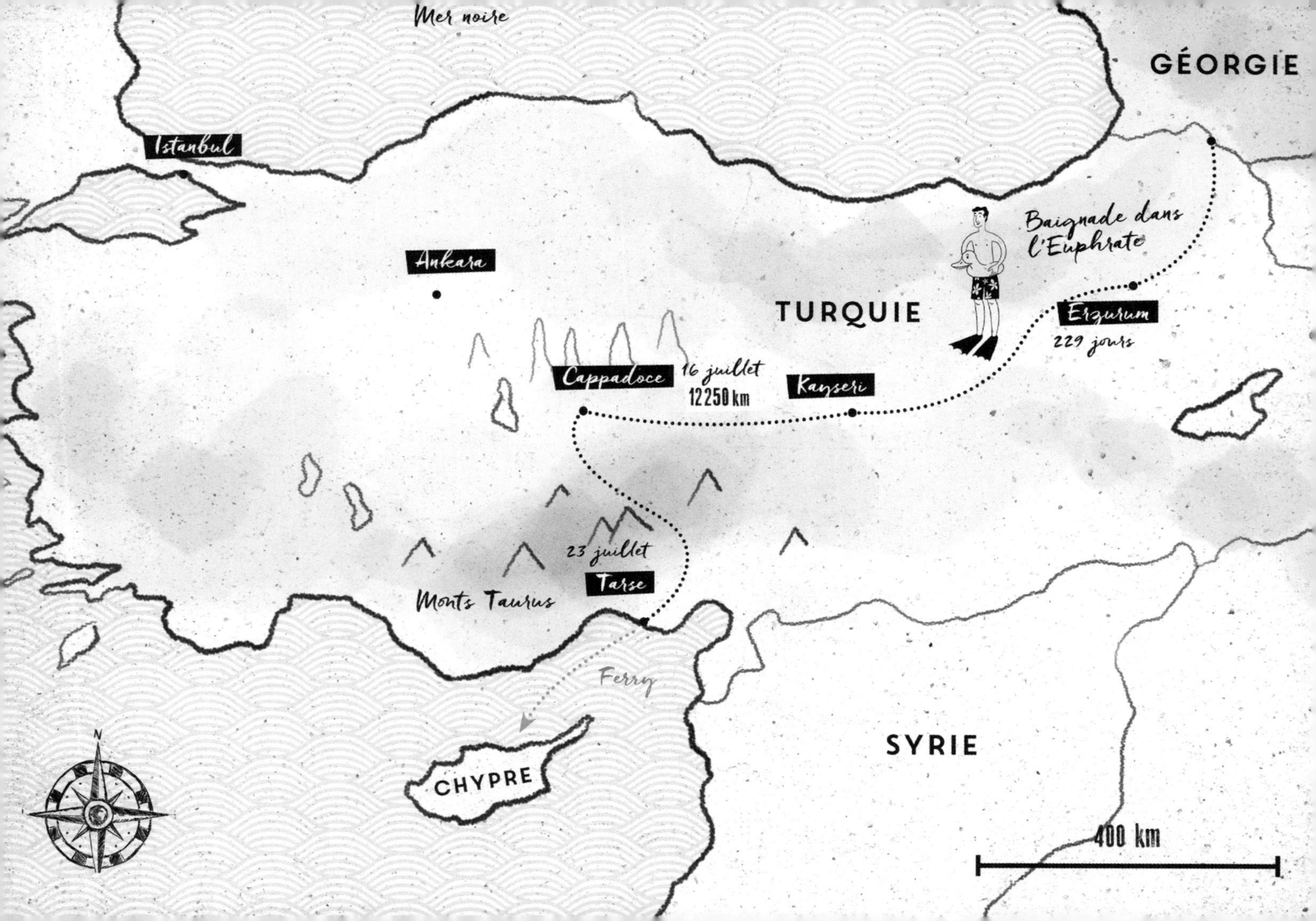
Mer noire
GÉORGIE
Istanbul
Ankara
Baignade dans l'Euphrate
TURQUIE
Erzurum
229 jours
Cappadoce
16 juillet
12250 km
Kayseri
23 juillet
Tarse
Monts Taurus
Ferry
N
SYRIE
CHYPRE
400 km

La Cappadoce

9

TURQUIE PARTIE 1

« Ce n'est pas au nombre de kilomètres qu'il est capable d'abattre que l'on reconnaît un scout, mais plutôt à ce qu'il peut faire après. »

Michel Menu

Samedi 8 juillet 2017, J 226. Oltu, bivouac. 11 285 km

L'Asie mineure, immense espace aux hauts plateaux. Un long sprint d'une dizaine de jours va s'amorcer. Géographie des vallées où coulent des fleuves aux noms mythiques comme le Tigre, l'Euphrate, le Kizilirmark, le Mélas, le Ceyhan Nehri… Mysie, Bithynie, Phrygie, Cappadoce, Cilicie, Pamphylie, Galatie, autant de noms de provinces qui résonnent comme une plongée au beau milieu de l'Antiquité, des premiers siècles de notre ère sillonnés par les Hittites, Perses, Éoliens, Doriens. Conquises par Alexandre le Grand, les cités de cet immense territoire sont aujourd'hui des lieux à l'histoire tri millénaire et des souvenirs vaguement lointains d'un empire romain allant jusqu'aux confins de la Syrie. Troie, Tarse,

Antioche, Konya, Kayseri, Nigde… La mythologie a véhiculé jusqu'à nous ces noms chargés de poussière d'Orient qu'il me tarde de découvrir.

1 000 km direction sud-ouest pour atteindre la Cappadoce telle que connue aujourd'hui, celle des églises rupestres. Début juillet, c'est assurément une des plus mauvaises idées que l'on puisse avoir. Qu'à cela ne tienne, il faudra s'y fixer pour admirer les splendides paysages et églises de ce centre de la Turquie. La pluie fait même son apparition les premiers jours. La géographie change et me ramène vers des espaces que j'avais après tant de temps, oubliés. Les côtes prononcées me permettent de battre mon record de vitesse datant de la Chine : de 62 km/h je repousse d'une dizaine vers 75,8 km/h ! Grande satisfaction d'avoir fait une bêtise assez dangereuse mais je m'en fiche pas mal. Tout heureux de ma belle performance, je poursuis à des vitesses importantes mais bien plus sécuritaires dans les descentes.

Mardi 11 juillet 2017, J 229. Erzincan. 11 614 km

La lune se dresse lentement avec majesté. À l'écart de la quatre voies, dans un champ paisible, le bivouac est monté. Il est important de sortir du tumulte de la route pour obtenir des instants de silence.

Sur les places des villages, tout comme en Iran, sitôt arrêté, des enfants m'assaillent et touchent à tout sur le vélo. Il faut souvent le concours d'un adulte voyant mon désarroi pour disperser les plus jeunes. Il vient aussi surtout pour pouvoir récolter tous les lauriers de la « rencontre » avec l'étranger que je suis. Je carbure au coca frais, boisson universelle et follement réparatrice pour les sportifs. À Pasinler, sur la place de la mosquée, la boulangerie toute proche dégage des arômes délicieux. En quelques pas j'y suis. Mon vélo a été laissé sous la garde du tenancier du bistrot. De toute manière, le poids démesuré des bagages décourage toute tentative de vol. Je crains plus les petits larcins d'objets aisés à attraper. N'ayant plus qu'une misère de pièces, le boulanger m'offre des pains encore tous chauds quand je lui explique à grands coups de « *bisiklet Paris France* » ce que je fais.

Les sommets des montagnes sont encore recouverts de neige, alors que dans la plaine, il fait une chaleur de bête. Erzurum et son climat continental à 2000 m d'altitude n'y sont pas pour rien. Le mercure flirte ici chaque année avec les 20 degrés sous zéro. Palandöken, la station de ski toute proche est en mesure de proposer du ski six mois par an aux Turcs et Européens choisissant de venir dévaler ses pentes. Ville typique de la campagne turque, je la traverse sans demander mon reste et continue à tracer ma route dans ce décor gigantesque.

Un col plus loin et j'arrive à proximité de l'Euphrate. Ce nom sonne comme quelque chose d'irréel, un mythe grec. Un fleuve aux consonances bibliques et mythologiques, que l'on croit perdu dans les bas-fonds de l'histoire. Et pourtant il est là, tenant plus du torrent que du grand et majestueux fleuve souvent décrit et présent dans l'imaginaire collectif. Entre ces montagnes, la route taille son chemin, accrochée à la falaise par la force des hommes. Impossible d'y couper, j'y plonge. La quatre voies à traverser ? Pas de problème, il suffit de vérifier que le trafic n'est pas trop important, ce qui est globalement le cas. Se baigner dans l'Euphrate, torrent vif et clair, au milieu de la chaleur du mois de juillet : difficile de trouver meilleure proposition de pause déjeuner.

Je suis totalement fourbu quand Erzincan apparaît au milieu de cette grande plaine au détour d'un virage. Les sommets environnants qui culminent à 3400 m paraissent des géants pour une petite bourgade de province. Les dernières réminiscences de l'hiver coiffent les cimes d'un halo blanc grignoté par le gris. Pas le moindre Occidental à des centaines de kilomètres à la ronde, je suis en pleine Turquie profonde, agricole et où l'industrie prend doucement le pas sur les pratiques millénaires. Régulièrement, la route est perturbée par des troupeaux de moutons derrière lesquels leurs bergers courent pour qu'ils ne soient pas percutés par un camion, ce qui pourrait les priver d'un précieux revenu.

En roulant dans Erzincan, je me fais aborder par Mustapha qui m'invite à boire un thé. Il est membre du cyclo-club local et fait de moi la star de la soirée, sauf qu'absolument crevé, je n'ai qu'une idée : aller me coucher après avoir dîné. Fier comme un « bar-tabac » de m'avoir rencontré, il m'emmène avec ses amis pour dîner dans un restaurant, puis me trouve une résidence étudiante qui m'accueille pour la nuit. Épuisé, je m'écrase littéralement dans mon lit, la nuit fera du bien, l'accueil des Turcs est globalement très bon, presque autant qu'en Iran.

Vendredi 14 juillet 2017, J232. Keçili. 11 925 km

Fête nationale, je suis bien seul pour célébrer ce jour important pour un Français. Mon pantalon de ville que je réserve aux grandes occasions avait déjà rendu l'âme en Iran, après une année de bons et loyaux services en Thaïlande. Le jeans offert par mon amie Aurélie Richard, bien que rapiécé, mérite d'être remplacé lui aussi. Il s'agirait d'apparaître comme quelqu'un d'élégant à chaque instant où cela est nécessaire. Je n'ai pas de smoking dans mes sacoches mais ma tenue est extrêmement importante les soirs où je peux l'améliorer pour honorer ceux qui m'hébergent. Un magasin *dockers,* dont les usines de production se trouvent à quelques centaines de kilomètres, est sur le bord de la route. Rapide essayage, hop voici ma garde-robe arrangée pour les prochaines échéances. Une chemise et un pantalon neuf, je ne dépareillerai pas trop dans les ambassades.

Les couleurs des champs ondulant au gré du vent toujours de face laissent découvrir des paysages évoquant la Provence. Les montagnes se sont affaissées, les odeurs de miel apparaissent, les cigales crissent et les bosses parsèment la journée, rompant une monotonie trop vite arrivée.

Hier soir, j'ai trouvé l'un de mes plus beaux bivouacs depuis le départ de Thaïlande. Le soleil décline, lorsque le lac de Todurge Gölü apparaît un peu plus loin sur la droite. D'un bleu intense, la surface de l'eau, en diffractant d'une manière parfaite la lumière, ouvre grand la visibilité vers le fond du lac. Plongeant comme attirées par le liquide, les collines verdoyantes y puisent la source d'eau vive pour resplendir de l'éclat de l'été. Le temps est suspendu, le vent levé au fur et à mesure des heures du jour apporte une brise qui se calme au coucher du soleil : un thermique au milieu des terres, ça n'est pas si banal.

La campagne turque me régale de ses paysages préservés d'une urbanisation gigantesque, pour l'instant cantonnée aux villes. Les villages conservent cette touche d'Orient si agréable, avec ses personnes âgées assises à l'ombre sur un banc qui saluent les passants tout en devisant, les enfants qui jouent à côté, tout sourire.

En ce soir de fête nationale, alors que je cherche un endroit pour planter ma tente, Faruk m'accueille pour la nuit dans l'exploitation agricole familiale. Né en Allemagne et y ayant habité jusqu'à ses 25 ans, il est désormais de retour au pays et a monté une affaire pour produire du lait bio de haute qualité. L'ambiance sympathique est grandement facilitée par l'usage d'une langue commune entre nous : l'anglais. Nous dînons avec ses cousins, partageons ses victuailles et des yaourts succulents tout juste produits. Il me défie à la console de jeux sur FIFA. Je me défends honorablement, me payant même le luxe d'une victoire aux tirs au but lors de mon second match !

Lundi 17 juillet 2017, J235. Urgup. 12 150 km

De bon matin, l'envie me prend de pousser quelque peu ma carcasse, d'appuyer fort sur les pédales pour atteindre au plus vite la Cappadoce et ses églises troglodytes, les cheminées de fées, les vallées encaissées, les roches en forme de guimauve. À Kayseri, je fais chou blanc dans la recherche d'une église pour la messe. J'ai beau en trouver une qui semble appartenir aux Arméniens, le gardien ne me laisse pas entrer et m'indique vaguement un quartier de la ville sans plus de détails. Il est 10 h 45, j'ai pédalé toute la matinée comme un dératé pour arriver à un horaire correct à cette église, et voilà que l'on m'annonce qu'il n'est pas possible d'assister à une messe, que c'est plus loin. Gros coup dur pour moi !

Le vélo a besoin d'un changement de chaîne. Avec les quelques magasins cyclistes apparus sur ma route, je devrais pouvoir trouver cela. Le mécanicien me reprend en voyant ma chaîne usée jusqu'à la corde, détendue comme pas permis. Oui, enfin lui, il ne roule pas tout à fait comme moi. C'est assez normal d'user mes pièces à force de me servir du vélo. Reprise du sprint jusqu'à Urgup, 65 km, c'est jouable, les jours sont longs en cette période. La route est dure et mauvaise, mais je m'accroche. C'est trop bête d'abandonner aussi proche du but et puis, ça ne monte pas tant que cela. La route ondule au milieu des collines et alors que le soleil se couche, j'atteins, absolument épuisé, Urgup où Seraphym m'accueille grâce au réseau *Warmshower*. Enfin, c'est surtout Bruno, français, retraité de la Poste, qui m'accueille! Seraphym habite chez lui dans cette maison qu'il a acheté voici quelques années, l'entretenant et accueillant les voyageurs de passage. Deux Ukrainiens (Seraphym et sa copine), deux Tchèques, deux Russes et un Autrichien sont également présents. Un vrai village du monde où les voyageurs échangent leurs expériences passées…

Une pause sans vélo pour visiter les églises, témoignages des chrétiens des premiers siècles, va me faire du bien. 1300 km d'affilée en 13 jours, sans pause, sous le soleil brûlant, ça n'est pas vraiment une promenade de santé.

La marche dans les vallées tantôt ombragées, tantôt en plein soleil change du mouvement répétitif du cycliste. Escaladant une pente assez friable, je me fais une belle frayeur sur la descente. Les prises sont légères, l'appui dérape, le sol ne tient pas et je glisse sur une dizaine de mètres. Plus de peur que de mal, je m'en tire avec quelques bleus et un pantalon déchiré alors qu'il était comme neuf: je ne l'avais que depuis la Thaïlande, quelle tuile!

Avec la chaleur de l'été, il n'y a personne dans les vallées, je peux profiter de ces splendides panoramas où au détour du chemin surgit une église. Je me glisse sous une grille, l'espace au-dessous est suffisant. Je rentre et découvre dans l'obscurité des fresques datant des VIe-VIIe siècles. Représentations simples et bien moins travaillées que d'autres, elles sont un témoignage fabuleux de la vie des premiers chrétiens dans cette période du monde. Jusqu'au début du XXe siècle, des chrétiens, grecs-orthodoxes depuis le schisme de 1054, ont habité cette terre. C'est en 1923, avec la signature de la convention de Lausanne, que les derniers *Rums* qui vivaient encore en Cappadoce, ont été contraints de quitter leurs terres ancestrales pour s'installer en Grèce. Ces échanges de population que l'on retrouve dans la partie occidentale de la Turquie, dans la région d'Izmir, ont profondément bouleversé le paysage, des villages étant encore abandonnés. La majorité des églises de la région date plutôt du XIIe siècle, ce qui est largement visible par les fresques nettement plus développées que celles antérieures. Les églises sont bien souvent dotées d'un plan en croix. Les absides représentent le Christ avec ses apôtres dans différentes scènes de sa vie. En leur cœur se tient usuellement le Christ Pantocrator, représentation du Christ dans son corps glorieux. Les lettres grecques α et ω[27] rappellent la dimension eschatologique de cette représentation d'un Seigneur tout-puissant lors du Jugement dernier.

Mercredi 19 juillet 2017, J237. Urgup. 12175 km

La vallée d'Ihlara a été le refuge de chrétiens durant les persécutions, foyer vivant de la foi chrétienne des premiers siècles. Une gorge de 16 km au fond de laquelle coule une rivière paisible. Je m'y rends d'un coup de voiture, à travers les champs de blé ondulant sous l'effet du vent, avec Céline et Michel-Olivier, deux Français rencontrés la veille alors que nous déambulions sur les hauteurs des tufs volcaniques. Elle est journaliste à *La Croix*, lui est metteur en scène/comédien, et nous sympathisons rapidement. La discussion s'oriente rapidement vers les Églises Orientales, l'œcuménisme, la théologie. C'est une joie de pouvoir partager ces visites avec des personnes ayant le même prisme de lecture que moi. C'est décidé, demain, nous continuerons ensemble pour une escapade vers des zones moins courues des touristes.

Seuls dans ce canyon frais, nous parvenons à trouver les cinq églises majeures, ainsi qu'une multitude de signes attestant la présence de chrétiens ayant vécu ici. Les églises Saint-Georges, du Grenier de Bahattın, aux Piliers, de l'Aga-Généreux et l'église aux Taches regorgent de peintures encore en très bon état, de manière générale. En revanche, les yeux des personnages sont quasiment systématiquement percés, aveuglant ces représentations des anges et des saints des premiers siècles. Nativité, Baptême, Rameaux, Cène, Crucifixion ; toutes les grandes scènes de la vie de Jésus sont représentées dans ces vastes édifices creusés dans la

27. Alpha et oméga.

roche et conservant la même fonction depuis des siècles. L'émotion est grande quand on pense à ces moines du Xe siècle qui priaient déjà en ces lieux. Saint Thaddée, saint Basile de Césarée, sainte Barbe, sainte Hélène sont fièrement représentés au milieu des apôtres et témoignent de l'évolution du culte des saints en Occident. Il est aujourd'hui peu courant de trouver des églises placées sous ces patronymes, pourtant chargés de sens.

Dimanche 23 juillet 2017, J241. Tarse. 12 515 km

Direction le Liban. Enfin, en théorie, car en pratique c'est moins facile à mettre en œuvre. Rien à faire, la dernière compagnie de ferry opérant entre la Turquie et le pays du Cèdre a cessé toute liaison voici quelques mois. J'ai beau remuer toutes les agences possibles et imaginables, il n'y a rien. Au port, même topo. Le préposé reste sourd à mes questions sur un éventuel moyen de transport maritime rejoignant Tripoli, il les élude même, comme s'il n'avait jamais entendu parler de bateau.

Me voici à Tarse, sur les pas de mon saint patron et bloqué pour rejoindre l'Orient et la Terre promise. La mer me fait face, comme une immense étendue bleue qui me barre la route. Fin de trajet ? Loin de là ! Il ne s'agirait pas de rester abattu face à ce léger obstacle. J'ai vaincu les contreforts de l'Himalaya et ses cols tutoyant les 5 000 m d'altitude, il ne s'agit pas de flancher alors que la mer est plate. Un petit bateau pourrait suffire.

La messe du dimanche à l'église : un souvenir lointain qu'il fait bon réactiver. La communauté est multiculturelle, venant de Syrie, du Liban, des Philippines, d'Irak. Nous chantons un « *chante Alléluia au Seigneur* » adapté en turc en guise de chant d'entrée. Magnifique de voir ces chants traverser les frontières. Le père Francis, indien, est le curé de cette belle paroisse de Mersin, la grande ville jouxtant Tarse. Il m'accueille à bras ouverts pour la messe et le déjeuner paroissial qui s'ensuit, tout heureux de me présenter à ses paroissiens. Je dois prendre sur moi pour ne pas rire, tant son accent anglais est caricatural de l'Inde, la traversée de ce pays aurait à coup sûr donné lieu à de nombreux fous rires.

Au moment où j'y suis, à moins de 200 km, deux jours de vélo seulement, des combats encore très violents opposent l'État islamique à la coalition internationale, avec les Kurdes et les forces armées syriennes, dans une partie de billard à douze bandes où la population locale ne semble n'être qu'un pion dans un échiquier de puissances. Alep n'est pas bien loin, mais la frontière est fermée officiellement. La passer est possible pour les locaux, moyennant corruption de fonctionnaires et usage de moyens détournés. Pour un Occidental, c'est un danger bien trop grand à courir pour peu de choses.

À Tarse, je me recueille dans l'église Saint-Paul. La tradition raconte que l'église présente auparavant avait été construite par mon saint patron en personne. Je ne sais si c'est exact, mais l'édifice actuel date, lui, de 1862. 20 m par 17, une décoration sobre et un plan rectangulaire simple. Point de vie communautaire ici, les échanges de populations entre l'empire ottoman et la Grèce sont passés par là. L'église reste cependant ouverte pour les groupes de pèlerins, unique vestige de ce géant de l'évangélisation que fut saint Paul, cet apôtre voyageur. J'espère me montrer digne de marcher sur ses pas.

En fin de journée, après m'être débattu toute la veille avec les différentes possibilités s'ouvrant à moi, j'embarque finalement pour Chypre, un ticket de ferry et un billet d'avion Chypre-Beyrouth en poche. La frontière entre la zone occupée par la Turquie à Chypre et la République de Chypre semble se passer facilement, ou néanmoins n'est pas officiellement fermée. Je voulais éviter l'avion pour de multiples raisons tant philosophiques que pratiques, il semble bien compliqué d'y couper.

Les formalités douanières expédiées, après une longue attente du bateau arrivé tard de sa liaison, les dockers me font signe d'embarquer dans le bus. Ils comprennent, en voyant le vélo, que ça ne va pas être possible de le mettre dans la microscopique soute de cet autobus modèle réduit qui conduit les passagers jusqu'au bateau à travers les méandres des containers internationaux de betteraves, high-tech chinoise, chaussures de sport ou chemises bon marché en transit pour leurs destinations finales. Grimpant dans une voiture, un homme me fait signe de le suivre et part pleine balle jusqu'au bout du quai. Pendant presque dix minutes, je dois suivre mon poisson pilote entre les différentes signalisations. Les semi-remorques manœuvrent, les containers sont élevés 50 m au-dessus de ma tête par des machines aux pinces immenses, la nuit tombe et les multiples rails incitent à redoubler d'attention pour ne pas rencontrer violemment le sol. Je remonte la file des camions, un docker vérifie mon ticket, j'engage mon vélo sur la rampe. Pour la première fois depuis huit mois, ma bicyclette va quitter la terre ferme.

Amarrage dans la cale, je grimpe sur le plus haut pont assister à l'appareillage. Doucement les amarres sont larguées, trois coups brefs de corne de brume retentissent : je bats en arrière. Guidée par deux remorqueurs de port, la manœuvre de retournement vers la haute mer s'effectue sans anicroches. Le pilote arrive quelques minutes après et nous doublons la jetée. Un coup bref retentit, puis deux, nous négocions la passe tribord – bâbord avec grâce. L'air s'est rafraîchi avec le vent mais reste moite. En gagnant le large, la température diminue et je respire mieux. L'air de la mer appelle le voyageur irrésistiblement. Je trouve un banc sur le pont supérieur et m'endors pour quelques heures sous les étoiles, bercé par le bruit du vent et les vibrations des machines.

Lundi 24 juillet 2017, J242. Larnaca. 12 555 km

Le territoire du patriarcat latin de Jérusalem s'étend jusqu'à Chypre. Ce sont des franciscains qui m'accueilleront à Nicosie dans l'église de la Sainte-Croix, dont les portes orientées au nord sont murées car donnant sur la ligne verte, zone démilitarisée marquant la frontière entre la zone occupée par les Turcs et la République de Chypre[28]. La rue Ledra, artère

---

28. Indépendante de la Grande Bretagne en 1960, Chypre est coupée en deux depuis 1974. En réponse à un coup d'État organisé par la Grèce des généraux en vue d'un rattachement de l'île, la Turquie est intervenue militairement pour protéger les Chypriotes turcs. Les transferts de population consécutifs à cette intervention ont abouti à une séparation géographique des deux communautés : au Sud, la communauté chypriote grecque au sein de la République de Chypre ; au Nord la communauté chypriote turque constituant une « République turque de Chypre Nord » autoproclamée en 1983, reconnue uniquement par la Turquie. La démarcation entre ces deux zones est appelée « ligne verte ». (source diplomatie.gouv.fr)

majeure du centre-ville historique, a vu l'ouverture d'un check-point en 2008 après 44 années de fermeture, signe d'espérance pour une potentielle réunification. Une preuve majeure de l'emprise des Turcs musulmans sur les chrétiens orthodoxes est la transformation en mosquée de la cathédrale Sainte-Sophie, située juste au nord de la ligne verte. Tombeau des rois Lusignan ayant régné plusieurs centaines d'années sur l'île, c'est une source de discorde importante.

Le père Mosee, américain d'Atlanta (Géorgie) me donne des clefs pour mieux comprendre la situation, autour d'un café noir qui me réveille. Dans sa bibliothèque, il m'évoque l'aspect très singulier de l'Église de Chypre. La minorité catholique de 30 000 personnes compte plus de 1 500 pratiquants réguliers à Nicosie et presque autant lorsque l'on additionne les fidèles des trois autres paroisses de l'île : la Sainte-Croix à Nicosie, Sainte-Catherine d'Alexandrie à Limassol, Notre-Dame des Grâces à Larnaca et Saint-Paul à Paphos. La visite en 2010 du Saint-Père Benoit XVI fut un grand signe d'encouragement pour les catholiques souvent pris entre le marteau et l'enclume, les orthodoxes et l'islam.

L'Église de Chypre possède une singularité qu'offrent les autres Églises orthodoxes, mais qu'elle cultive encore plus. Il s'agit d'une Église autocéphale depuis 431[29]. C'est saint Paul qui a fondé cette Église à Salamine, l'actuelle Famagouste. De rite byzantin, en tous points identique à celui des orthodoxes du patriarcat de Moscou, Constantinople ou Jérusalem, elle conserve une indépendance pour l'intégralité de son territoire et n'a de comptes à rendre à personne. En juin 2007, l'archevêque Chrysostome s'était rendu à Rome pour rencontrer Benoît XVI, ce qui constitue un évènement historique puisqu'aucune rencontre avec le successeur de Pierre n'avait eu lieu dans l'histoire. L'autocéphalie de l'Église de Chypre fut confirmée quelques dizaines d'années après le Concile d'Ephèse lorsque l'on retrouva près de Salamine le tombeau de Barnabé, qui contenait un évangile selon saint Matthieu. Suite à cette

29. C'est le Concile d'Éphèse qui lui accorda ce privilège.

découverte, l'évêque de Chypre a reçu de l'empereur l'honneur de trois prérogatives royales dont il use encore aujourd'hui.

- Signer à l'encre rouge.
- Porter un sceptre impérial au lieu d'une crosse épiscopale.
- Porter une mandia (traîne usitée lorsqu'il célèbre) rouge plutôt que violette.

Toutes ces différences paraissent du folklore mais reflètent bien le souci apporté à la tradition par les orthodoxes, tradition qu'ils ont fait évoluer au fil du temps comme cela est parfois oublié.

Avant une nuit à l'aéroport de Larnaca, le seul à proposer des vols internationaux pour rejoindre le Liban, j'ai le temps d'une baignade et d'un dîner de poissons grillés sur un feu de bois. Décollage demain aux aurores. Rentrer un vélo dans un carton n'est pas si facile que cela, mais à force d'ingéniosité et fort de mon entraînement tetris en Thaïlande, je peux empaqueter le tout ! Demain Beyrouth…

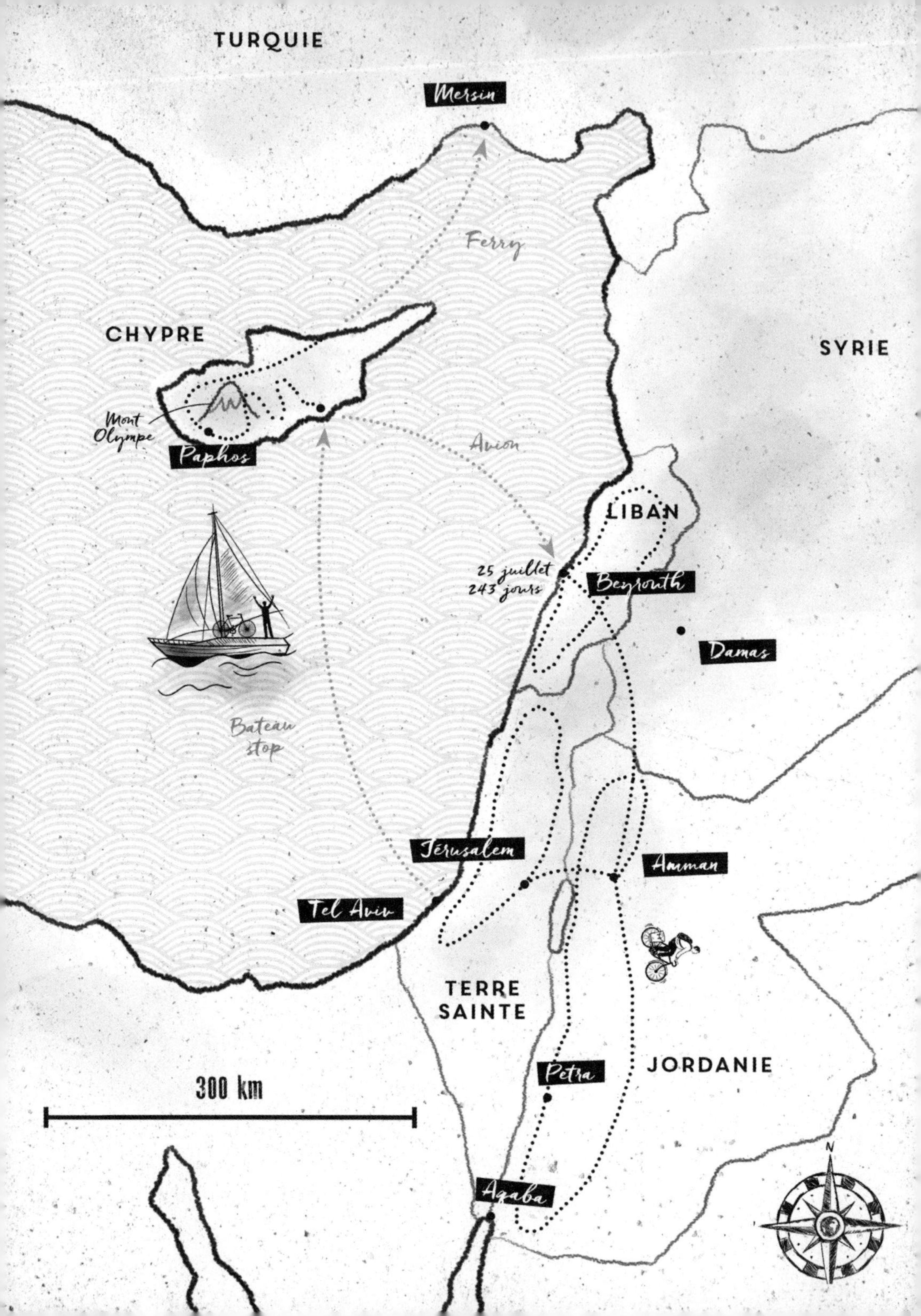
TURQUIE
Mersin
Ferry
CHYPRE
Mont Olympe
Paphos
Avion
SYRIE
LIBAN
25 juillet
243 jours
Beyrouth
Damas
Bateau stop
Jérusalem
Amman
Tel Aviv
TERRE SAINTE
JORDANIE
Petra
300 km
Aqaba
N

Petra, Jordanie

10

LIBAN ET JORDANIE

« Je suis voyageur et navigateur. Et tous les jours je découvre, un nouveau continent dans les profondeurs de mon âme. »

Khalil Gibran

Mardi 25 juillet 2017, J243. Beyrouth. 12 629 km

Beyrouth. La ville est posée au bord de la mer, avec son port à l'ombre des montagnes toutes proches et coincée sur cette mince bande littorale. C'est par les airs que je la rejoins. Plus de ferrys reliant la Turquie au pays du Cèdre, les liaisons suspendues pour cause de rentabilité trop faible ont eu raison de mon romantisme à vouloir voyager comme il y a 50 ans. Le douanier tamponne presque machinalement mon passeport, ne posant aucune question quant à ma provenance. Mon vélo est bien là, il arrive sur le tapis roulant. Semblable à un enfant qui découvre ses cadeaux le jour de Noël, je déballe le paquet emballé par mes soins quelques heures à peine auparavant. Ouf, il est toujours là, en bon état. L'esprit encore embrumé par le manque criant de sommeil, je monte les cale-pieds à l'envers. Bon pour cette fois je ferai sans, il est temps d'y aller, j'arrangerai le coup plus tard.

Un soleil éclatant, une lumière aveuglante pour mes yeux qui, après deux jours et deux nuits sans dormir, prennent en pleine face l'éclat du Liban. En sortant de l'aéroport Rafic Hariri, je retrouve l'Orient brièvement quitté à Chypre et ses constructions modernes couplées à un développement économique fort qui ont arraché l'île à l'Orient pour la tourner vers l'Europe. Les liens historiques avec la Grèce facilitent également la chose.

Chaotique, anarchique, folklorique, le trafic ne me perturbe pas plus que cela, et déjà apparaissent ici et là des clochers d'églises avec leurs croix fièrement dressées au sommet. Je remonte la route traversant les quartiers sud de la Paris de l'Orient et y trouve une délicate atmosphère francophile. Aux feux, lorsqu'ils sont respectés par les conducteurs, on m'apostrophe. *«D'où viens-tu avec ton vélo?», «J'arrive de Thaïlande, mais je suis Français»*, dois-je crier tant les pétarades voisines des pots d'échappement non protégés couvrent nos voix. *«Incroyable, merci de venir, tu es ici chez toi»*, me lance mon voisin avant de s'élancer sur sa *Honda 250* hors d'âge dans un vrombissement de moteur.

Beyrouth est une magnifique synthèse de l'Orient, d'un charme désuet teinté de modernité. On y goûte pêle-mêle le soleil, l'agitation, les conducteurs fiers dans leurs automobiles, les regards profonds, les salutations à chaque coin de rue, l'odeur des pains sortis du four qui embaume l'atmosphère, les chauffeurs de taxi pilotant leurs bolides plus vite que Schumacher et une légèreté de la vie que l'on croque à pleines dents.

En arrivant chez SOS Chrétiens d'Orient, je retrouve Vianney Comerre, un ami de mon beau-frère Xavier, déjà croisé à quelques reprises à Paris. Chef de mission adjoint pour le Liban, il coordonne l'ensemble des actions de l'association au pays du Cèdre. L'augmentation importante du nombre de volontaires venant servir durant l'été rend l'opération complexe mais les solutions arrivent toujours. Nous évoquons la situation du Liban, l'action de SOS dans le pays et les volontaires de courte et moyenne durée venant ici. Sur la terrasse surplombant le quartier d'Achrafieh, Charlotte d'Ornellas boit son café en fumant une cigarette. Elle doit partir pour la Syrie en reportage dans quelques heures et est venue saluer la mission. Nous échangeons brièvement sur le sort des chrétiens dans ce pays et la situation politique ô combien complexe.

La sieste fait un bien fou, j'écrase complètement jusqu'à 19 h, deux nuits en retard à rattraper, ça n'est pas rien ! Dans la soirée, le vent thermique conjugué à l'air de la mer apporte une fraîcheur bienvenue. La nuit tombe, les lueurs des maisons illuminent Beyrouth et les collines environnantes de mille feux. J'aime déjà cette ville tumultueuse où la simplicité de vivre est un art et où les convictions sont assumées haut et clair. Demain direction Sidon pour quelques jours de service sur les hauteurs à Ain el Mir, dans une colonie de vacances organisée par SOS chrétiens d'Orient avec la paroisse locale pour les jeunes du village. J'ai ensuite été convié à l'université d'été de PhilOrient qui se déroule juste à côté au couvent Saint-Sauveur de Joun, à partir de dimanche.

Vendredi 28 juillet 2017, J246. Ain el-Mir. 12 629 km

Retrouver un cousin en Orient, ça n'est pas banal. Constantin Frölich est dans la région comme volontaire avec SOS durant deux mois. Son visa syrien n'ayant pu être délivré, il a été réaffecté sur un séjour de vacances dans le Sud Liban pour s'occuper, avec huit autres volontaires, d'une soixantaine d'enfants des villages environnants. La chaleur accablante de cette fin juillet limite les possibilités de jouer au football ou au basket-ball sur le terrain jouxtant l'école. L'essentiel du travail consiste à animer quelques ateliers de dessin, de chorégraphie pour le spectacle du surlendemain clôturant le camp et des cours de français. L'ambiance n'est pas vraiment studieuse et les relations avec les volontaires libanais ayant la direction du camp sont délicates. Choc des cultures, des méthodes et des visions, je perçois le délicat exercice à mener pour que les partenaires soient tous satisfaits. Et moi, au milieu de tout cela, venu pour quelques jours, je peine à trouver ma place.

C'est un grand changement par rapport à ce que j'avais connu en Asie du Sud-Est en tant que volontaire. L'humanitaire en groupe est spécifique puisqu'un groupe de jeunes partageant un certain nombre de codes et de signes communs va se mettre au service d'une population. Le fait d'avoir un espace privé, réservé aux volontaires, met naturellement une barrière, ils ne peuvent partager la vie quotidienne des familles en y étant hébergés. Par ailleurs, le cadre assez formel des actions à réaliser me bouscule. Terminé l'abandon total à la Providence, il s'agit présentement de remplir les objectifs fixés à l'avance, l'organisation fleure bon l'Occident… changement culturel. Après l'Arménie, le Liban est encore plus le signe que je me rapproche de l'Europe.

Les discussions le soir avec ces jeunes, venus passer un à trois mois d'été au Liban, sont de chouettes moments. Nous abordons d'une manière malhabile les sujets qui agitent la région depuis des décennies. Veronica, une Libanaise engagée au sein de l'association, permet d'élever le débat en contextualisant plus aisément. La passion des Libanais est formidable. Un vieil homme du village adjacent s'est pris d'affection pour les volontaires et vient les voir régulièrement pour discuter de la France, dans un phrasé délicieux des années soixante. Dans la soirée, l'air devient léger, le Khamsin venant d'Égypte berce les arbres d'une chaleur timide, rendant exquises les soirées sous les étoiles.

Dimanche 30 juillet 2017, J 248.
Couvent Saint-Sauveur, Joun. 12 670 km

Une descente jusqu'à Sidon pour remonter de plus belle jusqu'à Joun. Une vallée sépare Ain El-Mir de Joun mais les routes sont trop approximatives pour être parcourues à vélo. L'envie d'aller piquer une tête dans la mer n'y est pas étrangère non plus. Déboulant des hauteurs aux villages chrétiens, je rejoins Sidon, la ville d'où saint Paul s'embarqua pour Rome afin d'y être jugé par l'empereur. Saint Louis en fit un poste important pour protéger le royaume latin de Jérusalem et fit construire le château qui domine la cité, en écho à celui de l'entrée du port encore magnifiquement bien conservé.

Un simple moment d'inattention en m'arrêtant acheter une bouteille d'eau et c'est le drame pour mon vélo laissé juste devant la boutique. Une voiture a reculé dessus et tordu le pédalier. Tant d'attentions partout sur la route pour voir en une seule minute le vélo abîmé par un conducteur indélicat. Je ne me rends pas compte de la situation, la voiture a déjà filé pendant que je m'hydrate et c'est l'étrange son émis par la chaîne en repartant qui m'alerte.

Las, il n'y a pas grand-chose à faire, le pédalier faussé sera à changer à Beyrouth à la fin de la semaine. Il tient jusqu'au couvent Saint-Sauveur, 600 m à grimper en 20 km, pas vraiment une promenade de santé! L'équipe de PhilOrient m'accueille avec beaucoup d'entrain, je suis le participant arrivant du plus loin. La semaine s'annonce superbe avec un programme dense et des intervenants de qualité.

Dimanche 6 août 2017, J 255. Beyrouth.

Quelle semaine riche et intense! Basée sur trois piliers, intellectuel, fraternel et spirituel, PhilOrient vise à renforcer le lien entre les jeunes chrétiens orientaux et occidentaux en vue d'un engagement pour le bien commun, tout en affermissant chacun dans son identité propre. Partant d'un constat de la méconnaissance des sphères respectives dans lesquelles évoluent Orientaux et Occidentaux, un noyau de jeunes touchés par l'Orient grâce à différentes expériences personnelles et professionnelles, a décidé en 2017 de mettre en œuvre des actions visant à faire connaître aux jeunesses de ces pays toute la richesse des autres. C'est en Turquie que je me suis souvenu de ce courriel envoyé par mon ami Geoffroy Lacombled présentant ces rencontres. Quelques échanges plus tard, me voici convaincu du bien-fondé d'une pause d'une semaine pour réfléchir à tous ces thèmes d'identité, de culture et de la place des chrétiens dans la société et surtout dans le monde arabe.

Des intervenants de haut niveau comme Fouad Abou Nader, ancien chef d'état-major des Forces libanaises durant la guerre civile de 1975-1990 sont présents. À 28 ans, il dirigeait plusieurs dizaines de milliers de combattants dans un des conflits considéré par les spécialistes comme l'un des plus complexes de l'ère moderne post-conflit mondial.

Jocelyne Khoueiry est elle aussi une des figures de ce conflit, prenant une part active dans la lutte armée, alors qu'elle est âgée d'à peine 20 ans.

Son témoignage sur la persévérance, la responsabilité des filles ayant décidé de se battre avec elle, puis son cheminement pour la paix, est un très grand moment.

Mgr Haddad, évêque melkite de Saida, nous offre également un magnifique témoignage de vie fraternelle entre musulmans et chrétiens. La messe en rite melkite, en français, mais dans cette liturgie byzantine au cœur de cet écrin qu'est le couvent Saint-Sauveur, en a bouleversé plus d'un.

« Heureux ceux qui sont morts pour la terre charnelle, [...] couchés dessus le sol à la face de Dieu [...] Heureux les épis mûrs et les blés moissonnés »

Les rencontres avec les Libanais sont de superbes moments d'échange, ravivant mes souvenirs de l'Iran, de l'Asie centrale, de l'accueil que j'ai pu avoir là-bas, dans ces pays que l'on imagine peuplés de barbus armés jusqu'aux dents. Tous ces jeunes ont envie de rester chez eux, sur cette terre qui leur est si chère, c'est magnifique à voir. Mais ils sont confrontés à des difficultés réelles et à l'opportunité de s'expatrier dans de nombreux États : la diaspora libanaise compte 10 millions de personnes dans le monde, pour une population in situ de 6 millions.

Une semaine également à arpenter le chouf, théâtre de violents combats durant la guerre civile libanaise, accompagné par des personnes s'y étant réellement battues. J'écoute ces anciens officiers généraux comme Fouad Abou Nader et Khalil Helou nous parler de l'indispensable dialogue entre chrétiens et musulmans pour préserver la paix, ce à quoi tous aspirent. Une semaine à prier en communauté avec des messes dans les différents rites. La liturgie des heures est moins solitaire – prière de l'Église par excellence – et les cantiques s'élèvent dans la chapelle Notre-Dame de l'Annonciation. Beauté de ces rites qui n'ont pas changé depuis 1 500 ans. Une semaine où certains ont découvert l'écriture d'icônes, d'autres la réalisation de mosaïques, arts exigeant une patience et une minutie qui ne me caractérisent pas forcément de prime abord. Une semaine d'échanges avec des participants venant de toute la France, mais aussi du Liban, de la Syrie, du Mexique ou de la Suisse. Enfin, c'est aussi le privilège d'être accueilli au sein du couvent Saint-Sauveur à Joun, écrin de paix qui a servi pendant 10 ans de quartier général aux forces chrétiennes de la région.

Une université d'été, au milieu d'un périple à vélo, n'est-ce pas étonnant ? Elle a pourtant tout son sens, surtout ici au Liban. C'est dans la patrie que l'enracinement prend souche, dans cette question de la terre chère à Péguy. La complexité depuis les temps immémoriaux de cette région demande de passer du temps, de questionner les acteurs de l'histoire. Qui plus est, la Providence travaille toujours en m'envoyant à l'endroit où je dois être. Descendant de la Cappadoce où saint Paul a visité des communautés chrétiennes, passant par Tarse, c'est sur les hauteurs de Sidon que j'ai résidé pendant une semaine. C'est à Sidon que saint Paul a rencontré pour la première fois saint Pierre, dans ce qui est aujourd'hui la cathédrale Saint-Nicolas[30], pierre fondatrice de sa mission d'évangélisation. Lui l'apôtre voyageur, l'Oriental ayant fondé l'Église d'Occident par son martyre à Rome, a arpenté les chemins que j'ai parcourus : l'Hermon, le mont Liban, le chouf, la côte libanaise.

Cette semaine a été riche d'enseignements pour moi, remettant en cause des idées préconçues, concernant notamment la capacité de personnes à promouvoir la paix, alors qu'elles se sont battues entre elles pendant 20 ans ou plus. Elles martèlent aujourd'hui le même message : le Liban est la preuve que l'on peut vivre en paix entre religions. « *Ceux qui ont fait la guerre sont parmi les personnes qui apprécieront le plus au monde la paix* », nous ont répété nos intervenants, avec raison.

« *Le Liban est un message* », a déclaré le pape saint Jean-Paul II en 1997 à l'occasion de sa visite au pays du Cèdre. Ce message d'espérance fait écho aux vers de Charles Péguy, tombé au champ d'honneur le 5 septembre 1914 à Villeroy, dans les premiers jours de la Grande Guerre. Le Liban et les Libanais, détiennent dans leur âme un attachement charnel à leur terre.

La Thaïlande me poursuit ainsi que les MEP. Je dîne ce soir avec Paul, Clément et Véronica, participants des rencontres PhilOrient. Les deux premiers ont un vol à 6 h et comptent bien écluser tous les bars pour tenir

30. Saint patron des marins en Orient.

jusqu'à l'aube! Camille et Mathilde nous rejoignent peu après. Amies de Carmen, une volontaire MEP ayant suivi la formation avant son départ en mission en même temps que moi, nous sympathisons vite grâce à tous nos atomes crochus. Mathilde a même passé un mois à Doithong, dans mon ancienne mission, pour rendre visite à la volontaire qui avait pris ma suite. Comme quoi les rencontres sont toujours suivies et l'on en revient toujours à la quadrature du cercle.

L'aube pointe son nez en ce jour de la Transfiguration de notre Seigneur, après quelques heures de sommeil. Une partie de l'équipe SOS est toujours en train de dormir lorsque je me rends à la messe. Élisa, membre de PhilOrient m'avait indiqué la paroisse Notre-Dame des Anges avec un horaire fiable. C'est une communauté africaine catholique qui l'anime. J'avais à cœur de pouvoir assister à une messe en français dans un rite latin, ce que je n'ai pas vécu depuis longtemps. En discutant avec Benjamin Blanchard, directeur général de SOS Chrétiens d'Orient, à l'heure du café, je comprends que mon excursion en Syrie est totalement impossible. Las, nous avons tout essayé. Le ministre du Tourisme quoiqu'enthousiaste à l'idée, n'a pas suivi le dossier. «*Je m'en occupe*» a-t-il répondu, signifiant plutôt «*personne ne va vraiment s'en occuper*». Rajoutez à cela le contexte compliqué avec la très récente libération d'Alep, il n'aura pas pu me délivrer les autorisations de circulation, élément déterminant pour circuler dans un pays en guerre. Mon idée était d'aller de Damas à Alep en passant par Homs et Maaloula, le Krak des chevaliers, et pourquoi pas Palmyre, la perle du désert. Même en faisant presque littéralement le siège du consulat syrien, l'équipe de SOS n'aura pu envoyer que quelques volontaires en Syrie durant les deux mois d'été, mon dossier comme celui de tant d'autres étant rejeté.

Il me faut donc changer mes plans : ce sera donc la Jordanie, après un passage au mont Liban, la Qadisha, la plaine de la Békaa et l'historique Baalbek, à Notre-Dame du Liban à Harissa, en passant par Byblos…

Mardi 8 août 2017, J257. Byblos

Je rallie Jounieh à quelques encablures de la capitale d'un coup de bus, accompagné par quelques jeunes proches de PhilOrient. Les extrémités du mont Liban plongent dans l'eau bleue transparente. Deux univers s'affrontent : la verticalité des montagnes et l'horizontalité de la mer. La montagne s'arrête, depuis Harissa et Notre-Dame du Liban. Rien au-dessus : la plaine côtière à ses pieds dévore les contre-pentes, grignotant toujours plus la verdure pour élever des immeubles au plus près du sanctuaire. Dans le soir tombant, le soleil rouge de Méditerranée tombe dans la mer et illumine d'une beauté sauvage l'eau soudainement teintée de pourpre. Je dîne en bord de mer d'un délicieux poisson fraîchement pêché. Tard dans la nuit nous rejoignons le monastère qui nous héberge, nous sommes épuisés !

La nuit salvatrice permet de refaire nos forces pour une journée à arpenter les lieux saints du Liban. Harissa, Notre-Dame du Liban : première étape d'une journée riche. La brume enveloppe encore le rocher sur lequel la Vierge surplombe Jounieh. Au sud, Beyrouth. Au nord, Byblos. À l'est, le mont Liban. À l'ouest, la Méditerranée. Lieu de dévotion pour tous les Libanais, c'est depuis les hauteurs qu'elle protège le pays du Cèdre. Ce sanctuaire est en quelque sorte l'équivalent de Montmartre pour le Moyen-Orient. Il a été construit pour répondre à une piété populaire pour le cinquantenaire de la proclamation du dogme de l'Immaculée Conception, en 1904. Une immense église a été ajoutée dans les années 1980. C'est aujourd'hui un des centres spirituels majeurs du Liban.

Le monastère Saint-Maron d'Annaya, où saint Charbel vécut les 16 dernières années de sa vie après son ordination le 23 juillet 1859, est un des hauts lieux saints de l'Église maronite. Le petit ermitage Saints-Pierre-et-Paul, isolé et situé à quelques dizaines de minutes de marche, est aujourd'hui à l'épicentre de la dévotion. Entre le 15 février 1875 et le 24 décembre 1898, Charbel Makhlouf vivra avec l'autorisation du père abbé, dans une quasi-solitude d'ermite, en haut de ce piton rocheux. Moine de l'Ordre libanais maronite, il y a mené une vie simple, faite d'adoration du Saint-Sacrement, de prière perpétuelle et de quelques travaux manuels. Il est considéré comme le plus grand saint moderne du Liban. Entièrement consacré à l'Amour du Christ, dans une ascèse constante pour le Salut de tous, il cite la célébration de l'Eucharistie vécue intensément comme le cœur de sa journée.

De temps à autre, quelques visiteurs autorisés par le prieur ou le père abbé du couvent l'ont rencontré et il leur a prodigué systématiquement des conseils et des paroles les touchant profondément.

Il meurt en odeur de sainteté et connaît un phénomène particulier : une exsudation[31] sanguine suinte de son corps. Il est enterré dans la tradition monastique à même la terre. Des villageois aperçoivent des clartés autour de sa tombe dans la nuit. Le phénomène se produit à de nombreuses reprises. 45 jours après sa mise en terre, on prend la décision d'exhumer son corps. En parfait état de conservation, il est transféré dans une chapelle du monastère. Le processus se reproduit à nouveau durant plusieurs années. En 1927, 28 années après la mort du futur saint, le pape Pie XI ordonne une nouvelle exhumation du corps. Parfaitement conservé, il suinte encore et remplit le cercueil de ce liquide, attesté comme étant produit par un corps humain. Pie XI déclare Charbel vénérable et autorise l'ouverture d'un procès en béatification. Le 25 février 1950, le suintement se produit à nouveau, en dehors du tombeau, entraînant une nouvelle exhumation. Le cercueil est empli de ce liquide rosâtre sur 8 cm, le corps baigne dedans et a conservé sa souplesse. Le voile recouvrant le visage de saint Charbel a gardé son empreinte, comme le Linceul de Turin. Dès lors, le culte de Charbel connaît une expansion et des fidèles envoient des lettres témoignant de la détresse morale ou physique, de laquelle ils ont été sortis par son intercession. On en recense 41 350 entre 1950 et 1957. Un certain nombre d'entre elles est affiché dans le sanctuaire, provenant de presque 150 pays. Il est béatifié le 5 décembre 1965 par Paul VI juste avant la clôture du Concile Vatican II. Il faudra encore 12 années pour que la reconnaissance des fidèles soit actée par le droit canonique. Le

31. Écoulement d'un liquide à travers une membrane.

9 octobre 1977, le pape Paul VI canonise le Bienheureux Charbel. C'est pour cette raison que presque tous les maronites nés en 1965 et en 1977 ont pour prénom Charbel. La piété populaire fantastique sera un réconfort pour tous les Libanais, à l'aube d'une guerre civile qui déchirera le pays.

C'est à pied que nous nous rendons jusqu'au petit ermitage que saint Charbel a habité dans l'humilité pendant 23 ans. Sous le soleil brûlant de cette fin de matinée, nous grimpons vers ce haut lieu. J'arrive dans l'un des endroits les plus saints pour les maronites. J'y ressens l'émotion partagée par ceux s'étant rendus à Tamanrasset sur les pas du père de Foucauld, ou encore à Tibhirine sur le lieu du martyre des moines trappistes. Une petite chapelle, la cellule attenante ne fait pas plus de cinq m^2. Un lit, une table, une chaise. C'est tout. La simplicité d'un moine qui a vécu en ermite une vie de prière frappe le pèlerin.

En contrebas, le monastère Saint-Maron, agrandi et modernisé à plusieurs reprises, domine tout le versant ouest de la vallée. La visibilité renforcée par un soleil au zénith donne une majesté réelle à ce centre spirituel majeur du Liban. La forêt des cèdres n'est pas si loin, en plein cœur du mont Liban et l'on devine en contrebas une bande littorale scintillante au soleil.

Dans la salle en sous-sol, l'histoire de saint Charbel est déroulée sur de fins panneaux de cèdre sculpté, jouxtant des objets lui ayant appartenu : chasuble, bible, bréviaire, chapelet, étole, soutane. Ils résument à eux seuls toute la vie de l'ermite faite de pauvreté et de dénuement total. Les fidèles lisent, comme moi, quelques lettres accrochées ici et là. Provenant de France, du Liban, du Panama, des Philippines, de Thaïlande, d'Australie, de Syrie, du Botswana ou d'Argentine, toutes témoignent d'une reconnaissance à saint Charbel pour des guérisons miraculeuses à la suite d'un pèlerinage ou une dévotion particulière au moine.

Lorsqu'on passe le porche de pierre, des présentoirs à cierges rayonnent d'une chaleur doublée d'une odeur mielleuse. Les cierges ploient sous l'action de la chaleur. Une petite porte, basse et voûtée, conduit dans la chapelle où repose saint Charbel. Il gît derrière une paroi vitrée devant laquelle se présentent à genoux les fidèles. C'est une humble sépulture, conforme au choix de vie érémitique du moine. De nombreux pèlerins sont présents, sur les bancs, à genoux, debout, priant dans un murmure pour déposer leurs intentions. Les imitant, je tombe à genoux, y confiant l'Orient si tourmenté, les chrétiens d'Iran, le père Ryan rencontré à Téhéran, Olivitch et Grégorïsky de Mary au Turkménistan, Dimitri et Timothée à Almaty, l'abbé Jean de Dimaluo, le père Joseph à Dien Bien Phu… Tous ont jalonné ma route et témoigné de la beauté d'être chrétien sur cette Terre. Il n'y a rien à ajouter, tout est dit.

Redescendant vers la mer, je quitte quelques jeunes du groupe qui rentrent vers Beyrouth afin d'attraper leurs avions. Charbel, rencontré la semaine précédente durant les rencontres PhilOrient, nous prête son appartement. Avec cette immense simplicité qui caractérise les Libanais, il se démène en faisant venir un ami qui possède les clefs pour nous ouvrir et nous conduire jusqu'à sa demeure. Incroyable hospitalité libanaise! Il est vrai que nous n'avions pas vraiment d'autres plans mais cela ne nous inquiétait pas plus que cela. « *Venez chez moi si vous passez à Byblos* ». Épuisés par le rythme intense des trois derniers jours et l'agitation incessante, nous écrasons tous les trois sur les sofas.

Mercredi 9 août 2017, J258. Qadisha, monastère de Qannoubine

L'autobus poussif grimpe vaillamment les côtes du mont Liban, s'enfonçant de plus en plus dans une vallée immense. Bcharré nous apparaît soudainement, encore lointain mais avec des églises fièrement dressées. Nous approchons l'endroit le plus précieux du Liban, cette vallée sainte où des chrétiens habitent depuis le IV° siècle. Tantôt ermites, tantôt laïcs, tous ont fait de cet endroit un havre de paix pour la prière, la contemplation et le service de Dieu.

Frère Yves, venu au Liban il y a plus de 30 années et membre d'un ordre maronite nous guidera pour ces quelques jours. Il habite dans la Qadisha autant qu'elle l'habite. Il vit au petit ermitage de Mar Lichaa qu'il est désormais seul à occuper régulièrement, les autres moines ayant changé de lieu de vie.

Le paysage brûlé de pierres et de petits buissons cherchant l'eau dans les interstices des pierres est un trompe-l'œil. La descente vertigineuse sur la route recouverte d'asphalte voici à peine dix ans est sportive. Un instant, nous manquons de verser dans le vide, une voiture arrivant face à nous. La virtuosité du pilotage de frère Yves nous sort de ce faux pas.

Mar-Licha est un humble monastère aux airs de petit Rocamadour, accroché sous la voûte karstique, enchâssant une source qui coule à l'intérieur même du lieu de retraite. Ici depuis le XIVe siècle vivent des moines pour une vie de prière humble et silencieuse. Mais l'exceptionnel est plus loin. À pied, frère Yves nous emmène vers l'ouest. Nous marchons le long du ruisseau, profitant de la fraîcheur procurée par l'ombre des arbres, sur les traces des moines ayant habité cette vallée depuis 1 500 ans. De nombreuses grottes jalonnent la Qadisha, constituant un patrimoine immense. Plusieurs centaines d'ermites vivaient en totale autarcie, les monastères de la vallée les ravitaillaient une fois par semaine au moyen d'un panier contenant quelques victuailles, hissé grâce à une corde. Juchées à plusieurs dizaines de mètres du sol, creusées à même la roche par la main de l'homme ou bénéficiant d'anfractuosités géologiques naturelles, ces grottes ont accueilli des ermites qui ont passé leur vie ici, face au Seigneur, dans la contemplation de la création et la prière. Des gravures d'époque témoignent des acrobaties qu'ils devaient faire pour rejoindre leur perchoir au moyen d'échelles de bois branlant.

Aux grandes heures de la vallée, quasiment 500 ermites vivaient dans les grottes. Dès le VIIe siècle, la vallée est un sanctuaire au sens premier, un refuge pour les chrétiens de la région lors des périodes de persécutions successives. La destruction du monastère Saint-Maron au Xe siècle donnera l'impulsion et les maronites s'implanteront avec vigueur et durabilité dans cette vallée, protégés par les croisés. Le schisme de 1054 marque un tournant car l'Église maronite choisit de s'unir à Rome, devenant la seule Église unie à Rome en Orient.

Mais la Qadisha ne se raconte pas, elle se vit, elle est. Ses pierres racontent la vie de ces hommes de Dieu qui ont consacré leur existence, retirés du monde, à prier pour nous autres qui vivons dans le monde. Chacun à sa place. Les terrasses façonnées années après années afin de gagner quelques mètres sur la pente renforcent la verticalité du lieu. Le vertical pour s'élever spirituellement, l'horizontal comme appui. Les grottes recèlent encore nombre des peintures et des croix gravées semblables aux katchkars arméniens. Après quelques prises et quelques bonds, j'arrive dans cet espace qui a accueilli un moine pendant plusieurs décennies. Vaguement protégé par la paroi, il disposait d'un espace pour reposer la tête à droite, d'un autel sculpté à gauche, deux pas suffisant à les relier. Je contemple la nature magnifique. La vallée dessine un coude vers le nord et le coteau opposé dévoile une cascade jaillissant de la montagne pour abreuver cette rivière qui dessine une déchirure, creusant irrémédiablement son lit.

À la nuit tombante, le monastère de Qannoubine apparaît. La vallée s'élargit, les terrasses en face sont nombreuses. Des microparcelles d'un mètre de large courant sur une trentaine de mètres en longueur me rappellent le Nord-Vietnam. Quel travail faramineux pour arriver à ce résultat. Les sœurs du couvent, des antonines maronites, accueillent les pèlerins avec le sourire, indiquant les endroits où nous pouvons poser nos affaires pour la nuit. Le frère Yves, habitué des lieux, est comme chez lui. Dans la soirée, nous prions les vêpres dans l'église troglodyte. Ce monastère a été fondé par Théodose le grand et sera le siège du patriarcat maronite quatre siècles durant, de 1440 à 1823. 24 patriarches y ont demeuré, tous reposent dans le caveau des patriarches situé sous l'église.

Une petite porte s'ouvre sur l'église creusée dans la roche. Simple, austère, l'esprit des ermites est bien présent et nous tourne vers la contemplation silencieuse du Christ. Mes yeux s'habituant peu à peu, je découvre une fresque du couronnement de la Vierge par La Trinité qui occupe le mur côté falaise. Frère Yves traduit l'inscription la surplombant. « *Viens du Liban, ma fiancée et tu seras couronnée* », extrait du Cantique des Cantiques.

Dans la nuit tombée, les étoiles se lèvent. Sous la voûte céleste, nous sommes tous les quatre, frère Yves, Magdeleine, Priscille et moi silencieux, à contempler cette création. L'air frais et chaud rend délicieux l'endroit. Difficile d'imaginer un hiver ici où la neige bloque quatre mois durant les déplacements, sans chasse-neige en renfort ! Pour l'instant, je profite de cet espace où nul ne vient troubler la quiétude d'un soir d'août.

Jeudi 10 août 2017, J 259. Bcharré

Au milieu de la vallée sainte, un ermite vit toujours, à Notre-Dame de Haouqa. Le père Dario Escobar est un ermite à qui l'on peut rendre visite, avec lequel on peut s'entretenir et même prier quelques offices avant qu'il ne referme les portes de son ermitage.

15 h de prière par jour, deux autres consacrées à l'accueil de pèlerins, deux autres pour les travaux manuels et cinq enfin pour le sommeil. Une vie consacrée à Dieu pour ce Sud-Américain ayant débarqué il y a 20 ans dans cette vallée. Les sœurs lui portent quelques victuailles deux fois par semaine afin qu'il n'ait pas à se préoccuper trop des contingences matérielles…

Un instant suspendu, privilège de rencontrer un homme de foi ayant fait ce choix d'une radicalité absolue qui le remplit de joie. Cela me questionne sur les choix à poser.

Mardi 22 août 2017, J 272. Amman. 12 705 km

Amman, Jordanie. Le seul pays à peu près stable de la région. Le royaume Hachémite demeure un territoire administré par des dirigeants souhaitant la paix, ce qui n'est pas rien dans la région. Sur le haut plateau dominant la vallée du grand Rift, immense réseau de failles de plus de 6 000 km de long, courant des sources du Jourdain jusqu'à l'Afrique australe, en passant par les grands lacs africains, je contemple depuis les toits l'antique Philadelphia de l'époque romaine. N'y voyez pas de lien avec son homonyme américain, il n'y en a pas. La Rome du Moyen-Orient, en référence aux sept collines initiales sur lesquelles elle fut bâtie, a depuis largement repoussé les antiques frontières de la cité.

En cette fin août, je profite d'un moment de calme sur la terrasse de la maison de SOS chrétiens d'Orient, pour repenser à ces derniers jours.

Quatre jours avant d'embarquer pour Amman, j'invite ma petite sœur Amélie à venir me rejoindre. Et c'est ainsi que je passe une semaine avec elle pour arpenter, cette fois en automobile, la Jordanie. Plonger à Aqaba dans cette mer Rouge qui doit cette couleur à la réverbération des coraux, afin d'aller admirer des coraux et des poissons. Nager au milieu d'une nature subaquatique, ce monde du silence magnifié par Luc Besson dans *Le Grand Bleu*. Aller débusquer les poissons camouflés dans le sable, cachés dans l'anfractuosité d'un rocher. Remonter sur la route vers le désert du Wadi Rum et son sable orange d'une finesse éblouissante. Dormir à la belle étoile, au pied d'une falaise vertigineuse de 120 m, partager avec Rahayeb, notre guide, un plat de riz, grimper sur des arches juchées 25 m plus haut en escaladant à mains nues des rochers, traverser un wadi à sec, gravir les dunes orange avec à chaque pas la sensation que ce sera le dernier.

Et puis arriver à Petra. Au petit matin, le Siq, cet étroit défilé sculpté par l'eau, nous transporte jusqu'au cœur de la cité nabatéenne. Dans l'aube transparente d'une matinée d'août, la roche brossée d'un rose pâle conduit, en descendant irrémédiablement, le voyageur vers le trésor.

Lentement, presque subrepticement, une construction apparaît. Est-ce lui, ce trésor, le *Khazneh* ? Une colonne, puis les pans de murs au milieu desquels nous progressons, bouchent de nouveau la vue. À nouveau le canyon s'ouvre, il est là, nous sommes seuls, silencieux devant cet édifice majestueux. Le grès déchiqueté est encore rose, brossé par les éléments. Le vent, la terre, l'eau, le soleil ont usé cet endroit, sans compter les pas des visiteurs, des badauds qui s'égaillent joyeusement lorsque le jour s'avance. Pour l'instant, nous jouissons du plus grand des privilèges, ce qui justifie de se lever de bonne heure : le calme et la solitude d'un lieu.

Les habitations troglodytes se succèdent, pour l'instant le calme y règne. La foule des touristes n'a pas encore envahi l'endroit, il est bien trop tôt, tant mieux pour nous ! D'une foulée énergique j'entraîne ma sœur Amélie vers les hauteurs. Au soleil levant, Pétra s'illumine. Nous soufflons quelque peu, commençant à boire quelques-uns des premiers litres d'eau que nous descendrons littéralement sous la chaleur écrasante du jour. Avec de l'habileté, nous rendant aux endroits les plus éloignés et difficiles, nous nous assurons d'être presque seuls systématiquement dans les espaces stratégiques.

J'essaie de me figurer l'émotion de Jean-Louis Burckhardt (25 novembre 1784 - 15 octobre 1817) lorsqu'il a découvert Pétra. Le site est à la hauteur du personnage qui lui a redonné ses lettres de noblesse. Comment une ville majeure de la route de la soie a pu tomber ainsi subitement dans l'oubli après le XIIe siècle ? Différents éléments historiques l'expliquent mais avec une situation géostratégique majeure, cela paraît toujours difficile à accepter. Notre explorateur suisse a donc tout juste 20 ans lorsque la proposition d'aller découvrir les sources du Niger lui est faite, à Londres, par Sir Joseph Banks et les membres de l'African Association. En 1809, il s'embarque pour Alep et améliore son arabe, appris à Cambridge. Des sources évoquent une conversion à l'islam, certaines assument qu'il ne s'agit que d'une couverture. En tout état de fait, Jean-Louis Burckhardt se fait à la mode orientale et s'acculture avec brio. Palmyre, Damas, Baalbek, le Liban forment l'essentiel de ses voyages dans la région. C'est ainsi que presque par erreur, sur un ouï-dire autour du village de Wadi Moussa, il se rend pour découvrir Pétra. Le tombeau d'Aaron situé au sommet du mont Hor est tout proche et lui fournit un bon prétexte. Las, il ne pourra prendre aucune note, se contentant de traverser les ruines de l'ancienne capitale de l'empire des Nabatéens. Sa curiosité éveille d'ailleurs les soupçons de la part de ses guides locaux, scellant l'impossibilité de s'arrêter. Le 22 août 1812, à 28 ans, Jean-Louis Burckhardt découvre Pétra.

Non rassasié par cette découverte extraordinaire dont il informe ses collègues de l'African Society et le tout Londres, il poursuit son idée de trouver les sources du Niger et poursuit jusqu'au Caire. Les caravanes se rendant en Lybie ne partant pas, notre explorateur remonte le Nil et découvre le temple d'Abu Simbel. Deuxième découverte à même pas trente ans!

Pas de passage vers l'ouest, il enquille plein ouest à travers le désert de Nubie, rallie les rives de la mer Rouge et termine à La Mecque puis à Médine. À 33 ans, Jean-Louis Burckhardt a traversé plusieurs déserts à pied ou à dos de chameaux, découvert deux des plus grands monuments de ces époques antérieures à notre ère, s'est rendu à La Mecque, endroit interdit encore aujourd'hui aux non musulmans et a failli découvrir les sources du Niger. Il est de grands hommes que l'histoire n'attend pas.

Il serait trop long de faire une litanie des merveilles de la cité nabatéenne, ce peuple de marchands ayant régné sur les caravanes de cette partie du monde. Je vous parlerai seulement de ce théâtre romain, creusé dans la roche pour dessiner les marches permettant aux spectateurs de s'asseoir. Trois niveaux en demi-lune d'un grès rougeoyant. Les stries de la pierre lui donnent un aspect brossé alors que sa dureté interdit toute inscription dessus. La roche veinée offre un spectacle magnifique. Poursuivant le chemin, se devine à droite un bâtiment moderne avec quelques colonnes comme neuves. Pétra possède des vestiges chrétiens, dont l'église Sainte-Marie bâtie au Ve siècle sous la période de domination byzantine. Ses mosaïques protégées des centaines d'années durant par le sable et la poussière sont dans un état exceptionnel. Les parties hautes ont quant à elles été largement abîmées. C'est un témoignage extraordinaire de la diffusion de la chrétienté dans ces grandes cités d'importance d'alors, et du dynamisme de la foi à l'époque. Rénovée, placée sous la protection d'un toit artificiel, l'église constitue aujourd'hui un élément important pour l'étude archéologique de Pétra.

Enfin apparaît le monastère, au sommet d'un immense escalier de pierre taillé à même le roc, sur lequel les ânes grimpent chargés de touristes trop fainéants pour s'élever à la seule force de leurs jambes : « *taxi climatisé, Mercedes* » disent-ils pour alpaguer les visiteurs en échange de quelques menus dinars jordaniens.

Appelé aussi *Deir*, cet immense espace sculpté dans la roche n'est qu'une façade, comme presque tous les monuments à Pétra. Un vide creusé au milieu, c'est tout. Un parallélépipède rectangle, 20 m par 15, immensément vide. Tout cela pour ça ? Pour le panache, pour le style.

S'ensuivent Kerak, la vallée de Dana (véridique !), la mer Morte et ses reflets huileux, le mont Nébo, le centre Notre-Dame de la paix... C'est fourbus que nous rentrons à Amman avec Amélie avant qu'elle ne prenne son vol retour. J'aurai eu le temps de croiser Amaury Perrachon, un vieil ami du clan de Paris, en volontariat chez les dominicains à l'École biblique et archéologique de Jérusalem, et de passage pour quelques jours en Jordanie. Même au Moyen-Orient, les clans Tom Morel et Bienheureux Frédéric Ozanam sont là pour pacifier la région et faire rayonner la France. Un plaisir de croiser un ami également ancien volontaire des MEP en Thaïlande, chez les Karens !

Dimanche 27 août 2017, J 277. 12 705 km

Je continue mon séjour en Jordanie aux côtés d'Antoine, chef de mission de SOS Chrétiens d'Orient pour ce pays. Cinq jours de rencontres, de soutien à ces églises qui, si elles ne sont pas menacées par une persécution légale, restent ultra-minoritaires et démunies.

Nous faisons une visite à Mafraq à la paroisse latine, chez le père Hyarri. Il nous témoigne de sa difficulté à développer des activités. Antoine lance des projets de microcrédit afin de fixer les populations et surtout de les responsabiliser. Le don aveugle n'est pas une solution et le père Hyarri en est conscient. Un café et un salon de coiffeur financés par ce biais sont sur le point d'ouvrir.

Le poste-frontière de Jaber, entre la Jordanie et la Syrie est bien fermé. Simplement le temps de s'arrêter, de contempler, de prendre une photo et de déguerpir avant que les douaniers, qui sont de véritables poètes, ne nous alpaguent. Depuis Umm Qeiss, ancienne cité de la décapole[32], nous contemplons le lac de Tibériade. Soleil rouge, ciel bleu, verre ambré, mer d'or.

---

32. Ensemble de dix cités à l'est du Jourdain qui se regroupèrent en ligue durant l'Antiquité.

Le lendemain, en la fête de saint Louis le 25 août, c'est à Kerak puis à Ader que nous nous rendrons. L'automobile est nettement plus rapide que la bicyclette. Le Krak des Moabites, massif château dominant la ville, s'impose à l'histoire. Renaud de Chatillon (1123 – 1187), prince d'Antioche puis seigneur d'Outre-Jourdain et seigneur d'Hébron en fera son fief et de là, partiront de nombreux raids contre les sarrasins. Aujourd'hui pacifiée, la région continue d'abriter une petite communauté chrétienne. Orthodoxes et catholiques cohabitent difficilement. Abouna Bouloss, dans une énième cérémonie du thé de la journée, nous dresse ses doléances. Difficile de déceler la vérité de l'exagération et pour Antoine de ne pas être perçu comme un simple distributeur de billets de banque.

La barrière de la langue est réelle ici en Jordanie et impose, à défaut de volontaires arabophones, l'emploi de traducteurs. Cette distance supplémentaire induite par un intermédiaire apporte également une richesse d'échanges avec ces frères. Ces précieux auxiliaires sans lesquels rien ne serait possible permettent l'interface entre les locaux, les prêtres, les familles, les autorités même. Je peux plus spécialement toucher du doigt la situation des réfugiés avec Abu Sam et Salam, deux traducteurs œuvrant pour SOS Chrétiens d'Orient. C'est surtout avec Salam que j'aurai le plus de discussions, passant trois journées à enduire, repeindre et refaire l'étanchéité de la maison d'un paroissien d'un quartier défavorisé d'Amman. Rencontré par les premiers volontaires lors de l'implantation de la mission Jordanie, il est le plus ancien et la mémoire de la mission en quelque sorte. 30 ans, le sourire en toutes circonstances et de multiples casquettes pour cet Irakien de Mossoul arrivé il y a trois ans ici, en avril 2014, en Jordanie, suite à l'avancée des troupes de l'État islamique dévastant tout sur leur passage. Comme beaucoup de Mousoliotes, il est obligé de fuir avec sa famille pour ne pas perdre la vie. Deux de ses frères ont pu rejoindre ensuite l'Australie et le Canada, mais sa sœur et sa mère sont avec lui en Jordanie. Baladé au fil des semaines dans divers endroits du pays, il parvient finalement à Amman et œuvre aujourd'hui au service de ses frères chrétiens avec SOS en tant que traducteur mais aussi à des tâches parfois peu passionnantes lorsqu'il s'agit de mettre à jour des fiches informatives sur les familles, traduire des informations techniques ; ou plus concrètes comme des rénovations de maisons ou l'organisation de tournois de foot pour les enfants. Voilà maintenant trois années qu'il attend son visa pour le Canada[33], mais comment peut-on reprendre une vie normale après avoir été chassé de sa terre natale en quelques heures ?

Le sort des chrétiens d'Orient n'intéresse pas vraiment toutes les grandes ONG, qui plus est dans des pays où le prosélytisme est interdit et où une aide envers les chrétiens pourrait y être assimilée. Il n'en est rien, il s'agit juste de venir en aide à des réfugiés qui n'ont plus rien, quelle que soit leur communauté d'origine. Par ailleurs, l'intégralité des réfugiés a interdiction de travailler afin de ne pas faire de concurrence aux locaux et leur voler du travail. Cela assombrit sérieusement les perspectives de s'en sortir à long terme et de se projeter dans ce pays pour y refaire sa vie. L'objectif de la majorité des chrétiens est malheureusement de quitter au plus vite le Moyen-Orient et de s'installer là où les conditions sont plus favorables. 2000 années de présence chrétienne sont balayées en quelques mois... Par ailleurs, les chrétiens sont rarement les bienvenus dans les camps de réfugiés, ce qui a pour conséquence de les disperser dans des villes anonymes, alors que les musulmans peuvent bénéficier de l'aide humanitaire internationale organisée dans les camps qui ressemblent davantage à des petites villes qu'à des camps scouts XXL[34] !

Le double discours de l'Occident et son double visage m'écœurent. Pourquoi l'Occident ne met-il pas en lumière la réelle discrimination qui existe pour les obtentions de visa ? Les chrétiens, qui sont spécifiquement la cible de persécutions dans leur pays d'exil, ont en effet beaucoup plus de difficultés à voir leurs demandes aboutir, contrairement aux

---

33. J'apprendrai quelques mois après que le Canada aura accepté sa demande de visa, une nouvelle vie qui commence !

34. L'un des plus grands au monde est situé à Zattari, au nord d'Amman. Il accueillait en 2015 plus de 200000 personnes. Celui d'Azraq, plus modeste (50000 personnes) est quant à lui le premier camp de réfugiés au monde autonome en énergies. Comme quoi il n'est pas si vétuste que cela !

musulmans pour lesquels la chose est nettement plus aisée. Pourquoi ne travaillons-nous pas simplement à permettre à ces personnes de vivre là où elles ont toujours vécu, en les protégeant ? Notre vision à court terme nous perdra et les perdra, ce qui est encore plus tragique. Les chrétiens d'Orient sont nos frères, ils sont nos aînés dans l'Église. Saint Paul, qui avec saint Pierre posa les fondations de l'Église d'Occident à Rome, était de Tarse, en Turquie près de l'actuelle Syrie. Tous les saints bien connus en Occident, à commencer par les apôtres, étaient des Orientaux. L'Église a deux poumons, l'Orient et l'Occident. Sans l'un, elle meurt.

Monastère de Mar-Licha, Qadisha

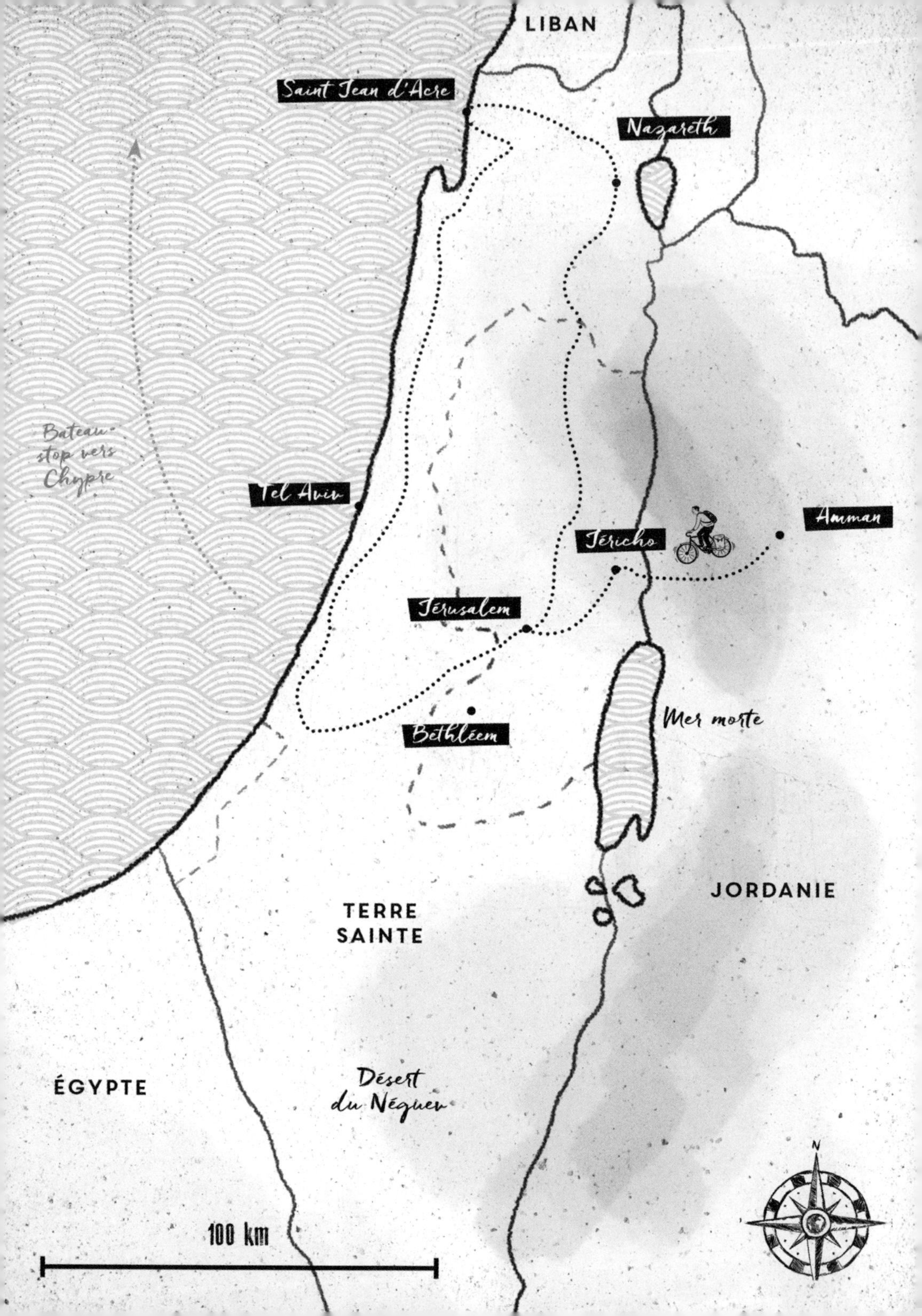
LIBAN
Saint Jean d'Acre
Nazareth
Bateau-stop vers Chypre
Tel Aviv
Amman
Jéricho
Jérusalem
Bethléem
Mer morte
JORDANIE
TERRE SAINTE
ÉGYPTE
Désert du Néguev
N
100 km

11

TERRE SAINTE

« Crois pour comprendre. »
Saint Augustin

Lundi 28 août 2017, J278. Jéricho. 12 752 km

Quinze jours que je la vois quotidiennement, juste là, de l'autre côté du Jourdain. Quinze jours à y penser, à la désirer. J'y suis enfin, sur cette Terre Sainte où le Christ a vécu, est mort et a ressuscité.

Mon circuit du jour : descendre d'Amman jusqu'au point le plus bas sur Terre, à 400 m sous le niveau de la mer, pour franchir le Jourdain. J'emprunte une route chaotique, un chemin plutôt, qui quoique descendant généralement, me réserve de sacrées montées. Dans l'une d'entre elles, présentant des pourcentages défiant la gravité, ma chaîne lâche brutalement. Elle n'a pas résisté à la force nécessaire pour hisser en haut de la côte les 110 kg de mon poids, des bagages et du vélo lui-même. Las, je défais un maillon, répare et par précaution, pousse la machine jusqu'au sommet. Les ouvriers que je trouve quelques mètres plus loin m'offrent du melon bienvenu. Je suis en nage alors que je n'ai roulé qu'à peine une dizaine de kilomètres. Le soleil donne, la Terre Sainte ne s'offre pas aisément aux pèlerins, il faut la mériter. J'atteins la frontière jordanienne dans une fournaise impressionnante. Du fait que je suis passé à une altitude négative, la pression atmosphérique et la mer Morte toute proche asphyxient mes efforts. Je me traîne jusqu'au poste frontière. Un douanier me conduit devant un guichet : « *Stay here and give the money to the man. He is coming* ». Une taxe de sortie est à régler. Le préposé, visiblement en pause, arrive finalement sans se presser. Pas de négociation possible. Il me reste heureusement quelques dollars en poche, je n'ai plus un sou !

Au moment de franchir la barrière à vélo, le garde-barrière m'interdit l'accès. « *You need a bus* » s'écrie-t-il à mon intention : « *Oh no, I don't need it, I have a bicycle* ». S'engage une conversation de sourd entre lui et moi : j'ai parfaitement compris qu'il allait être nécessaire de prendre le bus, mais je ne le veux en aucun cas. Le garde-frontière insiste et finit par appeler un collègue nettement plus anglophone qui m'explique la situation. Impossible de rouler à vélo dans le no man's land, seuls les bus organisés pour la traversée d'un terminal à un autre sont autorisés. Rien n'y fait, c'est la première fois que je ne peux pas passer la frontière à pieds. Il faut donc ranger le vélo dans la soute d'un bus en vérifiant qu'un local n'ait pas la splendide idée d'ajouter ses bagages dessus. On m'invite ensuite à monter non dans ce bus destiné aux locaux, mais dans un minivan. Être séparé de mon vélo sur un poste frontière, je n'aime pas trop cela, surtout dans la région.

Un contrôleur vient encore me demander huit dollars jordaniens pour le passage, que je n'ai pas. Je suis à sec, ayant tout éclusé. Négociation : il veut me faire sortir du bus pour que j'aille tirer de l'argent, sauf qu'en zone franche il n'y a rien… Trouvant un billet de 5 € au fond d'une poche, je lui tends, disant qu'il n'y a pas d'autre solution. Maugréant en arabe, il accepte à contrecœur. Ce racket m'exaspère. D'autres[35] se sont également cassé les dents sur ce poste frontière, « *le pont Allenby*[36] ».

35. En 2007, Édouard et Mathilde Cortès notamment ne pourront pas franchir ce passage à pied, l'unique partie de leur trajet de 6 000 km entre Europe et Orient.
36. Du nom d'un général anglais ayant conquis la région lors de la campagne du Sinaï et de Palestine durant la Première Guerre mondiale.

La frontière israélienne est franchie aisément. Le bus dans lequel je suis monté passe par le côté réservé aux Israéliens et Occidentaux, les Palestiniens et Jordaniens montés dans l'autre bus sont soumis à un autre endroit de contrôle. Quelque peu stressé par le passage de ce poste frontière, je ne fais pas trop le mariolle. La région est sous tension et toujours prête à éclater. Contrôle strict mais hormis la bouteille de pétrole pour mon réchaud qui inquiète les douaniers, tout passe comme une lettre à la poste. Coup de tampon sur mon passeport vierge obtenu à Almaty et je peux m'élancer vers Jéricho. Erreur, le douanier à la barrière de sortie me barre l'accès. C'est à nouveau en bus qu'il faut me rendre jusqu'à la ville de Jéricho, point de touristes se promenant seuls dans cette région remplie de mines. Une fois au terminal, je fais sensation auprès des policiers palestiniens !

Direction le centre-ville, j'ai absolument besoin de réparer mon dérailleur tordu et surtout le galet tendeur qui s'est brisé entre Amman et le pont Allenby. Le bricolage de fortune que j'ai réalisé abîme la chaîne. Avec la côte qui m'attend pour rejoindre Jérusalem demain, il s'agirait d'avoir un vélo en bon état.

J'avais pourtant envisagé d'arriver à Jérusalem dès ce soir. Ces ennuis mécaniques et le lent passage de la frontière contredisent mes plans. Qu'importe, je dormirai à Jéricho. Je suis en Terre Sainte !

À l'église du Bon Pasteur, je trouve le frère Anthony. Franciscain, se tenant droit sur le pas de la porte de son église, il semble m'attendre. Cet Américain du New Hampshire m'accueille avec toute la délicatesse qui caractérise sa communauté, qui a offert l'hospitalité aux pèlerins des siècles durant. Une pièce m'est proposée pour la nuit, sous cette chaleur écrasante j'y trouve un peu de fraîcheur. À 300 m sous le niveau de la mer, Jéricho est la ville la plus basse du monde et en cette fin août, l'air chaud reste prisonnier dans la cuvette.

Le réparateur de vélo sur la place, à quelques centaines de mètres, possède la pièce que j'ai cassée. Si elle n'est certainement pas du même modèle que l'original, elle fera largement l'affaire. Je l'aide à démonter le dérailleur, l'ouvrir, enlever le galet cassé sec, le remplacer par un d'occasion. Je suis paré à repartir demain. Dans l'église, nous prions les vêpres en anglais, puis après un dîner rapide, je file me coucher, la chaleur m'a épuisé.

29 août 2017, J 279. Jérusalem. 12 777 km

Quelle joie quand on m'a dit: «Nous irons à la maison du Seigneur!»
Maintenant notre marche prend fin devant tes portes, Jérusalem!
Jérusalem, te voici dans tes murs: ville où tout ensemble ne fait qu'un!
C'est là que montent les tribus, les tribus du Seigneur,
Là qu'Israël doit rendre grâce au nom du Seigneur.
C'est là le siège du droit, le siège de la maison de David.
Appelez le bonheur sur Jérusalem: «Paix à ceux qui t'aiment!
Que la paix règne dans tes murs, le bonheur dans tes palais!»
À cause de mes frères et de mes proches, je dirai: «Paix sur toi!»
À cause de la maison du Seigneur notre Dieu, je désire ton bien[37].

Jérusalem, cité de ma joie, longtemps je t'ai attendue. De ce nom s'échappe un élan mystique. Jérusalem, ville juchée là-haut sur la colline, où le Christ a enseigné, puis a été jugé, mis à mort et est ressuscité. Une étape qui s'est au fur et à mesure imposée dans mon itinéraire, tant elle est la ville la plus importante de la chrétienté. Depuis les steppes d'Asie centrale, dès le Kirghizistan, a germé en mon cœur le désir de passer dans la ville trois fois sainte pour déposer les intentions formulées, confier les communautés rencontrées, sur le lieu du martyre du Christ, pierre fondatrice de l'Église. Au final qu'est-ce que cela, un petit détour? Soit, ce ne sont pas quelques milliers de kilomètres supplémentaires qui vont m'abattre.

Jérusalem ne s'offre pas aisément au pèlerin, les derniers kilomètres ne m'auront rien épargné. Poursuivre la route malgré les difficultés, renoncer à moi-même, jusqu'à devoir accepter l'aide d'un bon Samaritain. Partout sur la route ils auront été présents, encore aujourd'hui. J'ai déjà brisé à deux reprises ma chaîne alors que j'atteins le niveau du

37. Psaume 121.

monastère Saint-Georges, dans le Wadi Qelt. Ma carte indique une toute petite route de l'autre côté du canyon. Celle usuellement utilisée par les pèlerins n'est en aucun cas praticable à vélo, pas même en VTT. Je tente le coup, gagnant sur le plan carrossable, perdant pour la topographie. Les pourcentages sont inhumains et je dois fournir un effort colossal pour me hisser. Clac, brusquement, un nouveau maillon de la chaîne lâche. Pas une voiture ne passe sur cette route, je suis en plein soleil au bord du désert, 150 m sous le niveau de la mer. Me voilà obligé de réparer. Je raccourcis la chaîne qui commence à devenir bien tendue. Il ne se passe pas 500 m avant qu'un nouveau maillon casse. Le dérailleur semble tordu et sous l'effort demandé, la chaîne mise en tension d'une manière non prévue, se brise. Heureusement, la pente s'amenuise et bien que continuant à grimper, je peux avancer juché sur mon destrier. Le monastère Saint-Georges apparaît subitement sur ma droite en contrebas. Ayant marché dans le Wadi Qelt deux ans auparavant, j'avais un souvenir d'une marche éprouvante. En y ajoutant une montée vertigineuse et comprenant l'endroit où je me trouve, ça n'est que logique d'avoir galéré dans cette portion. Et toujours pas âme qui vive depuis la sortie de Jéricho.

Accroché à la roche, le monastère du IVᵉ siècle a pris son essor au siècle suivant avec Gorgias de Koziba, un moine grec orthodoxe. De même que dans la Qadisha, des centaines d'ermites dépendant du monastère habitaient les innombrables grottes des alentours. Ça a été un foyer important de la spiritualité de la région jusqu'à sa destruction en 614 par les Perses, qui ont massacré les 14 moines y habitant. Leurs ossements sont toujours visibles dans le monastère, qui est par ailleurs interdit aux femmes, y compris les pèlerines, comme au mont Athos en Grèce. Les croisés ont relevé le monastère durant les 200 années d'existence du Royaume latin de Jérusalem, avant qu'il ne tombe à nouveau dans l'oubli jusqu'à la fin du XIXᵉ siècle où des moines revinrent pour l'habiter. Avec le monastère de Mar Saba situé à proximité de Bethléem, celui de Saint-Georges figure parmi les plus anciens de Terre Sainte.

Première étape atteinte avec ce monastère. Je contemple cette construction s'intégrant parfaitement dans le paysage, au milieu de ce

Wadi où l'eau ne coule que quelques jours par an. En poursuivant la route, la parabole du bon Samaritain prend tout son sens à mes yeux. Ma chaîne se brise à nouveau plus loin. Je dois me rendre à l'évidence, il ne me sera pas possible de rallier Jérusalem seul. Le dérailleur tordu ne laisse pas beaucoup de possibilités, la chaîne trop courte cassera au prochain effort soutenu. « *Un homme descendait de Jérusalem à Jéricho* » n'est pas simplement une vue de l'esprit ou une figure de style afin de placer la ville sainte au sommet. Elle est véritablement en altitude et en arrivant de Jéricho, ça n'est pas une partie de rigolade.

Plus de possibilité de continuer à grimper, la grand-route numéro 1 est là, il ne reste plus qu'à compter sur la Providence. Un bus arrive mais à la question « *Jérusalem* » le chauffeur répond par la négative. Un second, puis un troisième, toujours la même réponse. Bizarre, il n'y a pas cinquante endroits où aller, à moins qu'ils bifurquent vers Ramallah ou Béthanie... Je m'essaie au stop et un quart d'heure plus tard, un énorme 4x4 s'arrête. En sort un Juif aux papillotes, comprenant que j'ai un souci de vélo. « *I go to Jerusalem* » lui dis-je, mais il semble ne rien comprendre à mes paroles. « *Jerusalem, straigh ahead* », mais le mot semble inconnu. Je tente tous les accents possibles avant qu'il me dise « *ahhhh, Yerushaláyim !* » et d'accepter de m'emmener jusqu'à là-bas. Nous accrochons le vélo sur le toit, et c'est parti pour la montée vers la ville sainte. 200 m plus loin, j'aperçois un panneau « le bon Samaritain », signalant le lieu retenu par la tradition pour cet épisode biblique. Le mien est à ma gauche et en 4x4 (!), c'est lui qui me conduit à Jérusalem, cité de la joie.

La porte de Damas apparaît au bout d'une avenue en pente où mon bon Samaritain m'a déposé. Reparti comme il était arrivé, sans rien demander, il était l'homme nécessaire pour mon arrivée ici, placé sur ma route par le Seigneur. Il m'aura fallu renoncer à moi-même et sortir de mon égoïsme pour accepter cela. S'il y avait bien une seule côte que je voulais absolument monter seul, quel que soit le temps à mettre, c'était bien celle-ci. Le Seigneur aura voulu que je dépende de lui, on ne fait jamais vraiment ce que l'on veut, n'en déplaise à saint Augustin !

Face à la porte de Damas, les remparts de la vieille ville prennent une autre dimension, et c'est un sentiment d'accomplissement qui m'envahit. 12 777 km à pédaler avant d'arriver devant cette porte, neuf mois d'efforts et de rencontres qui prennent encore plus de sens ici.

Je franchis la massive porte construite sous le règne de Soliman le Magnifique au XVIe siècle, flanquée de ses deux tours de garde crénelées, puis me plonge dans le tumulte de la rue vers le Saint-Sépulcre. Les petites ruelles tortueuses grouillent d'activité, de marchands proposant ici des fruits, là des chaussures ou encore des appareils électroniques. Plus la distance diminue avec le Saint-Sépulcre, plus la chrétienté se fait présente avec des magasins d'art religieux. Puis passant une petite porte où il est nécessaire de se courber, la basilique du Saint-Sépulcre s'impose à moi. L'édifice est massif et ramassé. On ne peut pas le contempler avec recul compte tenu de l'exiguïté des lieux. Je ne peux m'en détacher. Il magnétise mon attention, captive mon regard par sa force symbolique. Cela me paraît presque irréel d'être là et j'ose à peine y rentrer. Un long moment dehors tout d'abord, puis posant ma bicyclette le long du mur de la basilique, je franchis les lourdes portes.

Immédiatement à droite je monte l'escalier très raide qui conduit au Golgotha, où étonnamment la foule est peu nombreuse. Déposer les intentions que je porte depuis Bangkok au pied de la Croix du Christ, littéralement, m'est une expérience de foi extraordinaire. Sous le regard de Marie, les mots de Péguy se rappellent à moi. *« Mère, voici tes fils qui se sont tant battus »*.

Pour la première fois depuis le début du voyage, je pleure.

Je pleure de joie, d'être là où tout s'accomplit.

Je pleure pour tous les frères qui ne pourront jamais venir ici en pèlerinage.

Je pleure d'émotion d'avoir tenu ma promesse.

Je pleure de comprendre que la foi transporte les montagnes.

Au pied de la croix, le rocher est apparent. Blanc et simple. Protégé de l'altération du temps et de la dévotion des pèlerins par une plaque de verre. Le contraste avec la décoration de la basilique est saisissant.

D'un côté les peintures, mosaïques, iconostases, tableaux et encensoirs à profusion, de l'autre un simple rocher nu. L'atmosphère est recueillie, priante et calme. Des pèlerins attendent patiemment de pouvoir prier là où la Croix fut plantée.

Au pied de la Croix je confie ma famille, mes amis, les chrétiens rencontrés tout au long de la route.

Au pied de la Croix je suis heureux, transporté dans une transcendance divine.

Au pied de la Croix je perçois que cette étape n'était pas obligatoire, elle est nécessaire.

Au pied de la Croix, je relis la prière de Marthe Robin.

« Et puisque vous cheminez avec nous sur le chemin de la vie éternelle, ne demeurez pas étrangère aux faibles pèlerins que votre charité veut bien recueillir. Tournez vers nous vos regards miséricordieux, attirez-nous dans vos clartés, inondez-nous de vos douceurs, emportez-nous dans la Lumière et dans l'Amour, emportez-nous toujours plus loin et très haut dans les splendeurs des cieux. »

Prendre la route avec un simple vélo, à contre-courant, à la mauvaise saison, est ambitieux. L'ambition de faire de grandes choses qui nous dépassent doit être celle qui nous guide. Faire confiance à la Providence et faire face. Affronter les épreuves qui arrivent, les accepter et les dépasser. À Jérusalem, j'ai atteint l'essentiel, le retour jusqu'à la maison ne sera que de la liaison, encore 6 000 km.

Vendredi 1er septembre 2017, J282. Jérusalem

La nuit vient de tomber, les rues de la vieille ville de Jérusalem se vident. Je presse le pas vers le Saint-Sépulcre afin de m'y laisser enfermer pour la nuit. Le frère Fergus, franciscain irlandais, a noté hier mon nom sur le registre. Entre le patriarcat grec melkite catholique de Mgr Joseph Jules Zerey et le centre du monde, il n'y a que quelques centaines de mètres. Dans ces venelles encombrées dans la journée de multiples marchands de souvenirs, fruits, épices, produits artisanaux, l'agitation se calme à la tombée du jour.

Se laisser enfermer pour la nuit au Saint-Sépulcre : une possibilité offerte aux pèlerins depuis des siècles. Prier une nuit entière, à la suite des chevaliers, sur le tombeau du Christ. La cérémonie de fermeture de la porte est codifiée depuis le XVe siècle, et se fait en présence d'un représentant de chaque Église : latine, grecque orthodoxe, copte, arménienne, éthiopienne, syriaque. Une fois les portes closes, vous êtes enfermé jusqu'au petit matin, avec ce privilège immense d'avoir le Saint-Sépulcre pour vous tout seul.

Je monte au Golgotha, sur ce rocher et relis la Passion de Notre Seigneur sur les lieux où le Christ a été crucifié. Elle prend une dimension particulière et dramatique encore plus importante. On perçoit beaucoup mieux la topographie des lieux et le récit fait par les évangélistes en étant ainsi sur place.

Au pied de la Croix, là où le Seigneur est mort pour nous, je dépose mes intentions, tout spécialement celles pour les chrétiens d'Orient qui, pour la plupart, ne pourront jamais venir ici à Jérusalem alors qu'ils ne sont qu'à quelques centaines de kilomètres. Dans le tombeau, le temps s'arrête. Sur la pierre tombale de Jésus, là où il reposa avant de ressusciter, c'est un véritable cœur à cœur que je vis. J'ai le privilège de passer de longues minutes dans le lieu le plus saint de la chrétienté, sans qu'un moine orthodoxe ne me chasse après quelques secondes dans l'édicule.

À 2 h, les franciscains prient les matines, puis les grecs-orthodoxes à 3 h 30 célèbrent leur première messe. Leurs chants, au chevet du Golgotha, résonnent dans toute la basilique. Dans l'obscurité, éclairés à la bougie, les prêtres avec une solennité magnifique célèbrent la messe de l'aurore pour les quelques fidèles enfermés comme moi pour la nuit. De temps à autre, dans une liturgie codifiée, un thuriféraire parcourant la nef et le déambulatoire, m'encense. Je dois répondre par un bref salut de la tête. Arméniens, syriaques, grecs, latins, éthiopiens, coptes embaument avec différents parfums d'encens la basilique. Puis l'aube pointe son nez, éclairant timidement les vieilles pierres de la ville. La fatigue est présente, mais la joie d'avoir prié toute la nuit dans le lieu le plus saint de la chrétienté encore plus importante.

Mercredi 6 septembre 2017, J287. Jérusalem

La cité de David respire la sainteté. Les croyants des trois religions monothéistes l'arpentent à toute heure du jour et de la nuit. Dans le quartier chrétien de la vieille ville, les églises sont aussi nombreuses que les vieilles pierres. Chaque communauté religieuse possède une maison, présence concrète du dynamisme de la foi. Qui plus est, on ne peut pas faire plus de dix mètres sans croiser des pèlerins d'Europe, d'Asie, d'Afrique, d'Orient ou d'Amérique. Les bures noires, grises, marrons côtoient les soutanes et les saris. Tous se ruent dans les lieux saints pour prier, déposer leurs intentions, confier leurs souffrances et celles de leurs proches n'ayant pu se déplacer. Les Hiérosolymitains, habitants de Jérusalem, habitués à cette piété populaire, en sont presque indifférents mais se laissent toucher dès lors que l'on prend quelques minutes pour discuter avec eux.

C'est ainsi qu'Ali m'offre un thé dans sa boutique, qui n'est autre qu'un amoncellement de tasses, timbales, vaisselle en argent et d'autres objets mystérieux. Les quelques mots d'arabe appris en Jordanie sont utiles pour briser la glace.

Centre du monde, ville où le Seigneur a souffert la Passion puis est ressuscité, j'aime arpenter ses rues, passer du temps au Saint-Sépulcre à toute heure du jour, y revenant furtivement entre deux rendez-vous, assistant à des messes en français, anglais, polonais ou italien. Je suis touché par l'attention d'un franciscain, à qui j'avais simplement demandé une information lors d'un premier passage quelques jours auparavant, qui me reconnaît et me lance, avec un grand sourire: *« Mon frère, heureux de te revoir »;* les pèlerins restant autant de temps sont rares à Jérusalem.

Hors d'un circuit de pèlerinage organisé, j'appréhende cette ville en rencontrant depuis une semaine une foule de personnalités différentes: des religieux habitant ici depuis de nombreuses années comme le frère

Jean-Baptiste, archéologue en chef de l'École biblique et archéologique française de Jérusalem (EBAF), des Orientaux de cette terre comme le père Daoud, lassalien et directeur du collège des frères, ou encore Mgr Jules, évêque des grecs melkites catholiques. Je rencontre également des franciscains comme le père Stéphane, ainsi que des laïcs, ici depuis un, deux ou cinq ans.

Comme la vie religieuse complexe ici, entre Palestine et Israël, d'un côté ou de l'autre du mur. Ces hommes et femmes de paix vivent pourtant ici au plus près des lieux saints afin de prier pour le monde.

La chance de pouvoir marcher dans les pas du Christ chaque jour se lit dans le regard lumineux de sœur Bénédicte du monastère de l'Emmanuel. Cette communauté bénédictine insérée dans l'Église grecque catholique est souvent désignée comme celle des « sœurs du mur à Bethléem », puisque le mur de séparation érigé par Israël depuis 2003 coupe leur jardin en deux morceaux. Elles sont à la frontière, sur la route de Bethléem à Jérusalem, beau symbole de lien entre l'Orient et l'Occident. Ce sont les deux poumons de l'Église dont parlait saint Jean-Paul II en 1961 dans son encyclique *Ut Unum Sint* : *« L'Église doit respirer avec ses deux poumons ! »* Elles ont en réalité répondu à l'appel de l'évêque melkite de Galilée qui, souhaitant œuvrer au rapprochement des chrétiens, cherchait une communauté religieuse fondée avant le grand schisme de 1054. Leur rôle consiste à appuyer l'action des prêtres (mariés pour beaucoup chez les grecs catholiques) à travers le catéchisme, l'accueil des fidèles, l'accompagnement spirituel. En effet, les prêtres ayant pour la majorité charge d'une famille, travaillent pour subvenir à leurs besoins et leur rôle liturgique est avant tout de célébrer les sacrements. C'est une position qui rejoint dans les grandes lignes celle du diacre permanent chez les latins.

L'autre charisme des bénédictines est celui de la prière pour l'unité des chrétiens, notamment par l'accueil des pèlerins, pour qu'ils « repartent avec plus d'amour que de haine » et découvrent la beauté de cette spiritualité orientale qui décoiffe lorsque l'on descend de l'avion provenant de Paris. C'est la parole de saint Paul dans sa lettre aux Corinthiens *« Nous sommes les membres d'un même corps »*.

La distinction entre les ordres contemplatifs/ouverts sur le monde/intellectuels n'existe pas en Orient. On est moine, point. Chacun vit ensuite sa vocation selon son appel personnel. Cette diversité de l'Église est vécue au sein même du monastère. Certaines sœurs ayant un goût prononcé pour l'écriture d'icônes s'attelleront à ce travail, tandis que d'autres seront plus à l'aise pour l'accueil des pèlerins.

L'unité des chrétiens se manifeste particulièrement à la messe, lieu de rendez-vous de paroissiens latins, melkites et orthodoxes. Cela peut choquer nos conceptions françaises, mais cette situation est ici parfaitement compréhensible en Orient. *« Pour le peuple de Dieu, il n'y a pas de différence ! »* s'exclame sœur Bénédicte, arrivée ici il y a sept ans. Par ailleurs, la situation minoritaire des chrétiens les oblige à mettre de côté leurs petites habitudes. Malheureusement, la Terre Sainte se vide des chrétiens. Beaucoup émigrent dans l'espoir d'une vie meilleure ailleurs. Bethléem en est l'exemple, alors que c'est le lieu de la Nativité de Notre Seigneur : abritant 80 % de chrétiens et 20 % de musulmans il y a 50 ans, le ratio est aujourd'hui inversé.

Vendredi 8 septembre 2017, J288. Jérusalem. 12 960 km

Une messe consulaire, pour la France, en la basilique Sainte-Anne, ça n'est pas banal. Ici à Jérusalem, le Consul Général de France a depuis toujours joué un rôle particulier dans la défense des chrétiens Orientaux. Pierre Cochard, l'actuel, apporte une attention particulière, avec l'aide du père Luc Pareydt, à la situation des chrétiens du Moyen-Orient et à l'assistance que la France peut fournir. 500 ans déjà que la France fournit un soutien réel, écrit et factuel aux communautés chrétiennes peuplant la Palestine. Actuellement, elles sont une quarantaine à en bénéficier. La messe consulaire, célébrée une fois par mois, est un signe tangible que la France n'abandonne pas les chrétiens d'Orient. *« La diplomatie par le fait religieux est très présente dans la région et est source de nombreuses tensions réciproques »*, m'explique le père Luc. Les multiples guerres des dernières années ont profondément modifié l'équilibre reposant auparavant sur un plan international de partage de ces territoires, suite à la fin du mandat britannique.

La France reste inflexible sur les frontières matérialisées par la résolution 181 de l'ONU sur le plan de partage de la Palestine, en 1947. Là réside toute la difficulté du travail diplomatique pour le consulat, dans une zone disputée par différents protagonistes avec des enjeux transcendant le simple problème territorial initial. Les deux parties, Israéliens et Palestiniens n'étant déjà pas d'accord sur les postulats de base, cela ne facilite pas vraiment la résolution de ce conflit. Le processus de paix se joue systématiquement sur le fil du rasoir.

Afin de mieux toucher cela du doigt et poursuivre mon pèlerinage, je pars pour la Galilée, par la côte. Reprise du vélo et passage devant le Yad Vashem, mémorial de la Shoah. Le silence est éloquent. Dans un pavillon, une pièce sombre aux multiples miroirs reflète à l'infini une bougie. Une voix énonce lentement le prénom, le nom et l'âge des centaines de milliers morts des camps de concentration. Cela n'en finit pas.

À Ein Karem, je relis le premier chapitre de saint Luc et la visitation de Marie à sa cousine Élisabeth. C'est là, selon la tradition, que s'est déroulée la scène. Dans la cour, 42 mosaïques d'autant de pays reprennent l'hymne du Magnificat, prononcé pour la première fois ici. S'ouvrent ensuite, après les monts de Judée, la plaine littorale et Jaffa. Hilla et Uri, israéliens et cyclistes m'hébergent pour la nuit. Je suis épuisé par cette reprise. Le vent de face et les incessantes montées puis descentes fatiguent mon organisme, plus vraiment habitué à l'exercice physique de la bicyclette. Un mois que je suis arrêté, entre le Liban et la Jordanie, puis la Terre Sainte.

Lundi 11 septembre 2017. J 292. Mont Thabor. 13 129 km

Grimper au mont Thabor, un passage obligé pour moi. Là-haut, en plein cœur de la Galilée, le Seigneur prit avec lui Pierre, Jacques et Jean pour les irradier de sa blancheur. À l'injonction du baptême du Christ *« Celui-ci est mon Fils bien-aimé : écoutez-le ! »*, répond ici celle de la Transfiguration : *« Celui-ci est mon fils bien aimé en qui je trouve ma joie »*.

Ce mont culminant à 588 m est loin d'être le plus haut ou le plus compliqué de la route, mais il est certainement un de ceux que j'ai le plus désiré gravir. Il était pour moi inenvisageable de ne pas m'y rendre, encore plus depuis que l'on m'a dit que la montée grimpait sec et qu'elle serait impossible à vélo.

Depuis Briançon, Blémur, Paris, cette spiritualité m'a été inculquée au sein des camps de *l'Eau Vive* avec le père de Monteynard. Le mont Thabor[38] est une des pierres angulaires de cette œuvre qui m'a édifié. Me rendre sur le « vrai » mont Thabor en Terre Sainte : un véritable pèlerinage personnel. Il existe des lieux dont on ne peut pas beaucoup parler, celui-ci en fait partie, il faut le vivre. Ça n'était pas obligatoire, non, c'était nécessaire. Nécessaire de se rendre là où ma foi a pris sa source.

Lors de la Transfiguration, au sommet de la montagne, le Christ apparaît dans toute sa splendeur, avant de redescendre vers le monde où le travail est immense. C'est à nous, chrétiens, que s'adresse cette parole. Les havres de paix qui parsèment la Terre sont des supports pour notre vie, les moines y demeurant pour prier nous aident à nous ressourcer pour repartir de plus belle annoncer l'Évangile. La vie est à vivre intensément.

Sur le coteau opposé à celui de la basilique de l'Annonciation, c'est dans le couvent du monastère Sainte-Claire que le bienheureux Charles de Foucauld a passé trois années de sa vie, de 1897 à 1900. Ce « drôle de jardinier » qui priait selon l'histoire admise, « plus que les sœurs », a trouvé ici la source de sa vocation. Le saint ayant retrouvé la foi dans l'église Saint-Augustin, à quelques minutes à pied de chez moi à Paris, m'est une personne familière. Après m'avoir offert un goûter, les sœurs clarisses qui y résident aujourd'hui m'avaient mis en garde contre la côte et assuré de prévenir le père Martin, OFM, de mon arrivée. Mère Philippa, sœur Marie-Aimée et sœur Cécilia toutes ravies de m'accueillir étaient presque désespérées de me voir m'élancer sur cette montagne plutôt que d'accepter une invitation au calme dans leur jardin. Il est des endroits qu'il faut rejoindre au-delà de la raison, et des projets pour lequels il faut

38. Nom donné également à une montagne du Briançonnais au pied de laquelle l'organisme *L'Eau vive* a formé des milliers de jeunes au fil des ans.

suivre sa conscience, la mienne était de rouler jusqu'en haut de cette montagne aride.

Le sanctuaire du mont Thabor est fermé, le gardien ne veut rien entendre, ni prévenir le père Martin de mon arrivée. Un bivouac sous la tente dans le jardin attenant, dans la fraîcheur bienvenue de la Galilée, sera suffisant et me contente. Là-haut, personne pour me distraire, les lieux invitent à la méditation et à la prière. Le lendemain, lorsque les premiers rayons du soleil viendront éclairer le sommet, je pourrai entrer dans le sanctuaire pour la messe.

12 septembre 2017, J 293. à Naplouse. 13 225 km

Je repose ma carcasse dans un champ d'oliviers, après une journée sur les routes de Galilée où le Christ a usé les semelles de ses sandales. Le bivouac, qui me permet de m'arrêter là où je le souhaite sur ma route, est un luxe immense. Quelques mètres carrés d'herbe ou de terre pour planter sa tente. Ce soir, j'ai les étoiles pour couverture, filant à la poursuite de leur perte. Dans une semi-obscurité, les lueurs de la ville scintillent au loin.

Peu avant Jenin, un check-point. Je passe en territoire palestinien, aisément. Le passeport français aide. Immédiatement après, je replonge dans l'Orient que j'ai tant aimé ces derniers mois : ces saveurs, cette simplicité, ces rencontres gratuites, ces sourires, cette insouciance. À la sortie de Naplouse, un pompiste, cigarette au bec, remplit ma bouteille de pétrole pour que je puisse cuisiner ce soir, malgré l'interdiction locale. La jeunesse ose encore et gagne.

J'atteins Saint-Jean-d'Acre après quelques frayeurs sur le bas-côté de l'autoroute, seul moyen de franchir la zone industrielle entravant la plaine côtière. Les jeunes sautent dans la mer depuis les remparts pour se rafraîchir. Ce n'est pas si haut que cela, mais tout de même presque dix mètres. Ils ont tellement raison de se jeter à l'eau.

Ces remparts de Saint-Jean-d'Acre, construits par les croisés, gagnés sur la mer mais également sur les terres pour défendre la place face aux navires ennemis, seront un tournant de l'histoire. Napoléon, en mai 1799, y stoppera sa progression fulgurante de la campagne d'Égypte. Après Saint-Jean-d'Acre, plus rien ou presque ne l'aurait empêché de vaincre l'empire Ottoman et de rentrer en Europe par Constantinople, Belgrade, Vienne. La face du monde en eut été changée.

Dans l'histoire française, Saint-Jean-d'Acre conserve une place particulière. Les croisés y ont bâti également une importante forteresse, des églises dont certains vestiges forment les fondations de bâtiments plus modernes et de nombreux bâtiments administratifs. La petite église Saint-Jean-Baptiste est un véritable chef-d'œuvre de cet art gothique de l'époque des croisés. Massive, aux lignes épurées, juste derrière les remparts, elle témoigne d'une présence chrétienne quasi ininterrompue depuis dix siècles.

15 septembre 2017, J296. Jérusalem. 13 315 km

Convié au Consulat Général de France pour rencontrer le Consul Général, Pierre Cochard, je sors ma belle tenue. La fierté et le côté impressionnant de la Chancellerie cèdent vite le pas à une discussion amicale sur l'Asie centrale. L'Iran occupe une vaste place dans nos discussions, puisque cet homme a passé plusieurs années dans cette République islamique au début de sa carrière, puis a suivi l'évolution de la région depuis le Quai d'Orsay. Pierre Cochard semble très heureux de me recevoir et me définit comme le *« véritable cauchemar et défi pour les postes diplomatiques français »*, ce qui m'amuse.

Le Consul Général me livre de précieux éclaircissements sur la situation. Le cœur du conflit israélo-palestinien est concentré par la ville de Jérusalem. C'est également là que se trouvera la solution. Le conflit territorial est évident pour quiconque étudie un tant soit peu la topographie. Les colonies juives en Cisjordanie sont implantées dans les endroits les plus fertiles, véritables enclaves dans des territoires palestiniens. Depuis plusieurs milliers d'années, la Terre Sainte est source de tensions. Comme le Liban plus au nord, c'est un endroit fertile et irrigué, ouvert sur la mer. Plus à l'est : c'est le désert. Ce que l'on qualifie aujourd'hui de conflit religieux, est avant tout un conflit territorial. Il s'agit d'hommes et de femmes à qui l'on a demandé, plus ou moins diplomatiquement, de quitter leurs terres et qui souhaitent les conserver ou les récupérer.

Jérusalem est considérée comme capitale à la fois par les Juifs mais aussi par les Palestiniens, qui ne veulent pas se contenter du partage de 1947 et n'acceptent pas non plus les remaniements de territoires engendrés par la guerre des Six jours. Ce bouleversement de la résolution 181 mise en place par l'ONU est la source de discorde entre les peuples de la région. La situation reste à peu près stable sur le plan des frontières, mais dans les faits Israël contrôle la grande majorité du Territoire palestinien qui est un état enchâssé dans Israël. Ça n'est qu'à partir de là que les enjeux religieux vont réellement monter en graines, attisés par les luttes d'influence de la Guerre Froide.

Le cas de Jérusalem est un résumé de la situation. L'occupation d'un territoire ne faisant pas initialement partie de son État obéit à des règles du droit international très précises, notamment :

- l'interdiction d'imposer le droit de son pays
- l'interdiction de lever de nouveaux impôts
- le respect des conventions internationales sur la protection des individus

Ces règles sont évidemment récentes car elles datent de la création de l'ONU et ne fonctionnent que si tout le monde les respecte. En effet, depuis des temps immémoriaux, les royaumes et empires ont fait la guerre afin d'asservir leurs adversaires. Or aujourd'hui, ce droit à faire la guerre pour agrandir son territoire est plus ou moins remis en cause. Cela interdit à un pays d'entrer en conflit avec son voisin et d'en faire un vassal, surtout si un armistice / traité mettant fin au conflit n'est pas signé.

C'est là tout le nœud du problème. Il n'y a pas de réel accord de paix signé. Les Palestiniens ne peuvent pas réellement circuler librement sur leur territoire. Ils réclament Jérusalem comme capitale et le contrôle de leurs frontières (aujourd'hui gérées par Israël). Par ailleurs, de nombreux pans de la Palestine sont aujourd'hui colonisés par des Juifs, avec la bénédiction officielle du gouvernement israélien. Cette technique des petits pas est extrêmement efficace, car elle ne justifie pas une crise internationale mais entrave suffisamment la vie des Palestiniens qui envisagent donc de quitter leur terre.

Personnellement, j'ai toujours du mal à comprendre l'idée qu'un droit supra national, dit international, puisse s'imposer à un État. Depuis l'Antiquité, les frontières ont évolué au gré des guerres. Les Juifs ont, après 1 500 années d'exil, gagné cette guerre, au moins pour quelques décennies et contrôlent le territoire. Cette loi du plus fort peut paraître fort peu chrétienne mais tirer une légitimité d'un contexte complètement dépassé est pour moi absurde.

Il est vrai que les États se doivent de protéger les minorités des exactions, des mauvais traitements, etc. On ne peut cependant pas refuser de constater qu'à partir du moment où une force politique et militaire est supérieure à celle de l'adversaire, il est ubuesque de vouloir refuser pour des idées d'égalitarisme basées sur une situation d'il y a un demi-siècle, que la réalité s'impose. Le pragmatisme et le principe de réalité ne peuvent être dissociés de la conception doctrinale d'une situation. Deux populations se sont affrontées à plusieurs reprises et l'une d'entre elles a pris le dessus sur l'autre. L'organisme supranational qu'est l'ONU n'existait pas lorsque les puissances européennes s'échangeaient les territoires au gré des guerres ou des périodes de paix durant 1 500 années. Toutes pourtant convoitaient les mêmes terres fertiles et stratégiques.

La résolution du conflit israélo-palestinien est mal partie en fin de compte, puisque les belligérants ne sont pas d'accord sur les postulats de base (partage de 1947) et revendiquent tous les deux Jérusalem comme capitale exclusive. Le facteur religieux apparu dans les années quatre-vingt n'a évidemment pas arrangé les choses, alors que le conflit est avant tout un problème territorial, dans lequel le contrôle des zones fertiles et des ressources est l'enjeu principal. Des familles ont eu à fuir en quelques heures des terres occupées depuis des centaines d'années. Si quelqu'un vient et vous exproprie de chez vous en expliquant que l'ONU lui en a donné le droit, il est fort probable que vous serez mécontent. C'est ce qui s'est passé initialement ici, et qui continue en dehors de ce cadre puisqu'Israël estime que l'intégralité de la Palestine fait partie du pays et devra un jour ou l'autre revenir aux Juifs.

La paix semble quelque chose de souhaitable et partagée par beaucoup de personnes ici, dans les deux camps. Les pourparlers de paix sont principalement minés par les divisions internes d'Israël ainsi que par l'angle religieux qu'a revêtu le conflit, porté par des leaders des deux parties.

Retour au Saint-Sépulcre où nous célébrons la fête de la Croix Glorieuse au Golgotha. Quelle immense chance et quelle puissance émotionnelle de célébrer cette fête à l'endroit même où elle a été instituée. Les chants polyphoniques grégoriens résonnent dans toute la basilique. Juché sur la rambarde de l'escalier, surplombant le vide, au grand dam de mes voisins affolés à l'idée que je tombe, j'ai pu prier longuement, sans être perturbé.

Présidée par Mgr Pierbattista Pizzaballa, OFM, administrateur apostolique du Patriarcat latin de Jérusalem, cette messe si solennelle me marque. J'avais déjà eu la chance de pouvoir assister à une messe à l'aurore devant le Tombeau du Christ, mais il s'agit ici d'une solennité, célébrée comme il se doit ! Nous vénérons chacun à notre tour une relique de la sainte Croix avec une émotion palpable.

Après la messe, le frère Dominique-Marie Cabaret, OP, me propose une visite archéologique du lieu. Passionnant de découvrir cette église sous cet angle avec ses petits secrets. Les morcellements successifs compliquent l'appréhension de l'intégralité de l'église qui est une merveille architecturale.

Difficile de faire meilleur guide qu'un frère qui y consacre l'essentiel de ses recherches et qui habite juste à côté, porte de Damas. « *Il faut venir au Sépulcre aux heures où l'on y prie, c'est-à-dire de 5 à 7 h le matin. Après, le brouhaha rend difficile la visite* ». En tant qu'Occidentaux, nous avons souvent le sentiment d'un immense bazar visuel dans les lieux saints de Palestine, ce qui n'est foncièrement pas faux. Il est cependant nécessaire de nous replonger dans la culture de ce pays. La foi chrétienne ne supplante pas la culture, elle vient s'accoler à elle. Nos différentes traditions sont autant de possibilités de découvrir la diversité de l'Église, qui offre à la fois un style épuré typique des cisterciens, ou un style plus coloré, regorgeant de tapisseries, candélabres, icônes, bougies ou lampes, objets typiques des intérieurs des maisons orientales.

Samedi 16 septembre 2017, J297. Jérusalem

Le territoire relativement réduit de la Terre Sainte permet de passer en quelques heures du désert de Judée aux collines verdoyantes de Galilée au guidon d'un vélo. Le nombre de pèlerins se rendant chaque année en Terre Sainte est aussi élevé que celui des chrétiens locaux. Cela confère ainsi une visibilité immense aux chrétiens locaux vis-à-vis des autres religions présentes sur place. Un chrétien seul ou presque dans son village ne l'est pas, puisque tous savent qu'il existe des millions de chrétiens de par le monde. Le poids ecclésial local est donc renforcé par les pèlerins. Néanmoins, Israël rend la vie difficile aux chrétiens situés dans la West Bank, leur interdisant l'accès aux lieux saints sans autorisations demandées au préalable, faisant tout pour qu'ils quittent leur terre. Aujourd'hui 13 000 personnes originaires de Taybeh habitent à l'étranger, pour 1 200 qui y vivent encore. C'est un drame car les chrétiens locaux sont les gardiens des lieux saints et en garantissent l'identité, avec les franciscains. Le Patriarcat latin les encourage à rester sur place par des aides ou des écoles construites pour leurs familles, mais la situation difficile vécue par nos frères les contraint cependant à émigrer.

Depuis Naplouse, poursuivant le soleil vers le sud-ouest, j'atteins Taybeh après avoir gravi une très belle côte. Il s'agit du dernier village entièrement chrétien de Palestine. Le père Johnny, francophile et personnage haut en couleur en est le curé. Il n'a pas vraiment sa langue dans sa poche et est très fier de son identité palestinienne.

« S'il n'y a plus de pierres vivantes, de chrétiens palestiniens, les lieux saints ne deviendront plus rien », s'écrie le père Johnny, avec toute la

mesure qui sied aux Orientaux. Mais effectivement sans fondements locaux, nous pouvons être inquiets du devenir du christianisme en Terre Sainte. La récente déclaration commune des patriarches de Jérusalem nous le rappelle. La fermeture trois jours durant du Saint-Sépulcre, fait unique dans l'histoire, également. La pression d'une partie de l'État hébreu est bien réelle. Une des missions des chrétiens de cette terre est d'être le pont de la paix entre Israéliens et Palestiniens. Si le mur ne tombe pas, la paix ne pourra s'imposer car celui-ci exacerbe les tensions. Le Saint-Siège l'a bien compris et soutient vivement la Palestine, la reconnaissant pleinement comme un État depuis 2015. «*Ma grande peur est de voir disparaître petit à petit ma communauté chrétienne*», voilà le souci du père Johnny. Sans chrétiens, la paix ne sera pas possible au Moyen-Orient. Or c'est le souhait d'une majorité d'Israéliens.

À Taybeh, je rencontre également sœur Anny Faucher de la congrégation des sœurs de la Sainte-Croix de Jérusalem. Fondée le 15 janvier 1944 en pleine guerre par le père Jacques Sevin, s.j., cette congrégation propose une vie religieuse authentique mais qui s'adapte aux justes exigences de la vie et de l'action contemporaines. Fondateur du scoutisme catholique français, avec Édouard de Macedo et le père Paul Doncoeur, «aumônier de choc et de feu», le père Sevin marquera de sa spiritualité, faite de service total et de don de soi-même, le scoutisme d'entre-deux-guerres. Cela conduira notamment les chefs, routiers et scouts à accomplir de nombreux actes de résistance, dont les faits glorieux de la IIIe Marine Angers de Pierre-Yves Labbe: exfiltration d'aviateurs abattus par la DCA allemande, cache de matériel militaire, liaison pour porter des messages, relevés topographiques après introduction dans une base allemande en guise d'épreuve de première classe…

Le père Sevin a donné un vibrant exemple du don de soi-même et du service, inspirant de nombreux jeunes: «*La spiritualité de la Sainte-Croix de Jérusalem repose comme le scoutisme, sur une synthèse de disciplines variées et de connaissances diverses qui existaient avant lui et qui, par leur fusion harmonieuse est devenue une chose originale, jeune, neuve et toujours vivante et en mouvement. La spiritualité de la Sainte-Croix de*

Jérusalem est comme une synthèse souple et vivante de plusieurs spiritualités dont elle est l'héritière[39]*.* »

La figure du père Sevin est pour moi fondatrice et retrouver ici ce clin d'œil de mon départ routier m'émeut et me touche profondément. Après tous ces kilomètres parcourus depuis la Thaïlande, je comprends que sans lui, je ne serais certainement pas là.

Sœur Anny demeure au prieuré Notre-Dame d'Ephraïm, ici à Taybeh, depuis 20 ans. D'abord implantée à Ein Karem[40] lors de la fondation de cette maison en Terre Sainte en 1984, la communauté a ensuite déménagé ici suite à la demande de Mgr Sabbah, le patriarche latin de Jérusalem, de demeurer au cœur de la Palestine, à l'image de ce que le père Sevin appréciait tant : vivre au milieu de ses ouailles.

Contemplatives et apostoliques, de spiritualité ignatienne et thérèsienne, vivant en communauté fraternelle dans un style profondément scout, sœur Martin, sœur Marie-Martine, sœur Claudine et sœur Anny sont là pour demeurer. Être et durer. Plus concrètement, elles assurent une mission d'accueil au centre *Bienheureux Charles de Foucauld* pour les pèlerins de passage, les plus pauvres, les déshérités. Elles enseignent également à l'école paroissiale, soutiennent les enfants en difficulté, font découvrir la Bible et la personne de Jésus à ces jeunes Palestiniens chrétiens. Enfin, elles initient ces jeunes par le scoutisme et d'autres activités qui en sont largement inspirées, au service et à la vie de prière.

Nous évoquons le scoutisme qui a fortement influencé les sœurs dans leur vocation, et qui est pour moi une véritable main courante, une direction.

Revenons à Taybeh. Ce petit village possède une qualité non négligeable : celle de brasser sa propre bière. Avec l'élevage porcin qui la jouxte, nul doute : il s'agit bien d'un îlot de christianisme ! 35 % de catholiques

39. P. Jacques Sevin.
40. Sur le lieu de la naissance de Jean-Baptiste et de la Visitation de Marie à Élisabeth sa cousine.

romains, 40 % de grecs-orthodoxes, 4 % de grecs melkites catholiques, les chrétiens font encore de cet endroit un bel exemple d'unité. Hormis les prières et messes qui sont vécues en communautés distinctes, les exemples de coopération ne manquent pas. Enseignement, sorties culturelles, tournois sportifs, etc. Ils vivent en bons voisins, avec leurs différences de pratiques mais dans un véritable climat de bienveillance. Lors des grandes fêtes, les autres communautés sont systématiquement présentes.

Ce soir, tous les acteurs locaux intéressés par les enjeux de la présence chrétienne en Palestine se retrouvent à Taybeh, autour d'une garden-party fort sympathique. Danses, chants, le houblon coule à flots. Les pressions de cette bière de garde font oublier les mauvaises et trop chères lägers de Jérusalem. Quelques expatriés sont aussi présents, mais je ne me sens pas vraiment à ma place dans cette agitation. Il me tarde de reprendre la route. Cette expérience d'une fête de la bière, non pas sous le soleil munichois mais palestinien, m'aura au moins gratifié d'un crépuscule rougeoyant sur les collines des monts de Judée.

Lundi 18 septembre 2017, 299. Ashdod. 13 406 km

Trouver un bateau pour rejoindre la Turquie ou a minima Chypre. Voilà ma principale préoccupation. Après quelques jours à scruter les forums et blogs de voyageurs, il semble possible de faire du bateau-stop. C'était une idée que j'avais en tête depuis longtemps, il va désormais falloir la réaliser. Je descends à nouveau de Jérusalem jusqu'à la côte, en doublant Latrun, Abou Gosh, le mont Herzl et j'arrive en ce bord de mer, une mer au bleu profond splendide. La pureté de l'eau m'attire comme les sirènes attiraient Ulysse. La verdure laisse place au sable jaune.

À la capitainerie, le préposé n'a aucun mouvement enregistré vers Chypre et me fait remarquer que la saison est déjà tardive, peu de bateaux s'y rendent désormais. Les tempêtes en Méditerranée sont violentes et soudaines à cette période. J'ai confié ce matin à la messe de 6 h 30 au Saint-Sépulcre la suite de mon voyage, je vais bien trouver ce qu'il me faut pour rallier Chypre.

David, Gérard et Alfred, canadien et français pour les deux derniers, m'invitent à bord de leur bateau pour l'apéro. Ils habitent depuis 20 ans ici en Israël après avoir fait leur Alyah, « retour vers la terre » en hébreu. Malheureusement pour moi, leur bateau ne naviguera pas vers le nord et ils ne connaissent personne qui s'y rendrait prochainement. Comme souvent dans les ports, les bateaux sortent, font trois ronds dans l'eau, mais dès qu'il s'agit d'aller naviguer réellement, c'est une autre paire de manches.

L'officier de la capitainerie m'invite à aller demain à Ashkelon, une trentaine de kilomètres plus au sud. Port international, il y a donc logiquement plus de bateaux qui peuvent se rendre là où je le souhaite.

La nuit tombe. Je bivouaque à la belle étoile sur la plage, légèrement camouflé par les bosses de la dune. Espérons que la journée de demain sera plus propice pour continuer le voyage.

Réveillé de bon matin par le soleil, je retourne au port où un skipper passe quelques coups de fil pour m'aider. Rien n'est concluant, mais essayons Ashkelon. Un bateau part demain, mais le propriétaire est injoignable depuis trois jours. La capitainerie doit absolument le contacter pour quelques formalités administratives. Rien à faire, le propriétaire est désespérément aux abonnés absents. J'arpente les pontons mais cela ne sert à rien, un bateau doit faire connaître sa décision de partir 48 heures auparavant au minimum.

Je n'ai aucune envie de prendre un vol. Lors de mon passage à Haifa personne n'avait été capable de me renseigner sur un ferry vers Chypre ou la Turquie. Je reste persuadé que cela doit exister. Au pire j'y retournerai, ça n'est qu'à une journée à vélo, soit 130 km.

Alors que je retourne à la capitainerie avant de partir vers le nord visant Tel-Aviv, Jaffa, et pourquoi pas, Haïfa, l'officier du port m'annonce qu'un skipper pourrait être intéressé, mais souhaite me voir. Il est à Ashdod. Retour à la case départ !

Un coup de vélo et m'y voici, j'y croise Alfred, vu la veille. La personne pouvant potentiellement m'embarquer est une de ses connaissances, José. Sauf que ce dernier ne comprend pas trop l'idée du bateau-stop.

Il est quasiment sûr d'aller à Chypre avec sa femme et ses enfants, mais veut me faire payer le prix fort. Assurément intéressant pour lui, mais un voyage à 400 $ pour 250 nautiques n'est pas dans mon budget ! Il n'en démord pas. Comprenant qu'il me considère uniquement comme un moyen de gagner de l'argent plutôt que comme une personne à qui rendre service, je décampe, saluant à peine ce José bien antipathique. On perçoit bien la différence de mentalité entre l'Orient où l'on est accueilli comme un prince chez des personnes qui n'ont rien, et Israël où tout est monétisé, compté, calculé. Sous les étoiles dans la nuit, je vais pouvoir confier à la Vierge l'intention de me trouver un bateau. Notre-Dame de la mer, un scout marin implore votre protection.

Mardi 19 septembre 2017, J300. 13 450 km

De bon matin, parti vers Tel-Aviv et sa marina de Hertzelia légèrement au nord, je retrouve de l'allant. Le bateau-stop ne fonctionne pas au sud ? Le spot ne doit pas être bon et je file plus au nord trouver des vents plus favorables. Le soleil en plein sur ma droite chauffe et un plongeon dans la mer une fois arrivé à destination me fait le plus grand bien !

De splendides créatures de mode se prélassent sur des transats au soleil, regardant d'un air interrogatif ce cycliste aux marques de bronzage de camionneur. L'eau délicieuse dans cette petite crique revigore mon esprit et mon humeur pour la suite. Quelques brasses le long de la plage et le moral est revenu. Dans les chaussettes hier, regonflé à bloc désormais !

À la capitainerie, les retours sont plutôt positifs mais pas de bateau prévu pour les prochains jours. J'y laisse une petite annonce bien en vue. L'officier qui est très agréable et compréhensif fait tout pour moi. Il m'oriente vers les écoles de voile et la voilerie toute proche. Bingo, je suis gagnant en poussant la porte de la troisième école de voile. Ils ont un bateau qui part pour Chypre à la fin de la semaine.

Deo Gratias ! La confiance en la Providence a fonctionné, je pourrai rentrer chez moi sans prendre d'avion. Faire du bateau-stop avec un voilier, c'est nettement plus amusant que de rentrer en ferry. Certes cela coûte un peu d'argent car dans ce pays rien n'est gratuit, c'est fou ! Une âpre négociation et je divise le prix par trois. C'est toujours bien moins cher qu'un vol, nettement plus amusant. C'est surtout la satisfaction après avoir galéré, cherché jusqu'au bout le dernier moyen de traverser cet océan. Cette mer a cassé un certain nombre de bateaux, espérons que le First 40 résistera.

Nous ne partons que dimanche 24 et il n'y a franchement rien à faire ici sur la côte. C'est un bonus de temps à Jérusalem qui m'est accordé. Le soir est proche et il serait dangereux de rouler sur les petites routes au milieu des collines à vélo. Le règne de l'automobile a remplacé les voies simples par des autoroutes, sans tenir compte des cyclistes qui doivent faire de larges détours pour rejoindre leurs destinations. C'est au cœur de la vieille ville, chez Olivier, que je logerai pour ces quelques jours. Un beau cadeau d'anniversaire ce bateau, la Providence veille.

Mercredi 20 septembre 2017, J 301. Jérusalem

Un quart de siècle dans la ville sainte. Je fête mon anniversaire à Jérusalem, au milieu d'un aréopage d'expatriés tous plus extraordinaires les uns que les autres : Bertrand, six années à gérer des projets en Syrie, au Liban et désormais en Terre Sainte, pour l'IECD[41]; Olivier, chargé de projets pour le développement culturel au Consulat général de France à Jérusalem ; Aziliz, tout juste arrivée pour une année à l'École biblique comme responsable de la communication, avec le service de volontariat des dominicains.

L'arak coule à flots, le vin et la bière de Taybeh également. Nuit d'ivresse légère, on n'est pas sérieux à 25 ans. L'insouciance de la jeunesse, la folie de nos jeunes années nous entraîne vers des horizons perdus. C'est dans ces situations que généralement on a des idées folles qui, parfois, se réalisent. Les rêves deviennent des souvenirs que l'on regarde dans des albums photos.

41. ONG française.

Vendredi 22 septembre 2017, J303. Jérusalem

Un après-midi passionnant avec le père Jean-Jacques Pérennès, directeur de l'EBAF[42], à fouiller dans les archives. À l'issue de la messe mercredi, il m'invite à déjeuner et n'ayant que peu de temps, me confie au frère Jean-Baptiste Humbert, l'archéologue de la maison, avant de me donner rendez-vous le lendemain pour une visite privée de l'école.

Le frère Jean-Baptiste travaille au milieu de son atelier où des poteries quatre fois millénaires côtoient des appareils dernier cri permettant d'analyser la moindre pierre avec une précision fascinante. Là, dans la pénombre, il épluche méticuleusement des pièces, fragments de parchemin, objets divers afin d'en percer les secrets. Cet archéologue de renom a dirigé les fouilles du port phénicien de Gaza entre 1995 et 2012, enfin jusqu'en 2007 officiellement : « *C'est vraiment dommage de ne plus pouvoir travailler à Gaza. Il y a un patrimoine extraordinaire encore à découvrir. Tout cela pour de vagues raisons de sécurité alors que la situation est très bonne.* ». Les religieux ont le chic pour trouver que les gouvernements exagèrent tout systématiquement, c'est fabuleux ! « *Le port mis à jour témoigne d'un temps où les chrétiens étaient majoritaires en Palestine, entre le règne de Justinien et l'arrivée musulmane 150 ans plus tard* ». En ce moment, ce sont des fouilles du côté de Jerash en Jordanie qui l'occupent, et le traitement de documents relatifs à Pétra.

L'EBAF est un foyer intellectuel extraordinaire : tous les enseignants sont bardés de diplômes et les élèves ne sont pas en reste. Coincé à table entre les pères Marc Leroy, spécialiste de l'ancien Testament, directeur de la Revue biblique[43], spécialiste des douze petits prophètes de l'Ancien Testament ; Martin Staszak, prieur et président du comité des publications, parlant akkadien, ougaritique, hébreu ancien, araméen ancien et en sus bien évidemment grec et latin ; je fais pâle figure ! Et ce n'est rien lorsque le père Émile Puech arrive. Épigraphiste, il déchiffre à peu près toutes les inscriptions qu'il découvre comme vous liriez une vulgaire

42. École biblique et archéologique française de Jérusalem
43. Document de référence pour la recherche biblique dans le monde entier.

bande dessinée. Professeur associé au CNRS et au Collège de France, c'est lui LE grand spécialiste des fameux manuscrits esséniens trouvés à Qumrân. Il parle une vingtaine de langues anciennes, en plus des langues communes européennes. Il lit donc couramment la langue d'oc, l'hébreu ancien, l'araméen ancien et impérial (très différents), le qumranien et mishnique, le judéen, galiléen, samaritain, ammonite, moabite, édomite, palmyrénien, sans oublier le nabatéen (à Pétra), syriaque, christo-palestinien, ugaritique, cananéen, phénicien, punique et néo-punique, l'akkadien, le babylonien, les langues sud et nord-arabiques, l'arabe et l'éthiopien ancien. Alors que maîtrisant vaguement le thaï et le karen, je pensais détenir des clefs possédées par peu, je prends une sérieuse claque ! Plus de 20 dialectes dont nous n'avons jamais entendu parler, fabuleux. Cela ne l'empêche pas d'aborder le sujet de ses travaux avec beaucoup d'humilité. La flatterie ? Très peu pour ce chercheur inlassable.

L'EBAF traduit puis édite régulièrement des livres, manuscrits et autres traces écrites dans la région. Leur best-seller ? Un livre nommé *La Bible de Jérusalem*. Référence dans le genre, cette école fondée en 1890 par le père Lagrange, dominicain, a pour but d'approfondir la connaissance des textes sacrés, mais également de travailler sur des chantiers archéologiques dans la région. À Jérusalem, sa notoriété est si importante que même en arabe ou hébreu, on en conserve la désignation française « École biblique ».

Cependant il ne faut pas oublier que cette école est avant tout archéologique et les récentes fouilles menées en Jordanie sont là pour le rappeler. Retour en 1924 : les frères Antoine Jaussen et Raphaël Savigna parcourent la Jordanie à bord d'un des premiers véhicules motorisés présent sur ce sol. S'arrêtant devant une stèle qui semble intéressante, un frère traduit l'inscription en cristo-palestinien vers le français et publie un article dans la Revue biblique à ce sujet. 53 ans plus tard, en 1977, un étudiant de l'école – Alain Desreumaux – trouve le sujet intéressant et décide de l'étudier pour sa thèse. À quatre endroits autour de ladite pierre, sont réalisés des sondages. Ils révèlent tous des mosaïques byzantines. Des fouilles s'ensuivent, avec la découverte de six églises. En 2016, les frères retournent sur place et découvrent cette fois-ci un total de 11 églises d'époque byzantine… Et tout encore n'a pas encore pu être fouillé, ce qui laisse présager de futures découvertes passionnantes!

Les dominicains de l'École biblique ont également travaillé sur le site archéologique de Qumran. Ce nom ne vous dit rien? En 1947, un berger qui entend un bruit de vaisselle cassée après avoir jeté une pierre dans un ravin. Toujours rien? Les manuscrits de la mer Morte? Ah, tout de même! Les chercheurs sont restés pendant de longues années sur le site pour découvrir les fragments puis les analyser, mais cette dernière étape n'est pas encore terminée tant le travail à accomplir est immense! C'est grâce à eux que vous pouvez lire une traduction de la Bible basée sur des manuscrits presque contemporains de l'époque du Christ, ce qui n'est pas rien.

C'est à cet endroit que nous nous rendons ce vendredi en compagnie du père Jean-Jacques Pérennes, directeur de l'école, afin de visiter un site fouillé par les frères durant de longs mois d'été, plusieurs années de suite. L'école étant consacrée aux cours pendant l'année, seules les périodes de vacances autorisaient les frères à se déplacer pour fouiller. Sous un soleil brûlant, ils ont accompli un travail titanesque. J'enchaîne ensuite sur une visite privée de l'École, durant laquelle nous observons des plaques de verre de photos prises à la fin du XIXe siècle en Palestine, dont certains exemplaires tirés en grand ont été exposés à Paris récemment. À la lumière du jour, nous remontons dans le temps, vers une temporalité différente qui nous transporte.

Désormais, il est temps de quitter Jérusalem, ce centre du monde où tout se rassemble. *«Il n'y a pas de lieu plus œcuménique que le Saint-Sépulcre»* me disait le père Stéphane, OFM. En charge de la liturgie à la Custodie de Terre Sainte, il est en contact permanent avec toutes les autres Églises.

Ici, toutes les sensibilités de l'Église se côtoient dans une complémentarité de cultures et, loin de ce que l'on aime à raconter, s'entendent très bien. La complexité organisationnelle et l'emploi du temps surchargé du Saint-Sépulcre expliquent que de temps à autre des moines puissent s'apostropher d'une manière peu charitable. Mais il s'agit souvent de sacristains, portant un habit semblable à celui des moines.

C'est à Jérusalem, au Cénacle, à la Pentecôte que l'Église est née. Passage obligatoire pour le pèlerin où, sur la colline au sud de la vieille ville, juste de l'autre côté des remparts, l'Esprit Saint vint sur les apôtres pour les envoyer en mission. La foi chrétienne possède ce trésor de s'adapter à toutes les cultures, toutes sont bien entendue éligibles pour embrasser la foi chrétienne comme me disait le père Mihelcic à Bishkek. À Jérusalem, ce ne sont pas les planisphères habituels qui sont présentés, mais une carte où le Saint-Sépulcre est au centre et témoigne de l'unité de l'Église. Deux communautés d'Orient : syriaques et arméniens / Deux d'Occident : latins et grecs / Deux d'Afrique : coptes et éthiopiens entourent ce lieu fondateur de notre vie. *« Nous sommes tous des satellites du Christ ressuscité, ce qui est central c'est la foi au Christ ressuscité »* poursuit le père Stéphane. On retrouve ainsi une Terre Sainte trinitaire. Y avoir demeuré près d'un mois est une grâce, comme ceux qui y habitent en témoignent.

25 septembre 2017, J 306. Larnaca – Chypre. 13 460 km

Deux belles journées de voile… au moteur ! Sanzo, le skipper, est vêtu d'un short délavé et d'un t-shirt trop usé. Il est le seul à bord en mesure de manœuvrer, les autres sont des touristes montés une seule fois sur un bateau mais disposant déjà de tout l'attirail nécessaire du parfait voileux. C'est quelque peu dubitatif qu'ils me voient débarquer avec mon vélo le matin. En un tour de main, je démonte ce qu'il faut pour minimiser l'encombrement du vélo sur le pont. Bien que mesurant 43 pieds hors tout, c'est un petit navire. Posé à l'avant, en amont du mat, j'accroche solidement ma bicyclette au moyen de quelques bouts. Il est nécessaire de ne pas empiéter sur les poulies et trajectoires des écoutes du Génois. L'avitaillement réalisé, nous pouvons larguer les amarres. Nous sommes huit à bord : un père, sa fille et son ami, un ami du père, deux autres Israéliens se connaissant, Sanzo le skipper et moi.

Pétole deux jours durant, hormis la seconde après-midi qui voit une légère brise d'est se lever. La quasi-intégralité de la traversée se fait au moteur et nous roulons continuellement, bercés par une légère houle. Tout l'équipage est légèrement malade, un voilier n'est pas conçu pour marcher au moteur, mais l'équipage n'a que cinq jours pour faire l'aller-retour, pas le temps de traîner en mer. Le temps est long pour moi, je passe de longues heures à l'avant à contempler la mer. En fin de journée, nous mettons à l'eau une ligne dans l'espoir de prendre quelque chose, vu les profondeurs annoncées par le sonar, deux à quatre cents mètres, je trouve le geste amusant mais déraisonnable. Une distraction tout au plus. Pendant l'apéro, la ligne s'affole. Une dizaine de minutes d'efforts et nous remontons à bord un magnifique thon de 7 kg. Sacrée pièce qui agrémentera notre dîner !

Le quart de nuit, 22 heures à minuit, est un bon moment. Au milieu de l'immensité de la mer, il faut rester vigilant sur les cargos transitant par la zone. Quelques navires de pêche, un chalutier. Je guette les feux. Blanc, vert, rouge, tête de mat ou sur le pont et fais mentalement la cartographie de la zone évolutive. De temps en temps, les autres passagers viennent prendre l'air et se délester de leur dîner. L'un d'entre eux repeint le pont. Je m'y colle pour nettoyer à grands coups de seaux d'eau. Il n'y a pas tant d'agitation que cela et au changement de jour, je suis heureux d'avoir Sanzo qui vient me relever. Je file dans ma bannette.

Au milieu de notre deuxième jour, la mer est un vrai lac, nous ne bougeons quasiment pas et le soleil se réverbère sur la surface de l'eau, d'un bleu profond exceptionnel et gigantesque. Presque 800 m de profondeur sous la quille, nous stoppons et plongeons depuis le roof, l'eau est délicieuse. C'est pour moi le grand intérêt de naviguer, pouvoir se baigner à partir du bateau, là où l'on souhaite. Un moment exquis.

En fin de journée nous arrivons à Larnaca et l'incurie des autres membres d'équipage à comprendre une manœuvre de prise de quai nous fait presque emboutir le bateau d'à-côté. Réglant mon écot pour l'intendance, je ne peux m'empêcher de constater que les Israéliens ont une mentalité de boutiquier pire que celle des Anglais. La gratuité n'existe pas là-bas, tout est systématiquement rapporté à l'argent, calculé, compté, pesé.

Je quitte le port, le cœur mélancolique d'avoir terminé cette traversée bucolique, mais heureux d'entamer la dernière étape du trajet. Un ferry vers la Turquie, la côte lycienne et c'en sera presque terminé. Je dors ce soir à la paroisse catholique latine Notre-Dame de Grâces, après une messe en anglais célébrée par le père maltais. Deux prêtres demeurent ici, un Maltais et un Ghanéen. Arrivés à Larnaca sur cette côte sud de Chypre il y a un an, ils ont tous deux beaucoup d'années de sacerdoce au compteur.

Jeudi 28 septembre 2017, J 309. Paphos. 13 759 km

Réaliser un 360, un tour sur soi-même, pour le simple plaisir de perdre du temps. Hantise des navigateurs à la poursuite d'un record, mais le temps est mon allié. Traverser une seconde fois Chypre sans aller admirer ses monastères, ses paysages fantastiques là-haut ? Oh non et puis il ne reste que 4 000 km. En deux mois, cela se fait largement.

À Nicosie, l'ambassadeur René Troccaz, ancien du consulat général de France à Jérusalem, n'a pas reçu le mot du père Pareydt pour m'accueillir. Il ne me reste qu'à repartir. Point de bateau avant vendredi pour rallier Tasucu en Turquie depuis Girne, j'en profite pour filer vers le sud de l'île. Après avoir passé la ligne verte pour obtenir ces informations pratiques, je retourne dans la partie chypriote non occupée par les Turcs. Direction Paphos via le mont Olympe. 1 952 m, depuis quasiment le niveau de la mer, le choc est rude ! Les paysages de Provence avec les bosquets rêches et ces herbes jaune or ondulant au gré du vent laissent une légèreté délicieuse emplir l'air. Les automobiles sont rares lorsque l'on grimpe et les tracteurs antédiluviens labourent de minuscules champs. Les oliviers côtoient les sapins et embaument l'air d'arômes.

À Troodos, après une épuisante journée à grimper presque continuellement, je plante ma tente dans un camping. Je visite les églises qui jalonnent la montagne, ce qui me conduit à emprunter un tout petit chemin type GR. Seul face à la montagne et la plaine au-dessous, je suis heureux comme jamais. Une petite église en bois, similaire à celles que l'on trouve dans les Alpes, est notifiée comme classée à l'UNESCO : l'église

Saint-Archange-Michaël-de-Pedoulas dévoile son trésor à l'intérieur. Des fresques du XIIe siècle me rappellent la Cappadoce.

Cette région des monts de Troodos abrite une des plus fortes concentrations d'églises et de monastères de tout l'ancien Empire byzantin. Dix sont classés à l'UNESCO mais de nombreux autres sont dispersés dans la montagne, sentinelles de l'invisible, perchées en haut de corniches inexpugnables. La spécificité tient à l'architecture, propre à Chypre, de ces églises. Les toitures sont en pente et recouvertes de tuiles plates crochetées, avec dans certains cas un second toit construit au-dessus des dômes en maçonnerie et sur des formes voûtées de style byzantin, présentant l'art byzantin métropolitain de très grande qualité. Uniques et spécifiques à la région de Troodos, les innombrables inscriptions datées ornent les murs, fait très rare en Méditerranée au Moyen Âge. Ce qui frappe, c'est la qualité de préservation des peintures ainsi que la qualité des couleurs. Dans la pénombre de ces églises, la rétine s'habitue petit à petit et est frappée par les pigments accrochés à la pierre. De la petite église Timios Stavros (Sainte-Croix) jusqu'au monastère Agios Ioannis Lampadistis, la précision et le soin sont présents.

Aucune bougie n'est brûlée dans ces églises pour ne pas abîmer les peintures. Cette décision a été le fruit d'une longue négociation entre l'UNESCO et l'église orthodoxe chypriote, propriétaire des lieux. C'est en cela que ces églises sont de véritables bijoux. Espaces bien vivants de célébrations, elles sont toujours utilisées presque quotidiennement, selon leur localisation et accessibilité. Les pèlerins sont moins nombreux que les touristes, mais ils représentent une part non négligeable des visiteurs. Le gardien veille et contrôle d'un coup d'œil, incitant ceux qui sont vêtus trop légèrement à se rhabiller.

Au monastère de Kykkos, les hordes de touristes envahissent d'une manière assez peu respectueuse ce lieu dédié à la Mère de Dieu, Theotokos. Constituant le plus ancien monastère (Xe siècle), les bâtiments actuels sont du XVIIIe, les incendies ayant eu raison des constructions primitives. Une légende raconte qu'un coucou à voix humaine vola autour du monastère en prononçant ces paroles : *« Montagnes de Kykkou, Kykkou,*

Kykkos/Un monastère sur ce site doit être construit/Une fille d'or doit y entrer/Et jamais n'en ressortir»

Selon la tradition, une icône de la Vierge peinte par saint Luc s'y trouve. C'est elle que les nombreux pèlerins viennent vénérer dans l'église surchauffée par les innombrables cierges brûlant à proximité, chacun s'efforçant de placer le sien au plus proche de l'icône. Dans la pièce jouxtant l'église, le trésor se déploie : calices, ciboires, ostensoirs, chasubles, étoles, croix, reliquaires, mais aussi plats d'argent et d'or, mitres, crosses d'évêques, coffrets en bois précieux... La débauche de travail pour glorifier le Christ est impressionnante. Dans la cour sur le péristyle, un ensemble de fresques décrit la vie de saint Paul, je suis au bon endroit.

Après avoir grimpé au sommet des montagnes, la descente est la récompense bien méritée. Les forêts de pins emplissent l'atmosphère d'un délicat parfum d'épines de résineux qui me fait m'évader en pensée. Paphos arrive trop vite, j'aurais voulu prolonger cette route indéfiniment. Las, elle ne fait que descendre et la topographie change, laissant place à une garrigue sèche et brûlée par le soleil. La chaleur de l'océan me donne l'impression d'entrer dans un four. La baignade dans la mer décrasse et revigore. L'eau paraît froide, il fait 35 °C, elle est à 23 °C, un bonheur une fois dedans !

Les hôtels pullulent le long de la côte, défigurant cette étendue rocheuse et sauvage à quelques kilomètres. L'ère du tourisme roi *low cost* est arrivée, quelle tristesse. Des piscines en bord de mer : c'est à se frapper ! L'eau magnifique à quelques mètres doit certainement être trop naturelle pour s'y baigner : les nombreux touristes d'Europe du nord préfèrent les piscines aseptisées de leur hôtel. Au moins, ils n'y répandront pas les kilos d'huiles solaires, crèmes et autres produits artificiels permettant d'arborer après *« une-semaine-à-ne-rien-faire, le-bonheur »*, des couleurs dignes des tomettes occitanes. Ne rien faire, l'homme est pourtant né pour l'action, pour se dépasser. Gravir des montagnes est inutile, c'est pour cela qu'un beau matin, certains se sont élancés vers les sommets à pied, ont bâti des cathédrales sur des pics au prix de douleurs et de sang. Un bivouac dans un champ proche d'une haie me camoufle du tumulte de la vie nocturne de la cité et je m'endors paisiblement.

29 septembre 2017, J310. Nicosie. 12 779 km

L'église Saint-Dominique, appartenant au patriarcat orthodoxe mais utilisée par la paroisse latine et la paroisse anglicane, illustre magnifiquement l'œcuménisme et l'ouverture aux autres sensibilités de la chrétienté. Cette double basilique byzantine du IIIe siècle, aujourd'hui partiellement détruite puis reconstruite au XIIIe, est prêtée par les orthodoxes pour le culte des frères dans la foi. Alors que l'on mentionne souvent les divisions, il est important de noter que ces signes tangibles du rapprochement sont passés sous silence, ils n'intéressent personne. La paroisse latine prend donc place sur les ruines d'une ancienne basilique romaine, où saint Paul et saint Barnabé vinrent lors du premier voyage de l'apôtre. Paul y rend aveugle le magicien juif Élymas qui cherche à détourner le proconsul romain Sergius Paulus de la foi chrétienne (Ac 13, 6-13).

Désormais l'église Saint-Paul a pour curé le père Carlos Ferrero, fidèle gardien qui court le long de la côte pour assurer une présence catholique aux fidèles disséminés dans les villages. La communauté catholique est très diverse. Un couvent des sœurs de Saint-Bruno et de Bethléem se trouve à Mesa Chorio dans la campagne de Paphos.

La visite des ruines de Paphos me rappelle le mont Nébo, en Jordanie. Les mosaïques sont impressionnantes et particulièrement bien conservées. Scènes de chasse, de la vie quotidienne, de jugement, de commerce, de marins, Thésée, le minotaure, Dionysos… La précision est extraordinaire. 38 °C à l'ombre, je suis en plein soleil. Un plongeon pour me rafraîchir et je rentre dare-dare à Nicosie, où les franciscains m'accueillent pour la nuit. Le père Georges m'offre l'hospitalité, quelque peu étonné par ma démarche qui ne doit plus être si courante ici.

Samedi 30 septembre 2017, J311. Kyrenia. 13 814 km

De bon matin, je retrouve à la messe le père Mose, vu il y a deux mois lors de mon premier passage sur l'île et avec lequel j'avais échangé. Il explique ma situation à son confrère qui est ensuite nettement plus amical et me convie pour un petit-déjeuner !

Je visite la ville, profondément séparée en deux par une ligne verte contrôlée par l'ONU. Au sud, on se croirait en Italie, au nord c'est clairement la Turquie. Les ruelles de la vieille ville sont un enchantement pour les yeux. Le vieux crépi a été restauré. Au milieu de la plaine de la Mésorée, à 500 m d'altitude, la température croît rapidement en journée. Les rues ombragées bardées de cafés invitent à s'arrêter pour regarder le temps qui passe. Une perte de temps, un des plaisirs les plus extraordinaires de ce monde que nous essayons tous de fuir. Les larges portes en bois peintes en vert foncé rappellent l'Italie, cette Méditerranée occidentale si proche, si loin.

À l'ouest, sur les remparts de la vieille ville, au bastion de Rocca, un capitaine de l'armée britannique regarde impassible les véhicules passer d'un côté à l'autre, sur le pas de la porte de sa guérite. L'ancien Ledra Palace porte encore les stigmates des affrontements de 1974. Impacts de balles et barricades, bidons rouillés, sacs de sable. Un air de Berlin flotte dans l'air, les douaniers turcs et chypriotes sont séparés par ces casques bleus qui surveillent les maisons abandonnées dans ce no man's land.

Les franciscains ont depuis 40 ans une de leurs portes qui est murée. Donnant sur une rue située de l'autre côté du tracé de la ligne, elle n'est désormais plus utilisable.

Je repasse pour la énième fois le check-point et cette fois-ci, me dirige vers le nord de l'île afin d'y attraper un ferry. Il n'y en a pas ce soir mais demain matin un « speed catamaran » pourra m'emmener jusqu'à Tasucu, en Turquie. C'est parti, la grande descente vers la mer rappelle qu'à l'aller j'avais cru ne jamais arriver à en voir la fin, et pour cause : en cinq km, c'est presque 500 m que je perds. La côte est construite sans aucune considération esthétique, gâchis immense, pire qu'à Paphos qui a, elle au moins, gardé son centre historique plein de charme. Les immeubles s'amoncellent afin de disposer de la meilleure vue possible. Bazar ambiant, touristes en masse vêtus des dernières tenues à la mode, une horreur.

L'église Sainte-Élisabeth reste désespérément fermée, la messe est célébrée demain à 11 heures, trop tard pour moi, le bateau appareillant à 10 heures. Je retourne vers les montagnes pour planter ma tente à la nuit tombée, après avoir flâné sur le port, rêvant de grandes traversées. Sur ma gauche, une fois le tumulte de la ville quitté, un champ s'ouvre. Ihlom, le gardien de ce verger, m'autorise à planter ma tente. L'air est léger, le ciel dégagé par un léger vent, les étoiles scintillent.

250 km
TURQUIE
327 jours
15010 km
17 novembre
2017
Athènes
Cesme
Izmir
Ionie
Ferry
Ephèse
Pamphylie
Lycie
Cilicie
312 jours
13848 km
Saint
Nicolas
Antalya
Mersin
Myra
Ferry
CHYPRE
N

Bibliothèque de Celsus, Éphèse

12

TURQUIE PARTIE 2

« Naviguer : c'est accepter les contraintes que l'on a choisies. C'est un privilège. La plupart des humains subissent les obligations que la vie leur a imposées. »
Éric Tabarly

Dimanche 1er octobre 2017, J312.
Yesilovacik. 13 848 km

Le vent de face est revenu. Depuis l'Ouzbékistan, il continue de souffler contre moi. Ça n'est pas pour rien que les navigateurs voguent, durant les tentatives de record du monde, vers l'est. Les vents d'ouest dominent la planète, et c'est ainsi que l'on vole une heure plus vite vers Paris de New York que dans l'autre sens. Entre Tasucu et Yesilovacik, je n'ai parcouru que 35 km en trois heures. Le compteur reste désespérément bloqué à la vitesse abominable de douze km/h tout au plus. Les 50 km/h de vent de face ont eu raison de mon enthousiasme. Une tempête s'abattait sur la côte, rasant la crique où je trouve un endroit où m'abriter pour la nuit.

À Yesilovacik, l'électricité coupée empêche tout éclairage dans les magasins. Seuls quelques bâtiments à quelques encablures semblent disposer encore de courant, certainement de vieux groupes électrogènes pour remédier aux coupures fréquentes. S'annoncent à gauche et à droite de la route des complexes de vacances dits « modernes », à moitié à l'abandon. Construits à la va-vite voici 30 ans, les bâtiments accusent le poids des années et ne sont plus guère en état de recevoir des touristes. Démocratisation des congés rime avec destruction de la beauté.

Devant un hôtel à l'allure fatiguée, j'aperçois deux vélos visiblement taillés pour enquiller les kilomètres au long cours. Les autocollants de pays ne laissent aucun doute, ces deux cyclistes viennent d'Asie du sud-est, de Birmanie à en croire le premier collé près du guidon. Je rentre dans cet hôtel haut de plafond, grandes baies vitrées ouvrant sur une piscine. Un peu plus loin je distingue la mer, quelle tristesse de la cacher derrière des plantes en pot. Personne ne parle anglais, mais je parviens après de laborieux efforts à me faire comprendre et une employée parlant un peu anglais compose le numéro de la chambre des deux cyclistes, allemands de leur état. Ils ont un autocollant de la Géorgie sur leurs vélos, ils ne peuvent que filer vers l'ouest. Hélas, après avoir expliqué ma situation et que j'aimerais discuter un peu plus longuement avec eux, ils m'invitent à nous rencontrer demain au petit-déjeuner. Sauf que je ne dors pas ici, mais en bivouac. Tant pis, je manque ici une occasion de rouler avec des compagnons. Depuis Jenny et René, entre le Kazakhstan et le Kirghizistan, j'ai toujours roulé seul. Mais une chose est certaine, il existe d'autres personnes roulant vers l'Europe depuis l'Asie. Cela me booste le moral mis à mal par les conditions météo difficiles. Ah je donnerais cher pour une planche à voile ou un dériveur, Éole s'étant réveillé. Dans cette baie protégée de la houle, c'est parfait.

Alors que je cuisine un repas à base de nouilles, poisson et fromage de brebis, un pétrolier s'annonce pour décharger. Lentement, il négocie l'entrée dans la passe. Le pilote est à ses côtés, blanc sur rouge, rien ne bouge. Amarres envoyées, prise de quai parfaite, le transbordement du précieux liquide peut commencer. Le long de cet immense quai, le vaisseau d'acier s'abreuve de la cargaison en s'enfonçant. Et moi je regarde béatement ce spectacle, les bateaux fascinent les enfants. Avec quelques kilos de ferraille, on part faire le tour du monde, sans personne sur le dos, en écoutant le bruit du vent. Pas étonnant que les têtes blondes préfèrent cela aux équations différentielles.

Prendre la mer, c'est prendre sa vie en main. C'est accepter un vagabondage incertain au gré des escales et des coups de mer.

Prendre la mer, c'est contribuer en profitant de l'air du large, à l'asphyxie des villes en leur livrant du gaz. Je trouve qu'il y a une certaine forme de sarcasme à cela.

Prendre la mer, c'est entrer de tout son être dans une dimension où l'à-peu-près est interdit. Pas d'assistance, de station-service au milieu de l'Indien.

Prendre la mer, c'est accepter de confier son destin à une bande de drôles de gens, venant d'horizons divers mais prêts à partager un bout de chemin avec vous.

Prendre la mer, c'est enfourcher la liberté.

Lundi 2 octobre 2017, J 313. Anamur, 13 951 km

La côte n'est pas un long ruban plat mais un véritable paysage montagnard. Les monts Taurus s'abreuvent de cette eau d'un bleu profond pour mieux remonter vers les cimes du centre anatolien.

Ce sont de véritables étapes de montagne que je dois affronter ces jours-ci. La route serpente d'une plage à une autre en virant un col à 1 000 m d'altitude. Le voyage est un éternel recommencement. Les bons samaritains sont partout, notamment ce routier qui, juste après Sipahili, insiste absolument pour me tracter jusqu'en haut de la côte. Premier essai, je refuse, il insiste. Deuxième essai, je ne tiens pas 30 secondes, la position est intenable, pas d'autre prise que la charnière du hayon. Je poursuis mon chemin sur le côté de la six voies qui s'élève inlassablement vers les terres. Mon chauffeur me dépasse, s'arrête, fixe une sangle et m'intime l'ordre de m'accrocher. Il met tant de cœur à l'ouvrage, cela serait impoli de le vexer. Lorsque l'on est invité dans un pays, la moindre des politesses est d'accepter les présents que les locaux vous font.

Miracle ou presque, cela tient ! Dix km/h, puis quinze, vingt, vingt-cinq, je tiens toujours. Maintenir le vélo d'une main ferme, sinon c'est le drame. Ne pas avoir de crampe, surtout pas, conserver le bras tendu comme en ski nautique. Je m'élève et aperçois par le rétroviseur mon chauffeur fier comme un « bar-tabac ». C'est à presque 45 km/h que nous dépassons un autre cycliste, bien plus légèrement chargé que moi, au milieu de la montée. J'ai quelques scrupules à grimper ainsi mais pour une fois les éléments sont avec moi et la Providence me donne ce petit coup de pouce.

À l'heure du déjeuner, un atelier mécanique s'impose. Les rayons à l'arrière sont brisés, j'en change six, et sept sont encore bons pour la casse mais il ne m'en reste pas d'autres de rechange. L'arrêt à Alanya fera du bien à la mécanique, c'est une station balnéaire sportive, j'y trouverai bien ce qu'il me faut. La roue est tout de même encore en mauvais état, je peste contre la mauvaise qualité des rayons fournis par le magasin Bianchi d'Erevan.

Ce soir, je trouve un champ pour dormir à la belle étoile. Une baignade au pied d'un avion de chasse, un F-4 Phantom, se trouvant ici pour je ne sais quelle raison, précède la nuit et permet de se décrasser de cette grosse journée. Magnifique ligne, un bel avion est un bon avion, l'adage de Marcel Dassault trouve ici encore son écho. Incongru mais heureux, je possède les deux éléments qui font rêver un enfant : l'avion et la mer.

Jeudi 5 octobre 2017, J 316. Antalya. 14 175 km

La route s'aplanit légèrement depuis hier et les sites archéologiques foisonnent, enfin lorsqu'ils ne sont pas noyés par des hordes de touristes.

À Alanya, où j'ai pu changer tous les rayons de mon vélo auprès d'un magasin correctement achalandé, j'ai retrouvé tout ce que j'abhorre : le tourisme de masse. Ce ne sont pas cinq ou dix hôtels mais des centaines ! Sur une dizaine de rangs étendus sur 15 km le long de la plage, les *Guest houses*, hôtels cinq ou trois étoiles avec leurs panneaux vantant des *« all incluse »* et des *« super trip »* ne me donnent qu'une envie : fuir. Fuir cette civilisation de la débauche et du selfie. Je les vois bien tous ces Slaves et Teutons déambulant, grosses lunettes noires sur le nez, téléphone vissé à la main pour attraper un selfie à tout-va. Même le port est triste : les bateaux sont barbus, sales et doivent rarement prendre la mer alors que les conditions s'y prêtent idéalement.

Le rocher conserve un tant soit peu une authenticité historique avec sa forteresse nichée sur son sommet et ses remparts. Malheureusement, l'ajout d'un téléphérique avec un embarquement au niveau d'une des plages n'incite pas à faire le moindre effort. Planté dans une cabine qui s'élève sans effort, le touriste peut à sa guise prendre des photos pour montrer ensuite à ses amis, non pas au retour mais immédiatement sur les réseaux sociaux, à quel point c'est *hype*.

Hors de question de choisir la facilité. À pieds, je grimpe en haut de ce rocher, sorte de Gibraltar du golfe d'Antalya. La citadelle n'est pas vraiment mise en valeur et hormis quelques panneaux indiquant la topographie générale des lieux, rien n'explique leur véritable histoire. Les endroits intéressants sont cachés derrière des panneaux marqués *« attention danger, ne pas dépasser »*. Évidemment, je les dépasse et découvre des vestiges d'habitations en cours de fouille. Il n'y a pas âme qui vive, étonnant pour un début de matinée.

J'ai passé trop de temps dans cette ville à cause de mes ennuis mécaniques. Après la Cilicie, cap sur la Pamphylie, puis la Lycie. Ces noms aux connotations antiques sont toujours usités, a minima par les dépliants du ministère du tourisme. Le voyage dans le temps peut commencer : la côte lycienne dont je m'approche est émaillée de vestiges romains. Direction Aspendos. Au bord de l'Eurymédon qui irrigue toute la vallée, une cité s'est bâtie sous la domination romaine. Le théâtre romain le mieux conservé de toute l'Asie mineure s'y trouve, pouvant contenir 12 000 personnes. Des spectacles y sont organisés durant l'été. Construit sous Marc Aurèle, cet édifice à l'acoustique extraordinaire permet d'entendre le murmure du comédien sur scène. Les gradins sont vertigineux. Sa qualité de construction incita un sultan du XIIIe siècle à le restaurer pour l'utiliser avec sa résidence d'été située non loin de là. Grâce à cela, ce théâtre nous est parvenu dans un état magnifique.

On ne peut pas tout à fait dire la même chose de la basilique, située un peu derrière sur l'acropole. Quatre grands piliers soutiennent des morceaux de voûte presque prêts à s'effondrer et c'est tout. Le site est en friche, les herbes folles colonisant les vestiges et bas-reliefs sur lesquels des lézards jouissent d'une tranquillité absolue pour se chauffer au soleil. Un serpent traverse paresseusement un mur défoncé, c'est ici le royaume des reptiles.

L'aqueduc et son siphon double s'éloignent quant à eux vers le nord. Tours réservoirs de chasse et de fuite avec rampants à étages d'arcade, ponts-siphons supportant une tuyauterie… Les romains ont déployé ici toute leur ingéniosité pour aménager une cité à haut niveau de confort.

Suite du voyage : Perge. Nouveau site archéologique, toujours autant de pierres en désordre, à croire qu'entretenir des sites exceptionnels n'est pas vraiment la priorité du gouvernement turc actuel. Et pourtant, en 2009, ce site avait été proposé pour être inscrit au patrimoine mondial, tant cet endroit est exceptionnel. Le stade est le plus grand d'Asie mineure. Certaines portes de la ville de style hellénistique y ont été conservées, et on retrouve également des thermes romains, un théâtre de 15 000 places, une voie à colonnade…

Aux yeux d'un chrétien, ce lieu a aussi une forte portée symbolique car c'est ici que saint Paul a prononcé, en présence de saint Barnabé, son disciple et compagnon de route, son premier sermon. Ancienne capitale de la Pamphylie, Perge fut également une des cités majeures du christianisme. Quelques basiliques byzantines sont encore visibles, datant du Ve et VIe siècles de notre ère.

Au chapitre 13 du livre des Actes des apôtres, saint Paul s'embarque pour Chypre depuis Séleucie, au niveau d'Antioche. Il débarque à Salamine, soit à quelques kilomètres de là où j'ai débarqué, Larnaca, puis se rend en traversant l'île, à Paphos. De là, il gagne la Turquie puis longe la côte jusqu'à Perge d'où il bifurque vers le nord et Antioche de Pisidie. Cela me fait sourire de voir ces similitudes entre la vie de mon saint patron et le trajet que je suis actuellement. La Providence m'a mis dans ses pas alors que ce n'était pas mon projet spécifique.

Enfin, je poursuis jusqu'à Antalya. Atteinte au crépuscule, il s'agit d'une vaste cité dont le caractère turc et industriel est beaucoup plus marqué que sa voisine Alanya. Ici on travaille, là-bas on se détend. Mes baskets ont rendu l'âme, il me faut d'autres chaussures. Un Décathlon dans la zone industrielle fait l'affaire, mes nouveaux escarpins tranchent avec l'état déplorable des anciens. Déchirés de partout, impossible de continuer à serrer les lacets, il faut m'en séparer.

La falaise permet à la ville de dominer la mer. Son port protégé par une citadelle et un réseau de tours le rend inexpugnable. Un air de Monaco, le rocher veille. Aujourd'hui, c'est un paisible port de plaisance où les vieux boivent le thé en regardant les plus jeunes préparer leurs embarcations.

Le réseau *Warmshower* fonctionne à nouveau dans cette ville et c'est Berkam qui m'accueille ce soir. Il n'est pas véritablement cycliste, mais un de ses amis, inscrit sur le réseau lui a demandé de m'héberger ce soir. Avec deux amis étudiants ingénieurs, ils vivent en collocation. Nous devisons rapidement et je file me coucher, épuisé par cette intense journée à quatre étages.

6 octobre 2017, J317. Phaselis. 14 254 km

Le centre-ville d'Antalya est joli mais bourré de boutiques pour touristes. Les petites ruelles tortueuses, charmantes et colorées, retiennent mon attention. Ces bâtisses dotées de cours multiples à l'arrière recèlent des secrets. À travers la fenêtre traversante, j'aperçois un jardin tout en fleurs embaumant l'arrière-cour. Mais le soleil grimpe et il est temps de se remettre en route, en avant.

Mer à gauche, montagne à droite, je roule le long de plantations de bananiers. Les vastes serres en plastique défigurent le paysage. Entassées sur le moindre mètre carré disponible, elles vont nourrir l'Europe des fruits qu'elles produisent tout au long de l'hiver.

Les plages sont quant à elles presque toutes privatisées, bondées de touristes. Cruelle situation de ne pouvoir s'y rafraîchir rapidement. Fort heureusement, à Kemer, la plage publique n'est pas une simple vue de l'esprit : trois serviettes au mètre carré et l'incontournable bar, situé en haut de la plage, diffusant de la musique au milieu de cette baie majestueuse, quelle faute de goût ! L'eau cristalline laisse découvrir les fonds jusqu'à dix mètres de profondeur. Les nombreux touristes russes et turcs préfèrent se prélasser sur des transats plutôt que de profiter de cette transparence pour traquer les poissons. Ceux-ci sont tranquilles : ici, point de prédateur. À quelques encablures, des jeunes hurlent au gré des accélérations du bateau surmotorisé faisant des ronds dans l'eau. Tristesse et décadence d'un peuple. Vivement la Normandie, Coutainville et sa tranquillité au bord de l'eau qui est certes plus fraîche, mais sans ce côté jet-set. On y retrouve ses amis de vacances et l'on profite en silence du bruit du vent dans les rochers.

Le site de Phaselis me réconforte. Je rentre de plain-pied dans la Lycie, cette région du sud-ouest de l'actuelle Turquie aux influences grecques et romaines indéniables. C'est Hérodote qui fait le premier référence aux Lyciens, au Ve siècle avant notre ère, comme une cité de pirates, située sur la route maritime entre la Grèce et la Palestine. Troie, Xanthos, Telmessos, Myra, Patara, Phaselis, Halicarnasse, Rhodes. Ces villes aux noms qui claquent se situent dans cette région. Les légendes à leur sujet ont été colportées jusqu'au bout du monde. Peuple de marins, les Lyciens ont fourni des bateaux et des équipages aux puissances alliées ou dominatrices : Alexandre le Grand, Hittites, Achéménides, Séleucides, Ptolémées, Rhodes, Romains. Tous les grands de l'Antiquité prirent pied sur ce morceau de territoire déchiqueté par la mer et protégé par les montagnes. La confédération lycienne, composée de différentes cités indépendantes, a été un des pivots de l'Anatolie et de l'Asie mineure. Intégrée à l'empire Romain en 43 par Claude et unie à la province de Pamphilie, ça n'est que trois siècles plus tard qu'elle deviendra réellement chrétienne.

Phaselis, une presqu'île cernée par deux anses dotées toutes deux d'un port qui leur permet, en fonction du vent, de continuer à commercer aisément. Un troisième sur l'avant complète ce dispositif portuaire faisant de cette ville un endroit idéal pour des pêcheurs et pirates.

L'aqueduc majestueux défend l'accès au site. Ses larges arches me donnent l'impression d'être minuscule. La piste sablonneuse laisse place à d'immenses dalles sur lesquelles je ne peux continuer à rouler. Une rue principale de dix mètres de large conduit aux différentes pièces : thermes, boutiques, agora et au fond à gauche, un théâtre. Sa taille modeste le rend particulièrement chaleureux. En fermant les yeux, j'imagine parfaitement les acteurs jouant ici une tragédie pour le plus grand bonheur des notables.

Ces blocs de grès ont 2 000 ans et j'y pose mon séant, comme s'il s'agissait d'un vulgaire banc en aluminium acheté dans un magasin d'ameublement. Avec la routine, on en vient à trouver normal l'extraordinaire. La porte d'Hadrien, en mémoire de sa visite en 129, commande l'entrée dans cette rue depuis le port sud-ouest. Massifs blocs aux inscriptions latines encore visibles. Ces dernières me remémorent mes cours de latin en collège, que je regrette ne pas avoir poursuivis. Les mauvaises herbes ont envahi les remparts et les murs et l'effondrement menace le site. Les panneaux *« be carefull »* et *« do not climb on walls »* sont là pour rappeler cet entretien quasi inexistant. Si la guérite à l'entrée et la buvette sont flambant neuves, les vestiges restent vieux.

La pinède est illuminée par les rayons du soleil couchant, les montagnes masquent l'astre assez rapidement et longeant le littoral, je plante ma tente sur la grève. Point de marées, je n'aurai donc pas de mauvaise surprise. Alors que je cuisine, deux voiliers arrivent et s'arrêtent. Dans l'anse, ils pourront passer une nuit tranquille abrités des vagues. Le menu riz-thon-sauce tomate-fromage de brebis-fruits fait encore des merveilles et me cale. La nuit tombe sur l'eau et la lune, immense, sort des flots. Claire, puissante, précise, elle irradie complètement le paysage et je reste de longues minutes à contempler ce spectacle fascinant. Les deux bateaux dansent sur les vagues avec leur fanal blanc en tête de mat. Le plus gros décide deux heures après la tombée de la nuit, d'appareiller. Il négocie la passe et prend un cap nord-est, vers Antalya probablement. Son feu bâbord rouge s'efface pour laisser apparaître le blanc du secteur arrière, il a pris la tangente.

7 octobre 2017, J 318. Demre. 14 350 km

Je n'ai qu'une hâte, quitter la Turquie. Alors que je m'apprête à visiter un site historique à Tekirova, le gardien m'annonce que le pass acheté la veille à Phaselis ne fonctionne pas et qu'il me faut acheter un nouveau ticket. Commençant à expliquer que ses collègues à côté m'avaient annoncé que tous les sites sont inclus, il se braque furieusement et me traite de menteur. Je vois rouge. « *You are a liar, a lying machine, you must pay* » répète-t-il en s'énervant vigoureusement. Je lui retourne ce compliment ce qui a pour résultat de le faire exploser littéralement. Il me décoche un coup de pied à la mode karatéka. Stoïque, je suis à deux doigts de lui coller un enchaînement droite-gauche en pleine poire quand un couple de touristes turcs lui intime l'ordre d'arrêter immédiatement. Son collègue, pleutre comme jamais, court récupérer une pierre et veut me la lancer. Je le course sur quelques mètres et il se réfugie dans une cabane. Quelle poule mouillée !

M'éloignant, je me rends compte que j'ai oublié mon appareil photo et reviens. Le gardien est furax et posant mon vélo alors qu'il s'avance avec véhémence et l'air menaçant, je lui envoie une balayette dans les jambes. Il s'étale comme un sac de patates, entraîné par le poids de son ventre proéminent. Alors qu'il veut bouger, je fais mine de lui mettre un coup de pied bien placé en haut de ses jambes. « *Shut up, or you'll cry so much* ». Il ne bougera pas et je pourrai repartir avec toutes mes affaires.

Il est tout à fait possible que cette partie du parc national nécessite un ticket supplémentaire, il reste que le comportement du gardien est absolument scandaleux et a choqué largement le couple de touristes qui ont finalement tourné les talons. Point de gendarmerie dans le coin. Je signale l'incident à un agent d'un site archéologique visité mais il est semble-t-il peu intéressé par la situation.

Au moins, le bivouac sur une plage au milieu d'une côte découpée s'annonce tranquille. La route ne laisse pas vraiment d'espace pour un voyageur qui voudrait dormir et la nuit tombe. Dans la pénombre, une plage de galets se dessine. Une vieille baraque abandonnée me permet de camoufler mon campement. Point de tranquillité, un orage éclate dans la nuit et l'endroit où j'ai posé ma tente est une véritable cuvette. Je dois déménager pour ne pas finir trempé. Il y a des jours où il vaudrait mieux ne pas s'être levé.

8 octobre 2017, J 319. Kas. 14 423 km

À Kaș (prononcez cash), les voiliers soigneusement rangés tirent sur leurs amarres. Bien qu'abritée des vagues par un cap barrant la houle au sud, le vent se prend dans les haubans et mats pour faire doucement rouler ces merveilles de technologies capables de se tenir droites sur l'eau.

Déboulant des montagnes où la route a décidé de se perdre, je retrouve l'eau d'un bleu marine profond et aérien. Petite station balnéaire aux allures de Portofino, pleine de charme, elle me réconcilie avec le tourisme turc. Ici le bon goût est de mise, la retenue des passants et des locaux me plaît. Dans un café, un serveur me gratifie d'un salut, quelque peu admiratif lorsque je lui réponds arriver de Myre où j'ai dormi hier. La route s'est amusée aujourd'hui à m'emmener de plus en plus vers les terres, sur ce plateau à 600 m d'altitude où poussent le blé et l'orge, encadré par des vergers.

Baignade du jour dans une mer agitée sur la partie sud de la presqu'île, face à la Méditerranée. La houle frappe les rochers protégeant la petite crique. Quelques touristes profitent de la luminosité d'un ciel dégagé en cette fin de journée. Le vent a chassé les nuages pour laisser place à une immense voûte bleu azur. Dévalant des hauteurs du plateau, un reflet bleu scintillant me signifie le retour proche de la mer. Libération de voir arriver dans l'après-midi une baie tranquille. La côte déchiquetée commence véritablement à livrer ses merveilles, les prochains jours s'annoncent grandioses.

Je trouve un endroit où dormir à la belle étoile, derrière l'amphithéâtre romain qui offre une vue imprenable sur la mer. Ces gens savaient choisir les endroits où bâtir des scènes. Le cadre importe autant que le contenu et à ciel ouvert, les étoiles et la lune éclairent ma nuit. Je cherche

Cassiopée, Orion, la grande et la petite ourse, Pégase, le scorpion, Vénus qui est ce soir l'étoile du soir. La voie lactée dessine un trait brillant dans le ciel sans voile.

Dans la matinée, à Demre, quelques kilomètres avant les ruines de la cité romaine, une découverte exceptionnelle attire mon attention. Mais il ne s'agit ni d'un énième amphithéâtre, ni de tombes lyciennes, encore moins de fouilles archéologiques semi-abandonnées ou d'une grande plage de sable. Au milieu des cultures de citrons et de grenades, des serres où courgettes, tomates, bananes et melon poussent, j'aperçois un panneau «*Kilisesi Nikolas*». J'avais noté sur ma carte la position d'une église, mais sa découverte sera d'une autre ampleur. Demre est le nouveau nom de Myre, ville où vécut l'un des saints les plus connus du monde entier, mais pourtant peu connue.

Né à Patara vers 270, mort à Myre en 345, saint Nicolas a été l'évêque de cette ville pendant près d'un demi-siècle. Figure majeure de la vie de la ligue lycienne, cet évêque respecté par ses pairs participe au Concile de Nicée en 325 où il combat l'hérésie arianiste[44]. Des écrits apocryphes racontent qu'il aurait giflé son adversaire, Arius. J'aime ce genre de personnages ecclésiastiques n'hésitant pas à donner de leur personne lorsqu'ils ont raison. C'est ce que l'on appelle une claque évangélique. Arrêté et torturé en 310 durant la persécution des chrétiens, il ne renie rien de sa foi et distribue ensuite aux pauvres les richesses dont il a hérité de sa famille. Sans compromis, saint Nicolas fait carrément détruire le temple d'Artemis à Myre, il n'en reste donc aujourd'hui plus rien.

Le corps du saint est conservé dans un tombeau de l'église qui porte son nom. De ce dernier, suinte une huile au parfum de fleurs. Cela ne vous rappelle rien? Même phénomène que pour saint Charbel.

Sur fond d'affrontements politico-commerciaux-religieux, des cités italiennes décident de s'emparer de ses reliques. Nicéphore, moine bénédictin et l'archidiacre Jean de Bari justifient le vol par la volonté

44. Courant de pensée théologique remettant en cause la nature divine du Christ.

d'assurer la sécurité des reliques et d'accroître leur vénération en les rapprochant de Rome. Le 9 mai 1087, 62 marins de Bari volent les reliques au nez et à la barbe des Vénitiens et Génois pour les rapporter en terre chrétienne à Bari, dans les Pouilles. C'est pour cela qu'il existe aujourd'hui une basilique Saint-Nicolas à Bari. Il ne faut pas oublier que le schisme de 1054 est récent et obtenir la prédominance dans les lieux de pèlerinage est à l'époque une raison suffisante pour déclencher la guerre. Vénéré dès les premiers siècles, saint Nicolas est donc un saint d'Orient représenté dans de nombreuses églises des minorités orthodoxes d'Europe. Loin de l'image populaire en faisant un saint venu du nord et des contrées froides de l'est, il vient des mers chaudes et de la chaleur méditerranéenne. Les nombreux miracles réalisés de son vivant ont contribué à sa réputation de sainteté et à l'organisation d'un procès de canonisation rapide.

L'église Saint-Nicolas fut construite au VIe siècle, soit peu de temps après sa mort, et l'actuelle du VIIIe siècle, est encore en bon état de conservation, surtout au regard du peu d'entretien qu'elle a dû connaître à partir du XVe siècle. Elle a été protégée par un toit en tôles depuis les années soixante, ses murs sont encore en bon état de conservation et l'on peut admirer de nombreuses fresques figurant la vie du saint local, des épisodes de la Bible et du concile de Nicée.

Aujourd'hui, cet ensemble est la propriété du patriarcat grec orthodoxe suite au rachat de l'église en 1863 par le Tsar Alexandre II. Restauration lente mais progressive, permettant de conserver au maximum l'existant, fidèle à la tradition orthodoxe. Presque enfoui sous des mètres de sable, cet édifice fut ainsi sauvé d'une destruction probable. Les mosaïques au sol dessinent des figures géométriques, en réponse aux chapiteaux ornés de peintures de saints et de scènes bibliques. Légèrement effacées, elles ont été redécouvertes en 1988 et mises en valeur par les restaurations réalisées par le professeur Ötüken de l'université Hocettepe d'Ankara.

Cette église est à elle seule le symbole de cette Turquie officiellement laïque mais en réalité habitée par un fort sentiment islamique dans les campagnes. De 1994 à 2002, la Divine Liturgie a été célébrée une seule fois par an, le 6 décembre, pour la fête de saint Nicolas, par le patriarche œcuménique. C'est la seule messe autorisée par les autorités turques, alors que le bâtiment appartient à l'Église grecque orthodoxe. Curieuse notion de la liberté religieuse. En 2002, suite à des pressions de la part d'habitants de la région voyant d'un mauvais œil le développement d'un tourisme religieux russe, l'autorisation fut révoquée. Ça n'est qu'en 2007, après des discussions remontées jusqu'à Moscou via le ministère des Affaires étrangères, que cette Liturgie annuelle a pu reprendre. Ce lieu étant à la fois musée et sanctuaire, le patriarcat grec orthodoxe n'est pas réellement souverain des décisions qui le concernent et c'est ce même ministre de la Culture qui a décidé de ce changement de nom : d'« Église Saint-Nicolas » (*Aya Nicola Kilisesi* en turc) elle devint « musée du Père Noël » (*Noel Baba Müzesi).* Tout cela a en réalité été orchestré par une association turque qui clame que cet endroit n'a jamais été une église, niant l'héritage chrétien pourtant évident du lieu. « *En réalité c'est un musée, en ruines. Ce lieu a été considéré par erreur comme une église pendant des années mais désormais c'est une erreur corrigée, et on ne peut pas autoriser des cérémonies religieuses dans un musée* ». Il est fou de voir cet acharnement contre les chrétiens, allant jusqu'à nier l'évidence, pour évincer d'un revers de manche les quelques fidèles enracinés ici. Cette association de fidèles musulmans, bruyante et bien introduite auprès du pouvoir, fait une lecture à géométrie variable de la laïcité turque. L'église Saint-Nicolas est un musée, en revanche ils oublient un peu vite que la basilique Sainte-Sophie à Constantinople a été un édifice chrétien, avant de devenir mosquée puis musée. Il s'agit tout simplement d'une persécution mesquine, fort heureusement clôturée depuis par le ministre du Tourisme qui a estimé que ce n'était pas une célébration de trois heures une fois par an qui allait perturber le fonctionnement du lieu.

« *Un arrangement a été trouvé avec les patriarches grec et œcuménique, qui obtiennent le droit de célébrer la Divine Liturgie le jour de la Saint-Nicolas, à condition qu'ils s'engagent à ne pas implanter d'activité missionnaire. [...] La Messe répond aux conditions et je ne vois pas le problème à autoriser des citoyens de notre pays de vénérer un endroit qu'ils estiment sacré. La Turquie ne devrait pas perdre de temps sur ce genre de débats et je ne vois pas en quoi une messe le jour de la Saint-Nicolas pourrait vous nuire* ».

C'est ainsi que le 6 décembre 2009, une magnifique liturgie de trois heures a célébré le retour de la foi après quelques années troublées. Le Métropolite de Myre Chrysostomos, assisté de délégations arméniennes, russes et ukrainiennes est venu vénérer l'icône de saint Nicolas devant une assistance nombreuse de divers pays.

Il ne s'agit donc pas pour les orthodoxes d'une simple question de visibilité, mais bien de foi. Un des archevêques du Saint Synode du Patriarcat de Constantinople porte le titre d'archevêque de Myre.

10 octobre 2017, J 321. Ortaca. 14 597 km

Une crevaison à l'avant, cela ne m'était arrivé depuis le début du voyage qu'une seule fois. Presque 11 000 km roulés avec ce pneu, avant de voir que la chambre à air s'essouffle. Usée jusqu'à la corde, elle rend l'âme. En cette fin de journée, sur une route passante et en haut d'une bosse, il me faut réparer. Décharger le vélo, passer de l'autre côté de la glissière de sécurité, démonter la roue, le pneu, enlever la chambre à air et la remplacer par une nouvelle, regonfler, remettre tout en place et repartir. La nuit commence à tomber, je ferai mieux de filer. Je n'ai pas fait 500 m dans la descente que je freine en catastrophe : mon compteur ne fonctionne plus et pour cause, la partie fixée sur la fourche s'est fait la malle. Plus d'outil pour compter la vitesse ni les kilomètres, c'est un équipement précieux qu'il va falloir remplacer au plus vite.

Les sites de Patara et Xanthos visités hier sont décevants, bien que classé à l'UNESCO pour ce dernier. Les herbes folles envahissent les ruines qui ne sont pas mises en valeur ni expliquées. Quelques basiliques byzantines témoignent, avec leurs mosaïques, de l'héritage chrétien de ces lieux mais désormais plus de présence active des chrétiens.

À Patara, ville natale de saint Nicolas, une porte monumentale construite en 100 de notre ère par le gouverneur romain Mettius Modestus marque l'entrée du site. Au milieu des champs vallonnés, il est étonnant de s'imaginer que cet endroit a été jadis un port fertile et actif de la Lycie. Cité où serait né Apollon, Patara est devenue à partir du IIe siècle avant notre ère la capitale des provinces romaines de Pamphylie et Lycie. Le sable a envahi cette plaine et recouvre les vestiges de la civilisation, retrouvés par ailleurs en très bon état de conservation lors de fouilles archéologiques. C'est ainsi qu'un théâtre grec, caché derrière une butte de terre et encastré dans celle-ci, se découvre en avançant à pied dans le site. Un théâtre romain a quant à lui bénéficié d'une restauration si importante qu'il semble sorti de nulle part, dominant le début de la perspective de la rue principale conduisant aux basiliques romaines et palais, où les affaires courantes de la vie de la cité étaient réglées. L'ecclesterium est considéré comme ayant été le plus grand bâtiment administratif d'Asie mineure.

À Xanthos, les quelques tombeaux aux inscriptions bilingues grec-lycien sont certes impressionnants mais le fait de les mettre sur un pied d'égalité avec les Pyramides d'Égypte, le mont Saint-Michel, la basilique Sainte-Marie-Madeleine de Vézelay, Pétra ou les temples d'Angkor est assez osé. Une ancienne église est désignée à l'emplacement de quelques murs sans plus de détails, cela pourrait être tout aussi bien à côté. Quelques bas-reliefs finement ciselés témoignent de l'art hellénistique et de la domination suite à la conquête de cette région par Alexandre le Grand.

Du haut de la colline sur laquelle je grimpe, je comprends mieux la topographie du lieu. Les collines environnantes protégeaient la cité en écho à son acropole. Les vastes terres fertiles s'étendent le long de la rivière, ce qui, à proximité quasi immédiate de la mer, en faisait un endroit de choix.

En grimpant, un bruit dans les broussailles m'alerte : point de reptiles qui s'enfuient ventre à terre. Il s'agit de tortues broutant paisiblement l'herbe !

Assez déçu, je repars pédaler de plus belle, il est temps d'avancer vers Smyrne. Par moments, je retrouve ces grands paysages d'Anatolie, des cultures avec des montagnes au loin. Avec cette crevaison en fin d'après-midi, le bivouac rêvé au bord du lac Köycegiz Gölü s'évanouit :

trop loin, trop dangereux de pousser jusque là-bas avec les camions qui me frôlent à toute berzingue.

La plage Kaputas m'a encore régalé de son eau délicieuse. De gros rouleaux s'écrasent sur le sable, l'eau est d'un bleu azur impressionnant, changeant de couleur d'un trait. De loin, la différence est nette, bleu marine versus bleu clair. Alors que la route s'élève pour passer un petit col, je laisse mon vélo sur le parking, descends piquer une tête, puis repars de plus belle dans la montée. Ces journées sont fantastiques. Dans la baie de Fethiye, le mont Babadağ m'écrase de sa masse culminant à 1975 m. Au bord de l'eau, en compagnie des pêcheurs, je sirote un thé, goûtant à la beauté de cet horizon immense qu'offre la mer.

Dans la région, les stigmates du traité de Lausanne de 1923 relatifs à l'échange de populations entre la Grèce et la Turquie, demeurent toujours. Kayaköy en est la marque. Littéralement «village de pierre», ce village fantomatique dans une plaine d'altitude sur le massif au sud de Fethiye est inhabité depuis presque un siècle. Peuplée des centaines d'années durant par une minorité grecque la Lycie, tout comme le pourtour de la mer Noire et la Thrace orientale sont vidées de force de leurs populations chrétiennes à partir de 1920, après une redéfinition des frontières de la Turquie issue de l'Empire ottoman. À cela s'ajoutent des clauses relatives à des échanges de population entre la Grèce et la Turquie. C'est l'appartenance religieuse qui détermine la condition de l'échange. 1,6 million de Grecs de l'ex-Empire ottoman sont échangés contre 385000 musulmans de Grèce. On estime à un demi-million le nombre de Grecs morts en route ou dans des camps de réfugiés durant cet épisode. C'est ainsi que les dernières (ou presque) traces de chrétienté de la région ont été éradiquées dans les années vingt, les chrétiens étant contraints à l'exil pour des raisons géostratégiques.

Kayaköy est donc un de ces villages vidés de leurs habitants au début du siècle passé où les musulmans de Grèce rapatriés auraient dû s'installer. Nommé Livisi par les Grecs, cette importante bourgade de presque 70000 habitants n'a jamais été habitée de nouveau, les Turcs préférant aller ailleurs. C'est un véritable champ de ruines, de maisons à l'abandon, d'églises abandonnées, depuis 1925.

13 octobre 2017, J 324. Éphèse. 14 840 km

Les lettres de saint Paul aux Éphésiens… combien de fois les avons-nous entendues durant la messe, lors de retraites ? Cette ville est sainte à plusieurs titres. Centre politique, intellectuel, commercial et religieux majeur de la mer Égée et de toute l'Asie mineure, son port a compté parmi les plus actifs de la région. Le niveau de la mer s'est ici également abaissé, asséchant les ports successifs et les vestiges à sept km dans les terres. Le sanctuaire d'Artémis, la déesse tutélaire de la cité, une des Sept Merveilles du monde et auquel Éphèse devait une grande part de sa renommée, était à l'origine situé sur le rivage. Une sainteté païenne de l'antiquité.

Membre de la ligue de Délos sous l'égide d'Athènes, Éphèse se développe et attire de nombreux étrangers, comme en témoigne le nombre considérable de décrets accordant le droit de cité aux étrangers. Passée au Ier siècle avant J-C sous domination romaine, Éphèse est le théâtre d'un épisode fameux de l'histoire. Après l'assassinat de César, Marc-Antoine est en lutte avec Octave. En 33 avant JC, Marc-Antoine, accompagné de Cléopâtre, s'établit à Éphèse d'où il prépare la bataille finale. Il sera vaincu deux ans plus tard à Actium, en Grèce. Octave, devenu l'empereur Auguste, redonne à Éphèse un statut de capitale et entame des travaux pour l'élever à ce rang. Théâtre, agora, thermes, fontaines, basiliques, riches maisons… La cité devient un lieu incontournable de l'Empire romain et un véritable pont entre l'Orient et l'Occident. Ça n'est d'ailleurs pas pour rien que l'Église fondée ici par Timothée, disciple de saint Paul, a eu un si grand rayonnement, et que le Concile œcuménique de 431 est un élément fondateur de la foi chrétienne.

Ce Concile, le troisième de l'histoire du christianisme après ceux de Nicée puis de Constantinople, est convoqué en 430 par l'empereur de Constantinople, Théodose II. Les débats sont vifs, donnant lieu à des affrontements physiques entre partisans de Nestorius, patriarche de Constantinople, et ceux de Cyrille, patriarche d'Alexandrie. Sur le plan théologique, le Concile d'Éphèse précise l'union hypostatique de la double nature humaine et divine de l'unique personne de Jésus-Christ. Cette union fondée sur le mystère de l'Incarnation de Jésus, fils de Dieu ayant pris chair de la Vierge Marie, consacre en même temps le titre de « Mère de Dieu », *Theotokos,* donné à Marie. Sur le plan de l'Église, Nestorius, adepte de l'idée de la double hypostase (une divine et une humaine) dans la personne du Christ, est condamné pour hérésie, frappé d'anathème et est dépossédé de ses fonctions comme hérésiarque. Il quitte donc l'Église. Il part pour l'Orient et fonde le nestorianisme que l'on retrouvera en Asie centrale, dans l'actuel Kazakhstan et Kirghizistan. L'Église d'Assyrie, fondée selon la tradition par saint Thomas, non présente au Concile, refuse les conclusions du Concile et est la première Église schismatique de l'histoire.

Alors que les deux premiers conciles de Nicée (325) puis Constantinople (381) traitent de questions théologiques sur l'unicité de Dieu, le concile d'Éphèse marque un tournant dans le dogme en définissant l'union hypostatique des deux natures, humaine et divine, du Christ. Le concile d'Éphèse marque donc pour l'Église l'explicitation et la proclamation du Christ homme et Dieu.

J'ai été marqué par trois monuments dans les ruines d'Éphèse. L'arrivée par la route depuis la ville moderne à quelques kilomètres ne laisse que difficilement imaginer l'immense champ de vestiges exceptionnels de cette cité. Après avoir posé mon vélo et dépassé les marchands de babioles pour touristes, je prends mon ticket au guichet puis avance sur une allée pavée de l'époque romaine. Large de six mètres, à l'ombre des pins, l'air léger empli par le vent marin, j'imagine l'agitation qui pouvait régner sur cette artère. Une centaine de mètres plus loin, des restes d'une maison à gauche et des colonnes se distinguent entre les arbres. Je découvre l'éblouissante perspective de la voie Arcadiane qui traverse toute la cité pour conduire vers le port, aujourd'hui ensablé. À gauche, vers la colline du Peion, se dresse à flanc de colline le théâtre où saint Paul a failli se faire tuer, fort heureusement empêché par ses disciples. 50 000 personnes pouvaient garnir les tribunes, face à l'ouest et à la mer. 145 m de large, 30 de haut, des dimensions titanesques. Cet amphithéâtre amélioré par les Romains dispose d'une acoustique extraordinaire. Les Romains avaient rajouté un mur derrière la scène pour permettre une meilleure acoustique, cette dernière ne devrait rien avoir à envier à l'Opéra Garnier. C'est la première fois depuis mon arrivée en Turquie que je découvre des monuments entretenus, restaurés, mis en valeur. Cela change!

Second endroit qui m'impressionne: l'église de la Vierge Marie d'Éphèse et l'épiskopéion (résidence des évêques). C'est ici que se tint le Concile d'Éphèse, en 431, donnant à Marie le statut de mère de Dieu. Les vestiges ne présentant pas d'un point de vue historico-touristique le même attrait que les ruines romaines, les autorités turques les ont laissés peu ou prou à l'abandon, se contentant d'un simple entretien basique. De temps à autre, une messe y est célébrée. Ce long bâtiment de 263 m par 29 est typique du plan basilical de l'antiquité romaine. En son sein, les bâtiments sont délimités. 40 colonnes soutiennent la toiture de la nef, un chiffre biblique signifiant l'attente.

L'abside encore debout laisse imaginer le chœur où se réunissaient les évêques lors du Concile œcuménique. Au nord, un baptistère encore bien préservé laisse deviner ses formes octogonales, symbole de perfection. Les murs extérieurs circulaires témoignent de l'influence grecque sur l'endroit. Un double escalier plonge dans la piscine permettant de réaliser des baptêmes par immersion, pratique encore en cours dans les Églises orientales. Je prie longuement dans ce sanctuaire délaissé par les fidèles sous un soleil qui tape dur. Ici se sont joués des morceaux d'histoire et tout le monde semble s'en désintéresser, c'est triste.

Je remonte la voie Arcadiane, tourne à droite au niveau de l'amphithéâtre en restant sur le même niveau topographique et découvre la bibliothèque de Celsus au bout. Ces vastes dalles de pierre, polies au fur et à mesure des années, ont supporté des millions de pas, c'est fascinant. Les deux étages de quatre colonnes doubles de la bibliothèque me font face. Un parallélépipède rectangle aux proportions parfaites et aux corniches finement ciselées de frises aux accents floraux m'accueille sous un soleil brûlant de la mer Icarienne. Le temps n'a que modérément usé les coups de burin des artisans du second siècle de notre ère, les travaux de Hueber et Strocka entre 1970 et 1978 ont participé largement à la conservation du site, le relevant avec les fragments trouvés par terre. Cet éternel bâtiment est un des derniers témoins de l'immense érudition des Romains et de la place excessivement importante qu'ils accordaient à la connaissance. Aujourd'hui, grâce à internet, on oublie vite à quel point il a été nécessaire d'écrire livre après livre, des encyclopédies, des dictionnaires, des bibliothèques renfermant le savoir. La connaissance s'accumule lentement, or en un clic depuis son smartphone il est possible d'obtenir infiniment plus de connaissances que Platon, Aristote ou Montaigne n'en auront jamais eues. D'une surface de 16 m par 10, la façade de deux étages de quatre colonnes doubles admirablement restaurée permet d'imaginer l'importance d'Éphèse. Ville du temple d'Artémis, une des sept merveilles du monde antique, la bibliothèque de Celsus figure par la taille juste après celles d'Alexandrie et Pergame, sa rivale située à 150 km au nord. Une fois gravie la volée de marches pour accéder à la salle de lecture, un espace vide de dimension humaine laissé ouvert par les turpitudes du temps donne le ton. Ici était entreposé le savoir de toute une région. 12 000 rouleaux sur lesquels étaient couchés textes sacrés, formules mathématiques, traités philosophiques… Troisième lieu marquant de cette ville, la bibliothèque a comme toutes les autres ce parfum particulier du savoir acquis lentement et laborieusement.

Il serait trop long de décrire la visite du site archéologique et ce n'est pas ici le lieu, mais la préservation des maisons en terrasses, du bouleutérion, des thermes, des fontaines, de la colonnade du forum est absolument exceptionnelle et si méconnue de l'Europe. Plus grand site archéologique de Turquie, il mérite d'être connu pour son histoire. Alors que je n'avais presque pas préparé la route, c'est une chance que j'y sois passé.

Reprenant mon vélo, je grimpe sur la colline d'Ayasoluk, sur les faubourgs nord de l'ancienne ville gréco-romaine, aujourd'hui Selçuk, petite bourgade de province dopée au tourisme. En contrebas à droite, j'aperçois le camping où j'ai planté ma tente pour la nuit. Pouvoir laisser des affaires en lieu sûr est l'éternel problème du voyageur à vélo lorsqu'il ne chevauche pas sa monture. Et puis pouvoir faire une lessive, dormir sans devoir décamper sitôt l'aube qui pointe, prendre une véritable douche… Au moins je suis tranquille. Je suis le seul client et ma seule compagnie est un troupeau de moutons et de chèvres qui broutent l'herbe.

À gauche, un peu plus loin sur la route qui conduit au site archéologique, se trouve le temple d'Artémis, ou ce qu'il en reste. Quatrième des sept merveilles du monde, la seule avec les pyramides d'Égypte à nous être parvenue.

La basilique Saint-Jean d'Éphèse, orientée plein est en travers du massif granitique sur lequel elle est construite, impressionne par ses dimensions. Occupant tout l'espace, les travaux de renforcement du soutènement du rocher sont encore visibles. Pour un ouvrage du VIe siècle, c'est une belle performance. Il s'agit d'une vaste église de plan basilical où ne restent plus que quelques murs. Les vagues d'invasions Selkoujides au XIVe siècle lui ont fait perdre son statut et, laissée à l'abandon, elle s'est dégradée. Pourtant, elle représente un vestige immense de la chrétienté: ici se trouve, selon la tradition, la tombe de saint Jean l'évangéliste, dont l'emplacement est indiqué par une plaque juste devant l'autel, dans le chœur de la basilique.

La tradition d'Éphèse veut que saint Jean ne soit pas mort mais se soit endormi dans sa tombe en attendant la résurrection du Christ. Saint Augustin, évêque d'Hippone en Afrique du Nord, soutient cette version. Cette même tradition indique que l'apôtre s'est retiré à Éphèse avec la Vierge Marie. Cependant, à l'est de la vieille ville de Jérusalem, dans la vallée du Cédron au pied du mont des Oliviers, se tient également l'église du Sépulcre de la Sainte Vierge. Même version de l'histoire (la Vierge Marie s'est endormie avant de monter au ciel). Deux endroits différents pour un fait unique: problématique. Il ne sert à rien de vouloir départager les tenants de ces traditions, chacun restera sur sa position. Le Concile de 431 à Éphèse a bien annoncé que Jean et Marie sont venus à Éphèse, et que ce Concile s'est tenu là où ils ont demeuré. Mais il est question ici de la dormition de saint Jean, dont nous n'avons aujourd'hui plus de preuves, le temps ayant fait son œuvre. Le caveau est daté de l'époque du Christ, d'après les archéologues. Signe encore tangible que les traditions ne sont pas de simples histoires racontées, mais bel et bien fondées sur du roc.

Dès la mort de l'apôtre, les pèlerins viennent se recueillir sur sa sépulture, et lorsque Constantin rend licite la pratique du christianisme, une basilique s'élève. Elle est remplacée quelques décennies plus tard par celle dont nous avons les vestiges, qui possède un plan similaire à la basilique des saints Apôtres de Constantinople, aujourd'hui rasée. Quelle tristesse de voir un aussi grand sanctuaire presque à l'abandon, sans présence chrétienne, l'État turc ayant tout préempté et les persécutions du début XXe ayant fait le reste.

La journée est bien avancée, et fatigué par la route éprouvante de ces derniers jours, sur les conseils de l'aubergiste du camping, je ne monte pas à la «*maison de la Vierge Marie*» qu'il m'annonce être un lieu peu intéressant et sacrément haut perché. Quelle erreur magistrale! C'est là que l'on trouve une présence chrétienne, apprends-je en début de soirée en feuilletant un magazine sur Éphèse. Des capucins y possèdent un petit monastère qu'ils ouvrent aux pèlerins. Je m'en veux terriblement, et ce n'est pas rien puisque les papes Paul VI, saint Jean-Paul II et Benoît XVI s'y sont rendus… Cette maison de la Vierge Marie «*Meryemana Evi*» juchée sur une colline à 7 km au sud de la ville existe depuis le XIIIe siècle et la tradition d'Éphèse au sujet de la dormition de la Vierge Marie depuis les premiers temps du christianisme.

Encore une fois mon manque d'anticipation me joue des tours mais c'est si bon d'avoir ainsi l'esprit libre et de se laisser guider par l'étoile et non par un dépliant touristique. Il n'empêche que de temps en temps, un soupçon d'informations supplémentaires ne serait pas de refus. Je m'en veux terriblement et ce soir, sous la fine voile de ma tente, je m'endors en pensant à tous ces pèlerins qui ont certainement dormi au même endroit que moi, juste en contrebas de la basilique Saint-Jean d'Éphèse.

Samedi 14 octobre 2017, J 326. Smyrne, 14 920 km

Izmir, au bout de cette Turquie immense, est ma dernière étape ou presque avant de rentrer en Europe. La route est peu passionnante avec cette banlieue industrielle étalée sur de nombreux kilomètres qui donne envie de décamper vers l'est, vers les grandes plaines clairsemées. Le trafic s'intensifie à mesure que je rentre dans la ville, les artères sont désormais à trois voies dans chaque sens, puis quatre. Un magasin Décathlon est annoncé, je vais essayer d'y trouver un compteur. Las, ils n'en ont plus, me répond le chef de rayon ! Heureusement la ville compte de nombreux magasins de cycles et je trouverai mon bonheur avant de la quitter. Je repars avec un beau klaxon pour me permettre de jouer les gros bras avec les autres usagers de la route. Direction l'église Saint-Polycarpe, clin d'œil à PhilOrient et à cette semaine libanaise, puisque c'est sous son patronage qu'est placée cette œuvre. La colline plonge dans la mer et je dévale les rues jusqu'au rivage, ce qui me rappelle le quartier d'Aschrafieh à Beyrouth. L'eau, belle de loin, est loin d'être belle. Les déchets jonchent la plage et souillent la mer sur laquelle les ferrys poursuivent leur va-et-vient en direction de l'autre rive de la rade. Élevée sous le règne de Soliman le magnifique, en 1625 par Louis XIII, l'église Saint-Polycarpe a été restaurée après un grand incendie en 1780. Les fresques actuelles datent de 1892-1898 et sont l'œuvre de l'architecte et peintre français Raymond Charles Péré (1854 – 1929, Izmir).

C'est Barthélemy qui m'ouvre quand je sonne. Chypriote, musulman converti, il travaille désormais ici comme volontaire afin d'approfondir sa connaissance de la foi. Ici aussi les conversions au christianisme sont compliquées car elles engendrent pour les convertis des difficultés à conserver leur travail ou à en trouver un nouveau. En 2017, une vingtaine de baptêmes ont eu lieu à Izmir. Parlant anglais, nous communiquons mieux avec Barthélémy qu'avec le sacristain qui, ne parlant pas la langue de Shakespeare, me pressait pour terminer ma visite de l'église. L'évêque du diocèse de Smyrne a son bureau dans l'enceinte des bâtiments paroissiaux mais il est absent. L'heure tourne, je file vers la cathédrale Saint-Jean.

Smyrne possède un lien particulier avec l'Occident, porte réciproque de deux mondes. C'est de là que vient saint Irénée, deuxième évêque de Lyon, qui a connu saint Polycarpe, qui avait lui-même reçu l'imposition des mains de la part de saint Jean. Dès les origines du christianisme, Smyrne (Izmir aujourd'hui) a occupé une place importante. Le diocèse, bien que de rite latin, dépend de la Congrégation pour les Églises Orientales. Cela illustre le lien bien particulier entre l'Orient et l'Occident. Établie en 1346, son histoire est mouvementée au gré des persécutions et luttes entre les puissances européennes, mais il continue d'exister en changeant parfois de statut. Aujourd'hui, on estime qu'il reste à peine 2500 catholiques dans l'ensemble du diocèse, qui couvre près d'un quart de la Turquie, soit l'équivalent d'un tiers de la France. Pour une région où le christianisme est présent depuis 2000 ans, c'est triste. Les sept Églises de l'Apocalypse : Éphèse, Pergame, Thyatire, Sardes, Philadelphie, Laodicée et Smyrne. Mais également Colosses, Patara, Demre, Xanthos, Hiéropolis…

Izmir bouillonne d'activité avec une forte influence occidentale. Rues commerçantes, bistros en terrasse, insouciance bien présente, envie de profiter d'une liberté de plus en plus limitée en Turquie. C'est le cas de ces villes portuaires, par nature ouvertes sur le monde. La cité phocéenne de Massilia l'est puisque c'était une colonie de Foça, ville située de l'autre côté de la rade. Cette ouverture commerciale a permis le déploiement et la transmission du christianisme par les voies commerciales. Cet esprit d'échange est pleinement présent dans l'ADN de cette ville, ouverte sur le monde.

Entre l'église Saint-Polycarpe et la cathédrale Saint-Jean, je roule sur le front de mer qui s'inspire de Deauville ou Nice, avec les terrasses, les poissons frais et fruits de mer fraîchement sortis de l'eau prêts à être dégustés. Le consulat de France, en plein centre historique, est fermé en cette fin de samedi, hormis une superbe exposition de peintures sur le thème de la mer, impressionnisme français, anglais, hollandais principalement. Mais également des sujets plus réalistes de naufrages, de batailles ou de scènes de pêche. L'appel du large est irrésistible, prendre la mer c'est toucher du doigt la liberté dans la responsabilité. En mer on ne peut compter que sur soi, c'est cela la liberté : être capable d'assumer seul ses actes.

La cathédrale Saint-Jean est fermée, le garde à l'entrée m'indique qu'il est trop tard, revenir demain. Grommelant mon mécontentement, il reste inflexible. L'arrivée d'un étranger à vélo ne semble pas être dans le cadre habituel de ses fonctions. Direction le couvent dominicain et son église Notre-Dame du Rosaire, à un jet de pierres, où il faut montrer patte blanche. Deux volontaires italiens m'accueillent et m'annoncent qu'une messe anticipée du dimanche a lieu dans vingt minutes. Deo Gratias. En italien, un avant-goût de l'Europe qui n'a jamais été aussi proche.

Mgr Lorenzo Piretto m'offre l'hospitalité, lui qui a été nommé évêque voici quelques mois à peine, de ce diocèse immense, grand comme presque la moitié de la France, et au sein duquel figurent les sept Églises de l'Apocalypse de saint Jean. Discussions captivantes durant le dîner avec un autre frère italien. 35 années de présence à Constantinople[45] en ont fait un solide candidat pour diriger ce diocèse à la fois immense par l'histoire et petit sur le plan statistique. Mais les statistiques n'ont jamais fait l'histoire ni la foi. Aujourd'hui, un vrai regain de foi est présent et les conversions régulières. L'hémorragie s'arrête et les chrétiens restent sur leurs terres. Les pèlerinages de plus en plus nombreux vers les primo lieux de la chrétienté que j'ai pu traverser portent les communautés locales qui sont de moins en moins isolées. Les visites apostoliques prennent la tournure de tournées missionnaires. Konya, Hiérapolis, Patara, Tarse, Éphèse… Mgr Piretto marche sur les traces de saint Paul et de saint Barnabé.

L'archidiocèse d'Izmir est un lieu d'œcuménisme au même titre que Jérusalem ou Constantinople. Les pèlerins sont moins nombreux qu'en Terre Sainte mais ils viennent du monde entier, sur les pas de saint Paul, de saint Jean à Éphèse, de saint Philippe à Hiérapolis ou de la Vierge Marie

45. Il est depuis 1983.

à Meryem Ana, la maison où elle séjourna avec saint Jean sur les hauteurs d'Izmir (visitée par les papes Paul VI, saint Jean-Paul II puis Benoît XVI). Les églises sont nombreuses à Izmir, tant catholiques qu'orthodoxes, arméniennes, anglicanes, protestantes… Une communauté francophone y demeure et se réunit à la paroisse Notre-Dame-de-Lourdes, où la messe est célébrée selon les deux formes du rite romain : ordinaire et extraordinaire. Encore une fois l'Orient montre à quel point il est possible de cohabiter dans la différence.

Durant cette longue soirée où nous échangeons avec Mgr et son vicaire, dans un français châtié, je n'ai rien à offrir hormis quelques photos, des souvenirs et des intentions de prières d'Églises aussi isolées que la sienne. *« Ah c'est dommage que tu n'ailles pas dans l'autre sens, j'aurai passé des coups de fil pour que tu puisses être accueilli partout ! »* m'annonce-t-il. Je reviendrai ! Lui parlant de Dimaluo, au fin fond du Tibet où j'ai passé Noël, il reste stupéfait de voir que des chrétiens demeurent après s'être convertis dans des endroits aussi reculés, sans histoire chrétienne préalable. Nous devisons sur l'Orient, Jérusalem, la nécessité d'un dialogue avec les orthodoxes qui soit compris par nos coreligionnaires. Bien souvent cela reste des affaires de spécialistes, incapables que nous sommes de vulgariser et assumer que les différences ne sont pas si importantes que cela. Le schisme est arrivé par les hommes, le Christ dans sa nature divine saura bien nous rapprocher.

Lundi 16 octobre 2017, J 327. Chios. 15 010 km

Annoncer qu'il faudra entre 12 000 et 15 000 km pour rentrer à vélo et n'être qu'aux portes de l'Europe après l'estimation haute ! Drôle de vie… et à 15 000 km très précisément je suis face à au port de Cesme. Les couleurs chatoyantes de cette matinée font onduler les herbes hautes de cette campagne turque au gré du vent du nord qui souffle à une quinzaine de nœuds. Le contraste entre la pierre brune et grise et le vert teinté d'or des champs, l'arrière-plan océanique fouetté par les vents contraires à la houle du sud dessinant de nombreux moutons, donnent un spectacle dont on ne se lasserait jamais. Il rappelle celui que les éléments dessinent à la Hague, au Raz Blanchard quand ils se déchaînent. Au loin des éoliennes gâchent de leur inélégance ce territoire relativement bien préservé. Il faudra un jour abattre ces monstruosités. L'esthétisme doit être la première condition de ce que les technocrates appellent « l'aménagement du territoire ». Ils semblent oublier que le territoire ne les a pas attendus pour s'aménager.

Ma carte indique une source chaude, au bout de la jetée du port. Étrange, mais bien réelle. Un bassin formé de quelques pierres délimite la piscine et permet de conserver la chaleur dans un petit cocon. Je passe du chaud au froid vivifiant pour le corps et enchaîne les longueurs pour me détendre sous le regard admiratif des quatre autres personnes profitant de cette merveille géologique. Deux habitent en Australie et sont de retour pour les vacances dans leur village tout proche. Un après-midi tranquille, le ferry appareillant pour la Grèce est à seulement 17 h. Voyager en bateau a un goût d'antan, il me fait découvrir le plaisir de dépenser ce bien le plus précieux et impossible à acquérir : le temps.

Cesme me fait rêver par ses nombreux bateaux du port de plaisance, voiliers rutilants, yachts aux proportions modestes, barcasses de pêcheurs. Blanches et peintes d'une large bande de couleur, elles évoquent le cliché proustien d'un bord de mer méditerranéen. Ces pointus que l'on retrouve également à Toulon sont de la même famille. Le vent souffle du nord et la baie protégée se prête admirablement à une séance de planche à voile. Hélas, rien n'est prévu pour ce sport qui semble inconnu des autochtones.

17 h, nous levons l'ancre et je parcours les cinq nautiques séparant la Turquie de la Grèce. L'île de Chios est restée grecque après les partages et échanges de populations des années vingt. C'est ici que de nombreux migrants tentent leur chance pour passer vers l'Europe à bord de petits canots pneumatiques. En découvrant la topographie des lieux, on comprend beaucoup mieux le recours à ces embarcations.

Formalités d'entrée expédiées, bonjour la Grèce, bien que ce ne soit pas encore pleinement la mère de la démocratie. Un autre ferry m'y conduira durant la nuit jusqu'au Pirée. L'air européen de la civilisation se fait déjà ressentir, je retrouve des repères, tout sera bien plus facile désormais.

Lever l'ancre pour quitter un monde est une magnifique manière de s'y arracher. Le départ est lent, rythmé par des préparatifs et l'on a le temps de voir lentement défiler la côte que l'on quitte, avant que la nouvelle apparaisse. Les feux des ports scintillent pour nous saluer, une cardinale nord met en garde les navigateurs contre un haut-fond. La mer s'ouvre à la proue, se referme à la poupe et le sillage tracé s'estompe rapidement. Nous ne sommes que de passage sur mer, l'éphémère est la règle, les flots sont empruntés pour quelque temps et nous portent vers de nouveaux horizons. Les miens sont actuellement l'Europe et la Grèce pour retrouver cette civilisation qui est la mienne. Deux années de vagabondage m'ont profondément convaincu de l'impérative nécessité de s'enraciner chez soi.

MACÉDOINE
Bitola
ALBANIE
Météores
BOOM !
Accident
GRÈCE
328 jours
15 025 km
Athènes
Corinthe
N
150 km

13

Monastère des Météores

GRÈCE

« Le beau, c'est la splendeur du vrai. »
Platon

Mardi 17 octobre 2017, J328. Athènes, 15 025 km

6 h du matin. Salut vieille Europe, heureux de te revoir ! Il fait encore sombre alors que je débarque du ferry l'esprit vif après une nuit de mer qui m'a conduit au Pirée. Le soleil paresseux peine à dissiper la voûte noire et Vénus brille encore lorsque je mets le pied à terre. Toucher du pied son continent après deux années d'absence n'est pas rien et m'émeut. Le vivre au Pirée, port emblématique de la diffusion de la culture grecque et dont nous sommes héritiers, l'est encore plus.

Je sirote un café sur le port en terrasse alors que s'éveille la ville, point de plus grand spectacle. Ici les dockers ne transportent plus des ballots de coton ou sacs de blé sur le dos, ils sont juchés dans leurs grues monstrueuses et attrapent des containers à l'extérieur usé par les mois de mer entre l'Asie et l'Europe. Une foule de bateaux est présente dans le port. Pilote, chalutier, pêcheur, plaisancier. Les fanaux en tête de mats se croisent, les albatros et mouettes tournent autour, la vie est là.

Le soleil, docilement, daigne grimper dans le ciel et percer peu à peu les altocumulus pour m'éclairer la route. La vigilance est de mise en cette matinée, il ne s'agit pas d'avoir traversé l'Asie pour risquer un accident si proche de la maison. Athènes est indiquée par des panneaux annonçant l'autoroute, sauf qu'ici, ça n'est pas la Chine et ma présence risque fort de déranger les autorités. Pas encore de carte, je sors ma boussole et prenant un cap navigue à vue dans les avenues dirigeant nord-est. Rapidement l'Acropole apparaît, comme un pic au milieu de nulle part. Cette colline abrupte sur laquelle le Parthénon trône devient mon repaire et je le rejoins bon an mal an. Depuis la colline de Philopappos, je contemple longuement le Parthénon, édifice extraordinaire et majestueux dominant l'Antique cité.

L'heure tourne à force de déambuler à vélo dans les rues où je fais figure d'hurluberlu, et sur les coups de 11 h je rejoins le couvent du Sacré-Cœur, des Jésuites, où le père Pierre Salembier m'attend. Cycliste averti, il m'accueille avec enthousiasme, tout heureux de m'héberger pour ces quelques jours que je prévois de passer dans la cité hellénique. Il ne faut pas beaucoup de temps pour nous découvrir une personne en commun : mon grand-oncle Joseph Béchaud, jésuite ayant longtemps travaillé en Périgord et à Bordeaux. Comme quoi, même à l'autre bout de l'Europe, il est toujours possible de se trouver des atomes crochus, bien qu'avec Jésus nous ayons déjà un sacré idéal en commun.

L'après-midi, après une sieste, je flâne dans le quartier de Plaka. Les petites rues tortueuses bordées de terrasses où touristes et Grecs dégustent en fin d'après-midi un apéritif, sont ravissantes. Petits édifices aux fenêtres où les volets fermés laissent planer le mystère sur l'intérieur des bâtisses. La lumière du ciel aux tons pastel laisse s'allonger les ombres qui s'empressent de rejoindre leurs spots préférés de la ville. Un petit bistrot avec des spécialités grecques me ravit pour ce soir, l'automne est une bien belle saison pour visiter Athènes. Le tourisme présent n'empêche pas la ville de garder une âme profondément grecque, méditerranéenne, telle que nous l'imaginons souvent. Les Athéniens déambulent dans les avenues au guidon de leurs *Africa twin*, Transalp, *BMW GS 1 200* ou scooters, apostrophant vivement les imprudents piétons se glissant sous leurs roues.

Jeudi 19 octobre 2017, J330. Athènes

Se promener sur les sites mythologiques sur lesquels notre civilisation a été bâtie, quoi de plus grand à faire en revenant de deux années à l'autre bout du monde ? Temple de Zeus, forum grec, forum romain et bien sûr l'Acropole. La carte étudiante fonctionne, malgré une péremption évidente. Ici la lecture d'un tel document est plus courante qu'en Asie mineure et l'Acropole me reste interdite, il faut s'acquitter d'un plein tarif hors de prix. J'envisage un instant une session d'escalade mais la présence importante de policiers m'en dissuade, va pour l'amitié franco-hellénistique : je demande au guichetier un billet.

Juché sur son plateau calcaire au cœur de la ville, illuminant la cité par sa position proéminente, l'Acropole est une merveille de technologie antique. Lieu d'habitation, de défense puis de culte, elle est l'âme de cette ville. Le Parthénon, monumental ensemble dont ne subsistent aujourd'hui que les colonnes principales, s'est vu dépossédé de presque toutes les sculptures, frises et statues encore à peu près intactes, ces dernières se trouvant désormais au British Museum. Désolation de savoir ces œuvres enfermées sous la grisaille londonienne, alors qu'elles pourraient parfaire 2 500 ans de bronzage à leurs places originelles. Cette manie qu'ont les explorateurs de rapporter l'histoire en pièces, plutôt que de la laisser sur place afin que la génération future la contemple à son tour. Bientôt il n'y aura plus aucun intérêt à voyager, tout aura été démonté méthodiquement puis assemblé dans des parcs à thèmes en périphérie de nos villes. Le Parthénon conserve néanmoins sa magie. Les colonnes légèrement inclinées donnent une vision aérienne réelle, perspective antique inchangée en 2 500 années. En contrebas à l'ouest, l'aréopage. C'est ici que saint Paul prononce son célèbre discours devant l'autorité judiciaire de la cité à l'époque, siégeant au même endroit :

« Athéniens, je peux observer que vous êtes, en toutes choses, des hommes particulièrement religieux. En effet, en me promenant et en observant vos monuments sacrés, j'ai même trouvé un autel avec cette inscription : "Au dieu inconnu." Or, ce que vous vénérez sans le connaître, voilà ce que, moi, je viens vous annoncer. Le Dieu qui a fait le monde et tout ce qu'il contient, lui qui est Seigneur du ciel et de la terre, n'habite pas des sanctuaires faits de main d'homme ; il n'est pas non plus servi par des mains humaines, comme s'il avait besoin de quoi que ce soit, lui qui donne à tous la vie, le souffle et tout le nécessaire.[46] »

C'est avec beaucoup d'émotion que je relis et médite ces passages des Actes des apôtres, comme en Turquie, Terre Sainte, Jordanie, ainsi que les écrits des saints passés par les mêmes endroits que moi. Si la description de l'Asie centrale faite par Jean de Plan Carpin m'a fait un effet exceptionnel durant ma traversée de la région à vélo, il en est de même pour les textes apostoliques. L'aplomb avec lequel les apôtres clamaient la parole de Dieu est absolument bluffant, quelle foi !

Dans des lieux où l'Empereur avait pouvoir de vie ou mort sur tous les citoyens, une critique ou une pensée différente pouvait conduire à un emprisonnement ou à la mort. Les premiers chrétiens annonçaient magré tout la bonne nouvelle avec entrain, faisant fi du danger. Aujourd'hui, l'annonce de l'Évangile paraît plus complexe alors que les bonnes consciences n'arrêtent pas de nous expliquer que nous pouvons être libres en faisant ce que nous voulons. Cette notion libérale et clientéliste de la liberté ressemble bien plus à un anticléricalisme qu'à une possibilité de choix. Sitôt que l'on annonce avoir choisi le Christ, la Vérité absolue, ces hérauts de la liberté veulent vous convaincre que c'est un mauvais choix. Drôles de philosophes qui ne s'appliquent pas leurs principes à eux-mêmes !

46. Actes 22, 25.

Vendredi 20 octobre 2017, J 331. Athènes

Rendez-vous avec l'ambassadeur de France en Grèce, M. Chantepie. La chancellerie de Jérusalem l'avait prévenu de mon arrivée. Il me fait bon accueil. Ce qu'elle avait omis de préciser, c'est que Jérusalem n'était qu'une étape et non le point de départ de cette escapade cycliste. Comme bien souvent, l'ambassadeur se tourne vers un planisphère punaisé à proximité et reste quelques secondes en silence à le contempler. Nous devisons sur l'Asie, sur les raisons de ce voyage, sur les minorités chrétiennes des pays que j'ai traversés, du fait de ne pas avoir choisi la route la plus directe…

« *Et trouvez-vous que c'est à conseiller?* ».

« *Évidemment!* » réponds-je avec entrain. La cause des chrétiens en Orient concerne visiblement la diplomatie française, contrairement à ce qui est souvent imaginé. Comme souvent le bien ne fait pas de bruit. Nos frères, bien installés dans leurs maisons de l'ouest parisien, préfèrent conspuer les endroits où selon eux il aurait fallu agir, plutôt que de reconnaître tout ce qui a été réalisé. Voir les 10 % du verre vide plutôt que les 90 % du verre plein, un mal français.

« *Vous devriez vraiment écrire un livre, c'est fantastique ce que vous faites* »

« *Oui, oui* », réponds-je poliment en pensant en moi-même que cet ambassadeur n'a que trop rarement affaire à des olibrius de mon genre. Il n'imagine pas que nous sommes nombreux à arpenter notre vieille terre à pied, à vélo, en moto ou en bateau. Certes une minorité, mais une minorité active.

En quittant l'ambassade, je passe devant le palais qui abrite le Parlement au moment de la relève de la garde. Rite de conservation des traditions, les chaussures cloutées claquent sur le marbre. Ces soldats doivent bien avoir un patin de caoutchouc planqué sous la semelle pour ne pas glisser. Les mouvements millimétrés, codifiés ne sont pas que du folklore pour touristes, ils sont avant tout un moyen d'affirmer aux personnes qui se pressent dans l'antique cité que celle-ci fut le cœur du monde avant toutes les autres prétendant l'être aujourd'hui. Le soleil se couche et dore les toits de la ville en illuminant de ses derniers rayons le Parthénon. La mythologie grecque n'a pas complètement quitté cet endroit, les dieux veillent.

La nuit tombe. Je ne peux pas m'attarder trop dans les rues d'Athènes en ces instants où, délicieux et tempérés, les derniers rayons du soleil dévoilent les prémices d'une vie nocturne estudiantine dans le quartier jouxtant celui de l'ambassade et du Parlement. Les groupes d'étudiants se rassemblent ici et là, irradiant de joie de vivre, quelques réceptacles à houblons à la main, et s'exclamant à pleine voix lorsque l'un d'entre eux sort un bon mot. J'aime ces atmosphères simples où des amis se retrouvent, chacun venant comme il est. Les filles sont habillées à la dernière mode semble-t-il. Je suis bien incapable de décrire leur accoutrement qui, s'il leur sied à merveille, reste assez original. Quel temps cela doit-il prendre de choisir ainsi sa tenue le matin ! Coiffures sophistiquées qui tranchent avec la simplicité des garçons, à moins que ce style débonnaire soit un savant mélange longuement travaillé le matin. L'heure tourne, je rentre à Smirnis chez les jésuites pour dîner avec les pères Pierre, Gabriel et Maurice.

Nous devisons sur le monde, le père Gabriel, en poste à Rome à la Compagnie de Jésus et de passage pour des vacances, découvre comme moi la Grèce. Une virée dans les Cyclades où la Compagnie possède un petit ermitage et le voilà de retour après quelques jours. Quelle claque tout de même que ce pays, ces villages blancs accrochés à leurs roches assaillies par les flots. Aristote, Platon, Hérodote mais également le Saint-Père parsèment nos discussions.

En fin de matinée, après un travail d'écriture d'articles, le père Pierre m'emmène chez les sœurs missionnaires servantes du Saint-Esprit où il se rend deux fois par semaine pour célébrer la messe. Cette congrégation d'origine allemande, mais aujourd'hui très internationale, a décidé depuis son dernier chapitre général de s'engager dans une mission auprès des réfugiés. La Grèce étant sur le devant de la scène, c'est aux jésuites d'Athènes qu'elles proposent leurs services. J'assiste à un rituel asiatique, assis sur le tapis d'une pièce de la maison transformée en oratoire. Des fidèles et des sœurs de plusieurs pays sont représentés, témoignant de la diversité de l'Église dans toute sa splendeur : Indonésie, Inde, Autriche pour les sœurs, Pakistan et Portugal pour les volontaires du JRS (Jesuits refugee service). Pas de discrimination : malgré nos origines diverses, nous sommes tous fondés en Christ. L'anglais est de mise, avec un peu de latin pour l'ordinaire. Retour à Chiang Mai avec le père Olivier Morin, jésuite lui aussi, célébrant dans des conditions quasi identiques lorsque je lui rendais visite durant mon année en Thaïlande.

Samedi 21 octobre 2017, J332. Athènes

Athènes regorge d'églises et de chapelles à chaque coin de rue. Encore un peu loin de Rome mais on s'en rapproche. Au milieu de la rue principale, bordée de boutiques de luxe et de restaurants tous plus branchés les uns que les autres, une chapelle du XIIe siècle subsiste, préservée de l'appétit des promoteurs immobiliers. L'Église grecque orthodoxe, une des plus importantes de l'orthodoxie numériquement parlant, est omniprésente dans la vie de la cité. Pas une inauguration d'école, de pont, de bâtiment nouvellement construit ne se fait sans un prêtre qui asperge largement la foule présente.

Véritablement enchâssée dans l'État, dans le pays, l'Église orthodoxe est le ciment du peuple grec. Mgr Manuel Nin, exarque pour les catholiques de rite byzantin en Grèce, est quant à lui le pasteur de tous les chrétiens qui ne font pas partie de cette Église orthodoxe, car ils sont rattachés à Rome depuis les XV, XVII puis XIXe siècles. Les Églises d'Orient, dont nous avons déjà parlé, sont toutes ou presque scindées en deux. L'une autocéphale et orthodoxe (la foi droite), l'autre autonome et liée à Rome, catholique donc. Cette séparation au fil des siècles a été très mal vécue par les Églises orientales. Les fidèles ayant rejoint les rangs de l'Église catholique romaine sont jugés presque comme des parias par leurs homologues restés orthodoxes. L'écueil est qu'il ne reste aujourd'hui personne ayant vécu ce schisme personnellement, les querelles de chapelles se poursuivant néanmoins.

Ils ont beau croire dans un même Dieu, croire aux mêmes mystères, partager les mêmes sacrements, et une même foi, la distance qui sépare les deux communautés est abyssale *« C'est triste et dommage pour l'Unité de l'Église,* me confie Mgr Nin. *Nous avons des différences absolument minimes, rien ne justifie l'ostracisme pratiqué, hormis l'orgueil des hommes ».*

Car les grecs orthodoxes méprisent largement les autres chrétiens partageant leurs terres. Cette difficulté quotidienne s'exprime dans les petites choses. *« Il m'est impossible d'aller visiter, autrement que lors de grandes rencontres officielles, un prêtre orthodoxe en étant habillé de ma tenue quotidienne. Je dois me mettre en civil »*, ajoute-t-il. Cette tristesse n'entame néanmoins pas son enthousiasme et sa volonté de continuer sa mission ici en Grèce, un des lieux par excellence de l'œcuménisme. *« Nous avons le devoir d'être et de demeurer pour faire grandir l'Église et travailler à son unité »*. Voilà qui est clair et net, Mgr Nin remet complètement sa mission à l'Esprit Saint. Cet humble ouvrier qui travaille à la vigne du Seigneur me fait découvrir, avant que je reparte, sa cathédrale d'un pur style byzantin. Iconographie travaillée, les quatre évangélistes sur les quatre piliers soutenant la coupole où trône le Christ Pantocrator. Le plan en croix, grec bien sûr, aère l'édifice grâce à sa haute stature et à l'absence totale de piliers troublant la vue. La générosité des mécènes ayant contribué à la construction de la cathédrale témoigne bien de l'universalité de l'Église. Des dons proviennent de France, d'Italie, d'Allemagne, des États-Unis, du Pérou, d'Australie, ainsi que de nombreuses congrégations religieuses internationales.

Une rencontre superbe, bouclant la boucle puisque Mgr Nin est un grand ami de Mgr Jules, évêque des grecs melkites catholiques à Jérusalem, que j'ai rencontré de nombreuses fois lors de mon passage dans la ville trois fois Sainte.

Dimanche 22 octobre 2017, J 333. Inoï. 15 151 km

Saint Paul, en arrivant dans les communautés chrétiennes au cours de ses trois voyages apostoliques, rend compte de ce qu'il avait vu et vécu dans les endroits visités auparavant. Instructifs sur le contexte de l'époque, ses sermons et récits ont conféré une vitalité et une continuité à l'Église encore à ses balbutiements.

C'est à peu près la façon dont le père Salembier m'a présenté lorsque, durant la messe de la communauté francophone, j'ai témoigné de mon voyage, des communautés chrétiennes rencontrées, de leurs joies et de leurs peines : « *Vous valez ce que vaut votre cœur* », disait saint Jean-Paul II que nous fêtons en ce jour. C'est à cela que l'on nous jugera au dernier jour. Alors mettons-nous en chemin afin d'ouvrir notre cœur le plus largement possible. Notre prochain est là, au bord du chemin, rarement au moment où l'on souhaiterait, mais c'est justement lorsque l'on est occupé que le défi de l'amour vaut la peine. Au soir de notre vie, il ne restera que l'essentiel : la charité.

Un dernier déjeuner à Athènes sous le soleil avec le père Pierre, Barthélemy stagiaire à l'ambassade de France dans le cadre de ses études à l'ENS, et Pierre, un bordache en stage ingénieur pour quelques mois. Je goûte encore au délicieux climat méditerranéen avant de m'enfoncer vers l'Europe des Balkans, si divisée que le terme « balkanisation » d'une organisation, d'un territoire est aujourd'hui une expression courante.

Charger le vélo, se mettre en route, un des gestes préférés du voyageur. À trop rester dans un endroit on s'encrasse, on s'embourgeoise. La route, en m'obligeant à me délester du superflu est idéale. C'est également ainsi que l'Évangile s'est propagé : par des apôtres qui ont pris la route en usant la semelle de leurs sandales et en soulevant des ouragans de poussière.

Je file plein nord, quittant les jésuites, première communauté chrétienne à m'accueillir sur le vieux continent, eux qui ont largement participé à l'évangélisation de l'Asie, donnant un des leurs comme saint patron des missions – Saint François-Xavier – et toujours présents aux avant-postes[47]. Clin Dieu, il reste encore quelques kilomètres à parcourir, mais l'essentiel est roulé.

Un bivouac en plein champ à proximité d'un village, planter la tente au crépuscule, prier les vêpres, cuisiner un repas trappeur, bonheur simple et splendide moyen de replonger dans le mystère de la route. On y vient

47. Mgr Aupetit, archevêque de Paris, me dira à l'été 2018 ceci : « *Les jésuites, cette machine de guerre de l'évangélisation* ».

en pensant qu'elle répondra à nos questions et elle donne des réponses qui ne sont pas celles espérées, mystère de la route.

Mercredi 25 octobre 2017, J 326.
Agios Theodoros. 15 420 km

Trois jours de pluie, le ciel n'est pas clément avec moi depuis le départ d'Athènes. Voici trois jours que je suis trempé, l'eau commence largement à transpercer mes gants. Le Gore-Tex n'y peut plus rien, mes mains humides ne sont rien par rapport aux pieds, mes chaussures sont une véritable piscine. Les quelques rares moments d'accalmie me laissent le temps de vaguement faire sécher mes affaires, éternel souci du voyageur itinérant. Parfois l'accalmie laisse apparaître le ciel bleu teinté d'or. Je poursuis cette lucarne. Le monde n'est toujours vu qu'à travers une lucarne, charge à nous d'élargir celle-ci jusqu'à en faire une baie vitrée.

Un soir, alors que je cherche un lieu où bivouaquer, je frappe à la porte d'une maison. Incompréhension totale, mes interlocuteurs ne parlent pas un mot d'anglais. Alors que je commence à filer, la mère appelle sa fille, mariée à un Français et habitant à Paris. Avec leur téléphone, nous avons une conversation à trois, traduite instantanément par la fille à l'autre bout du fil. La mère m'explique où il m'est possible de dormir, à côté de la gare. Elle remplit mes bras de fruits divers, bénédiction, je n'avais pas grand-chose à manger ce soir. Un verger à quelques centaines de mètres fera mieux l'affaire. Ce changement impromptu de lieu aura tout de même la conséquence d'affoler mes nouveaux amis, venus m'apporter des couvertures à la nuit tombée pensant que j'aurai froid. Sous tente, sur un bon matelas d'herbe, je dors bien. Mon réchaud capricieux ne me permet pas de cuire mon dîner : je me contente d'une soupe tiède dans laquelle j'ajoute le plus possible de fromage, pain, charcuterie pour en faire quelque chose de consistant. Finalement, ça n'est pas si mal !

Le soleil revient après une bonne partie de la nuit sous la pluie. Ses rayons qui caressent la toile de tente me procurent une vague illusion de chaleur. Je me fais violence, une fois sorti du cocon qui m'enveloppe. Le froid perçant d'une matinée d'automne est bien présent, le soleil et un thé bien chaud me donnent du baume au cœur et de l'énergie pour une journée qui ne s'annonce pas si mauvaise. L'humidité du matin est vive et les rayons chatoyants révèlent l'eau en suspension dans l'air.

Le nord de la Grèce n'est pas vraiment plat. J'enchaîne les collines en direction des monastères des Météores alors que la pluie revient. Mon pédalier couine, a du jeu. Les roulements doivent arriver au bout de leur vie, ils sont pourtant quasiment neufs ! Dernière côte de la journée, saluée par une douche diluvienne ! Décidément, cela n'en finira jamais ! Le bivouac à proximité de la route ne me perturbe pas : il est nécessaire d'accepter parfois de ne pas planter sa tente en des lieux magnifiques pour savourer les hauts lieux qui sont de plus en plus rares.

Au matin, la pluie violente reprend ses droits. Heureusement pour moi, la plaine est désormais mon domaine jusqu'aux Météores. Voici trois jours que je subis les foudres de Zeus, certainement jaloux à la perspective de me voir m'élever vers les nuages. La matinée est dantesque. Je ne vois presque rien, le vent et la pluie de face fouettent mon visage. La route toute droite est déprimante à souhait. La concentration est maximale, il me faut maintenir mon vélo à droite sans pour autant rouler sur les bandes blanches peintes par les services locaux d'entretien des voies. Ces peintures sont des pièges à cyclistes, rendues extrêmement glissantes dès lors que la moindre goutte les effleure.

L'accalmie arrive vers l'heure du déjeuner, et alors que j'approche de l'entrée d'un village, roulant bien à droite, une voiture arrive par-derrière et me fauche, tapant ma sacoche arrière gauche. Chute, vélo par terre, une sacoche arrachée, je me relève d'un bond pour engueuler le chauffard infoutu de voir un cycliste. Il dispose de deux voies et roulait à l'extrême droite de celle de droite, en mordant même sur le bas-côté sur lequel je me trouvais. Je suis furieux. Mais le conducteur, après avoir stoppé son véhicule, repart sous les yeux médusés d'une famille devant laquelle l'incident vient de se produire.

Dimitri et son père m'aident à me relever, m'emmènent chez eux et insistent pour me soigner. Il n'y a pas lieu de s'inquiéter, je veux juste déjeuner, une faim de loup me creuse.

11 mois de vélo à travers l'Asie pour finir renversé par une automobile en Grèce, mère de la civilisation, quel triste sort ! Je saigne un peu au coude mais rien de spécial. Des policiers arrivent, appelés par la famille qui m'a recueilli. Mais comme ils ne parlent ni anglais ni français, ils ne peuvent pas me questionner. Une ambulance arrive ensuite, je n'ai rien demandé. Ne me laissant pas vraiment le choix, elle m'emmène à l'hôpital. Animation dans le service même si je sais bien qu'il n'y a rien de grave, quelques égratignures. Je me tue à le répéter aux médecins qui parlent un mauvais anglais mais ils s'obstinent à me faire passer une batterie de tests et examens. Ils ont certainement envie de démontrer à un Français que le système de soins en Grèce est efficace.

Le médecin veut me recoudre, soit, si cela lui fait plaisir. L'infirmière s'occupe de moi, trois autres la secondent pour apporter tout le matériel, mais une fois l'affaire terminée, le médecin de service regarde mon coude gauche et reprends fortement les infirmières. Visiblement ça n'est pas vraiment satisfaisant, il faut recommencer ! Rebelotte, encore du temps perdu et après une nouvelle séance de couture plus satisfaisante, je me retrouve avec quatre points de suture. C'est bon, je vais pouvoir filer me dis-je intérieurement, mais non ! Après deux bonnes heures d'attente, un appel du consulat de France à Thessalonique me confirmant qu'il n'y a rien de mieux à faire, je peux repartir. Mais c'est en voiture de police, car ils me contraignent à porter plainte ! Situation aberrante, les policiers ne veulent rien comprendre : je n'ai que faire d'une plainte qui ne changera rien aux faits.

Arrivé au commissariat, je dois attendre à nouveau qu'une interprète arrive. L'heure tourne, je ne vais jamais pouvoir reprendre la route ce soir et j'ai terriblement faim ! L'accident est arrivé alors que je songeais très sérieusement à m'arrêter pour le déjeuner, il est presque 17 h et j'ai seulement mangé quelques biscuits. Les policiers, très peu coopératifs, me laissent à peine prendre l'air dehors. Ils ont peur que je m'échappe, à pied ?! Dans une ville que je ne connais pas ? Ridicule.

L'interprète arrive et traduit au mieux mes dires. Non, je ne souhaite pas de dommages et intérêts. Le policier me pousse à en réclamer et dramatise la situation, ce qui m'échaude sérieusement. Je m'en tiens aux faits, ce n'est pas à moi de juger de ce qui se passera ensuite ! Enfin j'en sors et l'on me raccompagne devant la maison de Dimitri qui arrive dans la foulée. Il m'emmène dîner copieusement avec ses amis. Au moins la journée se termine bien et nous rions de bon cœur.

Traverser la Thaïlande, le Laos et le Vietnam avec leurs milliers de deux-roues slalomant dans tous les sens, le Tibet et ses routes défoncées, l'Asie centrale et ses chauffeurs buvant un demi-litre de vodka au déjeuner, la Turquie et ses centaines de camions me frôlant, pour finir renversé par un papi de 90 ans une fois arrivé sur le vieux continent, pas très glorieux !

Vendredi 27 octobre 2017, J 337.
Monastères des Météores. 15 457 km

Fichés au sommet de falaises détritiques, envoyées du ciel selon les légendes locales pour permettre aux ermites de prier seul à seul avec Dieu, les monastères dominent la plaine de Thessalie qui s'étend vers le sud. Des 24 sites habités par les moines aux plus grandes heures du XVe siècle, ne restent plus que six monastères actifs.

En fin de journée, les Météores m'apparaissent, falaises d'une centaine de mètres de haut plantées en bordure de la plaine. Le soleil couchant fait scintiller de mille feux la surface rocheuse grise agressive pour les doigts. L'Église de la Vierge Marie, du XIe siècle, est un trésor. Alors que l'extérieur semble presque banal, l'intérieur regorge de peintures de saints. Une chaire en marbre blanc aux détails finement ciselés sur le côté de la nef contraste avec les peintures de la voûte, sombres bien que nettoyées il y a quelques dizaines d'années. Toute la Bible ou presque est représentée. De la Genèse au Jugement dernier, en passant par la Nativité, les tentations au désert, l'Exode, la Passion de Notre Seigneur… Un catéchisme pictural d'un réalisme fabuleux. Les nombreuses icônes viennent s'ajouter à cela, formant une iconostase d'une qualité extraordinaire. Les plus récentes doivent avoir 400 ans !

En ressortant, je tourne la tête et aperçois tout en haut d'un piton rocheux, les murs et une croix d'un monastère, j'y monterai le lendemain.

Sans sacoches, l'ascension par la route en lacets est largement facilitée, je vole! À droite une cordée de trois personnes escalade un piton rocheux absolument vertical. Quel régal cela doit être! L'air est frais, le ciel bleu sans aucun nuage à l'horizon, la lumière éblouissante.

Jusque dans les années 1920, l'accès ne s'effectuait que par des paniers accrochés à des poulies pour hisser les moines et visiteurs jusqu'au sommet. Par la suite des escaliers furent creusés dans la roche, prenant soin de ne laisser que de très petits accès pour faciliter la défense des monastères en cas d'attaques. Fort heureusement pour les visiteurs actuels, bien malheureusement pour la tranquillité des pèlerins, cela permettait au moins de filtrer ceux prêts à se lancer dans le vide et à mettre leur vie entre les mains d'autres.

La verticalité du lieu accroché à sa falaise, l'utilisation de pierre brutes, des églises, chapelles et calvaires à chaque virage, des escaliers à gravir à genoux, il y a des airs de Rocamadour dans ces lieux. En fermant les yeux, je m'imagine dans le Lot, en découvrant cette cité extraordinaire à l'été 2011 lors d'une route d'été en clan. La Qadisha, au Liban est semblable, les touristes en moins.

Les monastères, au nombre de six mais dont seuls cinq sont ouverts à la visite selon un système de roulement[48], regorgent d'icônes, peintures et objets liturgiques tous plus scintillants que les autres.

La vie monastique ici est encore bien présente et les touristes sont à peine tolérés, seuls les euros sonnants et trébuchants qu'ils versent leur en permettent l'accès. Il en est de même pour le pèlerin de l'Église latine que je suis. *« Nous ne sommes pas là pour faire de l'œcuménisme »*, me dit une moniale au monastère Agios Stefanos. Après une longue discussion, je parviens néanmoins à la raisonner, à défaut de la convaincre, sur le fait que nous ne voulons pas convertir de force les orthodoxes. L'unité de l'Église n'est pas ici d'actualité et force est de remarquer que ce sont souvent les réticences de la part des orthodoxes dans leurs paroisses

---

48. À tour de rôle, un monastère parmi les six existant ferme selon le jour de la semaine, afin de laisser une journée de désert aux moines.

qui ralentissent le processus. Les patriarches sont eux nettement plus conscients de cette question fondamentale de l'unité des chrétiens.

Le soir, je m'offre une *Guest House* pour récupérer correctement avant de filer plein nord vers la Serbie. Damien, cycliste français arrivant tout droit du Bono en Bretagne, pose son vélo quelques minutes après mon arrivée. Il veut filer jusqu'en Amérique du Sud en faisant du bateau-stop au Cap Vert, sacré programme !

Samedi 28 octobre 2017, J339. Siatistac. 15 569 km

La pluie revient vite après une courte accalmie, le soleil au réveil et durant la première heure de route laissait présager une belle journée. Hélas, l'eau tombe à nouveau à verse et je suis trempé, frigorifié par un vent de face, comme toujours. Décidément, depuis la Chine le vent est toujours dans le mauvais sens. Un petit café dans un village se présente comme une bouée de sauvetage, je peux m'y réchauffer, m'y sécher. C'est à ne plus rien y comprendre car la température reste autour de 10 °C alors qu'en Chine je n'avais pas si froid, l'équipement aidait c'est sûr. Bref, il faut continuer à avancer et la carte ne me laisse que peu de choix. Je poursuis plein nord et laisse sur ma gauche Janina. J'enquille sur une quatre voies. Dix km plus loin, une voiture de service m'intime l'ordre de m'arrêter, suivie par une voiture de police. Je dois quitter cette route et faire tout le tour de la montagne ! Ils sont bien gentils mais si les services de la voirie n'avaient pas remplacé les routes par des quatre voies, cette situation n'aurait pas eu lieu. La police m'escorte jusqu'à la sortie, je ne comptais pas aller plus loin puisque je peux y récupérer la route numéro 15 déjà parcourue plus tôt.

Les couleurs d'automne sont fabuleuses. Les arbres teintent le paysage d'un orange pastel parfois interrompu par le vert des conifères. Les plissures du terrain me rappellent ma Bourgogne et le Morvan tant de fois arpenté avec les Routiers vers Vézelay.

Je n'ai plus rien pour le dîner, les rares échoppes croisées sont fermées et le village de Siatistac où j'avais prévu de me rendre est en fait tout en haut de la colline, que je devrai descendre demain pour reprendre la route ! Un petit bistro de routiers fera l'affaire pour ce soir. Cherchant un lieu où planter ma tente discrètement, je trouve une chapelle. J'envisage de m'arrêter dans le petit enclos à côté mais tente de pousser la porte, qui s'ouvre ! Ni une ni deux, je m'y installe pour la nuit, à la manière des pèlerins des temps immémoriaux. À même le sol, je goûte un repos bien mérité sous l'icône de la Vierge à l'enfant qui orne le mur. Au petit matin, un fidèle venant pour déposer un cierge aux pieds de la madone me surprendra, mi-surpris mi-amusé, alors que je suis en train de ranger mes affaires.

Vue sur les monastères des Météores et leur vallée

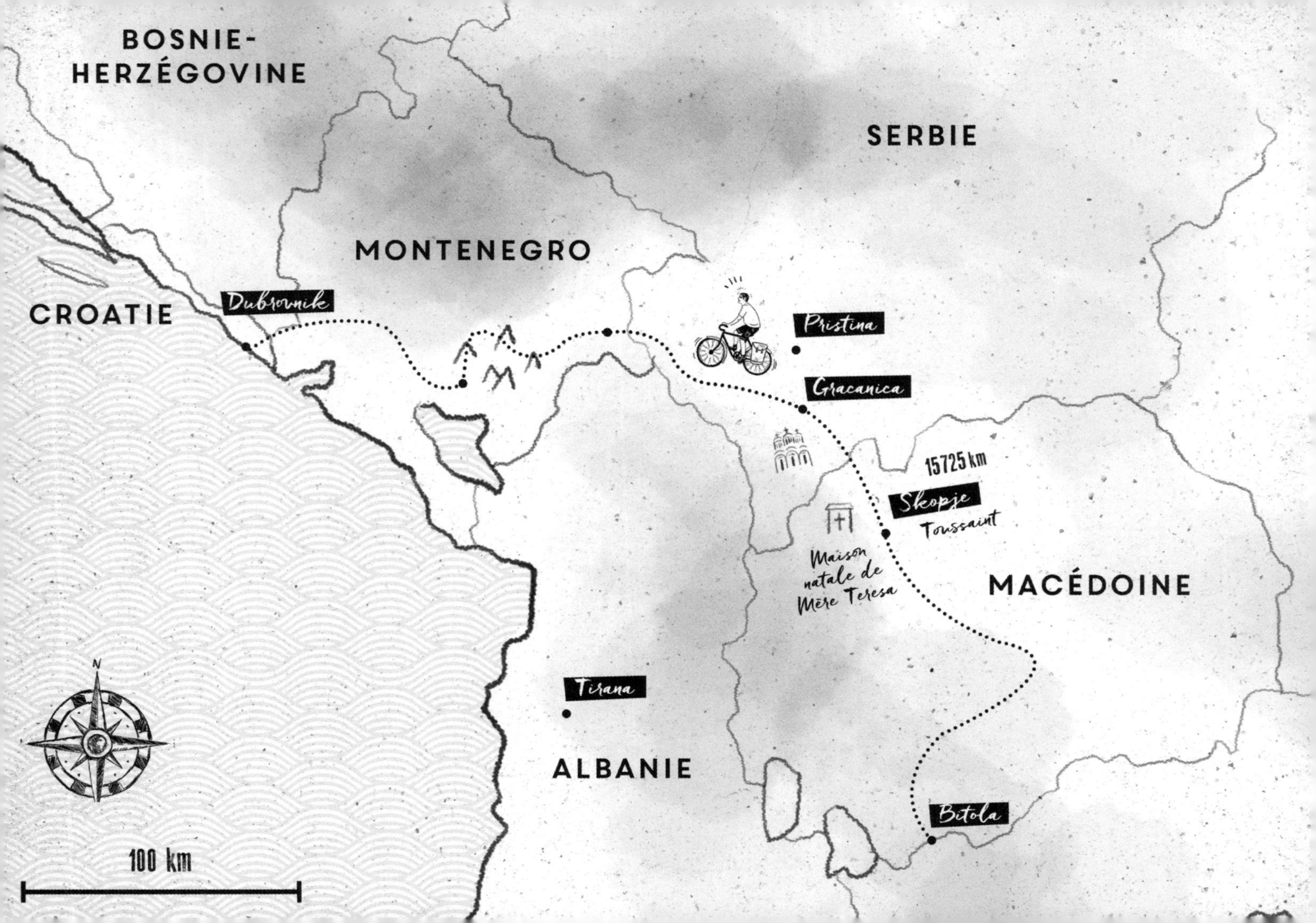
BOSNIE-HERZÉGOVINE
SERBIE
MONTENEGRO
CROATIE
Dubrovnik
Pristina
Gracanica
15725 km
Skopje
Toussaint
Maison natale de Mère Teresa
MACÉDOINE
Tirana
ALBANIE
Bitola
N
100 km

Monastère de Visoki Decani, Serbie

14

LES BALKANS

« La foi que j'aime le mieux, dit Dieu, c'est l'espérance. »

Charles Péguy

Mardi 31 octobre 2017, J 342. Skopje. 15 725 km

La Macédoine, ou plus diplomatiquement, FYROM (Former Yougoslav Republic Of Macedonia), les Grecs étant très attachés à l'idée d'une Macédoine bien plus large que ce pays et surtout rattachée à leur pays. Ici commencent les Balkans, ce vaste territoire d'Europe du sud-est méconnu et découpé à maintes reprises par les différentes puissances.

Au milieu de la plaine, la frontière se matérialise par une barrière de fer et un poste douanier en décrépitude totale. Machinalement le douanier prend mon passeport, l'ouvre et le feuillette rapidement puis après un coup de tampon me le rend. Moins d'une minute pour sortir puis rentrer, les temps changent !

Bitola, petite bourgade où j'arrive sous le soleil automnal si agréable m'apparaît comme éminemment sympathique. Je m'embrouille complètement dans les heures, entre le décalage horaire et le changement d'heure entre les deux pays et ne sais plus du tout quelle heure il est. Ça ne fait rien. À la cathédrale catholique du Sacré-Cœur, construite au début du XXe siècle par les lazaristes, je m'arrête pour prier. Le curé n'est pas là, il prépare la Toussaint avec des fidèles au cimetière, mais son sacristain qui parle quelques mots d'anglais m'accueille. Je peux prier devant le Saint-Sacrement, faire oraison.

Qu'il est bon de se retrouver et de prendre du temps pour soi face au Christ, c'est quelque chose qui m'a manqué au long de la route.

Je file ensuite à l'église orthodoxe Saint-Dimitri construite en 1830. L'iconostase en bois sculpté est splendide, précise et charmante.

Voulant prendre un train pour rejoindre Skopje à temps pour la Toussaint, je découvre les paysages encore vierges et non colonisés par le béton, pour combien de temps ? Sauf que l'embarquement m'est refusé sous prétexte que mon vélo ne rentrera pas : c'est pourtant le même modèle de train que nos TER ! Je fais un sketch au contrôleur et parviens à me faire rembourser les denars déboursés. Un bus peut m'embarquer, et après 2-3 km, alors qu'il s'arrête pour charger d'autres passagers, je comprends soudainement que j'ai oublié ma roue avant, démontée, sur le parking. Catastrophe, je ne peux rien faire sans roue avant et après avoir expliqué la situation – le chauffeur peste pour partir – un employé de la gare routière met la roue dans un taxi qui me l'apporte. Ouf, je l'ai échappé belle !

Dans un crépuscule parfait, je découvre Skopje, archétype de la ville soviétique reconstruite maintes fois et modernisée à grand renfort de plans quinquennaux. Le soleil rougeoie encore à travers les câbles électriques et reflète dans les vitres des immeubles poussiéreux un halo de lumière symbole d'espérance. Une belle nuit dans une auberge typique à l'ambiance profondément routarde et familiale, je suis à la maison.

Au réveil, je file à la messe dans la chapelle de ce que l'on appelle « la maison de mère Teresa », bien qu'elle n'ait jamais habité ici. En lisant les lectures du jour sur l'application de mon téléphone (je ne comprends pas encore le Serbo-Croate) je m'aperçois de mon erreur : la Toussaint est demain, il y a 31 jours en octobre ! Je me lamente en repensant aux splendides paysages traversés en bus la veille, que j'aurais pu parcourir sur ma bicyclette. Éternels regrets, cela m'aura permis de faire une très belle rencontre avec trois femmes travaillant pour Caritas international et le curé, un Bosniaque dont je ne me rappelle plus le nom. Grand, le crâne chauve, il m'éclaire sur les difficultés et conflits dans cette région du monde et particulièrement leur impact pour les catholiques. Il est en train de former un groupe de scouts d'Europe et souhaiterait me voir revenir comme formateur pour ses chefs, qui sait!

Sur les hauteurs de Skopje, la colline de Vodno est coiffée depuis le jubilé de l'an 2000 d'une immense croix. Illuminée la nuit, elle veille sur la cité. J'entreprends son ascension à pied depuis le centre-ville, il y en a pour 800 m de dénivelé positif, affaire bouclée en une petite heure et quart, par la voie la plus directe, la plus difficile: on n'oublie pas son départ Routier aisément.

Massif ouvrage d'acier entrecroisé, la croix du millénaire a été érigée par l'Église orthodoxe pour commémorer les 2000 ans de christianisme. Elle mesure 66 m de sa base au sommet, et est suffisamment large pour y aménager un ascenseur afin de faire monter les pèlerins. Rien n'est trop grand pour Dieu.

Mercredi 1er novembre 2017, J343.
La Toussaint. Gračanica. 15 800 km

Cette fois-ci, c'est bien la Toussaint, à la cathédrale du Sacré-Cœur, massif édifice de béton digne du couvent de la Tourette ou de tout autre édifice du Corbusier.

Après la messe, je salue le curé avant de continuer ma route vers le nord, en Serbie. La route grimpe doucement vers un plateau en passant par un étroit défilé qui semble continuellement en travaux. À Kacanik, la gorge s'ouvre vers la plaine, la route se dédouble avec une autoroute nouvellement créée que je délaisse au profit d'une petite route qui la longe. Heureusement pour moi, car l'intense trafic sur l'équivalent d'une départementale française avec des chauffeurs abrutis de rakia ne me rassure pas vraiment.

Le soleil décline et je suis encore loin de mon but : le monastère de Gračanica, bijou de l'orthodoxie serbe. C'est là-bas que je vais m'arrêter pour quelques jours et rejoindre *Solidarité Kosovo*, une ONG française œuvrant pour les Serbes du Kosovo. Un de mes oncles, Nikola Mirkovic, est un de ses membres actifs et se rend régulièrement sur place. Coup de chance, il sera là ces prochains jours et va me rejoindre demain pour me faire découvrir les merveilles de cette région et les souffrances du peuple serbe. Connus surtout pour la guerre de 1995, le Kosovo et la Métochie sont des provinces serbes depuis des millénaires, arrachées de force par les Albanais au fil des années.

Il me faut redoubler d'efforts sur cette route où je cumule deux difficultés : son mauvais état et la luminosité déclinante avec le coucher du soleil. Je parviens à mon logis. Dans la soirée, je rejoins des amis de mon oncle œuvrant eux aussi pour *Solidarité Kosovo*. Ils viennent tout droit de la ville de Turin, en Italie, qui héberge une antenne de l'ONG. Des mines patibulaires mais un cœur immense.

Jeudi 2 novembre 2017, J 344. Gračanica

L'église de la Vierge Marie, à Lipljan, témoigne de la place de la chrétienté dans cette région de la Serbie depuis le XIVe siècle. La petite chapelle de la Présentation de la Vierge, bâtie sur le site d'une ancienne basilique byzantine supposée être le siège de l'évêché d'Ulpiana est présente dans les écrits dès 1331. Patrimoine extraordinaire, ses fresques d'origine sont encore partiellement visibles, les plus récentes datent du XVIIe siècle et sont parfaitement conservées si l'on fait abstraction des yeux des personnages systématiquement crevés par les Turcs lors des invasions du XVIIe siècle.

C'est ici que je rencontre le père Serjan, après un rapide trajet en voiture avec Beppe, le chef de file italien de *Solidarité Kosovo,* et ses amis. Je ne comprends pas trop ce qui se passe, il doit rencontrer le général italien Giovanni Fungo qui commande la KFOR[49] et qui arrive peu après.

49. Kosovo Force, agrégat d'unités sous mandat de l'ONU pour la sécurité du Kosovo.

Mon oncle nous rejoint. Il sera pour moi un guide de haute qualité pour comprendre la situation des Serbes sur ce territoire. Un bon rakja nous permet de célébrer nos retrouvailles familiales. Cet alcool à 50° réveille plus qu'un peu ! Sur le visage du père Serjan, je lis au milieu de ses traits tirés, un profond soulagement et un témoignage de l'amitié fraternelle qui les unit. Dans ces contrées où la présence chrétienne recule d'années en années, repoussée avec une violence inouïe par les Albanais, le réconfort apporté par les défenseurs de la cause serbe du Kosovo, n'est pas vain.

Dans deux enclaves serbes, nous distribuons des fournitures scolaires, des produits de première nécessité, des vêtements, des chaussures, tous apportés par l'équipe italienne. Les sourires jusqu'aux oreilles des enfants sont éblouissants de splendeur. Alors que depuis le XIIIe siècle les Serbes vivent ici, un remplacement artificiel tente d'être réalisé sur cette province serbe depuis une quarantaine d'années. Aujourd'hui les Serbes vivent en quasi-autarcie dans des enclaves et ne peuvent envisager d'en sortir qu'au péril de leur vie. L'UCK, organisation de libération du Kosovo, milice terroriste albanaise, menace encore régulièrement les Serbes lorsqu'ils ne spolient pas leurs maisons. De nombreuses accusations de crimes contre l'humanité pèsent sur ces personnes, quel charmant pays !

En 1999, ce sont presque 200 000 Serbes qui ont été expulsés manu militari par les Albanais de l'UCK, et en 2004, malgré la présence de la KFOR, 500 édifices religieux ou maisons appartenant à des Serbes ont été détruites, en parallèle de l'expulsion de 5 000 Serbes vers Kosovska Mitrovica.

Sous le soleil d'automne, sur le plateau cerné de montagnes, nous roulons d'enclaves en enclaves, et Nikola me détaille la géographie des lieux : « *Ici, c'est serbe, mais le village d'à-côté est albanais. Ils ne se parlent pas et un simple mauvais regard peut tout enflammer. La situation est explosive. Le grand problème est que les Serbes ont été chassés de chez eux par la guerre du Kosovo. Le nouveau gouvernement a décrété que tout ce qui appartenait auparavant aux Serbes était libre. Il n'y a plus de reconnaissance du droit de propriété pour les Serbes ici au Kosovo. Forcément, cela crée quelques tensions. De plus, de nombreux habitants ont été assassinés en revenant ici après leur exil en Serbie centrale, cela refroidit les ardeurs à rentrer».*

Nous distribuons tant de fournitures que nous constatons dans l'après-midi que nos voitures sont vides! Il nous reste pourtant deux journées de prévues et encore beaucoup de villages. Nous filons à Pristina pour dévaliser un grand magasin de cahiers, crayons de couleurs, stylos, ardoises, jouets, ballons et autres accessoires nécessaires à la vie d'enfants de 6-15 ans. Le gouvernement serbe maintient encore quelques écoles dans les enclaves mais les moyens ne sont pas suffisants pour permettre un enseignement de qualité. Les fournitures scolaires ne sont donc pas du luxe.

Il fait nuit lorsque nous sortons du centre commercial. L'éclairage poussif des lampadaires de Gracanica tranche avec les illuminations de Pristina. Il s'agit d'impressionner le touriste occidental arpentant le boulevard Bill Clinton, la rue Georges H Bush…

Ce dîner des Balkans à base de viandes, de viandes et encore de viandes, agrémentées de fromage me comble. Splendide de revenir dans des contrées où la viande est enfin cuite correctement et non bouillie!

Samedi 4 novembre 2017, J 346. Gračanica.

Nos amis italiens, serrés à quatre dans une Mercedes antédiluvienne, larges lunettes sur le nez, crâne rasé, ont tout l'air de maffieux. Et pourtant, ils en sont bien loin! Ne jamais se fier aux préjugés, leçon principale d'un tel voyage. Hier encore, nous avons distribué ensemble, dans des villages perdus dans les vallées, des fournitures aux élèves, aux instituteurs. Les enfants, sous la direction du professeur de chant – qui doit être également le surveillant général, l'électricien-plombier-chauffagiste – de cette école désormais trop grande qu'il essaie désespérément de garder dans un état correct, entonnent quelques comptines pendant que nous trinquons à la gloire de la Serbie.

Le père Bojan, grand ami de l'association *Solidarité Kosovo*, nous invite ensuite pour un superbe dîner dans un restaurant bien serbe de Gracanica, où la musique nous accompagne gaiement.

Ce matin, visite dans la ville de Kosovska Mitrovica, symbole de la fracture de la province du Kosovo entre Albanais et Serbes, ces derniers vivent au nord de l'Ibar, les premiers au sud. Le simple fait de se rendre sur la rive de la communauté adverse prendrait des allures de déclaration de guerre. À peine garés, côté serbe évidemment, nous escamotons nos plaques d'immatriculations, c'est la règle ici si l'on veut retrouver sa voiture en état de marche, voire la retrouver tout court. Ambiance.

Paul Claudel aimait dire que «*Le poème n'est point fait de ces lettres que je plante comme des clous, mais du blanc qui reste sur le papier*». Ici, c'est une poésie directe, droite que je découvre. Celle de la boxe. Trois poètes, musclés, le regard vif, nous accueillent, je me sens subitement tout petit lorsque le plus grand me broie à moitié la main.

Les techniques d'autodéfense ne sont pas un loisir ici, mais presque une nécessité. Les bagarres quotidiennes peuvent vite dégénérer, et pour ces esthètes de la justice, une connaissance approfondie des coups est un atout non négligeable. Cette mentalité de défense de son territoire est ancrée dans les gènes des Serbes, encore plus pour ceux qui vivent encore au Kosovo. D'ailleurs, une fois la frontière franchie, la ville est presque entièrement pavoisée par l'étendard aux couleurs panslaves et les armoiries de la Serbie à l'aigle bicéphale. Au pied du monument érigé en mémoire de la bataille de Kosovo Polje, un texte relatant la malédiction de saint Lazare annonce la couleur:

«*Quiconque est Serbe et de naissance serbe*
Et de sang et de culture serbes
Sans venir à la bataille du Kosovo,
Puisse-t-il ne jamais obtenir la descendance que son son cœur désire!
Ni fils ni fille.
Puisse rien ne pousser de ce que sème sa main!
Ni vin sombre ni blé blanc
Et puisse-t-il être maudit de siècles en siècles!»

Une démonstration de boxe plus tard ne m'a pas donné envie de me frotter à ces gaillards, le vélo c'est très bien. «*Mon père est mort d'une balle sous mes yeux il y a 15 ans lorsque les Albanais ont attaqué le pont et les quartiers nord de Kosovska Mitrovica* », me raconte mon partenaire. Forcément, on comprend mieux sa rancœur et sa difficulté à pardonner.

Janko nous entraîne ensuite chez lui pour nous faire visiter un véritable musée militaire privé. Tout y est, des fanions de régiments, compagnies aux munitions de divers calibres, fusils-mitrailleurs divers tous en état de marche, mais également une cinquantaine d'uniformes de toutes les nations ayant servi à la KFOR, treillis, casquettes, képis, calots, et même la plaque d'immatriculation d'un Général français ! Durant plusieurs années, Janko a servi comme traducteur pour le contingent français stationné à proximité. Il en a profité pour amasser un véritable trésor, nous dégottons même un casque de pilote de Mig, des tenues NRBC, des képis blancs…

La chaleur humaine de ces frères pas si éloignés que cela de nous, qui vivent un véritable drame, me bouleverse. Chassés des terres où ils vivent depuis le XIe siècle, ils subissent les coups de l'indifférence générale et de l'opinion publique biaisée, désintéressée d'eux. Leur russophilie acquise depuis des siècles ne joue pas en leur faveur, mais cela les Serbes n'en ont cure. C'est à quelques pas du monastère de Gracanica que Novak Djokovic acheta cette fameuse colline afin de permettre aux familles de rester sur leurs terres. Le monde a applaudi ce geste, alors qu'une décennie auparavant, la Serbie était indésirable aux yeux de tous. Le sport a ses mystères que la raison ignore.

Dimanche 5 novembre 2017, J347.
Monastère de Visoki Dečani. 15 900 km

Les villages endormis constituent le décor de cette matinée. Dans le brouillard humide persistant, je glisse silencieusement vers l'ouest, inexorablement. La route à l'aube est un bonheur total. À travers combes et vallons, je roule et récupère la route de Pec où des voitures roulent à tombeau ouvert. Fort heureusement, il y a la possibilité de tirer à travers de petites sentes tout juste praticables et l'inévitable arrive : des ennuis mécaniques. C'est une rustine qui n'a pas tenu depuis quelques milliers de kilomètres. Je répare et poursuis, jusqu'à tomber sur une église catholique flambant neuve, encore inachevée. C'est l'église Saint-Antoine, à côté de laquelle vit une petite communauté de trois sœurs, les filles de la Charité. Cette terre est chrétienne, à ne pas en douter!

À la nuit presque tombée, je remonte le thalweg conduisant au monastère. Un poste militaire de la KFOR: je ralentis, salue les soldats, puis continue. Deuxième poste, manœuvre identique. Au bout du mur, je dois cette fois-ci décliner la raison de ma présence et laisser mon passeport en échange d'un laissez-passer.

Les mots manquent pour évoquer la majesté du lieu. La paix règne au milieu de ces pelouses soigneusement entretenues, de ces bâtiments qui enclosent l'espace. Au centre, la cathédrale du Christ Pantocrator illumine de sa blancheur l'obscurité qui tombe. Le temps s'arrête, je stoppe ici mon vélo pour contempler la beauté encore possible. Après Gracanica, c'est seulement la seconde fois où la beauté semble avoir résisté aux assauts du temps et des barbares.

Le père Petar, colosse de presque deux mètres – comme tous ses frères – m'accueille avec une solide et chaleureuse poignée de main. Il faut dire qu'après une introduction de la part des pères Serjan et Bojan, j'arrive avec quelques atouts dans ma poche.

« Heureux de te voir! La route entre Gracanica et ici n'est pas sûre pour des chrétiens » Charmant, mais je suis arrivé à bon port et bien à l'abri derrière les hauts murs du monastère, tout va bien.

Fondé en 1327, ce bijou de l'orthodoxie serbe est un des principaux foyers de l'Église serbe depuis le XIVe siècle. Tout en verticalité, il invite largement à la prière. Les fresques gigantesques représentent les thèmes majeurs du Nouveau Testament, dans la grande tradition orthodoxe. On dénombre presque 1 000 fresques dans toute la cathédrale, quasiment intégralement réalisées au XIVe siècle et à peine restaurées depuis. Dans le narthex, une représentation du Christ semble me fixer du regard. C'est l'effet d'optique voulu par l'artiste. Quatre massifs piliers soutiennent la voûte pour laisser un vaste espace au centre. La lourde porte séparant le narthex de l'église en elle-même mesure 6 à 8 m de haut. Un monument à elle seule.

J'ai la chance de pouvoir assister aux vêpres, convié par le père Petar. Les chants rythmés apportent une puissance inouïe à la célébration. Quelques retraitants sont présents, je suis le seul latin de l'assemblée. Sous le regard de l'archange Gabriel, du roi Stefan Dečanski, au-dessous de la Dormition de la Vierge Marie et avec le Christ Pantocrator qui domine l'ensemble, je prie intensément pour cette région du monde déchirée par les conflits depuis l'aube du XXe siècle, et plus spécialement pour les populations chrétiennes de cette province.

Je perçois encore une fois l'immense importance de l'unité de l'Église, qui n'est pas une option. Serait-ce un préalable au Salut ? Nous avons tous comme devoir de travailler au rapprochement avec nos frères dans la foi. Le calme se fait sur le monastère : dans un grand silence monastique, nous dînons avant de rejoindre nos cellules. On m'a installé dans une tout confort, trop à mon goût. La nuit claire laisse apparaître les étoiles, longuement je les contemple, l'air est bon.

Lundi 6 novembre 2017, J348.
Rozaje – Monténégro. 15 968 km

Divine liturgie au petit matin, dans la nuit encore persistante. Les yeux encore tout embrumés, conscient que je ne comprendrai rien aux textes mais profondément heureux d'y être convié, je traverse avec entrain la dizaine de mètres entre le bâtiment où les invités logent et la cathédrale. On parle bien de cathédrale bien qu'il n'y ait aujourd'hui plus beaucoup de fidèles sur le territoire de la Métochie. Elle reste néanmoins le siège de l'évêque.

C'est d'ailleurs pour cela que l'on parle de Kosovo-Métochie, qui englobe les deux parties de ce qui est souvent appelé aujourd'hui Kosovo. La partie ouest, la Métochie, dépendait de Visoki Decani.

Je savoure les derniers instants dans cet endroit magnifique pour prier avec les moines. Au moment de la communion, un fidèle me fait signe d'avancer. En tant que latin, je ne suis pas autorisé par l'Église orthodoxe à communier à la même table car il subsiste des différences de foi sur cette question de l'Eucharistie. Un des pères réagit rapidement et me tire par la manche pour me signifier que ce n'est pas possible, tout rentre dans l'ordre. Je n'imagine pas le scandale que cela aurait pu provoquer si j'avais communié, tristesse de voir cela encore. Nous chantons une action de grâce à pleines voix à faire trembler les murs de la cathédrale. Quelle puissance, ces chants des moines !

Avant de prendre la route le père Petar, frère hôtelier, me bénit et me remet un livre en français sur le monastère, m'invitant à revenir prochainement le voir avec des amis.

Je n'ai pas fait 20 km qu'il me faut déjà m'arrêter. Le jeu perçu par moments sur la selle n'est pas lié aux pneumatiques mais à la tige de selle qui est brisée en deux. Danger, point de risque à prendre, il faut souder. Cette fois, le cadre en acier chromolithe ne devrait pas être trop compliqué à réparer, contrairement à l'aluminium.

Après quelques essais, je trouve un garagiste disponible pour souder cela. Bricolage de fortune qui fait sauter la garantie à vie du cadre, mais les garanties sont faites pour être dépassées. Affaire terminée, je m'élance à l'assaut du col. 1 852 m, soit un bon 1 200 m de dénivelé en une distance pas si importante que cela. Le replat à 1 400 est rude, je me pensais arrivé, il n'en est rien ! La descente est jalonnée de blocs de glace sur les bas-côtés, la neige est déjà là. Moi qui pensais l'avoir définitivement laissée au Kirghizistan, j'en reprends une couche ! J'arrive à Rozaje quasiment en hypoglycémie et frigorifié. Un bon café me fortifie et me permet de reprendre du poil de la bête.

Mercredi 8 novembre 2017, J350. Podgorica, 16 126 km

Le Monténégro porte bien son nom pour les francophiles à vélo : monté !

Succession de vallées : pour le traverser je n'ai pas le choix. Paysages majestueux en cet automne où l'orange des feuilles des platanes répond au gris des montagnes, elles-mêmes mises en valeur par le vert des sapins. La route serpente, tantôt inclinée vers le haut, tantôt vers le bas et je finis par plonger vers Podgorica. La longue descente parsemée de tunnels est l'occasion de quelques frayeurs au guidon de ma monture.

Mange-poussière avale courageusement les kilomètres et soubresauts de la route, y compris les tunnels qui dépassent rarement les 50 m. Sauf qu'à un moment, la courbe ne découvre pas la lumière, mais le noir absolu. Pas le moindre photon ne transperce, au contraire de l'eau qui suinte allègrement du plafond. Trop dangereux, je ne vois rien et tous les cinq mètres un trou est caché. Je me plaque contre la roche et cherche frénétiquement mon gilet orange de sécurité, afin d'au moins être visible des voitures à défaut de voir. Une fois en sécurité relative, il s'agit de trouver la lampe, replier les sacoches puisque c'est toujours la mauvaise que l'on ouvre dans ces cas-là et se remettre en route. Évidemment un flot de voitures inexistant auparavant commence à déferler. Je sors du tunnel, pour une fois je préfère être dehors que dedans !

Ma bonne amie la pluie s'invite dans la partie et une averse diluvienne me rince complètement. Un camion s'arrête et me dépose quelques dizaines de kilomètres plus loin une fois la pluie cessée, il ne m'a pas vraiment laissé le choix, hasard des rencontres.

La paroisse du Sacré-Cœur, massif édifice de béton renferme en ses entrailles un patronage très dynamique. Beaucoup d'enfants viennent ici pour jouer, travailler, nouer des amitiés. Le père Viktor m'accueille avec le père Jean et un troisième père. Ce sont des salésiens de Don Bosco, slovaques. Leur charisme auprès des jeunes est parfaitement en cohérence avec l'accueil réalisé dans la paroisse. Nous discutons un peu avec le père Jean qui parle anglais, mais rapidement car il est affairé et doit filer. Quelque peu désœuvré, il me faut bien accepter la situation. Je patiente. Prière du chapelet puis messe et nous dînons tous ensemble avant de filer me coucher sur le lit de camp déplié à mon intention.

Samedi 11 novembre 2017, J 353.
Dubrovnik. 16 306 km

L'hiver commence déjà à s'annoncer, je ne dois la douceur qu'à la présence de l'Adriatique toute proche. L'effet thermique joue sur le climat et permet aux vallées d'obtenir encore des températures acceptables. Avant-hier, au bivouac de Vilusi, le lac en contrebas juste après l'orage offrait des couleurs fantastiques : gris foncé, le ciel noir, et au-dessus de moi la frange d'or découvrant un ciel bleu qui gagnait sur l'obscurité menaçante d'une journée pas encore tout à fait terminée. La frontière tout juste passée, après une belle nuit sous la tente, l'immense descente sur pratiquement 15 km et 700 m de dénivelé négatif, m'emmène jusqu'à un couple de Français voyageant à vélo vers la Chine. Je suis si heureux de rencontrer quelques collègues cyclistes au long cours.

Les vallées luxuriantes de la Bosnie-Herzégovine ne m'accompagneront pas longtemps puisque dans la même journée je traverse de nouveau la frontière, vers la Croatie cette fois. La côte apparaît, bétonnée, découpée, plongeant directement dans la mer d'un bleu profond. Le charme de cette côte est malheureusement brisé par les multiples constructions.

Dubrovnik perle de l'Adriatique, la côte dalmate, des remparts protégeant une ville accrochée à la falaise, magnifique vision depuis un petit promontoire dédié.

L'hospitalité ne semble pas le fort des franciscains locaux, même remarque pour la cathédrale. Le camping étant fermé et ne voyant pas le moindre espace tranquille et camouflé, je dois me rabattre sur une pension de famille au demeurant fort sympathique.

Rapidement c'est la déception, le centre vidé de ses habitants ressemble plus à un décor de cinéma qu'à une authentique cité vivante. Les hôtels pullulent, et bien que cela soit magnifique, il manque une touche de fantaisie dans ces rues trop bien organisées. Je suppose que passer l'aspirateur dans la rue doit être quelque chose d'imposé tant c'est propre et sans la moindre tâche. J'y suis bloqué jusqu'à demain soir et le départ du ferry pour l'Italie, tâchons de nous occuper. La messe chez les jésuites ne me donne pas non plus l'occasion d'une rencontre, tout le monde s'éparpillant sitôt le « *ite missa est* » déclamé.

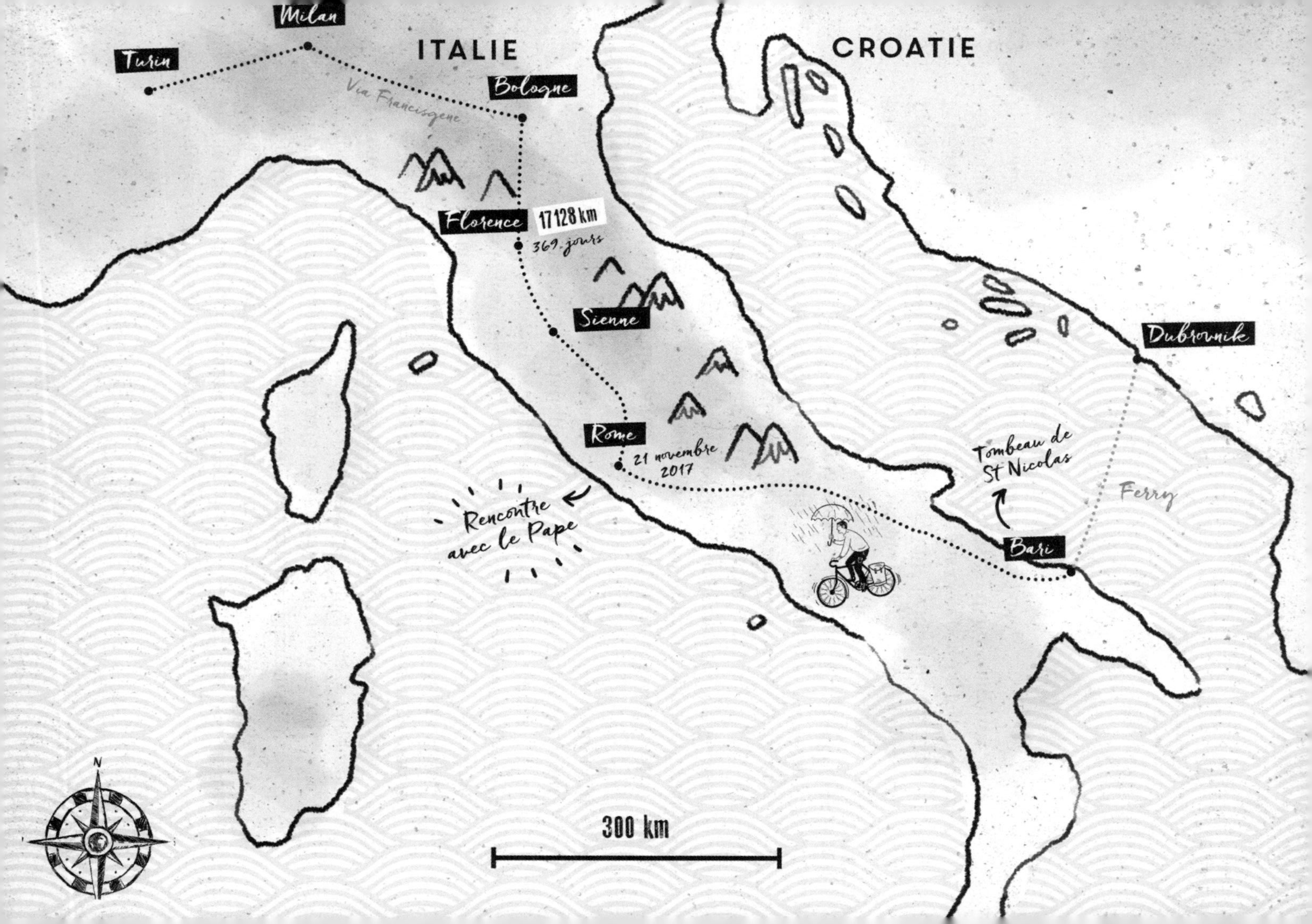

ITALIE
CROATIE
Milan
Turin
Bologne
Via Francisgene
Florence
17128 km
369 jours
Sienne
Rome
21 novembre 2017
Rencontre avec le Pape
Tombeau de St Nicolas
Bari
Ferry
Dubrovnik
300 km
N

Basilique Saint-Pierre de Rome

15

ITALIE

« Tous les hôtes qui se présentent seront reçus comme le Christ, car lui-même dira : "J'ai été votre hôte, et vous m'avez reçu" ; Et à tous on rendra les égards qui s'imposent, surtout aux proches dans la foi et aux pèlerins. »

Règle de saint Benoit

Lundi 13 novembre 2017, J 355.
Canosa di Puglia. 16 403 km

Italie, me voici ! Jamais je n'ai senti autant le parfum du pays. Il est là, au bout de cette botte. La cathédrale Saint-Nicolas, de Bari, comme point de contact, splendide. Trait d'union entre l'Orient et l'Occident, on peut difficilement trouver mieux.

Sous le soleil italien, je débarque dans le port de Bari et file directement prendre un café, enfin un véritable bien serré, les Italiens ont cette magie de pouvoir magnifier le café, le bonheur. Pas le temps de chômer, je prends la direction de Rome nord-ouest, un saut de puce de 500 km.

Encore une fois, je hais les urbanistes admirateurs de l'automobile. Impossible de quitter correctement cette ville autrement que par l'autoroute. Admirable idée qu'ils ont eue ! La meilleure ? Couper sans raison la voie qui longe la mer, avant de la faire reprendre une centaine de mètres plus loin, m'obligeant à un détour de plus d'un kilomètre. Une fois les 30 premiers km de banlieue avalés, je retrouve des petites routes campagnardes où la circulation est quasiment inexistante. Plaisir de pouvoir avancer allègrement dans une verte campagne légèrement vallonnée. Au crépuscule, un jardin s'ouvre après plusieurs refus. Je plante ma tente et dors encore sous ce fin voile.

Mercredi 15 novembre 2017, J357. Pietravairano. 16 618 km

Quel accueil hier chez Marina et Pietro ! Alors que la pluie m'avait trempé toute la journée, que je ne trouvais pas d'endroit où planter ma tente, les boulangers du village m'ont accueilli comme un fils, en me prêtant le studio… de leur fils justement. La Providence fait bien les choses, et aujourd'hui le temps est radieux.

Le paysage s'élève en entrant dans les Apennins, les villages accrochés à flanc de collines arborent fièrement leurs églises avec les cloches qui sonnent encore à la volée. Les fleurs rouges et jaunes dans les champs éclairent le paysage, avant un nouvel orage où le ciel noir se déchire avec une pluie diluvienne.

Vendredi 17 novembre 2017, J359. Rome, 16 821 km

Remonter la Via della Conciliazione est toujours un grand moment, le faire au terme ou quasiment d'un pèlerinage d'une année l'est encore plus. Les pavés secouent mon vélo qui tient bon et je débouche sur cette place ceinturée de la colonnade du Bernin, face à l'immense façade de la basilique Saint-Pierre de Rome. J'ai gagné mon pari d'arriver à temps à Rome pour pouvoir en profiter, demeurer quelques jours dans la ville éternelle, cette fois-ci sans programme précis ni obligations.

Je contemple longuement la vie autour de moi. Tout s'arrête et plus rien n'a d'importance à mes yeux. Après Jérusalem, le second point capital de la route est rallié, reste Paris.

Hébergé au séminaire français, mon ami Will Conquer, séminariste du diocèse de Monaco au titre des Missions Étrangères de Paris, m'accueille. Tout est prévu, ma venue annoncée, quel honneur de voir mon nom inscrit au tableau des hôtes de la semaine, à côté de celui du C[al] Vingt-trois.

Vêpres solennelles et nous dînons ensuite avec deux prêtres étudiants des MEP envoyés en mission en Chine. J'évoque en montrant des photos, les coins où ils se rendront certainement : Dimaluo, Deqen, Cizhong, Kunming, Shangri-la... Nous avons tous la tête dans les étoiles.

Samedi 18 novembre 2017, J360. Rome

Glissant dans la nuit qui recouvre encore légèrement la ville éternelle au milieu des ruelles pavées, je rejoins avec Will, Alexis et quelques autres étudiants la basilique Saint-Pierre de Rome. À 6 h 55, nous sommes sur place, nos vélos accrochés à un jet de pierre et parmi les premiers à pénétrer dans la basilique une fois les portes ouvertes.

En ce jour important pour l'Église romaine, un des jeunes prêtres étudiants, le père Martin de Hédouville – géant culminant plus d'une tête au-dessus de moi – célèbre la messe à la chapelle Clémentine, dans la crypte de Saint-Pierre, sur la tombe de l'apôtre. Le C[al] Schonbörn, croisé dans la sacristie, lui donne quelques sueurs froides. Il y a en effet toujours un risque de se faire « piquer » la chapelle par un cardinal qui souhaiterait y célébrer la messe, il n'en sera rien.

La liturgie me fait un très beau cadeau et clin d'œil : la lecture relate l'arrivée de saint Paul à Rome ! La chapelle Clémentine, richement décorée, dorée à la feuille d'or, est intimiste. Une dizaine de places tout au plus, nous sommes au plus près du tombeau de l'apôtre. Après le Saint-Sépulcre, c'est un autre haut lieu saint où je prie. Ad orientem, l'abbé de Hédouville solennise l'instant, le temps est compté car d'autres vont venir célébrer ensuite, nous savourons chaque minute. Ici, le martyre de saint Pierre a permis la fondation de l'Église selon cette phrase de Jésus : *« Tu es Pierre et sur cette pierre je bâtirai mon Église.* » Rome, lieu magistral de l'évangélisation et de la propagation de la foi !

C'est la tête encore un peu au ciel que je ressors par les grottes vaticanes. J'ai la chance de pouvoir prendre du temps afin de me rendre dans les lieux romains qui me sont chers.

La journée est consacrée à remettre mes affaires en état, il s'agit d'apparaître correctement vêtu ici.

En fin de journée, je croise l'abbé Olivier Derlincourt, mon ancien vicaire à Saint-Michel-des-Batignolles, en pèlerinage avec des sans-abri, avec l'association Lazare. Il a une place en plus pour la grand-messe demain, ainsi que pour le déjeuner qui suit. J'accepte avec empressement cette proposition inattendue. Le rendez-vous est pris pour le lendemain place Saint-Pierre, à 7 h 30.

Dimanche 19 novembre 2017, J361. Rome

« *Le Bon Dieu n'est pas un contrôleur de billets non compostés* », annonce le pape dans son homélie, encore une fois percutante et juste. « *Sa miséricorde est immense, il n'est pas là pour s'attarder sur nos erreurs mais sur ce qui est bon* », poursuit-il. Le message est limpide, allons de l'avant et tâchons de faire toujours le bien, de notre mieux.

J'entrevois après la messe la mine fermée du pape, visiblement agacé lorsqu'un énième cérémoniaire ou portes-insignes lui demande quelque chose. C'est une tout autre personnalité que l'on retrouve une fois la messe achevée. Avec les membres de Lazare, Pierre Durieux, secrétaire général de l'association et le père Derlincourt, nous sortons pour nous diriger dans une joyeuse cohue vers la salle Paul VI où de nombreuses tables sont dressées. Prenant place, nous avons la grâce de voir le Saint-Père arriver au milieu de nous, arborant maintenant un sourire radieux à la perspective de partager ce repas avec les pauvres, « ces Seigneurs ». Quel changement d'attitude entre cette après-messe où il semblait agacé par le côté « trop » organisé et ce repas auquel il nous convie. Nous déjeunons avec le curé de la paroisse Saint-Pierre, en toute simplicité. 1 500 convives, issus de nombreux pays, ont été invités par le

Saint-Père pour souligner combien l'Église est miséricordieuse et attentive aux plus faibles. J'ai à nouveau ici un splendide panorama de l'universalité de l'Église, réunie en son cœur, à Rome. Les pauvres sont véritablement la richesse de l'Église. Ils sont mis ce jour à la place d'honneur, ce qui me réjouit. En les voyant, je pense également aux religieuses dévouées issues d'œuvres telles l'Ordre de Malte, celui du Saint-Sépulcre ou la Société Saint-Vincent-de-Paul qui prennent soin d'eux dans le silence. Je suis honoré d'être avec eux, moi le vagabond des routes.

Mardi 21 novembre 2017, J 363. Rome

Rome dort encore, la lueur des lampadaires diffuse une fine touche de vie. Au séminaire français, quelques discrets claquements de portes viennent rompre ce silence, les étudiants partant loin ce jour. Dans les rues, personne. Les pavés secouent mon vélo et achèvent de me réveiller. Il est 6 h 15, je glisse doucement vers l'ouest pour la place Saint-Pierre. Le soleil pointant laisse apparaître les prémices d'une journée qui s'annonce haute en couleurs.

Le garde suisse à la porte du Saint-Office opine lorsque je décline mon identité. Après un rapide contrôle je déboule à vélo dans la cour donnant devant la maison Sainte-Marthe, au chevet de la basilique Saint-Pierre. Un gendarme du Vatican m'indique un poteau où accrocher ma bicyclette, a priori ce type de véhicule n'est pas très courant pour les visiteurs matinaux. La chapelle Sainte-Marthe est résolument tournée vers l'avant, par son style architectural moderne, et ancrée dans l'histoire de l'Église avec la statue de la Vierge à l'enfant, rappelant à tous les fidèles venant prier que Marie est notre mère à tous.

Liturgie simple, belle, pour cette messe intimiste. Nous sommes une vingtaine de fidèles tout au plus, comme nous en faisons parfois l'expérience dans nos paroisses. Dans son homélie[50], le pape François nous exhorte à vivre le martyre. Seul remède à la *« colonisation idéologique et*

50. À retrouver ici en intégralité : https://www.vaticannews.va/fr/pape-francois/messe-sainte-marthe/2017-11/messe-a-sainte-marthe—il-faut-resister-a-la-colonisation-ideol.html

culturelle» qui tend à *«nier les différences»*. Soyons prêts à donner notre vie pour le Christ et à la risquer pour rester fidèle à son message.

Je confie mes intentions, les communautés rencontrées, c'est pour elles que je suis présent ici, ma présence est simplement un message que je porte, ça n'est pas moi qui ai été invité mais bien tous ceux que j'ai croisés au long de la route et qui reçoivent ainsi, par mon intermédiaire, une reconnaissance de l'intérêt que le Saint-Père leur porte.

À l'issue de la messe, un Monsignore nous fait signe de rester assis alors que le Pape quitte la chapelle: il avait prévenu au début de la messe que nous aurions la possibilité de le saluer et qu'il n'était donc pas nécessaire de se précipiter. Quelques minutes plus tard, le signal est donné. Alors que les fidèles sortent des cadeaux pour le Saint-Père, je n'ai rien, pas un seul petit présent de Thaïlande ou d'Iran, du Kazakhstan ou de Serbie. Voyager léger, c'est vivre de la Providence et je me dis finalement que cela correspond bien à l'état d'esprit dans lequel j'ai effectué ce périple, poursuivant ma route à l'étoile.

Quelques minutes à peine pour saluer le Saint-Père, lui expliquer en français les raisons de ma présence, lui qui comprend ma langue mais la parle peu. L'émotion est palpable, je veux lui dire tant de choses, j'en oublie la moitié, je laisse parler mon cœur. J'évoque la Thaïlande, la mission, le Tibet, l'Asie centrale que j'ai tant aimée, l'Iran, les rencontres avec les orthodoxes, les Églises orientales… Le temps est trop court! Je lui parle surtout des difficultés que rencontrent les chrétiens de ces pays méconnus pour pratiquer leur foi, construire des églises et surtout du dynamisme réel de ces Églises sœurs.

Son regard d'une profondeur immense me marque. Il sursaute légèrement lorsqu'il comprend que j'arrive de Thaïlande à vélo et me demande confirmation. *«À vélo vraiment? C'est loin!»* puis poursuis avec cette phrase qui résume tellement bien ce périple: *«Pédaler c'est bien, mais ça ne sert à rien, continue, merci pour le chemin parcouru et rends témoignage de tout cela sinon tu n'auras fait que la moitié des choses.»*

Soit, après 16000 km pédalés, le pape me dit que ça n'est que la moitié du boulot, je trouve cela fantastique!

Tout comme aux communautés chrétiennes rencontrées depuis la Thaïlande, je demande au Saint-Père de signer mon livre d'or, ce qu'il fait avant de me bénir. Je plane littéralement, récupère mon sac posé à côté puis file. Il reste à rentrer à Paris puis à témoigner de toutes ces rencontres ! Tout de même, je me sens tout petit et quelque peu gêné d'avoir reçu les remerciements du Saint-Père pour cette modeste contribution à l'évangélisation.

Le dîner à l'Ambassade de France près le Saint-Siège avec M. Teyssier d'Orfeuil, ministre conseiller, permet de boucler la boucle. C'est lui qui, avec le soutien de Pierre Cochard – Consul Général de France à Jérusalem – et le père Pareydt, m'ont permis de rencontrer ce matin le Saint-Père. Véritable joie de pouvoir remercier ceux qui ont «*poussé les bonnes portes*» en honorant cette invitation à dîner.

Dîner familial où je raconte quelques péripéties de voyage et constate l'étonnement de mes hôtes à me voir habillé d'une manière très correcte après le périple parcouru. Je ne peux que sourire en pensant à Guy de Larigaudie et sa fameuse formule «*Deux choses sont nécessaires pour bien voyager: un smoking et un sac de couchage.*», permettant d'être aussi à l'aise chez un ambassadeur que dans la cambrousse kirghize.

Mercredi 22 novembre 2017, J 364, Rome

Ce matin, j'ai la joie de passer un peu de temps avec le père Maxime Debeurgue, ami rencontré lors d'un pèlerinage en Terre Sainte à l'été 2015. Nous évoquons l'incroyable grâce de la Providence qui nous a fait nous retrouver. Nous voulons marcher, transformer le monde là où nous sommes, en allant s'il le faut jusqu'au sacrifice ultime, comme Péguy que nous considérons comme un de nos maîtres littéraires. Georges Bernanos et Paul Claudel complètent cette trinité d'écrivains catholiques mettant leur génie au service du christianisme.

«*Rends témoignage de tout cela*», disait hier le pape François… cela commence ce soir à Saint-Louis-des-Français, à l'invitation du père

Alexandre qui anime le parcours EVEN pour les étudiants francophones souhaitant se former à la parole de Dieu. Retour aux sources, souvenirs de Saint-Germain-des-prés. Nous vivons ainsi un temps d'échange où je partage mon expérience à vélo, les rencontres avec ces chrétiens du bout du monde, inconnus de tous, les persécutions qu'ils subissent quotidiennement. De nombreuses questions soulevées déjà et une grande joie surtout de pouvoir ainsi répondre à l'appel du pape de témoigner ainsi.

Vendredi 24 novembre 2017, J 366.
Viterbo. 16 953 km

Un an sur les routes et je quitte tout juste la ville éternelle. Désormais, il n'y aura plus de détours majeurs, cap nord, cap sur Paris. En avant, comme disait mon ami Will hier soir : « *Stop aux tièdes, pas de place pour les faibles, l'engagement pour le Christ se doit d'être total* ».

À la sortie de Rome, un camion manque de m'écraser, un détour pour récupérer une route plus adéquate qu'une quatre voies s'impose, et en avant vers les routes d'Italie jalonnées de magnifiques calvaires. La via Francisgena, chemin de pèlerinage entre Assise et Rome offre, comme le Camino de Santiago, tout un réseau de points de chutes aux pèlerins. Habituellement ils marchent vers le sud, encore une fois je suis à contre sens. Des bénédictines m'offrent l'hospitalité cette nuit. Je reprends le rythme de la route : saint pour le corps et l'esprit.

Dimanche 26 novembre 2017, J 368.
Sienne. 17 109 km

Le temps gris ne me quitte plus depuis le départ de Rome. À mesure que les degrés de latitude augmentent, les degrés Celsius descendent. L'hiver est là. Je rentre pleinement dedans et y gagne un bon mal de gorge. L'arrêt chez le médecin hier m'a fait perdre du temps et son médicament est quasiment introuvable. J'écume toutes les pharmacies croisées sur les routes et finis par dégotter le précieux remède, pour l'instant sans effets. Difficile remise en marche, le corps est usé, c'est la tête qui le tire.

«Le poisson pourrit par la tête» répétait le père de Monteynard, c'est la même chose pour l'effort physique. Tant que le mental tient, le corps suit.

La Toscane et ses vallons donnent du cachet à la route. Je sens les changements de température au gré des expositions, l'arôme délicieusement fruité du bois bordant la route, l'odeur de l'humus à l'automne et des arbres résistant vaillamment au bonhomme hiver. Ici et là, de petites cités tapies à l'ombre de leurs remparts veillent sur la plaine.

Manon, cycliste belge rencontrée dans la journée, descend jusqu'en Afrique et compte bien filer jusqu'au sud du continent. Sacré programme. Alors que je descends la pente, elle peine dans la côte. Les chemins inverses s'opposent.

La messe paroissiale à l'église de San Quirico d'Orsia me revigore et je repars de plus belle dans le froid vif. Vent de face, une fois de plus, le bonnet bien enfoncé sur les oreilles, je pédale pour rejoindre Sienne au milieu des bourrasques. Il fait sombre, le ciel noir est tout juste lézardé de traits d'or, des conditions apocalyptiques. Le vent s'engouffre dans les vieilles rues de la ville truffée de pavés, les passants se hâtent de rentrer chez eux. Les frères du couvent Santa Maria dei Servi m'accueillent volontiers pour la nuit et m'offrent un hébergement salvateur. Nous discutons, ils connaissent bien la chapelle de la médaille miraculeuse, Rue du bac. Vêpres, dîner copieux et je pars pour une brève promenade jusqu'au sanctuaire Sainte-Catherine de Sienne. Cette sainte ramena le pape Grégoire XI d'Avignon à Rome. C'est une immense mystique, docteur de l'Église, co-patronne de l'Europe. Figure majeure de l'Église dans un XVe siècle tourmenté, elle œuvra énormément pour l'unité de l'Église avec ses écrits christologiques replaçant Jésus-Christ au cœur du christianisme. Paul VI la déclarera docteur de l'Église, marquant ainsi son autorité dans le domaine théologique.

Dans un froid glacial, j'arpente ces rues tortueuses où s'affrontent à l'été les quartiers de la ville dans une course de chevaux spectaculaire, le Palio. La piazza del Campo, avec ses fameux Palazzo Pubblico et la Torre del Mangia, toutes ces façades en brique, le Duomo de Sienne. La nuit bien tombée, rentrant à la basilique San Clemente in Santa Maria dei Servi où je loge, je tombe au détour d'une rue sur le très chic hôtel intercontinental. Pouvoir savourer un whisky après s'être débarbouillé d'une journée de voyage à moto, à pieds, en vélo, rouleux aux pieds poudreux, l'air hirsute, vanné par le vent et les éléments, c'est cela que l'on appelle voyager. Je remonte ensuite dans ma petite chambre sous les toits après avoir gravi un escalier vertigineux.

Mardi 28 novembre 2017, J370, Bologne. 17 240 km

Une pause hier avec un couple d'amis Jérôme et Marie Queinnec, venus me rendre visite à Florence. Flâner dans les rues où il y a encore bien trop de touristes, malgré le froid désormais bien installé, manger des tiramisus, discuter de tout et de rien, refaire le monde… Les amitiés fidèles sont celles qui permettent de reprendre une conversation là où on l'a laissée deux ans plus tôt.

Les Apennins restent un sacré morceau pour les cyclistes et la route jusqu'à Bologne se pare d'une longue montée jusqu'au col de la Futa tout enneigé. La température frise les 0° C, plutôt en dessous et la neige a recouvert la montagne. Ambiance hivernale sympathique, mais mes orteils commencent à avoir froid !

Cette région est également une terre de sports mécaniques, Imola est à 50 km, les concessions automobiles s'alignent, personne ne manque à l'appel : Ferrari, Fiat, Lancia, Alfa Roméo, Maserati, Lamborghini pour les locaux ; Peugeot, Renault, Buick, BMW, Mercedes, Audi, Chrysler, Lada, Chevrolet, Ford, Corvette… pour les visiteurs. Mais ici, les belles italiennes sont les reines de la route.

Assez étonnement, le vélo est aussi un sport roi, de nombreux cyclistes au corps fuselé, aplatis sur leurs vélos, me dépassent à une vitesse fantastique.

Arrivant dans la nuit à Bologne, Bénédicte m'accueille avec ses enfants Augustin, Sixtine et Matthieu. C'est une amie du père Maxime, revu à Rome. Les réseaux fonctionnent parfaitement et je suis comme à la maison ce soir. Je joue au grand frère pour Augustin, qui regarde chaque partie du vélo avec attention.

Mercredi 29 novembre 2017, J371. Parme. 17 343 km

Quel ennui cette plaine du Pô ! Une platitude qui ferait passer la Beauce pour un massif montagneux de première catégorie. Un peu plus et je m'endormirais au guidon. Pire encore, le Pô ne comporte ni vallon ni bois, mais des bosquets d'usines. Choc de la mondialisation des échanges économiques faisant produire en Italie une vinaigrette composée d'olives africaines vendue en Asie.

Au bout à gauche, les Alpes, de l'autre côté c'est la France éternelle, la France qui ne meurt jamais, le pays sur lequel le soleil ne se couche jamais. Mais à l'inverse de Hugo, je reste persuadé que l'espérance ne déçoit jamais et que la victoire est toujours là, mais parfois différente de celle que l'on souhaitait.

Tiago et Su m'hébergent encore grâce à l'efficacité de *Warmshower*, ce réseau social de cyclovoyageurs efficace partout dans le monde. Ils ont bien bourlingué de par le monde, à vélo, en stop et ont de nombreuses histoires à raconter. Dans le froid de l'hiver, ce refuge est bienvenu et me permet de refaire mes forces pour la dernière ligne droite.

Vendredi 1er décembre 2017, J 373. Morano sui Pô. 17 514 km

Le monde est rempli d'honnêtes gens au cœur immense, ils sont toujours là pour vous ouvrir leurs portes lorsque vous commencez à désespérer. Après avoir quitté Milan avec une chaîne neuve à poste pour remplacer l'ancienne prématurément usée par l'air salin turc et grec, je roule plein ouest désormais. Invité hier par Ombeline et Jeff Olmer à témoigner devant la communauté catholique francophone, je poursuis l'injonction du pape. Je suis heureux de partager mon expérience à des jeunes et moins jeunes, d'envoyer une bouffée d'air frais au milieu d'une capitale industrielle.

Sur les routes lombardes, je vire Plaisance, Lodi, Magenta, Rivoli, Crémone, Montebello, Marengo ; lieux de hauts faits d'armes français à l'aube du XIXe siècle. Les Italiens ne sont pas rancuniers puisqu'ils m'hébergent dans la salle communale de ce petit village, m'invitent à dîner, me traitent comme un de leurs fils. Le maire du village met un point d'honneur à me considérer comme un hôte de marque. Il me présente au «*président*», personnalité locale responsable des œuvres sociales locales. Nous trinquons à l'amitié franco-italienne, à nos belles régions, le bistrot du coin ne désemplit que tard. Ces endroits sont magnifiques, ils mériteraient un nouveau un voyage pour les découvrir plus en détail, ces places où tous se rencontrent.

Samedi 2 décembre 2017, J374. San Antonio di Susa. 17 614 km

La neige tombe finement depuis ce matin, rappelant les heures glorieuses du Kirghizistan, de la Chine ou du Kazakhstan. Je retrouve avec joie Beppe à Turin, que j'ai rencontré au Kosovo – Métochie. Il n'y a pas à dire, les Italiens s'y connaissent en pizzas et tiramisu ! Une pause sympathique dans une ville industrielle qui, sous la grisaille, n'est pas franchement attirante. Je passe vénérer le Saint-Suaire et reprends la route, les Alpes approchent et déjà la vallée se forme.

La nuit arrive bien tôt et mon mauvais équipement – j'avais envisagé d'arriver en France avant le retour du froid – risque de me faire passer une mauvaise nuit. Je frappe à la porte d'une église, on me fait attendre et le sacristain me dit qu'il n'est pas possible de m'héberger, puisque je ne dispose pas de crédential. Sans ce précieux sésame, je ne peux être un «vrai» pèlerin, c'est pour lui conceptuellement impossible. Dommage, je repars, la Providence trouvera pour moi un endroit où planter ma tente cette nuit. Après 100 m parcourus, je tombe sur un prêtre qui marche en sens inverse. M'arrêtant et expliquant mon histoire, Don Sergio, curé de la paroisse San Antonin de Susa, m'intime de le suivre… jusqu'au presbytère où se trouve toujours son sacristain Il est francophile, l'échange est plus simple pour moi. L'Italie est un pays assez hermétique à l'anglais et préfère ses langues provinciales à celle de la globalisation. Le curé échange avec son sacristain et m'annonce que c'est arrangé, j'aurai un toit où dormir cette nuit. Deo Gratias ! Si l'on vous ferme la porte, tentez la fenêtre. Si la fenêtre est fermée, ouvrez la lucarne du toit. Si la lucarne du toit reste verrouillée, passez par la cheminée.

Messe dans une église pleine à craquer, les scouts sont là et je discute sur le parvis avec quelques chefs. Au milieu de l'homélie, Don Sergio passe et m'invite à parler devant toute l'assemblée, pas vraiment moyen de me défiler. J'explique brièvement mon périple alors que lui traduit au fur et à mesure. Un magnifique moment d'échange avec cette communauté paroissiale.

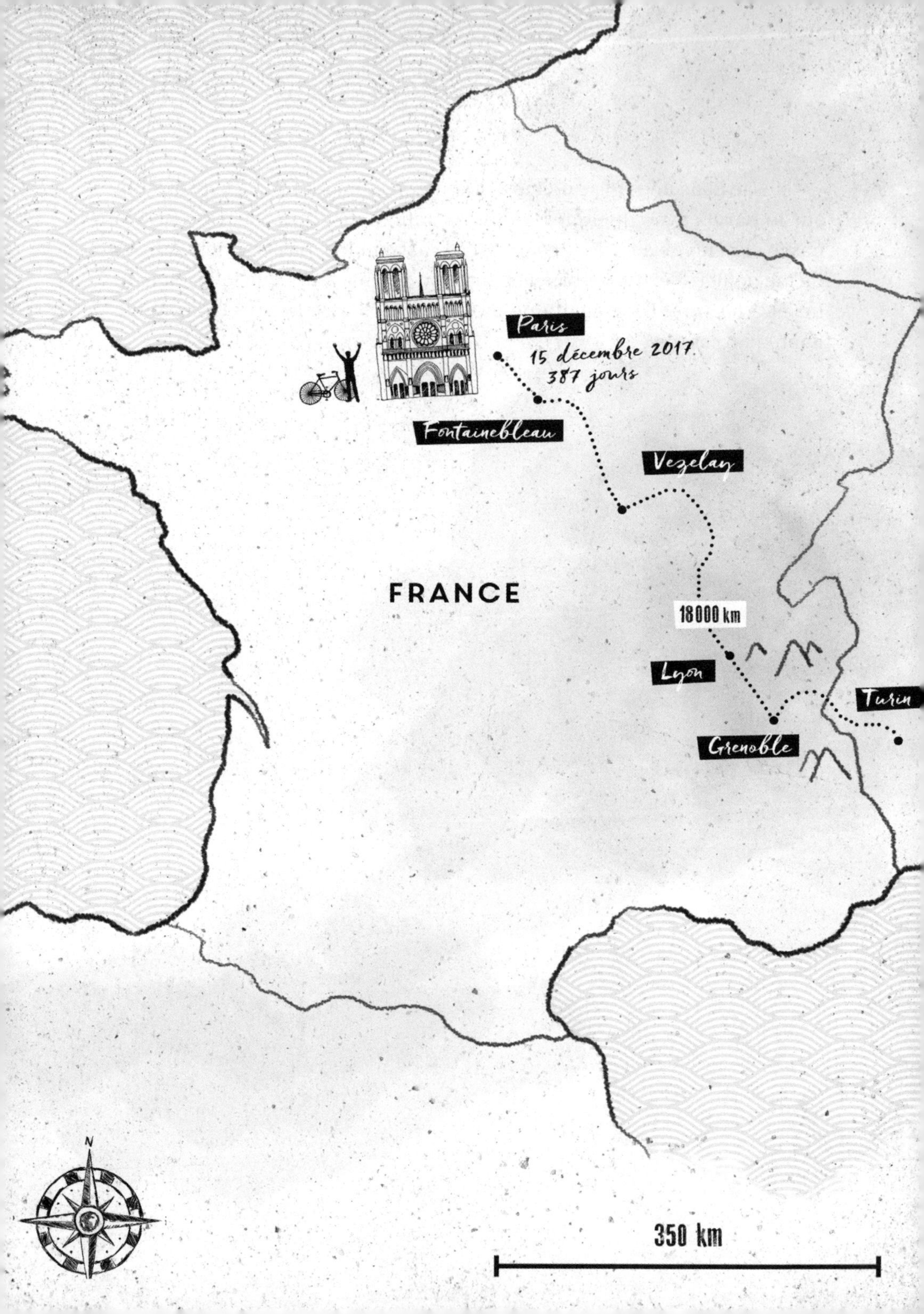
Paris
15 décembre 2017
387 jours
Fontainebleau
Vezelay
FRANCE
18000 km
Lyon
Turin
Grenoble
N
350 km

16

FRANCE

« France, fille aînée de l'Église,
es-tu fidèle aux promesses de ton baptême ? »

Saint Jean-Paul II

Dimanche 3 décembre 2017, J375.
Monetier-les-Bains. 17707 km

1 bonhomme
1 vélo
1 compagnon de route : Jésus
4 saisons
731 jours hors de France dont 375 jours de voyage
2 continents
17677 km
Des milliers de rencontres

Deux ans jour pour jour après avoir posé le pied sur le tarmac de l'aéroport de Bangkok, me voici de retour dans mon pays, la France.

Quelle émotion en arrivant au col de Montgenèvre sous un soleil splendide. La neige a saupoudré toute la nuit la forêt et les pentes. Une forteresse massive au milieu de la vallée marque un tournant, la côte débute réellement après. Un dernier mur à franchir pour se hisser dans mon pays à 1850 m d'altitude. La frontière semble se dérober, rester inaccessible, je m'accroche et poursuis en appuyant fort sur les pédales. Les cuisses brûlent, le cardio est depuis longtemps dans le rouge, grisé par l'excitation. Au diable la tiédeur, je me donne à fond et il arrive, ce panneau bleu constellé d'étoiles, patché de toutes parts avec des stickers de voyageurs de tous pays. FRANCE. Six lettres qui me font un bien fou, qu'est-ce que l'on peut être bien chez soi, Deo Gratias ! Ces paroles du père Doncœur jaillissent de mon âme :

« Vierge des chemins de France vois tes fils routiers ; nous avons cueilli pour toi ces fleurs au long des bois – Ave – Nous sommes las nous pauserons auprès de Toi. Sur la route et pour le dur effort soutiens nos Pas. Maria, et prends-nous un jour au ciel, ô Vierge dans tes bras. »

Une descente de champagne et une plâtrée de tartiflette m'attendent pour fêter cela, mais je ne suis pas encore arrivé, reste à descendre jusqu'à Briançon. Le frein arrière, comme à son habitude, est resté gelé, la descente se fera avec le frein avant simplement, nettement plus rock'n'roll. Jean-Pierre et Marie-France m'accueillent pour cette nuit dans ces montagnes françaises que j'aime tant, la route est belle !

Lundi 4 décembre 2017, J376. Grenoble. 17815 km

Lorsque deux amis, routiers-scouts et cyclistes ayant pédalé entre la Thaïlande et la France se retrouvent, forcément cela fait des étincelles. Victor est celui qui m'a convaincu de franchir le pas, d'acheter un vélo à Bangkok et de partir. Lui était rentré de Bangkok en tandem puis à vélo avec Timothée, un de ses amis, en 2014, à la suite d'une mission avec *Enfants du Mékong*. Nous évoquons toute la soirée les endroits où nous sommes passés tous les deux, les cols tutoyant les 5000 m au Tibet, les routes pourries de ce même pays, l'Asie centrale qui nous a enchantés malgré les immenses plaines parfois monotones, la Turquie et les grands plateaux d'Anatolie… Amusante géographie historique, il ressort ses cartes précieusement rangées dans une boîte. Il habite désormais avec sa femme Domitille et son fils, en pleine nature toute proche de Grenoble, en haut d'une sacrée côte, à Quaix-en-Chartreuse !

Peu avant, j'ai retrouvé ma tante Véronique, ma marraine, à Grenoble pour un café. Joie de pouvoir goûter déjà aux retrouvailles familiales avant d'être à Paris. Ma cousine Charlotte débarque un peu plus tard et m'héberge pour la nuit.

Vendredi 8 décembre 2017, Immaculée Conception, J380. Frôlois. 18 185 km

Il y a une année, je me trouvais à Dien Bien Phu pour cette solennité, aujourd'hui c'est un retour aux sources au seul point indispensable du trajet de retour.

Hier j'ai abattu 140 km dans la journée, me payant même le luxe d'un café prolongé avec Xavier, mon beau-frère. Il remontait vers Paris d'une mission en centrale nucléaire du côté de Lyon. Une petite manip logistique plus tard et nous voici réunis pour la première fois depuis deux ans dans un bistrot de Tournus. L'impression de ne s'être quittés qu'un instant est vive, le fait de se retrouver d'une manière aussi impromptue est encore plus agréable. C'est assez comparable aux surprises de la route. Je ne réalise pas encore complètement que je suis de retour.

La vallée de la Saône avec ses noms enchanteurs m'enivre : Meursault, Chablis, Corton-Charlemagne, Romanée Conti, Nuits-Saint-Georges, Gevrey-Chambertin, Mercurey, Musigny, Puligny-Montrachet, Clos-Vougeot… Quelle merveilleuse mélodie se déroule à bâbord et tribord, sur les coteaux ensoleillés par une douce lumière. Une arrivé à Dijon, étape avant Frôlois et je file en début d'après-midi. La campagne bourguignonne est certainement le plus beau paysage que l'on puisse avoir au monde. Il est vrai que je ne suis pas très objectif mais qu'importe. Le vert des plateaux, la lisière des forêts, je reconnais parfaitement le trajet cent fois effectué à vélo.

Une dernière bosse après les sources de la Seine et je plonge. Frôlois se découvre, le ciel noir contraste avec la lumière diffusée par les rares interstices encore ouverts sur le village qui irradie de splendeur. À gauche, huit chevreuils et biches détalent tout d'un coup, ils sont à moins de 50 m de moi. Contre le vent, ni mon odeur ni le bruit ne les ont alertés. Plongeant dans la combe, la grêle se déclenche, j'arrive presque tout blanc dans notre maison de famille. Ce week-end, ce sera repos avec quelques amis fidèles : Benjamin, Marie-Liesse, Matthieu, Charles, Agathe, Aldric, Louis-Auxile, Marie-Liesse, Joseph. Ils ont répondu présents pour m'entourer, pour nous retrouver un week-end avant les grandes retrouvailles. Instants privilégiés, je suis heureux de les avoir avec moi. Acclimatation en douceur aux grandes foules parisiennes du retour ?

La simplicité de l'amitié est celle où l'on se voit gratuitement, avec entrain. Être ensemble est une raison suffisante à toute chose. Sous la neige nous arpentons le plateau, débusquons des biches et chevreuils, imaginons poser un planeur dans les champs, faisons une bataille de boules de neige. Et le soir venu au coin du feu, nous dégustons de grands crus, débattons de tous les sujets, défendons l'Asie ou l'Afrique. L'amitié est une alchimie complexe qui ne s'explique pas, elle se vit.

Lundi 11 décembre 2017, Vézelay. 18 275 km

Vézelay était pour moi une étape nécessaire, passage obligé pour le Routier-scout que je suis. Là-haut sur la colline éternelle, la basilique Sainte-Marie-Madeleine accueille les pèlerins. Demain, je prendrai une journée de retraite avec les Fraternités monastiques de Jérusalem qui animent la vie spirituelle de ce haut lieu de la chrétienté depuis 25 années. Bertrand, un Vézelien, m'invite à dîner, la Providence encore.

Mercredi 13 décembre 2017, Auxerre. 18 337 km

Une journée de vie monastique et ça repart ! *Orare et laborate*, le lent rythme de vie des religieux est si saint. Je relis la route parcourue. Et désormais, tout est à faire.

Pèlerinage personnel au bois de la goulotte où tant de Routiers ont campé avant de monter jusqu'à Vézelay, où un calvaire a été érigé en 1985 avec des pierres de toute la France. Symbole de la convergence de tous vers ce point de repère, pierre d'angle, attache pour tous les Routiers d'Europe.

En partant ce matin, sœur Madeleine signe mon livre d'or pour les Fraternités monastiques de Jérusalem. Elle fut volontaire MEP au Nord-Vietnam à Dalat voici dix ans, la boucle est bouclée! Coïncidence? Je n'y crois pas un seul instant. Clin Dieu? Évidemment.

Je retrouve ce soir Martin, mon parrain Routier, celui grâce à qui tout cela fut possible, celui qui m'a accompagné vers le départ Routier le 9 août 2014. Nous parcourrons les derniers kilomètres demain et vendredi ensemble. J'ai tout de même une furieuse envie de virer de bord et de poursuivre jusqu'à Valparaiso.

«As-tu songé que pour avoir accès à la route, il faut commencer par sortir de ta maison et de toi-même, renoncer à ton égoïsme, à ton confort, à ta sécurité, rechercher ce qui est difficile et vouloir vivre rudement?

– Oui je le veux

As-tu songé que la route ne s'arrête pas à la frontière? Te sens-tu prêt à parcourir la distance qu'il faudra pour rencontrer les autres?

– Oui, chef, j'y suis prêt.»

Vendredi 15 décembre 2017, J 387.
Notre-Dame de Paris. 18 517 km

Ça y est c'est fini. La piste s'arrête ici, face à cette majestueuse cathédrale Notre-Dame de Paris, au point zéro des cartes de France. Plus de 20 000 km parcourus sur la planète depuis Maetowo, dont 18 517 à vélo, en 387 jours. Des milliers de souvenirs, des millions d'images dans la tête, des communautés chrétiennes rencontrées dans les 25 pays traversés. Terminé, fermez le ban. Enfin presque. On ne ressort pas indemne d'une expérience comme celle-ci. Deux années hors de mon milieu naturel. Deux années à m'abandonner à la Providence. Pas commun aujourd'hui. C'était important pour moi et j'ai pris ce temps au mépris des conventions.

Au diable la tiédeur, à l'heure où traverser la moitié de la planète est une formalité, il me semblait important de retourner aux sources de ce chemin. Arpenter ces pistes millénaires sur les pas des missionnaires, explorateurs et conquérants.

Aujourd'hui j'ai enfin rallié Paris, cette cité qui est mienne. Celle où j'ai vécu 23 années avant de larguer les amarres pour le grand Est, l'extrême Orient. À l'issue de cette année de service en Thaïlande, ce voyage à vélo a permis un retour en douceur au gré des coups de pédales. La route est belle car elle est un chemin. Chaque jour est différent, on ne peut que compter sur soi-même et sur le Christ. La Providence a été là à mes côtés, et au soir m'a permis de déposer auprès de la Vierge Marie mes difficultés. «*Mère voici vos fils qui se sont tant battus*», évoque Péguy, le pèlerin de Chartres au revirement époustouflant dans la foi. Tout donner, ne rien reprendre et donner encore jusqu'au bout. Voilà ce qui a été mon leitmotiv.

J'ai expérimenté également que les difficultés ne durent jamais sur la route. Pluie, fatigue, énervement: le jour suivant est souvent tout autre. Le patient travail du temps sur le corps et l'âme est là pour en témoigner, il y a toujours une once de positif en toute situation. Dieu est taquin et m'a régulièrement mis dans des situations où je n'avais qu'à lui dire: «*D'accord, je vois, tu as gagné*». Mais la difficulté est bien présente sur le chemin, je n'ai pas souhaité l'esquiver. L'offrir au Christ a été pour moi un exutoire extraordinaire. Je comprends véritablement que mettre sa confiance dans le Seigneur est une autoroute vers le ciel. Ces fiers frères d'Asie centrale et leur église des steppes me l'ont bien témoigné. Cette longue route a été un chemin pour ma vie.

Arrivé à la fin de cette longue piste, il m'est difficile de la résumer tant elle fut riche, mais j'ai pu au moins toucher du doigt la difficulté de conserver le cap. Oh oui, il y a des modes de vie bien plus aisés, mais qu'ils sont tristes et dommageables. Au moins, en se fixant de hautes exigences, on ne peut être déçu de ses actes, où que l'on soit. C'est une question de posture, non de géographie ou de position sociale. À 20 ans, il est temps de poser des actes qui engagent intégralement notre personne et de les assumer. Tenir la distance, en restant soi-même sans céder aux sirènes de notre époque moderniste à tout-va, voilà le véritable enjeu. La route est terminée, la vie est devant moi, et son champ de possibilités est immense.

Les communautés chrétiennes rencontrées au long de la route m'ont permis de savourer l'immense privilège que j'ai d'être né dans un pays chrétien. Il s'agit pour elles d'une bataille quotidienne alors que pour moi, sur la simple question de la pratique de ma foi, il s'agit d'arbitrer entre aller à la messe de 9 h, celle de 11 h ou encore celle de 18 h, quand ce n'est pas celle de la paroisse d'à-côté qui aurait des horaires peut-être plus adaptés à mon emploi du temps du week-end. Goûts de luxe.

Être et durer, restons comme nous sommes en tout instant c'est-à-dire fidèles au Christ. La route est belle et ne demande qu'à être parcourue!

En avant, Ad Majorem Dei Gloriam!

Port de Dubrovnik, Croatie

TABLE DES MATIÈRES

Dépôt légal : avril 2019 N° imprimeur : 041962902

Imprimé en France par Présence Graphique - Monts.